一
书
一
世
界

# SobooK
沙 发 图 书 馆

# 李燕聊李苦禅

李燕 徐德亮 著

北京大学出版社
PEKING UNIVERSITY PRESS

## 图书在版编目(CIP)数据

李燕聊李苦禅 / 李燕，徐德亮著. — 北京：北京大学出版社，2017.1

（沙发图书馆）

ISBN 978-7-301-27711-9

Ⅰ. ①李… Ⅱ. ①李… ②徐… Ⅲ. ①李苦禅（1899～1983）—生平事迹 Ⅳ. ①K825.72

中国版本图书馆CIP数据核字(2016)第255460号

| | |
|---|---|
| 书　　　名 | 李燕聊李苦禅<br>LI YAN LIAO LI KUCHAN |
| 著作责任者 | 李　燕　徐德亮　著 |
| 责任编辑 | 艾　英 |
| 标准书号 | ISBN 978-7-301-27711-9 |
| 出版发行 | 北京大学出版社 |
| 地　　　址 | 北京市海淀区成府路205号　100871 |
| 网　　　址 | http://www.pup.cn　新浪微博:@北京大学出版社 |
| 电子信箱 | zpup@pup.cn |
| 电　　　话 | 邮购部62752015　发行部62750672　编辑部62756467 |
| 印刷者 | 北京中科印刷有限公司 |
| 经销者 | 新华书店 |
| | 170毫米×240毫米　16开本　31.25印张　492千字 |
| | 2017年1月第1版　2017年1月第1次印刷 |
| 定　　　价 | 98.00元 |

未经许可，不得以任何方式复制或抄袭本书之部分或全部内容。
**版权所有，侵权必究**
举报电话：010-62752024 电子信箱：fd@pup.pku.edu.cn
图书如有印装质量问题，请与出版部联系，电话：010-62756370

# 此书缘起

## 一

多年以前,读过一本《李苦禅传》,开篇第一段文字,如二仙家对弈,写来清风拂面,读时惊雷震耳,至今记忆犹新。

"前夜,梦与苦禅同登西山观红叶,评状元红酒。苦禅倾酒于砚,笑磨朱墨,以酣畅恣肆之笔,写名山半醉之态,嘱余为题。余以为画外及无画处有画,诗在境中,何用题句?梦醒后,残月在天,树影拂窗,遍体生寒,乃披衣而起,于低徊中忆及前尘,泪雨滂沱,不知东方之既白也。"

此是《李苦禅传》的序,为王森然所写,其时年88岁。

当年无论对李苦禅还是对王森然都不甚了解,只觉得这些受过传统文化教育的老人儿们不但文笔美,而且意境深、气魄大,今人写不来,所以印象颇深。但也仅至赞叹而已。可惜《李苦禅传》本身文字稚拙,且行文立论多有80年代风格,读罢觉不甚了了,也就放下了。

多年以后,我拜在李燕先生门下,苦禅老人成了师爷。画技越进,越觉得苦禅老人笔墨之伟大,几至绝顶,非凡人所能及,乃愈想了解此老生平,希望沿着他的道路,学习他的笔墨。于是看了不少书籍资料,又听先生聊了很多,一个完整的"苦禅"的形象,在脑海中越发清晰;越清晰,就越发觉得他伟大、可爱,越发觉得他遥不可及。

回过头来再看这些文字,不觉与王老一同泪下。

"那一夜,苦禅刚刚去世不久。他已经八十四岁了,已经走完了精彩、奇绝、神威凛凛而悲欢交集的一生;而我也已经八十八岁,我的人生也快走完了。

"但我们其实并不老，我们这一生所经历的大起大落、大悲大喜，随着世事的大动荡取得的大成就，都让我们诗思不老。激烈壮怀，潇洒行止，依然当年。

"我梦见我们同登西山看红叶，西山红叶甲于天下，我们这一生，正如这红叶般飘然绚烂，烈烈西风中，舒展自己的光华。

"苦禅带了状元红，他不善酒，但此时怎可无酒？我们从二十多岁相交，当年他还是一个独闯北京的山东毛头小伙，我也只初入社会，那时我尽力帮他，或者说我们相互帮扶。六十多年了，我们从苦难中走过，从穷困中走过，从日本兵的刺刀下走过，从鲜花桂冠中走过，甚至从红卫兵的铜头皮带下走过……此时一切都已经过去，而江山依旧。对此绝佳夕阳，大好秋色，怎可无酒？！

"名山半醉，苦禅也半醉，他把酒倒入砚中，笑研朱墨，那砚中殷红一片，哪里是墨，分明是一腔子热喇喇的壮士之血！他名为'禅'，便'勇猛精进'了一生，真是深通禅意者！

"苦禅画完了，那一片名山，无边红叶，尽在纸上毫间。让我题字，我题什么呢？画里是画，画外还是画，这一片灿然秋色，从纸上绵延到山尖，那些尘封往事，从过往流淌到现在，哪里不是诗，何用再题呢？

"老年人是不常做梦的，往往做了梦也不和人说，因为梦是年轻人的专利，是梦想，是希望。而老年人的梦，只是回忆，'铁马冰河入梦来'，只能让人'感慨生哀'。果然，梦醒后，残月在天，树影拂窗，遍体生寒，我再也难以入睡，披衣而起，慢步低徊，忆及前尘，滂沱泪下。

"八十八岁了，还有泪；不知道苦禅在那边，是否梦到了我，是否也还有泪？究竟是苦禅入了我梦，还是我入了苦禅的梦？"

两个月后，王森然老人去世。

能让著名思想家、教育家、画家，历经三朝、著述等身的王森然如此怀念的这位"苦禅"，究竟是怎样的人？他这一生，究竟做了怎样的事，画出了怎样的画？

## 二

中国画发展到明清,大写意画基本已经发展到了顶峰,吴昌硕、齐白石,双峰并立。但是艺术到了高峰,往往人民群众就欣赏不了。虽然齐白石力创红花墨叶派,使劲儿把自己向观者那边推,终归喝彩者多,买画者多,知音者少。吴昌硕更不为现当代的观者所认知,现代人爱看特别写实的油画,或特别时尚的装饰画,识字的人都不写书法了,谁能看出吴昌硕"以石鼓文笔法入画"的好呢?

就连艺术院校的学生们,和专业画画的画家,往往都不知道吴昌硕、齐白石到底好在哪儿。评齐白石,只得说一句"形象生动""色彩艳丽",再往下说,就得整"生活气息浓厚""贴近人民群众"这些词了;评吴昌硕,只得人云亦云地说一句"画有金石之气"了事。倒不如带小孙子看画展的北京大妈说得干脆:"这可是大画家画的,你好好看,这肯定画得好,不过咱是看不懂。"

那吴昌硕、齐白石,到底好在哪儿呢?

看画好坏,无非"形而上"和"形而下"两方面,形而上就是画的格调、内涵、意境,形而下就是构图与笔墨。

从"形而上"开始聊,他们的画不俗,有文人气,有古人气,意境深远,等等,这些话谁都会说,说了老百姓也不知道从何欣赏,怎么就有文人气了?怎么意境就深远了?所以这事儿先搁置不论。

再聊"形而下"的构图,这事就稍微简单一点:你看这上边的空白留得太少,显得上边不够空灵,这就是不好。你看这鸟飞过来,正好被这山石挡住了,这就是不好。你看这人脸太靠近纸边儿了,看着堵得慌,这就是不好。知道什么是不好了,慢慢就知道什么是好了。

最后聊的也是最基本的,就是笔墨。笔是笔法,墨是墨法,不懂笔墨,就是不懂中国画。

笔法不简简单单是下笔横平竖直,而是每一笔的笔触都要符合中国画的审美,每一笔线条也都要符合中国画的审美,这才叫有笔法。什么叫中国画的审美?什么样的线条质量高?请看书法字帖,你的线条能和字帖上字的线条一样,就符合了中国画的审美,就是高质量的线条。为什么画中国画必须练书法？就是因为只有书法的线条，才能告诉你中国画的审美是什么。书法没练到一定程度，连什么样的线条是好的都不清楚，那还画什么画！

苦禅先生，可说是近代画家中书法绝高的一位，他的字，远比很多以书名世的书法家还要好得多。所以苦禅先生的鹰，鹰嘴鹰爪，就那么几笔，到现在也没人能学得像，就是因为书法功底远远不及，线条质量就差得远。跟李燕先生学了几年画之后，我又悟到：苦禅先生的画不但线条是书法，凡笔触皆是书法，画鹰背的几笔墨，画荷叶的几笔墨，哪一笔不是绝好的书法？

这已经达到中国大写意书画"技术"上的最高境界了！吴昌硕、齐白石都达到了这样的境界，他们画中的每一笔，都能放在他们自己的书法作品中毫不突兀，看他们的画，和看他们的书法是一样的。百年以来，中国画坛能达到这个高度的，寥寥数人而已。

所以要欣赏吴昌硕、齐白石、李苦禅的画，先要懂书法，而且必须能欣赏高水平的书法，否则，根本就无从欣赏起；说他们好，也只是人云亦云，说他们不好，更是井蛙语天。学他们风格的画，如果书法没达到极高的水平，画一辈子，也是"少年宫"或"老年大学"的水平。

苦禅先生的名言"书至画为高度，画至书为极则"，知道者甚多，而真正理解的又有几人！

可一个出生在清朝末年的普普通通山东农家的穷孩子，又是怎么达到这个境界的呢？了解他的成长经历和学习经历，会对当今搞艺术的人有多大的启发！

## 三

苦禅先生喜欢京剧，痴迷京剧，这在那个年月并不稀奇，连他的恩师白石老人，一个湖南乡间长大的农民画家，都爱听"梅郎"唱上一段，何况不到20岁就独闯京华的李苦禅。

票友票戏，能唱上几出文戏的大有人在，但能票武戏的，屈指可数。腰腿功夫当然是入门的要求，一抬脚到不了顶门您就别唱武戏了；另外体力也是一大难题,一出武戏唱下来,不亚于跑一个马拉松。再者,京剧的服装、道具,处处都在"难为"表演者。穿上"厚底儿",不崴脚就是好事,还要跳跃踢腿?勒上"盔头",不头疼欲裂就是好事,还要唱念做打?戴上"髯口",不一团乱麻就是好事,还要甩来推去?票文戏的,好歹走两步,战战兢兢地站着不动,唱上两段就好了,票武戏的要是没功夫可怎么办?

苦禅先生不但能票武戏,而且演得很不错,这功夫深了。可功夫就是时间,他书画能达到那么高的高度,一定是昼夜苦练的,又哪来的工夫去练武戏?

他说:"京剧也是写意的艺术,不懂京剧,就不懂中国的大写意画。"这不但是论画的警句,京剧界的人听了,也得服膺为论戏的警句吧!

人多知苦禅先生曾经拉洋车为生,却不知道他敢跑西山的黑道儿是因为腰缠七节鞭的硬气。我本来认为,那个年月动荡不堪,山东孩子从小练点儿武术防身,也不足为奇。但我研究《苦禅写意》的纪录片,听到苦禅先生讲"屋漏痕"笔法的时候,旁白说:"既要有顺劲,又要有一种向外膨胀的横劲。"大惊大喜,自认为得到了苦老用笔的精窍。因为这乃是武术里很高深的见解,是中国功夫"用劲儿"的关键,甚至表面上是牛顿定律解释不了的,苦禅先生居然在讲画画用笔的时候讲出来了,真是"泄露天机"。不过既懂画画又懂武术的人毕竟太少,大多数人不过入宝山而空回。

但我由此认定,苦禅先生一定是武术高手。果然在对恩师李燕先生的访谈中得知,苦禅先生和当年的大高手王子平、王芗斋都有过交集,到老年还曾和李连杰促膝论武。

一个穷孩子,孤身一人求学北平,要拉车自养自身,还要下大功夫学油画,下大功夫学国画,下大功夫练书法,下大功夫学戏,下大功夫练武……那个时代的男儿,都是这么上进的么!

四

能从恩师李燕先生学画,是大机缘;能系统地和燕师聊苦禅师爷,亦是大机缘。

此前,我在北京文艺广播FM87.6的《艺海说宝》播出"李燕聊白石老人"这个系列节目，反响甚为热烈。这个系列结束后，2015年的最后三个月，我就请节目组的张世强、郝冬梅伉俪安排集中播放"李燕聊苦禅老人"这个系列。为此几乎每周我们都要上家里去采访李先生，李先生安排茶水，一聊两个小时，且分文不取。如果没有这个机缘，作为弟子，我都没机会请师父这么长时间、系统地谈师爷，听众就更没有这个耳福了。

我在北京交通广播FM103.9的《徐徐道来话北京》是一个做了六七年的精品节目，也是张、郝二位负责，在2016年，有一部分采访李先生的内容，是放在这个节目里播出的。北京电台为宣传中华优秀文化所做的努力，相信大家不会忘记。

苦禅先生的一生，奇绝伟大，所以聊他绝不单单是聊他的画和书法，其中涉及的文学、历史、民俗、武术、戏剧、收藏，甚至哲学、处世之道、教学方法、教育理念，异常丰富，不啻宝山。我说，这就是清华名师的美育公开课！

此次出版，不但整理了很多电台限于各种因素没有播出的内容，而且加入了很多李家独家秘藏的画作、照片等，内容非常丰富。也要感谢我的北大同窗艾英女士卓有成效的编辑工作。

金圣叹在评《水浒》时，用无敌的辩才把宋江等人批得体无完肤，但一百零八人中，他独爱武松，许为"天人"：一派真纯，勇武绝伦，忠孝不二，赤心热胆，精诚坦荡，行事可对天地。我对苦禅先生，也是这么热爱。

我是后学晚辈，本没有资格写这篇序，因此用王森然老人的文章开头，用苦禅先生的弟子，著名画家、诗人王为政的《调寄临江仙》来结尾。此词写苦禅老人，妙极！

  侠者襟怀豪者胆，兴来北腿南拳。山东好汉义当先。早生八百载，或许上梁山。

  智者功夫仁者眼，直将铁砚磨穿。苍鹰一搏九重天。谁云书画苦，笔墨可通禅。

徐德亮

2016年9月20日于狸唤书屋

# 目 录

**第一聊**
大画家怎么教自个儿的孩子啊？ 1

**第二聊**
他们到欧洲都够得上大师 21

**第三聊**
父亲迟迟不让我画大写意 41

**第四聊**
人家有自己的绝招，处处都有 63

**第五聊**
咱们去看看武爷爷好不好？ 75

**第六聊**
双刀 89

**第七聊**
我教你两手儿，你可别用啊！ 105

**第八聊**
你是不是中国人？你爱不爱国？　127

**第九聊**
英杰你怎么不吃饭？　139

**第十聊**
咱们学校还有个苦和尚？　161

**第十一聊**
富能藏，穷藏不住　179

**第十二聊**
中西画会吼虹社　197

**第十三聊**
就这两只，吃不了多少鱼　215

**第十四聊**
以后这地盘儿是您的　235

**第十五聊**
谁缺钱，找李苦禅　253

**第十六聊**

"通共分子" 273

**第十七聊**

你是名画家,你的彩笔好 291

**第十八聊**

保安是谁?是他养的喜鹊 305

**第十九聊**

我叫田家英 321

**第二十聊**

净扫出画蜘蛛网的纸了 333

**第二十一聊**

青岛之行 343

**第二十二聊**

我管他们叫"恒温弟子" 361

**第二十三聊**

"牛棚" 381

**第二十四聊**
"黑画"　395

**第二十五聊**
最红的男明星　415

**第二十六聊**
侯宝林带到　425

**第二十七聊**
两张重要的老照片　443

**第二十八聊**
就我们大中华有这种画　463

后记　486

【第一聊】

# 大画家怎么教自个儿的孩子啊?

这第一步啊,不是他教,是上当时美院附中办的班,这个班有点近似于现在的考前班。那时候没有礼拜六休假,就是礼拜天休息。礼拜天一早到那儿就报了名了,学费也没那么贵。美院附中的教师来教基本功,摆上静物就开始画,一棵白菜、俩土豆、一个苹果……

徐德亮（以下简称徐）：咱们聊聊您的父亲李苦禅大师。现在是"大师"满天飞的时代，但是真正够得上大师的，恐怕屈指可数。我想把李苦禅先生称为大师，业内业外，全国人民，乃至于国家都会认可的。聊李苦禅先生，我想请您先聊聊自己。您今年高寿？

李　燕（以下简称李）：我今年不够高寿，七十有二，1943年生，属羊的。

徐：您也是在旧社会出生。

李：对。

徐：1943年的李苦禅先生已经是大画家了，所以您是出生在一个大户人家，用我们现在的话叫"富二代"，能不能这么说？

李：我们家可不富，我小时候对这个家的印象，就是一个字：穷。

徐：那为什么呢？

李：我告诉你啊，我在北平出生，苦禅老人给取的名，燕京出生嘛，就叫我李燕。出生没满月，我母亲就抱着我上济南去了，为什么呢？那个时候时局动荡，你想啊，1943年。

徐：北京还是日本占领时期呢。

李：对，那时候叫北平，为什么呢？迁都南京了，北京不但不是首都，而且还是沦陷区。先父李苦禅，那个时候参与了八路军的地下工作，为了家属安全，叫我们远远躲着去。就这样

李燕和母亲李慧文

我母亲带着我到济南,住在回民区——到现在我也不吃大肉。

徐:那为什么送到济南呢?济南有亲属还是……
李:有一个朋友。我们是山东人嘛,我父亲在济南的老朋友多了。我一直到什么时候才见到我爸爸,才知道我爸爸长什么样儿呢?鬼子投降了,我母亲抱着我回到北平,才见到我父亲。

回到北平的李燕

徐:1945年鬼子投降。
李:反正回北京的时候我就懂点事儿了,让我叫"爸爸"我就叫了。

徐:还有印象吗,第一次见面是什么样儿?
李:最深刻的印象就是我爸爸那个秃顶——他比较早就秃顶了。还有他老拿着毛笔在桌上划拉,后来才知道这是画画。

徐:当时是住在哪儿啊?
李:西城的锦什坊街。可惜了,现在拆了。

徐:白塔寺对面。

李：对，里头是过去巡捕住的地方，一看就不是一般的居民房，有点像兵营似的设计，因为离城门近嘛。那时候住在那儿，后来又搬家……反正我们当时可以说是居无定所。有人以为，李苦禅应该住一个大四合院，对吧？

徐：那可不，那么大一个画家，还不趁个四合院？

李：没有，没有，他这一辈子，曾经挣过不少钱，但是确实也没留下什么钱，他挣的这些钱都哪儿去了，咱们以后再说。

我们住过很多地方，最值得说的，就是1949年后中央美术学院的那个大雅宝胡同甲2号。这个门牌儿需要说，因为这可能是全世界大师级画家最集中的一个宿舍院，长条形的。

团聚后全家一起在中山公园合影
（从左至右：父亲李苦禅、母亲李慧文、李燕、李嬺、李杭）

徐：1949年后，那您那时就是7、8岁了。

李：那就很懂事了，我都上小学一、二年级了，一直上到四年级，都在那儿住。上东城根小学，原名是基督教女青年会小学。

美院宿舍后院画家合影

（后排从左至右：母亲李慧文抱着李琳、齐良迟、范志超、廖静文、徐悲鸿、李可染、王朝闻、XX、李瑞年、叶浅予；前排从左至右：齐白石、父亲李苦禅、邹佩珠、滑田友）

徐：哦，教会学校？

李：对，但是这个教会学校是一个爱国机构，它是由中国基督教爱国三自委员会成立的。在抗战时期，那还帮助过地下工作呢！

住在大雅宝胡同甲2号的时候，其他画家的孩子们，他们的吃穿用玩，有的相当不错。还有的时候到别人家里看，有个比较，那很明显，人家比较好，我家境就差点儿。孩子容易羡慕别人。只要我一羡慕，我父亲就冲我瞪眼："不许羡慕，没出息！"

徐：哦，那会儿您家比其他画家还不如？

李：嗯，还不如。我家有什么东西，我现在闭着眼想一想，一件一件都数得出来，就那些件，真没什么东西。我父亲他爱收藏，那时候是收藏的大好机会。50年代啊，反封建，你要是家里有硬木桌子、椅子，生怕被人说出身官僚，赶快处理了。

徐：那一般家里都使什么家具啊？

李：我说你都不信，跟单位总务科那儿借家具！床啊、椅子、凳子、桌儿啊，那都是普通的柴木做的。上头还有小牌，那留着也是文物了，"中央美术学院家具多少号"。哎，就这个，这样你家就像无产阶级了。

徐：哦，"像"无产阶级。

李：那时候思想都挺"左"的。但我父亲他不怕，反正谁都知道他是农民出身，这早就不是秘密了，是吧？哎，你们不要，我要。一对儿清前期仿明的太师椅，多少钱？一对儿，三块五。就算那时候三块五顶现在三十五，那有什么，三百五也不贵。

徐：三千五也不贵。

李：哎，你买不下来。尤其那个大八仙桌，清中期的，雕花云龙束腰，那多少钱？是他教授工资的七分之一。哎，人民币二十五块。现在咱一个教授，甭说别的，我是清华大学教授，我这个七千块，拿出一千块来，我能买一个老榆木的八仙桌不？

徐：一千块，您买一个三合板的差不多。

李：呵呵，你说得太惨了点儿，怎么也得五合板的。

徐：嘁，反正那时候这东西都便宜。那这大八仙桌儿现在还在家里呢吗？

李：都捐了，我们都捐给李苦禅纪念馆了，无偿捐献。谁要看，上那儿看去。

徐：那时候住的房子不大啊？

李：很小。我父亲这辈子住得最好的房子，是他晚年由国家关照，两位副总理给批示分配的。那时候房子很紧啊，那都不是靠钱买，只能靠国家分配。落实政策，王震副总理、谷牧副总理批的，分在南沙沟大院。楼上楼下两个单元，他工作室17平米，睡觉那屋15平米，跟我母亲住一屋。

徐：那现在来看也是很小的房子啊。

李：很小的房子，没有厅，还有一个9平米的小屋，保姆住着。有厕所、卫生间。哎，那苦禅老人就很满足喽，逮谁跟谁说："哎哟，我现在可住得好喽，我再也不用上公共厕所喽，再也不用上外面泡澡堂子去了。"他一辈子对自己的物质生活要求很简单，还能有这好房子住，这就千恩万谢了。所以他这一辈子啊，可以讲，大部分时间，跟这"高消费"仨字没关系。

现在都讲究吃素身体好，是吧？我们那时候是净吃素了。

徐：买不起肉？

李：节衣缩食。1949年前那个钞票毛极了。那时候全家最有钱的谁啊？就是我。我的褥子底下，那时候平板床，硬嘛，褥子又薄，我垫着差不多一寸厚的钞票，舒服着呢。现在你想试，你也试不着了。

徐：没那个机会了。

李：因为1949年前那钞票都成小孩玩意儿了，尤其是美国帮着印的那个金圆券，一不小心能把手剌了，咯噔咯噔的。

徐：那纸好。

李：纸好着呢，印得也好着呢，摸着油墨都有厚度，比现在钞票一点儿都不差。小孩用它叠三角，"吧"，我把你的拍翻了，就归我了。回家以后开水一烫，倍儿平。嘿，我垫在床底下，那弹性，真舒服。后来都拢火了，因为上头有蒋介石像的暗光儿，还有"中华民国"字样，那留着不是招事儿嘛。

徐：那您从什么时候开始画画的呢？

李：孩子画画啊，是出自模仿。德亮你要是老在你儿子面前画画，他也想画画。

徐：但是拿毛笔画，跟拿铅笔画，还是不一样啊。您什么时候开始能拿毛笔在桌上、在宣纸上画呢？

李：你问这个话，就说明你没受过这个苦。宣纸、毛笔，是小孩子用的吗？不配！拿什么笔？石笔，在地上画。这地呢，我们住的不是那种四合院的青砖墁地，是老房子那种"水门汀"的地，那就算不错了。

徐：就是水泥的地。

李：拿石笔画。小时候我们老使画石，干嘛呢？上课。那时候普遍都穷，弄点儿纸订个练习本，该交作业的时候，正规的作业往本上写，交作业。老师上课的时候，底下学写字，算算术，用什么？石板。现在都不卖那个了，就是房山出的那个石板。

徐：我都没见过。

李：哎，你到房山那儿看，瓦都是那个做的。

徐：汉白玉？

李：不是不是，哪儿那么好？一片一片的，那石头也不太硬。

徐：页岩？

李：叫什么岩，到现在我也不知道，反正我就管它叫瓦片儿石，因为光看人拿它做瓦了。

徐：黑不拉叽的。

李：黑灰色的。有的连那个四边都没有，有四边的边框那个，得去市场买。有的人直接到房山那儿起一块石头，把四边磨磨，大人还得钻俩眼儿，穿上线儿，搁书包里头。拿画石做的笔，在这上头写。每个人还有一个小板擦。

我开始画画就是拿画石在地上画，反正我父亲那儿画什么，我仿着画什

李燕画刺猬

么。画的时间长了呢,就看着什么画什么了。比如说我们住的那个地方离豁子口200米,到城外玩儿,什么都不花钱,逮个蚂蚱啊、勺蚂螂啊、挂嗒扁(一种尖头尖尾的蚱蜢)啊,粘个知了啊。还有小刺猬,我会逮刺猬,扎不着。

徐:那怎么逮呢?

李:哎,刺猬,你一逮它,它团一团,你下不了手。得用俩中指,从两边腰底下——那地方的毛软啊——这么一搭,搭起来了,带一个口袋,给它搁口袋里头提溜回来。

徐：提溜回来养着玩儿？

李：从小大人就劝：咱们别杀生啊，这个让你养，养不活。喂它点儿，时候长了，它不爱吃饭，就麻烦了。而且一到冬天，它还得冬眠呢，咱也没这个条件，玩儿天就放了。

哎，东郊那儿还能看什么？那时候环境还没污染呢，护城河里有碧绿金线儿的青蛙。两边就是野菜，那时候我会采野菜，尤其那野苋菜，野苋菜不是红的，现在炒苋菜不是红汤吗？那个野苋菜是绿的，味道挺好的。你得会采。什么时候采呢？得嚼得动的时候采。采回来之后啊，拿开水那么一焯，剁吧剁吧，剁碎了，弄点虾皮炒炒，拌个馅儿，包大菜包子，省粮食。这个也等于是玩儿了。

徐：那这些什么苋菜，什么蛤蟆呀，还有草虫什么的，您都照着画么？

李：哎，都照着画。还有那个什么菜园子，小时候好奇，咯噔咯噔咯噔，什么声音？一看，小驴在拉水车呢。我就在那儿研究水车怎么画，差点儿没把手给掩了。

可以说一出城就能接触农村生活。现在那一块儿早就变成大楼了。雅宝路就是我们住的大雅宝胡同那地方，现在成了路了。

我小时候，特别爱城墙，那会儿城墙没拆呢，城墙上头就是我们孩子们的天地，大人看不见，管不着，当然也很安全，掉不下来。

李燕画猫与螳螂

徐：城墙怎么上去呀？

李：我告诉你啊，快到齐化门那儿有一个马道。那个马道也是关着不让人上的，但是孩子们呢，大人一般不怎么管，也管不了。孩子们能钻进去，钻进去

"腾腾"就上了马道。一到了上边,哎哟呵,是全放开了,那简直是天地人三不管了!

徐:那会儿城墙上边有垛口吗?
李:有垛口。都有,极完整,没人拆。

徐:因为我小时候,上过现在东便门遗址那个城墙,就在靠近崇文门那边,有个地方能上去,但是上边就没有垛口了,就是半截城墙在那儿立着。
李:那时候就已经拆得差不多了。

徐:上边全都是酸枣树啊什么的。
李:对啊,酸枣,诱惑力可大了,一不要钱,第二它通风,那个酸枣个儿大,好吃。现在有时候他们拿酸枣来,我一吃不行,不如我小时候那个。还有上头逮的那个蚂蚱,就是"登刀山",个儿大。怎么"登刀山"呢?你带一个手绢,把它给兜起来,它那个后腿一蹬,感觉像是带锯齿的,把你手绢能蹬透了,所以还得带一个废窗纱做的小笼儿,底下都封上,上头是用过去都穿的那个线袜子,废袜子,拿着袜子脖儿那"边儿",缝上,上面绳一扎,你逮的蚂蚱,放那里头。

徐:您那会儿上城墙,城墙上面已经都长树长草了? 它不是一马平川的?
李:不是不是。老早就没什么人管了。

徐:上边都是土路了呗?
李:上头不是土。

徐:城墙两边是垛口,中间的地是什么呢?
李:地也是砖。

徐:那这个树怎么长出来的? 拱出来的?
李:拱出来的。那个砖都残了,多少年也都不再用了,它确实也不再有防御价值了。那儿就是这些孩子们的天地，上那儿玩去，大人看不见。因为那时候不管认得你不认得你，大人都有管孩子的权利，你这儿淘气了，那儿又违规了什么的，旁边只要是个大人就能管你。

徐：甭管认不认识？
李：哎，那时候出去丢不了，也没有多少流动人口，跑丢了有人给你送回来，哈哈。所以那个时候，就是有这么一个环境，我出去玩回来就画。我父亲不管，你爱画什么画什么。

徐：那是多大岁数？
李：小学一年级到四年级。

徐：就是您画，他也不管？
李：哎，他不管，不指导。

徐：这个为什么呢？
李：等我懂事之后，我父亲才讲，说是孩子啊，天真，看什么都新鲜，画出来就有意思，你别老拿大人的意志去指导他。他说现在好些个大人教孩子画画，挺小挺好的孩子，让他临齐老先生，齐白石老人，很小很小就临，还照着大人的画画，把孩子的天真就给泯灭了。他说在这个儿童时期，这一段，你就让他由着性子画去。有条件给他准备好点儿的工具，没条件就准备差点儿的工具，你就让他画去。

确实，儿童画都有趣味，这好像是人的天性。你给哪个孩子一个画画的工具，他都能画得好玩儿。但是一般来说呢，到了9岁、10岁，慢慢地，儿童的那种童真就没了。所以到这时候呢，我父亲苦禅老人就说，可以开始受点儿基本功训练了。所以我实际上到了13岁才接受正规的训练。

徐：哎，这个我们就特别想听，作为一个大画家，怎么教自个儿的孩子啊？第一步是画什么？
李：这第一步啊，不是他教，是上当时美院附中办的班，这个班有点近似于现在的考前班。那时候没有礼拜六休假,就是礼拜天休息。礼拜天一早到那儿就报了名了,学费也没那么贵。美院附中的教师来教基本功,摆上静物就开始画,一棵白菜、俩土豆、一个苹果……

徐:等于一开始学,不是学中国毛笔的水墨画?

李:你等着,我还没说呢。这个是色彩课,是水彩。还有就是什么呢?素描课,画的素描,画球啊,画圆锥啊,再后来就是画这个分面的贝多芬像,就是上次我让你画的。再复杂一点儿,开始画圆雕,圆雕就是整的,不是一半的那个。

徐:就是整个的一个大卫像,或者是老人像之类的吧?

李:大卫像还轮不上呢,那个太难了。为什么引进来这些个石膏像?它分不同的教材层次用,有的相对容易一点儿,有的就相对难一点儿。那个大卫像,就得到相当程度才能画。还有一个,石膏像都是白的,是不是?那么现在,一个老头儿,真人坐在那儿,你把这个肤色得画出来。可是素描,就是铅笔画,画完得让人感觉到皮肤和衣服质感是不同的。如果戴眼镜的话,眼镜腿儿和眼镜片儿质感都不同。水平、难度逐步加深,很正规,很严格。

徐:那画这些跟国画有什么关系呢?

李:对日后用毛笔白描很有益,用素描概念去理解线,能很快地用线找到体积感和质感。可以说这个班如果办得好的话,时间不必特别长,你学的都是真东西,是扎扎实实的真东西,让所有学生受益,决不会误人子弟。教师也认真,不像后来,我看有一些考前班,每人支一个画架子,摆一个石膏像,或摆一个模特,你们画去吧,老师半天不说一句话。那不行。

徐:我插一句,我有一个朋友是美院毕业的,他们这些刚毕业的学生,好多都去考前班当代课老师。人家学生呢,比如说画这个分面,画半天不会啊,着急啊。他在旁边看着,不言语。学生也小,十几岁,半个钟头了,还在那儿吭哧呢。他过去了:"你起来!"他往这儿一坐,30分钟,把这个画画完了。站起来,"叭"把手里的铅笔一撅,"换一张纸重新画!"孩子站那儿傻了,他画下一个去了。好多考前班是这样的。

李:反正我们那时候上课,老师就是及时地走在每一个人的座位那儿,给每个人仔细讲。

徐:因为学美术,它和学理工还不一样。

李:对。一个牛顿定律,你讲不出花儿来,给多少人讲它都是牛顿定律这点儿事。美术不行,一个学生一本账。你徐德亮到我这儿来学画,甄齐也来,俩人进度不一样,情况不一样,教师的指导方法、内容就不能一样。

徐:您上课等于是孩子们都拿着画架子在那儿画,您去给每个人具体指导。如果是教理论,600人一块儿上课也可以啊。

李:对,你教中国美术史,讲八大山人,给多少人讲都行。涉及具体技法,尤其是考前班,他主要是学技法,那必须认真对待。哪儿不对,他具体告诉你:"这儿形儿不太对,你拿大拇指比比,或者是拿铅笔比比,垂直线,你以这个垂直线为基准,你看它偏多少,你自己比比,你说多少?"你画得不对,"你看我给你这儿稍微动一笔,就加这一条线,就跟几何图的辅助线似的"。然后他再教其他人,一会儿绕回来了,再看你,"哎,这回差不多了"。每个人他都得记着。

我后来考进美院附中,1958年,我考进去了。我们校长是丁井文,原来在延安当过毛主席的卫兵。他也喜欢画,在解放区就喜欢画,还打过游击,进城以后,组织上就给他文化工作做,让他组建了美术学院附中。那是我终生怀念的好校长。我还没考附中的时候,他见着我就把我搂在怀里头,我印象里那胡子茬儿挺扎人,"现在办附中了,你进我们附中吧"。丁校长那人特别和蔼可亲。

他不但很会用人,而且他自己通过长期的研究实践,成内行了。你不是内

丁井文

李燕上中学时与父母在煤渣胡同6号的美院宿舍合影
（两个妹妹是李琳和李健）

行怎么领导这个专业?而且他亲自上课。他作为校长,他挨着屋地串,这个客观上起到了对教师的监督作用。不像后来,"文革"后,我看到一个情况:这个教师上课,沏一杯茶,且"滋儿"不完呢,出去加点儿水,且不回来呢。学生给他编顺口溜儿:八点上课九点到,一会儿出去撒泡尿,十一点钟报个到……然后什么的。反正我也背不下来了,但愿别流传。

丁校长可不是,他作为校长,上课时在各个教室里悄悄走。看着你有什么问题了,也是让你起来,他坐在你这个位置上看,他说:"你看啊,你画的这个是圆雕,现在画成高浮雕了。你没把脑勺画出来。"那学生就说:"我画的前脸,怎么还把脑勺画出来?""你这儿是没转过去啊,太实了,岂不是等于一刀把脑勺切了。你看,"他拿橡皮噌噌噌几下,"给你虚一下,你看圆过去了吧?这道理明白吧?好,你再画。"他这是启发式的教育,又是亲自动手教的,看人家这校长当的,多实在!

他在美院附中当校长,一过马路就是他家,但他还是以学校为家,选择了学校里的一个小屋。那个小屋是早上不见东方红,晚上不见夕阳红,很小,一小桌、一小椅、一张床,他经常在那儿过夜、睡觉。那真是老延安作风,全力以赴。所以美院附中出来的,我们都觉得挺骄傲的。教师也个个好。你看这样的校长带出来的教师,肯定负责。再加上教师本身,那都是打徐悲鸿教育体系出来的,都是非常负责任的。所以有好的校长太重要了,他决定了校风。我们挺沾光儿的。

为什么我父亲让我考美院附中,从考前班到美院附中?他说:"国画你先别轻易画,你先把基础打好了。"什么基础?一个是文化课基础。我们美院附中按高中生的要求,连几何都学。好些人都不理解,不理解不行,这是规定的,也得学。还有一个就是什么呢?就是绘画基本功。那美院附中,要求基本功是真严,整个我们四楼都是素描教室,比别的教室都大。而且1958年那年,赶上了全国"大跃进"运动,是加一倍招生,原来是一个班35位,到我们那儿70位了。那真是要求得特别严。

那些教师们呢,他们的事业心表现在:我就是教基本功的,我就是教素描的,我就是教色彩基础课的,特别安心。后来"文革"后,我发现有的老师不安于教这个了。这是给学生铺路的呀,搭梯子的,对老师自己的名利没好处。你说哪一个教素描的出名?画张素描,标价一万,有人买吗?那个时候教师很称职，自己分工就是教学生基本功的，就安于做这件事，踏踏实实。首先早上绝对不迟到，没有学生待半天，老师才进来的情况，没有。到后来我当教员之后，也是这个早来的习惯。你摆模特什么的，得自己先看。静物有时候都摆半天，底下垫的那个衬布绸子都且得选呢，不是随随便便戳俩苹果搁那儿了。

徐：就是说，学生从哪个角度看，他都有得画。

李：对了。尤其是等到画模特，大活人，那几个姿势怎么摆，什么年级摆什么姿势。好，你一年级摆一个"朝天镫"，模特受不了，学生也画不了，是不是啊？哎呀，我回想那三年，还住校，整个是军事化管理，不许回家。礼拜六晚上回家，星期一早晨得准时回来。那有的同学还真是怕迟到，礼拜天晚上就回来了。晚上开夜车？不行，头十点，还有一点儿时间，铃"哗啦啦"一响，你得赶快去上床，不上床就拉闸，房间里黑的。早晨"哗啦啦"铃一响，五分钟之内，紧急集合，在操场排一队，向右看齐，稍息、立正，然后跑步。所以女同学都掉着眼泪把辫子剪了，没时间扎小辫，就五分钟之内集合。

徐：那会儿美院附中这么严格啊？

李：哎，严格极了。

徐：这美院附中在哪儿啊？

李：在隆福寺，现在那个楼还在，后来后任领导给卖了。卖了之后给挪到哪儿去我也不去了，我再也不去了。我没有感觉嘛！没卖之前，我们校友回去，亲切极了，走在楼梯上，那个回声都觉得亲切。想起来当年自己上课的时候，真是觉得对学校的一草一木都有感情，那种回忆不是别处能够代替的。卖了，换新地方，那不是地皮值钱嘛！包括老美院在王府井旁边，原来是个日本小学，日本投降后徐悲鸿院长北上接收艺专，他看中了这个地方。他跟李宗仁关系好，这地方正是李宗仁管辖范围嘛，送他20多张画，再加上过去就是老朋友，把那块儿地方买下来了。那叫U字楼，U字形。可是90年代以后后任领导给卖了，搬到花家地去了。花家地有一个垃圾填埋坑，那最便宜，没人买，愣买了。那坑，到现在也填不平，哪儿找那么些土填去？你到北京周

李燕（左一）在当年的中央美术学院

围哪儿有土让你挖，石头子儿也不许你挖啊。所以那个坑上头盖的，你远看，哟！这是哪儿啊？怎么跟火葬场似的，建筑是黑的，还起个烟囱。到里头一看，还有三层楼呢，卧在那儿了！那不是烟囱，那好像是为了现代审美，高出一块来，似乎它也觉得太矮了，就是高出那么一个横截面是扁方的建筑，就像大烟囱，只是不冒烟，上头还有一个没有字的钟，让人一看这是干嘛？这是"送终"呐？

这个建筑，平常看是深灰的，一下雨全是黑的。就是把原来美院那个小门牌儿给起下来以后，给安在那新美院的大门上头当文物，还得脸朝里。哎！咱不说了。当初徐悲鸿院长选在王府井旁边，就是因为那里有人气，因为到大学就不是军事化生活了，学生们自由时间多了，出来一转弯，东安市场，东安市场有一个丹桂商场，书摊，旧书，工具书也挺多的，你要是买资料真是又便宜又好。我替我父亲也买了不少，便宜极了。每个书摊跟每个书摊进货途径不一样，所以各种书都多。还有些很有意思的东西，那有些是看得起买不起的。在王府井这条街,生活丰富,所以有的学生画一个长卷,把王府井看到的各种人都画在上头。

旁边是故宫,凭美院附中和中央美院的校徽,不要钱,进去就能学习。那绘画馆清静极了,那时候能有两三个人就不错,还都是我们同学,在那儿临摹。哪儿像现在,好家伙,扎堆儿排队,大长队,还得早领票,看《清明上河图》。

徐:也就是这一个月,这个《清明上河图》之后,又清静了。

李:哎呀,真的,那时候清静极了。哎哟,那会儿在故宫,我告诉你,我享受皇上待遇,那个安静!徐悲鸿找这个地方,他不是没原因的,学古有学古的地方,生活有生活的情趣,尤其1958年以后,不远的中国美术馆又起来了。所以学艺术这个人文环境特别重要,培养人才要特别重视人文环境。为什么"孟母三迁"呢?是给儿子小孟选个良好的人文环境,日后才能成为"亚圣"孟子啊!好在,我赶上了王府井帅府园的美院,如今梦里头都是帅府园老美院,绝没有大烟囱、没字钟。

【第二聊】

# 他们到欧洲都够得上大师

这些个民间艺人很可贵,留下这么多艺术珍品。可是美术史上没有给他们立传的。但是他们这个本事,到欧洲都够得上大师,不能瞧不起他们。你要是打算学技法,那就得学这些画匠、画工们,他们的技法最丰富。

徐：我今年去了趟山东，还特意到您老家——高唐县李奇庄，寻访了一圈儿。到那儿一看，就是很普通的一个村子，看着也不是很富。在个小村里头要是出来个名医，有可能，哪怕出来一个练武的，也有可能。怎么能从那个小村子里走出来一位国画大师呢？

李：实际上呢，这是历史的必然，李苦禅的偶然。历史的必然就是那个时代，那个历史条件、人文环境，它真出人才。你想想那个时代，那些大名人才都多大年龄？胡适之20多岁当教授，蔡元培多大岁数当校长？

徐：都很年轻。

李：嗯，国立艺专的校长，林风眠先生，比当时还是西画系学生的我父亲还小半岁呢！那要看本事，你有本事，就当校长。

徐：讨伐袁世凯的蔡锷30多岁就死了。还有跟孙中山一起革命的黄兴，办大事的时候岁数都不大。

李：那时候的人成才早啊，不像电视剧里演的，鲁迅一出来就老了，不是那样的。那都是成才很早的呀！这是时代、人文环境决定的。我父亲是戊戌变法失败的那个月份出生的。戊戌年你要折成公元是1898年，说他1898年出生的？不对，整跨到了1899年出生的。

徐：哦，等于他是1899年年初出生的。

李：阳历年年初。

徐：阴历的岁尾。

李：哎，阴历的岁尾。所以他属犬，很荣幸，那年出生的名人还有我们最尊敬的周恩来周总理。时代造就人才。实际上我们家是一个贫苦农民家庭，为什么到我爷爷那辈贫苦了呢？因为那地方盐碱化了。你有点儿地，但是你不能种，你要一种就麻烦了，就你收的那点儿东西，还不够完税的呢。收税不管那套，你种多少亩就得按地亩上多少税。

徐：就是你只要种了就得上税，没种就不用上税？
李：哎，没种不用上税。

徐：就荒着。
李：历史上第一次免农业税那还是前几年，是吧？《政府工作报告》宣布的，免除农业税。自古都是要交皇粮的。

徐：摊丁入亩嘛。
李：哎，摊丁入亩。

徐：打清朝前期开始。
李：都得收啊，是不是？农业国哪有不收农业税的？所以就算放荒，也不能种，所以家里就收入很有限。好在那个时候啊，同族里头啊，互相都帮忙，村里关系都走得特别近。

徐：山东聊城高唐李奇庄，那就是一庄人都姓李呗？
李：开始是这样，后来还有别的姓的人进来了。明朝有一个大移民嘛，就是从山西洪洞大槐树那儿，移民到山东去的。要么李奇庄村里头有棵老槐树呢，就是移民到那儿也种棵老槐树，留纪念。现在还有呢，扎着红布条，周围围个栏杆。

徐：我去还看见这棵老槐树了，树底下几个老头儿，一聊，这个90，这个87，都是这个岁数。问他们，说这个老槐树得有一千岁了。这棵老槐树倒是也不粗，但是树芯啊，整个都空了。
李：空了，可是你看那个老的样子，旁边扎的那个根。

2006年李苦禅先生的学生们齐聚于李奇庄

徐：我还特地去考证了考证，他们说那个老槐树，边上的道儿，现在已经填高了一米多了。原来底下有一个一米多的石头的东西挡着树，要不然这棵树就倒了。但是他说姓张，周围那几户，不姓李呀。

李：是啊，后来村大了，还有别的姓也进来了，大伙儿都相互照应，没有因为姓不同就结私党打群架的，没有。别认为中国农民没教养，农民有农民的礼。一个村的，大伙儿还真互相接济，不是阶级斗争的"阶级"，是互相接济。

我父亲从小走上艺术道路，跟人文环境分不开。我们老家那个地方，最早让他最感兴趣的是什么呢？那时候都崇拜关公，叫关帝君。你有文庙是吧？孔夫子，那个封号是大成至圣文宣王，够王一级的。武的呢，最高一级就是关公，关帝君，所以村里县里，关公庙多极了。

徐：大地方修大的，小地方修小的。

李：哎，根据你的物力财力，都是大伙儿攒钱修。那个庙旧了呢，大伙儿再攒钱，重修，就是重塑金身，重画壁画。房椽子什么的哪儿坏了，修理修理。这是村里大事。拿席子一圈，请些艺人来做这些事。我父亲他讲，这个民间艺人呢，平常就干农活，不是专业画画的，但都是一辈儿传一辈儿，他掌握好多技巧。等哪儿有活了，大伙儿一通知，哎，凑一班儿，就跟戏班似的，一块去干活。村里好像戏班也是这样,平常干农活,但是会唱大戏,梆子什么的——梆子在这儿比较流行——哎,凑到一块儿,唱大台子戏。村里给点钱,不卖票,随便看。那么修这个庙也是这样,大伙儿攒钱,请来艺人画。那时候,我父亲觉得很好奇,席子围上干什么呢?掏着席子眼儿看。他一辈子好奇,我也好奇,可能有血统,不明白的事就好奇,好琢磨,一琢磨就能找出点儿规律来。

我父亲一看,哎,这些人有意思,这墙怎么好好的给刮了?刮完了又给抹了,不是一层,有粗泥、麻刀泥,完了还掺棉花,旧的棉花,还有的掺什么东西,据说还有那个芦花什么的,那里头的配方,不告诉你。

徐:为什么加这些东西呢?

李:泥越来越细,到浮面上那个泥特别细,结实,这我领教过。因为我们那时候到庙里临摹壁画,我们一摸,靠墙角上试试,拿指甲硌一硌,又细又结实。现在不行了,摸不着,不让摸了。哎呀!明朝那个壁画的墙硬,敦煌要不是这些年去的人多,有哈气,也不是那么容易脱落的,那都多少年了。

徐:反正我们家墙,装修完过两年就都裂了。

李:哎,现在的事没法说,人心浮躁,缺乏工匠精神。什么豆腐渣工程,赶着献礼的工程,纯为作秀的……那个时候都有敬业的精神。这个道理很简单。我问侯宝林先生:"您这个语言艺术怎么修的呀?""两句话,穷催的,饿逼的。你抖包袱人家都不乐,你吃什么开口饭?你喝西北风去吧。"确实是如此。说你手艺不行,没人请你了。

能攒一个班子,互相都知道谁会什么。分工非常细致,你管抹墙就抹墙,当然还会别的。抹墙,后来上头又开始打蚯儿,后来知道叫"打朽儿",就是拿木炭,炭棍——我现在还有呢,画国画都有个——在墙上打,稍微打打"朽儿"就打几道线。完了拿出一张张的白纸,后来才知道是棉料纸,比较厚,有点皮性的,结实,上头都画好了人物、景物等等的白描,这张是关公过五关、斩六将,这个是灞桥挑袍,都是这些情节。一块块的,在墙上头贴上。拿什么贴?枣刺儿,那时候哪儿找大头针去?

徐：哦，酸枣树掰下来的刺儿？

李：全是不花钱的，拿枣刺儿再钉上。哎，我父亲又瞧见，他们拿着布包，朝着这个画上扑扑扑扑，扑粉儿。后来才知道，纸上那个人物的线上头，都拿针扎了好些眼儿，这一扑，透过这个眼儿，那大白就过去了。布包那里头搁的是大白，就是白垩啊。地质名词叫白垩，那时候刷墙都是那个。所以到人家里一般都别挨着墙站，一个是把人墙蹭了不好，还有你身上沾一块儿白也不好。

徐：我们说相声的，演双簧，过去都是用大白化妆。现在都不使了，都使好的化妆粉了。

李：我父亲后来才知道，这个东西叫"粉本"，一般人不传。必须是自己的亲授弟子，因为是指着吃饭的呀。关帝庙它有一套壁画，你不能乱了次序。"宴桃园豪杰三结义"你得搁在前头，再往后头就是"虎牢关三英战吕布"。还得告诉你，关公在那儿可别骑红马，红马在那个吕布的胯下呢。这些师父都给讲，三国故事，你不能错了。而且上头文本还注着颜色符号，你要不懂得，还不知道。

徐：不写字是怕别人看懂么？

李：哎，他有符号。比如写个工字，那是红，写个王字，那是黄，哎，等等，不同的。他不能不保守点，他指着吃饭呢，你全会了，我上哪儿吃饭去？但是为什么我父亲能慢慢知道呢？因为那个带班的人也是本家，但是早出了五服了，辈分大，都称为爷爷。这个爷爷也不知道是哪一辈的爷爷，反正大辈的就称为爷爷。

徐：反正有点亲戚关系。

李：反正姓李，这是一族的，叫李宾爷爷。他那个时候挺喜欢我父亲，我父亲那个时候可不叫李苦禅，按照我们村里排辈啊，他是英字辈儿的，到我这辈儿应该是春字辈儿的，但是我进了城就没这么排。我爷爷叫李名题，金榜题名嘛！这一辈子干苦力活儿，农活儿，不到60就去世了。自己这辈子没有金榜题名的读书机会、认字机会，就觉得自己儿子呢，爱跟人讨教个字啊，爱在地上弄个棍画点儿什么东西,又老对这些个画庙墙的、塑庙墙的感兴趣,所以,学名就按辈儿起,也是找教书先生,起个"杰"字,英杰,据说来自一个什么诗人。这个后来长大了,才知道,是李清照的,"生当作人杰,死亦为鬼雄。"

徐:"至今思项羽,不肯过江东。"
李:没错,叫李英杰。再长大一点儿,也不知道是谁的主意,先父也没说,说有名还得有字,将来您要是当了一个文化人,还得讲究有一个字,或者是号,对吧?叫超三,似乎是"超出三界外"的意思。

那个时候呢,我父亲还叫李英杰。李宾老爷爷挺喜欢,允许他进那个席子看去,这个就算不得了的待遇。一个孩子进来淘气,给人家打翻了工具怎么办呢?好在我父亲小时候挺守规矩,在农村孩子打小也受教育要守规矩。他仔细看呐,"哎哟,这有意思!"后来让我爷爷奶奶知道了,说:"别进去看去,他们这个能把人的魂儿给抓走。"怎么抓走?说他画着画着瞧见你了,就把你给画上去了。

徐:那时候迷信。
李:我父亲不管这套,还是去,随便就去了。这个李宾爷爷,还替他说好话,人家不能承认"我把魂儿抓走了"啊!哎,这个过程啊,对他影响太大了。特别是那个塑像的再塑金身,它里头的泥坯子啊,整个都裂了,整个重做。搭架子,那个架子一搭,搭成个人的姿势,然后也不知道什么草啊、绳子,泡湿了在上头缠,然后再拿麻绳什么的缠。缠了之后呢,再用那个泥、胶泥,往上糊。那个泥,他们要选的,不是哪儿的泥都能用。往上贴,越浮头的泥越细,里头掺点儿什么东西。哎,这一看形儿出来了,一看是关公、周仓、关平。一般关庙,必须有这三位。过去供关公讲究这三位,现在当财神供,好些都供关公一位。

徐:就一个人儿了。
李:那谁给拿刀啊,是不是?关公自个儿拿着。这倒省钱,但是不合规矩。哎呀,形儿出来了,可是没色儿,又看他们如何一层层的上色儿。这也有规矩,什么颜色铺底子,什么颜色在上边。特别是那些个铠甲、金盔、金甲、绿战袍。那个金盔、金甲怎么画啊? 真往上贴金? 那不行, 没那么些钱。他有他的办法, 愣能做出来, 让人感觉就是金光闪闪的。咱们不是上课, 就不细讲了。没花多少钱, 那技法我知道。

全做完了, 都归位, 关公在中间, 旁边周仓拿大刀; 有手, 可是那个刀呢, 还不轻易配上, 可能是怕把手碰坏了吧。不知怎么着刀先不上呢, 反正姿势一看是捉刀; 关平那手姿势是按剑, 可是又没有剑。估计以后再往上配, 是吧?

我父亲就奇怪, 所有的人有眼无珠, 光有眼白, 没有眼珠。哎, 不明白什么意思。而且人家涂脸的时候啊, 还拿布蒙着, 不让人看, 跟变戏法似的。他不知道他的眼睛是做什么文章, 好奇, 等于在他面前卖一个关子。配上壁画, 还要再看上头那些油漆彩画, 有的地方不行了, 给它刮下去, 再上腻子, 粗腻子上完之后, 再上细腻子, 拿砂纸打……这个过程, 他都看得仔细极了。

这个过程, 那就是在上课呢, 你想他小小年纪就接受了这个教育。后来终于整个庙完工了, 这时候, 谁都不让进了, 席子圈也让撤了。说什么时候让进呢? 说你等着开光那天。敢情得选日子, 选好了日子之后, 开光。哦哟! 那一辈子他都忘不了, 从小活这么大, 头一次看这么盛大的开光仪式。唱大戏的, 搭个台唱戏。那时候是连本大套, 不是唱一天, 各地请来的, 不卖票, 周围多少里的都到这儿来看。哎呀! 那比平常那个集市还热闹, 各地的一些土产, 再有一些, 现在叫民间玩具、民间工艺品, 窗花, 手工剪的窗花, 还有那个泥娃娃, 面馎馎, 小孩的兜兜, 老虎帽、小猪鞋。小男孩啊, 戴一个老虎帽虎头虎脑, 是吧? 小鞋有意思极了, 小肥脚丫穿上一对儿小黑猪, 这个黑猪上的猪嘴都是布绣的, 还有俩猪耳朵。小孩那个脚容易蹬到一块儿, 跟俩小猪蹭似的, 好玩儿极了, 特有人情味儿。再一个, 再小点儿的小孩, 都拿小的薄的那小褟裢一包, 抱着出去, 还比谁家的好看, 都是自个儿家媳妇儿手工绣的。

哎呀, 太吸引人了! 尤其是大戏, 我父亲头一回看: "呦, 这个神像都活了!" 还问怎么回事。大人就说, 那个是好人, 那个是坏人, 好人杀坏人。哎哟, 小孩爱蹿, 蹿到后台一看, 呦, 怎么又活了? 这才知道是演戏。

这些全都在他的心里埋下了艺术种子。

徐: 最后神像的眼睛怎么着了?

李：庙门开了，各地请来的这些个，是道士是和尚说不清，反正请来了一些个宗教人士。有吹吹打打的，什么音乐记不住了。哎，到那儿还请了一位长者，给开光。非常严肃、隆重地烧香，烧完香之后，他一个人走上前去，旁边有一位，暂且叫道童吧，给他递一块白羊肚手巾——没使过的毛巾叫羊肚手巾，就跟咱们吃的那个羊肚似的，就是用羊肚手巾，在那个眼睛那儿一擦，哎哟，眼睛出来了，敢情是琉璃球，黑琉璃球。这一擦，好家伙，神光炯炯的。

徐：黑琉璃球，拿白粉先给它罩上？

李：这下活啦，哎哟，嚯，大伙儿就鼓掌啊！那时候热闹不光鼓掌，还有拍大腿的，小孩拍屁股的。嚯，一片欢呼，感情这叫"开光"。反正他印象里"开光"就是这个仪式。现在好像什么都"开光"了，您这个手串是某某法师开的光，原来值一千，他一开光值两千。这个光我就不知道是怎么开的了。反正我小时候知道的"开光"，据老人说就是这样的。

徐：侯宝林先生在《一贯道》里不是讲了嘛，"他保佑那个卖香的了，他要是不烧香，那香店就转业了"。

李：所以我父亲一直到老年都经常说，这些个民间艺人很可贵，留下这么多艺术珍品。可是从敦煌到各个大庙，包括我们老家这些，你知道谁画的？美术史上没有给他们立传的。但是他们这个本事，到欧洲都够得上大师，不能瞧不起他们。你要是打算学技法，那就得学这些画匠、画工们，他们的技法最丰富。因为他们没有文化，所以有些画儿的格调上不去，你除了学习他们的技法，你还得学习中国文人画的修养。你有了文人画的修养，加上这些画匠们的功力、技法，你这个画就能高上去了。苦禅老人一生都持这种见解。

徐：是啊，人家画匠首先题材会多少啊！

李：你光会画一两样，你能吃这碗饭吗？是不是？

徐：那个颐和园长廊上就多少故事呢。

李：多少故事啊。壁画上表现的题材更多，不光是主要人物啊，还有相关的人物，那中间还有一些个山水、花木……

徐：大船、城楼、车马……

李：哎，都得有啊。艺人们会的题材相当丰富。有时候掏着空儿的地方，还画一只兔儿、画一只鸟儿呢。其实敦煌壁画也有这个，跟主题没有什么直接关系，他就是觉得热闹，有意思，人们就爱看。

徐：我看您有的画，一张大画，画一个罗汉逗猴，旁边搁只鹿，旁边再画几只鸟儿，也是这种原因，鸟跟这个罗汉其实没什么关系。

李：哎，就是画得有点情节性，看着有意思。我父亲说，他们也有他们的一些特殊技法。比如说画"关公斩颜良"，关公的大刀抡过去，颜良的头飞了，飞在半空，还瞪着关公，那个眼睛还瞪着他。全画完了，艺人弄个芦管——就是苇子管，弄个破碗茬子，调点儿红色儿，弄点儿水，解开了，哎，拿芦管好像吸点色儿似的，对着关公的那个刀口，青龙偃月刀的刀口，噗，一吹，就跟溅了血似的；又朝那个颜良的脖子，断茬儿，噗，也溅了血了。还有这个技法呢。

徐：这个拿笔画还不好画呢。

李：画不出来。哎，他有一些特技。我父亲说艺人没什么特殊工具，到地方先跟各家收破碗茬子，这就是他的工具。等画完了，找一个地方，挖一个坑儿……

李燕　天乐图

徐：一埋？

李：还是很隆重地埋，埋得瓷瓷实实的，很有敬意的。因为这是自个儿吃饭的家伙,现在用完了,咱得谢谢人家。就跟农民到过年的时候,把农具擦得干干净净,都立在墙边上一样。立得规规矩矩,一个农具上贴一个红条,它也过年呀!

农民很讲感情。吃饺子,第一锅饺子煮得了之后,把饺子还吹一吹,吹凉了,到牲口棚,喂牲口,当然是素馅的了,给它们吃。这个牲口啊,帮着自己犁地,很有感情,是不是?有时候好些家使一个牲口。牲口那个时候是第一生产力啊。那个时候一家能够有一头牛、一匹马,那不容易啊!所以人过年的时候也让它们过年。家里养的狗,也得给它一点儿饺子吃,它看家护院有功嘛!农民很讲感情。

徐:古代的书画家也是,退笔成冢,把那些写秃了用不了的笔,也挖一个坑埋起来,还立一碑,题上"笔冢"。当然一方面是风雅,一方面也是一种炫耀:笔都使坏了这么些,你看我下过多大功夫!

李:画家也有一些特技,你像黄永玉画画就有一些特技,我都不知道他跟谁学的。别家画的那个海浪,怎么画,那个浪花都起不来。"文化大革命"里头,有时候也动用"牛鬼蛇神"什么的,让他们还"为革命服务",因为那些"革命"的人画不成。就把黄永玉提出来,问:"这个浪花怎么起来的,说!"就这态度,不像现在,你到我这儿学画,这么客气。黄永玉就找那个擦桌子的揩布,还找旧的,新的还不能用,旧的硬。"拿它干什么?""我画个浪花。"调好了颜色,拿那个揩布蘸完了之后,腾腾腾腾,几下,哎,这浪花就起来了。

徐:绝招就这么一下。

李:哎,用完那个揩布就扔了——这就没人给他"上纲"了。你要照着"文化大革命"那么上纲,拿着破揩布画毛主席像,就成大事儿了。这得是使得上你、用得着你的,把你黄永玉调来。用不着你的时候,"出去,坐牛棚去!"或者是"劳动改造去!"

书归正传,咱们说回来,很多民间画工,都有一些特技。这不是谁发明的,就是一辈一辈传下来并丰富起来的。

徐：当年您父亲那么小，他怎么就能把这些都记下来，而且记一辈子？

李：印象太深了！他包括那时候看到的一些情节，都跟我说了。后来我给别人写了，别人在写我父亲的传奇故事的时候，又添油加醋地放到里头，就不对了。比如加进去一场当年《时迁偷鸡》这个戏。其实在那地方不能演这戏，旁边有一个村，那个村好多姓时的，说是时迁的后代，上那儿演这戏，挨打，打出来了。但是演大戏，你这个武丑也得有，这热闹的行当得上啊，是不是？武丑的戏缺不了。不能演时迁，那就演别的吧，朱光祖，或者什么的，反正只要不是时迁就行。他有一个动作，那是真功夫，打三张桌子上头，一个跟头翻下来。

徐：我记得当年我采访钱浩梁，他说好武生也有这个功夫，叫"下三张高儿"，而且是扎着大靠下三张高儿。

李：时迁为什么叫鼓上蚤？那是鼓上的跳蚤，听不着声儿，是不是啊？武丑得有这个功夫，下来的时候，不能砸得台响，"咣当"一下，那不行。这真是功夫。

人家这个武丑，为吃饭练的绝技，不然谁请啊？你也会，我也会，咱都会，结果他多一招。他瞧那个卖鸡蛋的老大娘，光顾着看戏了，站旁边也不卖了，篮子里有鸡蛋。他在台上就说："哎，大娘，您借我鸡蛋用用。"人家不借："你给我打了怎么办？""打多少我赔您多少，打一篮子我赔你一篮子。你借我，大伙儿都听着呢，说话算数。"那老大娘就借给他了。他愣拿着一篮子戏蛋，蹬着三张桌子，这么高，一个跟头，提溜着篮子，一个跟头下来。下来了不但没声，而且这一篮子鸡蛋完好无损，全场"哗"，这个热闹！说是不卖票，老百姓一高兴那铜子真往上扔啊。完了给大娘拿来，还得问明白了："给大娘您看，有坏的没有？坏一个赔俩。""没有没有。"他有这些绝招。

要说这已经脱离剧情了，但是有时候啊，在村里头演戏，你就得有点儿这个绝招，要不然没人看。所以后来这些地方戏到北京，这些地方都刷下去了不演，因为它跟剧情没关系。可在村里唱不行，你都得加点儿这个东西。

当年一演戏我父亲就特别注意看，要不后来他成年以后学京戏，也是当初受了这个影响。

徐：您说您小时候上城墙逮挂嗒扁回来画，您父亲小时候在农村，这个肯定就更多了。

李：北平刚解放那会儿我们住那个豁子口有什么好处啊，这个赶大车的呀，还有好些行当的呀，都在那豁子口那儿吃饭。有一个回民家族，在那儿开一个饭馆。早上起来卖焦圈、油饼、糖饼、火烧大饼什么的，到中午了卖压饸饹，荞面饸饹。赶大车的饭量大，拿一个大粗碗——现在那么大的碗都找不着了——一碗荞面再浇上点儿卤，够一斤这么大的油饼，托着，找一个地方蹲着吃。

徐：桌子、椅子、板凳呢？

李：没有。就那么四个板凳，谁坐啊，是不是？索性就在外面聊天，那么吃，把那个牲口拴在那儿。我就在旁边画。当年我父亲跟我说，在老家呢，画牲口更方便了，在农村的那个环境，可画的多着呢！

我父亲一直到老年提起来还眼圈儿红呢。他说过，当年村里有一匹大白马，是几户伙着用的。后来老了，实在不能干活了，没有说把它宰了卖肉的，没有，都有感情了。人家说这个大白马通人性，除了不会说话，其他什么都懂。我父亲说我小时候薅它的尾巴，这要是别的马就炸蹶子踹了，它不踹，它看大人，冲着大人喷鼻。它那意思就是，你这个孩子揪我尾巴了，不舒服。然后大人就说：“哎，别揪别揪，揪人家疼不疼？我掐你你疼不疼？你揪它尾巴，跟掐它一样，人家没踢你就算不错了！"这孩子们后来就知道别揪了。这个大白马后来也不带笼头了，就在村里边这么遛，然后到村边吃点儿草，到该喂的时候，给它喂点儿料。后来太老了，马有寿命啊，最后老到什么程度啊？真是连料都不能吃了，就死了。死了之后呢，老乡们就村头找个地方，很正经八百地挖个坑，埋了。完了旁边还插了个棍儿，意思就是这个地方，埋过这么一匹马。那意思是，有人平常要是取个什么土啊——出猪圈先得撒土嘛，别打这儿取土。就那么个意思。

就是在这种环境下，我父亲他自己也是很有一种恻隐之心，很有人情味，很讲感情。

徐：那这个马，您父亲画过吗？

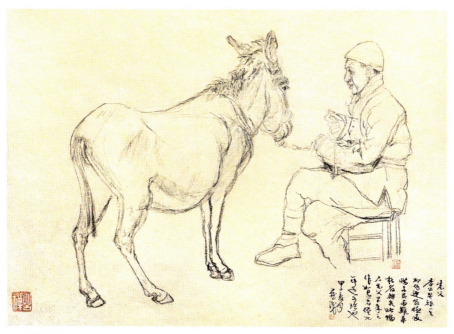

李苦禅速写

李：他不画马，他不画。晚年他说："我就画花鸟吧。人家马有画得好的。"

徐：但是您父亲有一个速写，我记得是马。
李：那个是驴。

徐：那他肯定也能画马啊。
李：能画。

徐：但是他不画。
李：他不画。他最后还是专攻花鸟画，很少画走兽。有些人也问起他来，他就说："虎，谁谁谁谁画得好；马，徐院长，还有谁谁谁画得好。"他还是有重点的。就是后来教我画画，说："你就别来画我这个鹰、鹌鹑、八哥，别再画了。我跟你齐爷爷都岔开了，他画虾蟹、工笔草虫什么的，到我这儿，我就画大黑鸟儿。跟老师题材得岔开，才容易有自个儿的面貌。你就别再画我这

李燕速写

套了,你就多画人物、动物,画点儿人都喜闻乐见的动物,画个小老虎,画个猴啊、小牛啊、小鹿啊,可爱,你画点儿这个。"人家看画的,先看你这个画可爱不可爱,说你画一犀牛,不可爱,你画一个食蚁兽,人家不认得。

我在动物园画画,开始我题材特别多,他不管,你爱画什么就画什么,所以我现在记得好些动物的名儿,什么科莫多龙啊,什么食蟹兽啊,你画他不管。到后来他才说:"你得挑着画,鹿苑,那儿画鹿;狮虎房,画狮子老虎,特别是生小虎的时候。小虎大一点儿就不好看了,又不像虎,又不像狗。得趁那阵儿小,好玩儿的时候,又像猫,又像虎,多画。哎呀,还有猴子,务必多画。你看谁一到猴山,都乐,实际上家里不一定有什么愁事儿呢,到那儿一看猴,都乐,喜欢,所以猴得多画。"我也喜欢,一听那个敲锣的,就是耍猴的来了,哎哟,各家各院孩子都出来了。那时候还有北京胡同呢,还安静,没那么多汽车响,所以一听锣响,大人孩子都出来看耍猴儿。

徐:那时候北京还有耍猴的呢?
李:哎哟,有。

徐:50年代那会儿?
李:对,都是唐山那块儿的耍猴的,还有耍"乌丢丢"的,就是木偶戏。我小时候接触过好多民间文艺,例如唐山皮影戏,都看过。它走街串巷,一敲锣,大家一听,哎哟耍猴来喽,耍猴来喽,主要是小孩儿。当然出门得跟大人要钱,虽然人家过去不卖票,但是都得懂规矩,过去孩子也懂规矩,大人也懂规矩,一听说孩子看耍猴的去,给点儿零钱。他这个是一个段落一个段落的表演,然后把一个小笸箩给猴。那个猴儿呢,挨着圈儿地要钱,还冲人拜几拜,要完钱之后,交给主人。它有一套节目,猴翻跟头什么的。"一个了,再来一个,再来一个。"哎,还有猴挑担子。猴它没有肩膀,它么罗着锅地挑。旁边这个耍猴的人还带唱的。耍完一回以后,他还有别的,有的小孩儿看完以为没有别的要走了,他一说就是唐山味儿的"别走哎,别走哎,我还会好几样儿呢!"儿时的这些兴趣,观察这些东西,影响一辈子。所以后来我进了中央美院,我父亲就集中让我画花鸟题材。过去啊,人物山水不要的题材全归花鸟,花鸟鱼虫走兽,都算花鸟画的题材。

花鸟也得画群众熟悉的,你画那个非洲犀鸟,巨嘴鸟,人家不认得。我父亲给我举一个什么例子呢?他有一次画一个鹈鹕,就那个大嘴的鸟,给白石老人看,白石老人说了:"这个好则好矣,人家都不认得,你这个画得挺好,也别废了,我给你补点景儿。"白石老人给补的景,完了还盖上自己的印章,我父亲在旁边题上字。这个故事我小时候就听了,就没见着这张画,后来有缘分,二十年前,在市场上看着了,拍卖会,我让人给举回来了。人家说:"这个不是李苦禅真迹,他一辈子哪画这个啊?"我说对了,这一辈子他还就画过这一张鹈鹕,现在在我这儿呢。老师过去教他的时候,就是这么教的。画

李燕　百猴图（局部）

花鸟画选的题材，得让老百姓一看都懂。

徐：所以您主要是以猴出名，您画的猴老百姓喜欢啊。

李：喜欢啊，老让我画，所以就多，其实别的"我也会好几样儿呢！"哈哈！

徐：我看您的速写本上，什么什么动物都有，其实把它们改成笔墨表现，都能变成国画。

李：对，李苦禅老人也特别讲："速写离咱们写意画最近。"他说你画速写的时候，你只能取最生动的那一瞬间，而你画的时候，你是带着一定兴趣画的。其实你画的最好的速写，跟它原来的东西也不一样了，那不然的话，你照照片也能画了，是不是啊？而你有速写底子，你再看照片，你都能看活了。所以后来我画速写的工具，有一段改成什么了？炭条。细的地方用的棱，出线，大面，我就把那个炭条扁下来。哎，他最喜欢我用那个工具画的速写。

徐：画的速度也快啊，省得打阴影了。

李：哎，这个一画一个面，一个肌肉群就出来了，还有质感。速写稿拿回来之后，就该进入第二个阶段，习作阶段。这个时候国画工具就使上了，往元书纸上画，这是个过渡。过渡到一定程度，咱们使宣纸，宣纸不是贵吗？慢慢进入创作，把你的意思加进去了。素描要练，但是最后他主张：

"你素描停一停吧,就画速写吧。这离大写意尤其近。"

刘继卣老师上动物绘画课也让我们画速写去,他那个动物结构抓得多紧。最近在世博园展出徐悲鸿院长的51幅真迹,等新馆建成之后看,到那儿看去,咱们到那儿再细说说。那研究马体解剖,研究得多仔细啊。所以这个基本功不能不下。苦禅老人就是主张多画速写,他就是抓我的速写,抓得紧极了。

徐:所以您让我画猫也是这个意思,老百姓喜欢啊。

李:是啊,现在咱们没条件,有条件我带你画老虎去,我现在毕竟70多岁了。但是你周围有猫啊,你喜欢猫啊,你就画猫。你没感情就别画,你有感情,你画出来的猫就可爱,你不喜欢,画出来冷冰冰的,连画人物都是这样的道理。

徐:这个自己控制不了。

李:这我们都见过,有些人他本身就是过

李苦禅画鹈鹕,齐白石补景

徐德亮画猫

分地理智，缺乏感情，他画的人都特理智。其实理智也不坏，就是看你干什么了。

徐：你当法医行。

李：画画就差点儿。法医不能动感情，太理智的人画画就挑错了职业了。老人一直到晚年还都是喜怒哀乐形于色，一提起我爷爷奶奶，就掉眼泪。他很孝啊！当穷学生毕业了，成绩好了自立了，人家能请他教书，能挣钱了，可是一个子儿都没来得及孝敬上父母，我的爷爷奶奶相继去世。

徐：提到李苦禅先生的父母，和他小时候的事，咱们呀，下回再说。

【第三聊】

# 父亲迟迟不让我画大写意

父亲迟迟地不让我画大写意。他最强调的是什么?最重要的基本功速写。他的教学不是以素描为重,是以速写为重。他说:「画画要生动,什么是生动啊?你到动物园看去,那儿的形象最生动!」多画速写。从附中就抓我速写,抓得很厉害的。

徐：聊您父亲受到的美术教育，我还是想从您这里开始聊，您先聊聊您在美院的学习生活。

李：从美院附中，再到美院，先学西画打基础，再学国画，我父亲给我安排这条路是完全正确的。他还特别提醒，到了学校，你少说话啊，老师怎么教就怎么学。

徐：知道您是李苦禅的儿子？

李：都知道，因为我父母都在学校，谁不知道啊。

徐：但是不能说，你说一句什么话，好像是……

李：对了。人家会怀疑是不是你这个观点是你父亲说的。人家该说了，你找你爸爸学去，干嘛上这儿跟我学？有些教员都是我父亲学生辈儿的，你不能随便多说。所以在他们印象里，我同学都认为我这人不怎么会说话，等"文革"后，一瞧，呵，说话这么溜！你想咱喜欢相声，说话能不溜？

徐：在美院学了六年？

李：不是啊，前后八年。在附中是学了三年，然后1961年考入中央美术学院大学部国画系，是考的，那时候可不讲走后门。董希文那是在油画系开工作室的大教授啊，画《开国大典》的油画家，在油画史上缺不了的一位大师级的画家，他儿子董沙贝跟我是发小，那绝对是画画天才，就是文化课不好，他就讨厌学那些个数学、几何这些东西，分儿不够，反正毕业成绩不太好，就没法考。后来一直是自己业余画，画得也挺好。所以我就说，考艺术院校啊，这个所谓的"文化课"，有时候让好多天才都进不去。齐白石至少考不进去。黄胄也不是美术学院毕业的。黄永玉要考，一看这个，说我考不进去，但

李燕在美院国画系上学时全家合影

是黄永玉挺有意思,他说现在我考不进去,但我将来要到美术学院当教授。这话说中了。

就是说教育家他得会教育,至少在自己儿子的教育上得体现出来。直到考到大学国画系了,我成绩还不错,我那个考卷还给我展览了。就分析一张古画,我选的是《溪山行旅图》,传说是范宽的作品。那大考卷,不够我用的,我又要了一张纸,而且用的是刻钢板体,标准的刻钢板体,一笔是一画,不能写连笔字,那时候规定要写这个。后来,我记着还作为成绩,还展览了,可惜"文革"一乱,没了。

那可不是开卷啊,你引经据典,都是背下来的。我在美院附中是美术史课代表。那时候都选课代表,比如说你色彩成绩比较好,你当个色彩方面的课代表,你国画好,你当国画课代表,我呢,给我委了一个美术史课代表。那会儿没有开卷考试,绝对不作弊,你不用监督。真的,我回忆我们的考场啊,这一个教师看好几个,他转悠着看,真没有打小抄的。从小受的那个教育让孩子都特别地自觉,绝对不偷眼看别人的。我也不知道这个自觉性是什么时候养成的。

你说到大学之后,国画系花鸟科,那我父亲是花鸟科大写意的主导教师,小写意主导教师郭味蕖先生;叶浅予先生他主导人物画科,他跟蒋先生风格不一样,蒋兆和先生以他的那个方法教,各自教,真是互相都很尊重。后来干脆成立工作室,蒋兆和工作室、叶浅予工作室。你像陶一清先生,他教他的山水,他有一个风格;梁树年教的山水画又是一种风格。李可染先生来得不多,因为"反右"以后,他不怎么来上课,也是那时候给吓得不轻;但是有时候来讲座,他当然就是负责山水科。陆鸿年先生、刘凌沧先生,那就是负责工笔重彩,还有古壁画临摹,上法海寺,还带着去永乐宫,最远是带到敦煌。

郭味蕖　　　　　　蒋兆和　　　　　　田世光

艰苦极了,那时候去趟敦煌,可不是旅游啊,我开玩笑,说:"为什么叫敦煌呢? 这一路颠簸能把你黄儿给蹾出来。"哎呀,苦极了。但是安排正课,还打分儿呢。工笔画课,田世光先生教,他觉得不够,又把俞致贞先生从工艺美术学院请来,借调教员,教完一个单元,再回单位。动物绘画课,找来找去,全中国唯一的一个动物画家,刘继卣先生,那是人民美术出版社的,把他调来给我们上动物绘画课。还有一种做法叫"雁过拔翎儿":有的画家从北京这儿过,有事儿啊,或者开会啊,到我们学校办一次讲座。潘天寿至少有一回讲座。还有手底下有些事情忙,不能在这儿任课的画家,像王雪涛

刘继卣示范画稿

先生,他在北京,就好办了,来讲了多少次。不是光讲,都动笔画,那时候都讲究不是光动口的,还得动手。一张画画完,题款儿,还带着图章盖上,画完了还不是卷走,就留给学院当教材了。

后来我知道,有的跟我同学一辈儿的画家,好家伙,一朝走了财运,画儿一贵了,出去教学,到哪儿去,就是抹一小块儿纸都得带走,不能留着。也没题款儿,也没盖章。嚯,要的是那个劲儿,一张张收,态度很严肃地收,绝对不能留。我要是那风格,我告诉你,德亮,你从我这儿一片纸也拿不走。我给你示意的这些画,还题款儿,又盖章,都别拿走了。

徐:您给我示范的稿子我拿走没一百张也有八十张了。

李:课堂上老师画的同学带回去复习去。大师当场画的是示范,我不是大师,我是示意留迹,咱不是长着嘴空讲啊,是不是?反正当年那些老师们都是在那儿讲完了,在课上画完了,都留那儿。

你像我父亲留给系里头至少200多张,还净是四尺整纸的。

徐:8平尺。

李:你上课画一个一平尺的,谁看得见啊?是不是啊?我父亲说:"你在课上画的,别画一个'屁帘儿'。"屁帘儿知道吗?小孩不是穿开裆裤嘛,大人替孩子害臊,后头还挡一帘儿,这样不影响撒尿,叫屁帘儿。

徐:后来糊那个纸风筝,也按着那个形儿。

苦禅学生朱鸿翔藏苦禅画稿

李：哎，也叫屁帘儿，长方形的。上课，你画一个屁帘儿算什么？净是整4尺的，或者是6尺的。反正我印象里，那时候有一个展览，学校中间有一个小花园，有一个大一点儿的教室，也不大，展览了三层画，转着圈儿挂，在观摩的时候，你得掀着看。这画托好了之后就挂上，裱上不行，裱上带轴就没地方放了。就有那么多。"文革"后，现在我听说国画系大概还剩6张还是7张。

徐：那都哪儿去了？
李：我告诉你，"文化大革命"，来"破四旧"的，都是来偷"四旧"的。

徐：凡是打这个名目来这儿的，其实都知道这个好。
李：哎，都偷走了。一直偷到什么份上吧，我们这个国画系教室里，有好些学生临摹老师临得特像，临完了，卷起来都搁在教室，我们那个教室比较大，宿舍小，宿舍也不许堆着纸，那些画就都丢了。所以后来有的拿那个造个假款儿，当真画卖，还真能蒙人，因为那是正宗教出来的。

徐：而且就挨着老师的画临的嘛！
李：对着临的，老师画一张，第二天一看墙上好些张，都是临这张的。有这种情况啊，人家拿着这类画上我这儿来鉴定来了，我一看，说："你可找着人了，你算找对了。这是临的。"人家不信："临的？这么好？"我说："那当然，中央美术学院国画系花鸟科的，那都是考进来的，不是走后门进来的。由老师当面手把着手教的，能不好嘛！造假画的有这福气没有？没这福气。"他还是觉得好，我说好是对的，但是你别当成原作就行了，那好就是好嘛。

徐：但是款儿是假的。

苦禅学生王炳龙藏苦禅手卷

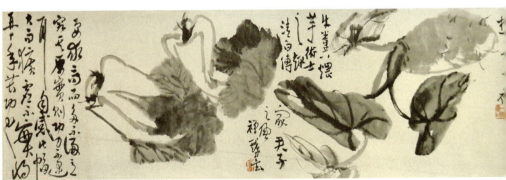

苦禅学生龚继先藏苦禅花卉手卷

第三聊 父亲迟迟不让我画大写意

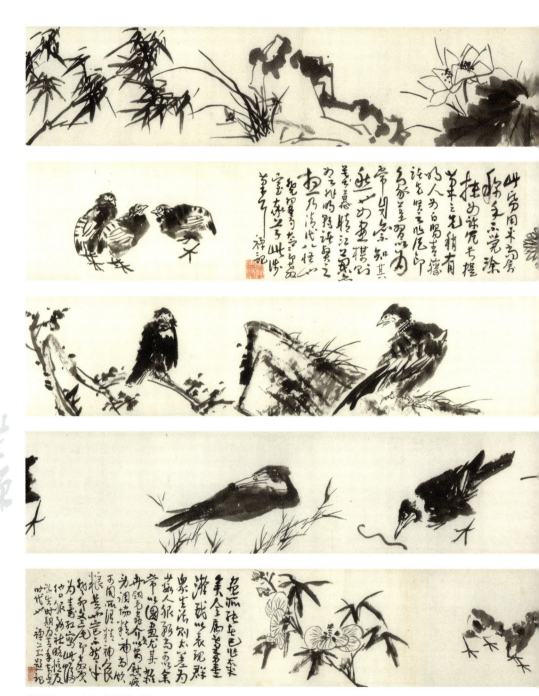

苦禅学生庄寿红藏苦禅手卷

第三聊 父亲迟迟不让我画大写意

李：造一假款儿。那个时候，说实在的，我们受的教育太正规了。大学部一共是五年，主要是上四年课。头一年分科并不绝对分，人物山水花鸟都画，全面地接受，就跟那个戏曲科班一样，一开始就是基本功，生旦净末丑，都得学。

徐：一进科班没有细分的，先练功夫。

李：哎，练功夫，到一定时候再分行当。有的最后这几个行当都不行了，一倒仓，嗓子不行了，就拉胡琴，或者是将来当助教什么的，开始先不分呢。

你看我们大学一年级，李斛先生教我们素描，那完全是徐悲鸿一派。蒋兆和先生教我们画人物写生，都是徐悲鸿的路子。徐先生研究的是怎么把素描画变成为中国画服务的素描。

李斛自画像

所以现在有人攻击素描，您没上过这个课，您有发言权吗？没有啊！他认为徐悲鸿画的素描，就是都是苏式的齐斯恰科夫体系那个素描，不是的。我们在附中的时候学的是这个，就是拿铅笔画，把铅削得像武器那么尖。徐悲鸿他的素描不是拿铅笔画，他是用炭条画。我们到了国画系，一个是用毛笔画，一个是用炭条画，对着模特画，那严格极了。你像李斛先生上课不许使橡皮，看准了画，看不准不要画，严极了。看谁偷偷使了三回了，他走你后头说一句话："把你的橡皮借给我。"没收橡皮。等课完了，总结完了之后，他掏出橡皮来："很不好意思，我有一个坏习惯，同学要是改了画，我把橡皮揣到我的兜兜里，这是谁的拿回去。"态度和蔼，要求严格，认真极了。

你想想，我们那时候，上课是一个一个点名，老师学生的比例是几比一啊。那时候是精英教学,一个班没有那么多人。还有的时候两个年级在一个教室上课,但是要求不一样,教室比较大,各不影响,两个年级一块上。你看那位天津美院的教授韩文来,是我同学,他也是花鸟科,比我低一个年级,还有邓小平同志女儿,邓琳,也比我低一个年级,都在一个屋上课,因为人数少嘛。

所以,这八年对于我来说,很幸运。

徐:您父亲也是当老师。
李:对。

徐:您也是该上课就上,上大课也和其他人一样上?
李:对,都是上课,我父亲教大家,我也是其中一个学生。就跟过去的军校似的,教导员的儿子要是进了军校,跟别人是一样的,也是一样地起居,一样地上课。

徐:那您回家得吃点儿小灶什么的吧?
李:我父亲迟迟地不让我画大写意。

徐:哦,就是一直到您上大学了,到这个中央美院了,还是画这个素描?
李:不是,他最强调的是什么?最重要的基本功速写。他的教学不是以素描为重,是以速写为重。他说:"画画要生动,什么是生动啊?你到动物园看去,那儿的形象最生动!"多画速写。从附中就抓我速写,抓得很厉害的。那时候礼拜天我没有休息的,一清早起来,动物园刚开门就进去了,哗,一片野鸭子都飞了,那就开始画。

徐:您父亲带着您画?
李:不,让我自己画。而且那时候我们画速写有一个不成文的规矩,同学进去都分开,为什么?集中精力,你有俩人一聊天就麻烦了。开始先得练胆儿,因为开始旁边有人一看着都不敢画。

徐：怕画不好。

李：哎，对了，旁边也说什么话的都有。"哟，你画的没头。"它跑的时候画的，没画完它就跑了，或者变姿势了，你只能再画一个，哪儿能每张都完整呢？"哎哟，这什么啊，这几笔，还在这儿画呢！"

徐：也有这样的。

李：画画的都是我们这些个年轻的，旁边的大人就说什么的都有了。所以先练脸皮厚，如入无人之境，慢慢就熟练了。我真不客气讲，从开始练速写，一直到今日，我的速写要是一张不丢的话，摞起来，上边搁块大理石，压得瓷瓷实实，绝对不低于我1米8的身高。早晨去，擦黑儿回来，为什么那么晚呢？擦黑儿那时候是观察动物的大好时机。那时候喂食了，这个动物就活跃起来了。你在旁边要注意看。背着一个画夹子，现在那个画夹子早就烂了。那个布的画夹子上头有父亲给写的字——"李燕的"，因为别的学生也有一样的，都是在美术服务部买的嘛，怕混了。画夹子烂了，我把那块布剪下来了，还留着呢，后来还打个补丁呢。你就算算吧，我画了多少速写，画夹子角都磨破了。其实我不应该把它撕下来，哎呀，要是留着就好了。

回来之后，夏天，我一身汗啊。还没洗脸，老人就先让我把一天的速写摊在地上看。先分两类，一类是完整的，一类是不完整的。不完整的也别扔，一根线条都有用，因为你是在那儿画的；别人看没用，你看我现在发表的，都是比较完整的。

徐：您出的那本书，《李燕速写》，就挺厚的了。

李：哦，那是一小部分。

徐：哦？那么厚一本才一小部分？

李：一直到2007年，最后一次带着学生到动物园上课，我都一直在画速写。最近中央文史馆组织黄山之行，我还带着速写本，一会儿你看看，还画了几张速写，不多，因为怕人家等着我。这是基本功，要练得手"稳准狠"，抓住物象最生动的那一瞬。还有一个就是要求研究结构。我们大学有一个技法教室，专门讲解剖、透视、马体解剖。

李燕速写

第三聊 父亲迟迟不让我画大写意

徐：学人体解剖么？

李：上北大医学院去看的尸体解剖，还是做成标本的那个哎，器官什么的，回来吃不下饭去了。所以现在这些部位记得特别熟。我在清华美院上课给他们讲动物绘画课，一片纸都不拿，这些个肌肉肌腱我都背下来了。画骨头架子，然后再画肌肉，从哪儿长到哪儿，它的毛和皮怎么长的，侧面的、正面的、横断面的。学生很有感触，说："您怎么记这么清楚啊？"我是中央美院"文革"前毕业的，我得对得起我们母校啊！我说："这个都是我们当年的基本课啊。"

我父亲说了，大写意是高度的东西，要求修养很全面。

还有一项基本功，练毛笔字，现在有的"大师"，画卖得挺贵，到去世都不会写字。我递过话儿去了，就是您练练毛笔字，要不这一辈子遗憾，不会使毛笔。他不但不接受，在电视里还放出话儿来："我看现在那些个书法家，那个临字帖的都是抄袭古人，统统都是抄袭。"临摹是一个过程，怎么成"抄袭"了呢？后来我心想，你这个口音不是抄袭你爹你妈的嘛？到老了，还没学会用普通话。劝他要写毛笔字，不但不听，还在美术馆办展览。现在只要有钱、有名，就能给你办，什么也不审查了。且不说那个字能不能看，这个各有所见，但最起码不能出硬伤、写错字啊。偏僻字可以有错字，还有的是相似的字，比如说自己的"己"，写快了，多出点儿来，是已经的"已"——苏东坡出过这么一个错字——这都能原谅。您说写这个常见字，比如我父亲的李苦禅的"禅"字，右边这个"单"字，这底下这个一横不能少，你从魏晋南北朝往下数吧，我没见过谁少写那一横的，可是，这位"大师"就少写了这一横。

徐：不念字了。

李：人家许认得，咱不认得。咱只能这么说，人家画儿值钱嘛！如今还有这么多冤大头花钱买，又有大人物光临剪彩，你说是错的，不合适，是不是？这就是基本功没打好还不虚心。文字学，认字的功夫没下到。我们那个时候认字，不是一般地认字，这个字怎么形成的？以象形为基础，象形、会意，然后假借、指示、形声、转注，按这些原理，这么认下来的。一认认一溜儿，从甲骨、大篆、小篆，再就是汉隶、魏碑，打基础。

包于轨

徐：我们北大中文系文献专业的六大专业课，头一个就是文字学。

李：开始不让写草书，行书可以练，但是基本上还是让练楷书和隶书。这个打基础啊，扎实，我打基础是汉碑，《礼器碑》。我父亲当时觉得美院教书法的老师不够。当然他自己也可以教，他也教过书法课，但是他觉得教自己的儿子啊，还是最好让别的教员教，别老是囿于家学，他始终在这点上是很开通的。就介绍校外的一个老先生，包于轨先生教我。

徐：这个包先生我不太熟悉，他是做什么的？

李：他的历史很复杂，他自己也不愿意谈，但是这个老师的学问极大，他就是在家，跟隐士似的，生活很清苦。跟他学书法，后来发现他哪里只是书法家，那对国故那简直是，不说倒背如流，那真的就是跟说他们家的事儿似的！那个脑子，那个记忆力，那个灵动，讲话的那个风趣，哎呀，真不得了！可惜在"文革"中间，我们连累他了，他给拉去"劳改"了，什么罪名啊？"毒害青年"。因为我学的这套东西，连理论带实践，影响到国画系有的学生了。像王超，原来叫王继超，还有龚继先，现在在上海文史馆，还有王炳龙，也想去，问我父亲能不能去，他说可以啊，去吧，上课一个也是上，两个也是上，哎，叫他去。后来范曾也去，相继还有别的学生去。但是去得最多的就是我、王超、龚继先和王炳龙，王炳龙不在了。他根据每个人的秉性不同，选的碑不同，给我选的就是《礼器碑》，那有的人给选《张骞碑》，各自不同。他讲这些著名的汉碑那一套东西，我赶明儿要把它整理出来的。我要是不整理，恐怕这位老先生，哎……

徐：埋没于世了。

李：肯定埋没于世了。他对自己都有预言，有一天忽然大哭起来了，都破了相了，把我们吓坏了，说："老师，您不舒服，我们给您找大夫看看。""不是不是，给你们说也不懂，说也不懂。有朝一日，我是死无葬身之地呀。"听着这么不吉利呢。我19岁到21岁在他那儿学，果然不久就搞运动。等于我们这些学生连累他了。街道老觉得，这么些年轻人拿着纸卷出出入入干嘛呢？给他扣一个"牛鬼蛇神"的帽子，你"毒害青年"，教的全都是"资封修"。那时候学西方油画叫资，学北边苏联叫修，学传统叫封，"资封修"，那时候就这样。

徐：资本主义、封建主义、修正主义。

李：对了。他最后在农场里头生生饿死了。他的历史我就不谈了，这是跟他一块儿的难友出来说的，还记录在诗人聂绀弩的著作里头。聂绀弩跟他是一个火车去的，侥幸活着出来了。

后来有关部门找我了，通知："你老师包于轨已经平反了，没有任何问题。"我问他现在葬在哪儿了？不知道。等打听到了之后，那片埋他的地方都盖了房子了，我能到那儿把人家房子给扒了吗？所以我连给老师建个坟都建不了，真对不起他。

三年困难时期，我们有时候凑点儿粮票给老师，还有我父亲每个月只要自己稿费稍微多点儿就给拿去。老师爱喝酒，想办法托点儿关系买点儿酒。从那时候开始托关系了，以前不懂得什么是"托关系"。酒也不是什么好酒，他见着酒，高兴极了，真是很清苦。

现在他那个故居还在。我头两年到那儿去看了，在那儿大哭一场，走了。在那儿住的人说："您不是第一个了，别人也来过，有凭吊一番的。"

他住的那间屋，还是我们大伙儿，主要是我父亲攒钱给他翻盖的，面积大了点儿，不然的话，我们去没地方坐。那小屋小到什么程度？除了老师坐在床上，也就坐俩客人。后来我们帮着翻修一下呢，里头最多——不管是客人还是学生去了——能坐下6个人了。哎哟，他就满意极了。

徐：他就分别按着不同的学生给讲不同的碑，讲不同的课？
李：哎，讲得很仔细。

徐：那现在包先生的手迹啊、手稿啊、作品，还能有吗？

李：有，非常侥幸，有缘分！我去领抄家物资的时候，头一眼看到的就是我老师的油画像，扔在地上，好像还在看着我。那是大康先生给画的，康殷先生，那是全才，他给画的。那个像我太熟悉了，平常就挂在老师屋里头，我给领回来了。家里没人领啊。还有他写的一条"平安是福"，四个字，常挂着，就在地上，我一看，真是缘分，我赶快要回来了，就当我们家的给领了。反正他也不是名家，如果是齐白石的画又不是你的，你给领回来了，那不行。哎，还有画的小山水，精极了。小楷尤其厉害。现在我这儿还有那么几件东西。

包于轨书法

徐：说值多少钱就谈不上了。

李：没有市场。

徐：但它是个念想。

李：没有市场，我们替他宣传，唯一的一次展览，是在王府井书法门市部。

徐：那是什么时候？

李：那大约是1963年吧，把他的一些作品在那儿展览，还有他写的示范的东西。

徐："文革"前？

李："文革"前。

徐：就是他还在的时候。

李：他还在的，以后"文革"刚开始他就没了。当时展的都是元书纸写的，一篇一篇的，一块钱一张。有来买的。请柬呢，是由大康的弟弟，康庸写的，用的"曹全"体，一张一张写的，那个墨都油亮油亮的，正式的信笺，可惜也都丢了。就给这些熟悉的朋友，一人一张请柬，大伙儿就去了。哎，我们再一宣传，一捧场，还卖得不错。他那么穷啊，卖点钱，慢慢吃慢慢花，多好，他不。那年头吃可是大事啊，你只要花钱，有的地方是不收粮票的，但是很贵很贵，还要托关系，订雅座，请了好些朋友，摆两桌。挣的钱全请客了。他就是这个脾气。他知道，要没你们我就卖不了那么好，所以全请客。《晚报》还给登了一条，他也挺高兴。建国以后，到他去世前，他见报就这一处：《包于轨书法展在王府井书法门市部展出》。他还拿着它特意给街道领导看了。平常街道就琢磨着，这个人也怪，也不出门，也不遛弯，很可疑。"这回我让他们也知道知道，我姓包的，是干甚嘛的！"正经的老北京的脾气。

我谈这个的意思就是，我父亲对于子女，对于学生教育，是很通达的。星期天，我们一清早起来，去两家，一个是他家，离他那儿不远是孙墨佛先

苦禅学生康宁藏苦禅手卷

生家，请孙先生讲《孙过庭书谱》，讲草书。孙墨佛先生去世的时候大概105岁，是我老师里头寿命最长的，现在还有一位105的，文怀沙先生，还在世。孙墨佛先生早去世了。他身体极好，健谈。在他那儿听一个小时，再走到小安澜营二条一号，到包于轨先生家，再讲一会儿，一看快吃饭了，赶快撤。那年头可不能在人家吃饭，要粮票啊！只有送粮票，不能在人家吃饭。抓紧时间上午学。

包老师偶尔还到我们家来。那时候我们搬到中央美术学院煤渣胡同9号宿舍了，离中央美院三分钟的路。早上来了，中午给老师准备点儿，一块吃饭，然后在我们家的一个小厨房改的小屋，就一个小画案子、一张板床、一个书架子，哎，让老师在那儿睡个午觉。下午再陪着他，到王府井那儿上无轨电车回家。

反正那个时期，可以讲，校内校外，多少老师教我啊！所以我要是写不好、画不好的话，我真对不起老师。

美院五年，四年都是上课，花鸟科逐步增加花鸟课的比重。那为什么五

年级就基本不大上课了呢？时间交给你自己，准备毕业创作。学校负责给你开介绍信，没介绍信出不去，旅馆不接待，以为你是空投特务呢，是不是？尤其那是要粮票的时候，没介绍信，你无论到哪儿连吃饭都吃不了。让你出去到生活里去采集资料，然后再回来，这时候呢，你可以任意找老师。那时候师生关系很密切，因为我们家离美院只有三分半的道儿，平常同学都常上我们家来找我父亲学，所以我们家老是热闹。很多学生都说，苦老开的这个是"义学"。"义学"就是不要学费嘛！美院那儿上完了，还到家里上课。

还有校外的学生，像康宁他们那一拨儿，那都是校外学生，过一阵子来一趟。那会儿学，可不像你德亮来找我学，打电话先约一下，那会儿谁家安电话？很久之后，我们全院才有一个电话。当时的学生就冒失来，来了赶上我父亲在家，这就算是学一会儿，赶上不在家，那不是白跑一趟嘛。那个时候条件真的是没法和现在的条件比，但是那个时候师资多厉害！

徐：您从小也是受过苦，但是呢，终归还是不错，后来还有机会上专业的学校，专业画画。说到您的父亲苦禅老人，他小时候受过的苦比您得加一个"更"字。

李：那当然了。

徐：而且他是一个农民子弟，他哪儿有您这种学习机会呢？哪儿去找这些老师来，把他教成一个大画家呢？咱们下回再聊。

【第四聊】

# 人家有自己的绝招,处处都有

整个先打一个底色，底色上头再粘银箔，银箔上头再上一层红水，上上去之后看着是透亮的，这样你觉得就是金甲。而且这种材料可以讲经久不变。我父亲小时候看了这些以后，真是记一辈子。所以他老是说，他真是佩服这些民间艺人，人家有自己的绝招，处处都有。

徐：当年您父亲从看关帝庙塑像、画壁画，得到了最初的艺术欣赏和艺术鉴赏力。您也聊了一些粉本啊、怎么开光之类的话题，这些算是特殊技法，那还有什么您父亲能够回忆起来的特殊技法吗？

李：我父亲对民间艺人一些特殊的技法记得非常清楚，因为他当时在儿童时期，儿童的好奇心就决定了，他关注什么就记什么一辈子。比如说关老爷，加上关平、周仓，身上都有铠甲，他得让咱们觉得不是平的，得有甲叶子。

徐：评书里说"大叶锁子连环甲"，得是一叶压一叶，就跟鱼鳞似的。

李：对，这个质感怎么弄出来的呢？我父亲发现人家民间艺人有自己特殊的工具，猪尿泡，就是猪的膀胱。他要那个干什么？弄一种白浆灌进去。这个白浆好像就是一种白粉和着一种胶，这都是秘方，调好了以后灌到猪的膀胱里。那个口儿呢，弄一个铜笔帽绑上，笔帽的尖事先都给磨了，磨成一个眼儿，那个结构就好像现在的牙膏似的。他把那个料给挤出来，就沿着铠甲鳞片那个形儿，白条条挤出来就蘸在上头了。等干了，铠甲就一片一片地鼓出来了。

徐：那为什么不直接拿笔画？

李：笔是平的，它没有那个铠甲那质感。

徐：我明白了，他挤出来的就跟牙膏似的那种东西，沿着那个边儿一勾，那个边儿就鼓出来了。

李：这叫"立粉"。当然除了铠甲还有表现其他的部分的，包括皇宫建筑里头有的图案也是用立粉。立粉只是出来这么一种立体的感觉，上面还得挂色儿，根据不同的铠甲的需要，挂不同的色儿。

李苦禅收藏的门神（左、右）

徐：穿红的红似血，穿黑的黑似铁，穿黄的黄似月，穿白的白似雪。

李：对，评书里有这个。在这里头，讲究的是"堆金立粉"，就是这个立粉上面是着金色。要是使真金箔往上粘，那你得到皇宫看去，民间庙墙是没有的。但是它有它的特殊的办法，假金也能觉得像真金。还有什么技法呢？你比如说蟒袍是绣的，上头是绣的花纹，过去讲究使金线绣，这又得使金，成本太高了。

徐：那怎么办呢？

李：相对来说银箔比较便宜，整个先打一个底色，底色上头再粘银箔，银箔上头再上一层红水——这种红水是一种中药，咱替民间艺人保密，是什么在这儿不说。红水上上去之后,有一定的厚度,整个把银箔给蒙住了,趁着它半干的时候拿竹签按着花纹那么划,一划,那个花就漏出来了。前头说的那种中药,上上去之后看着是透亮的,这样你觉得就是金甲。而且这种材料可以讲经久不变。我父亲小时候看了这些以后,真是记一辈子。所以他老是说,他真是佩服这些民间艺人,人家有自己的绝招,处处都有。

徐:我插一句,这些技法在咱们画画里能用上吗?

李:在咱们写意画里用不上。在传统画中,有纸卷本也有壁画,在壁画和彩塑里面用得上,在我们纸卷本上用不上。

徐:但是我看有些个老画,尤其是工笔画,有的颜色就是浮起来的、鼓起来的,比方说金银啊,还有石青、石绿什么的点儿,在画面上好多都是有厚度的。

李:但是那可不是立粉。因为石色它是矿物色,用的时候你就感觉比植物色、动物色稍微高出一点儿来。你比如画大青绿山水,上面那个石绿、石青那都是矿物色。还有像张大千先生画金碧大青绿山水,基本上都画完山形了,他又拿真金描那个边儿,完了还不算,最后还再用朱砂——那个可是真朱砂——在上头点苔。那可见功夫,往往有时候画是弟子代笔,但最后那个朱砂苔是他点的。这个颜色,这个厚度,跟那植物色的区别,我们行话叫"肌理感不同"。

你看你那个宝贝儿子,他的瞳仁的那个黑比所有的黑漆都黑,为什么?瞳仁把所有的光都吸进去了,特别黑。这个漆再黑,光还能够反出来,这个就是肌理感不同。

徐:我听说过去有的老画家,得了一块清朝的墨,就是画眼睛的时候用一点儿。

李:有的,我老师刘继卣先生他也是有几块老墨,专门用在点睛上。

徐:老墨好在哪儿呢?就是黑吗?

李:一个是它本身的料好,麝香冰片等等,再一个它是用动物胶合成的，刚做出来的时候胶很大，行笔的时候受些影响，但是时间长了脱胶，就好使了。但是不能脱得太厉害，脱太厉害就成粉了。他们曾经送过我一块，明朝最著名的制墨家方于鲁制的墨，有他的印章，要说这很不得了。但是后来假的也盖他的章了。我这是墓里出土的，一个书生的墓，墨都快成粉了。幸亏"方于鲁"这个章还留着，这对于鉴定很有好处，但是已经不能用了。

所以画家得到好墨都在家里头存着，别受潮，让它自然脱胶。要说墨，乾隆的时候料最好，这是先父苦禅老人特意讲的。为什么乾隆的墨好，到嘉庆就差了？因为皇宫里面存着好多明朝的墨，那个料特别好。乾隆拿着也觉得特别好，可是拿一块一看，上边是大明什么什么年制，拿一块一看，上边大明什么什么年制，就觉得别扭。他就命令把这些墨都砸碎了重做，重新做清朝的墨模。这一重来可不得了，本来制墨就有个词叫"十万杵"嘛，这等于是二次加工，所以真乾隆墨那了不得。嘉庆以后的那些呢，他就不是拿原来明朝宫里藏的那些墨做的，你别看时间上就差这一点儿，墨是大不相同。

但一般我们学画，这点儿差别起不了多大作用。得画到一定高度，墨的好坏才显现出来。就跟打乒乓球似的，小学生就是水泥台子也能打，高水平的不但挑台子，还得挑拍子。墨也是讲究用，到关键时刻好墨还真起作用。我父亲用墨最早的老师也是民间艺人，他们不是使墨勾线，有的地方就是拿着锅烟子加上点儿桃胶，里头还浇点儿白酒。那不值得用研的墨，但是重要的部分，画关公、周仓、关平，那个墨就真的是好墨研的，单另从他的小工具箱里拿出来，用一个小砚台研。他勾完以后上面还有别的工序，墨要是差一点儿，墨线飞了，这怎么算呢？

徐：勾完线以后还有什么工序？
李：上颜色啊。

徐：在墨线上边上颜色啊？
李：贴着墨线上颜色。壁画有这个技法。永乐宫壁画那个线，手指头那么粗，你得先勾完了线以后再上颜色，但是你不能碰上那线，相邻的地方万一蹭一点儿，墨就洇出来了，你再上第二遍？不行！你再上二遍就是和泥了。那一道道工序要求严格极了。

徐：就跟和面似的，水多了搁点儿面，面多了搁点儿水。

李：对啊，那就一大片了。苦禅老人在青年时代，就特别推重民间画工的艺术手段，所以他一辈子老说："这些人到了欧洲都是大师，可是没人给他写传。有人说你这画儿太匠气，'匠气'不是好词，就是工匠气，但你要真有工匠那两下子你也行。"他最后总结：你要想当一个真正的全面的画家，你要有这些个画匠的艺术技巧再加上古人的文化修养，这两者加在一块就好。文人画，格调高是高，但是题材特别窄。你看郑板桥一辈子，就主要画兰竹，偶尔画一张菊花，就值钱了，少啊！但是他的菊花确实不是长项，要不是郑板桥画的，那也未必能够卖多少钱。郑板桥老为老百姓着想，闹灾了，开仓赈灾，那官仓是不能随便开的，他就犯罪了。因为他人缘太好了，怕引起民变没给他处斩，给革职了。革职之后他就靠卖画为生。人家主要就是点他的兰竹，有时候也画菊花，但不是他的长项。可是匠人会的太多了，真是人物、山水、飞禽、走兽、花鸟鱼虫……他这个壁画你仔细看很丰富，山、石、树、木，有时候小角那儿还藏着一只野兔，那边还藏着一只狐狸呢。单把这些收集起来也很有意思。

徐：壁画上的动物画。

李：这些题材招人啊。各种题材很丰富很丰富！你再看那个云头，那个见功夫啊！手稍微抖一点，云头就不是云头了，就成棉花了。

徐：工匠在墙上画都是悬腕，没地方靠。

李：那可不，不能把一面墙放倒了给你画。所以说咱们画国画得练悬腕、悬肘，你看苦禅老人在老年的时候，画那大画，在地上穿着袜子踩在画上画，那不得悬肘么？我现在好些画挂在墙上画，因为有

60年代初李苦禅与自家养的白火鸡

时候在桌子上画,你跟画面有个角度,容易走形。你画别的走点儿形不要紧,一画人,人脸歪一点儿都看着别扭。

徐:在桌子上看不歪,竖起来看那脸是有点儿歪。

李:对了。我在展览会上一看,有些人他老画那歪脸,我就知道他不会悬肘在墙上画。我画人物画在墙上画,我这个视线跟画面垂直,它不会走形,比例上也不会错。在墙上画就得练悬肘。你看一条线这么长,像永乐宫壁画,还有敦煌壁画里飞天的飘带,那么长的线,你像我1米8,够高了,我能拉多长的线?人家那线完全超过我一笔能画下来的长度。

徐:那肯定是两笔三笔接的。

李:但是就跟你在台上唱的时候一样,拖腔那么长,要跟着你唱能憋死,你这个"偷换气"让人听不出来。人家画画也有这本事,是接的,但你看不出来,而且要求匀。尤其像那个永乐宫壁画谁看谁都佩服,那么高的人物,那个大袍子,那长线,匀极了,不能不佩服。国画系的陆鸿年先生擅长这个,他带着学生去临摹的,临摹完了之后,后来迁建了,又照着他的临摹本修复的。这批东西在海外展览,所有人都震惊了:中国现在还有这样的高手!现在陆鸿年先生谁都不提,拍卖行里没有他的画,咱们现在给主持个公道,不能埋没人家。人物画,一个陆鸿年先生,一个刘凌沧先生,还有王定理先生,这三位不能不提。我们在美院国画系受的教育是全面的,我们不画壁画,但是你是中央美术学院国画系毕业的,这些你不能不懂,不能不知道。你学人物的,就要到法海寺、到永乐宫、到敦煌去学习。那时候老师带着到那儿去,条件多艰苦啊,就背着一军用水壶,那吃的是什么饭!家里有事打电话都不通,得跑老远去打电报。那条件很艰苦,但是就是这样才打下了坚实的基本功,这是我们的老前辈教我们的方法。所以我说现在美术教育断档了。

徐:那您说这个悬肘开始的时候怎么练?

李:悬肘开始练就是在纸上面画直线,从左往右不带拿尺子的。

徐:就是拿毛笔?

李：毛笔。

徐：您父亲当年就这么练过？

李：练过。我也练过，从左往右容易，你再从右往左这就难了，画完一条，接着再画条平行线；从上往下画相对容易，从下往上画就难，还是画平行线，还要从右上角往左边下角画，再从左上角往右下角画。完了还不算，还要从米字的交叉点往外画，画发条，转着圈往外走，距离还得匀实，画完了整个跟打靶那个靶子似的。接下来还有，掏着那个空儿，不许撞线，就跟考司机不能压线似的，再往回画。《画论》里传说吴道子画完了罗汉、佛像，全不画佛光，最后就当着大家一笔画出来。大家看着叫好，一笔画一个佛光。

徐：就是佛像背后的圆圈。

李：对了。吴道子那个时候他们都画壁画，为什么传不下来？都讲究在大庙里画，谁能在那儿画说明你的身份。一到战乱，庙都毁了，所以画也没留下来，可惜了。

我父亲画那张大黑鸟，早上刚起来还有点残月，就是一笔画下来。那我们也练过这个，一笔画下来。说你有圆规怎么不使？不是一个劲儿，它这个圆是最美的圆，你看着特别圆，但又不是真正的圆规画的，那个死性。讨巧也可以，买一个脸盆扣那儿比着画，肯定圆，但是死性。尤其是写意画。

徐：我还见过原来有介绍的某位书法家写书法，在墙上写，练悬肘，他胳膊肘那儿挂着一块砖头，每天练半个小时。

李：这方面李苦禅老人也讲过，说这就属于旁门左道了。用笔讲"有力"是你眼睛看着有力，不是砸夯的力，也不是举重的力，更不是"傻小子睡凉炕全凭气力壮"的力。他有一位老朋友曾经走过这个道儿，口下留德，不说人名了。这位先生买了一个老的生铁炉口，他把那个绑点儿布，戴在腕子上，起码一斤重的大铁手镯，拿那个练。

徐：等于是负重练习。练出来了吗？

李：不行啊！摘了那个，你手底下就更没尺寸了。

李苦禅　朦胧月鹭图

徐：哆嗦了。

李：这不是练无依托射击，前边挂几块砖，那是练臂力。练这个是视觉的力。说八大山人笔底下真有力，你看八大山人的像，那像是有劲儿的人么？你看郑板桥画那个竹子有力，他是个文官啊，不是武状元出身。所以现在有些人理解错了，这个力是视觉的力，感觉到很有力。八大山人的用笔是绵里藏针，刚中有柔，就是《易经》说的，刚柔相济。达到这个地步，这是很不容易练出来的。

八大山人

徐：民间艺人们也没有练过肌肉，但是他们画出来的有力度。

李：我父亲小时候看民间艺人很朴素，吃的很简单，老乡有什么就吃什么。人家到时候给送点儿饭，夏天熬点儿绿豆汤，老乡吃饼子他就吃饼子，就咸菜。有棒茬儿粥就不错了，那时候老家也没有大米粥。苦禅老人就特别佩服，说你看人家民间艺人平时就是庄户人家，种地，有人请的时候凑在一块完成这么一个活儿，回去还是种地去，什么特殊的地位也没有。

徐：他们平时就是种地？

李：对，就跟农村好多大戏班子似的，赶集或者庙会需要的时候，专门有组班的，就是联络人，那时候也没有手机，各村约，就是你来演什么你来演什么，连唱三天。戏没那么长，那你加东西吧。中间加了好多套子，有什么观山景的词，有什么过桥的词，反正凑够时候就得。靠唱大戏招人，招来人了就有生意做，最后做生意的凑点儿钱给人家，这就是戏份儿。他们都是这样。

【第五聊】

# 咱们去看看武爷爷好不好?

武训的行为本身就实践了孔墨二位的精神，这不得了啊！他不是靠言论，而是靠他的行为办教育。我的爷爷给我父亲讲这些故事，我父亲就说：「他不是离咱们这儿不远吗？冠县离这儿不远，咱们去看看武爷爷好不好？我也上他那义学去。」

徐：我有一个疑问，李苦禅大师是山东高唐李奇庄人，我特地去李奇庄实地探查过，这应该不是一个富裕农村，不像是南方某些农村那样，青山绿水，村里有好多的文化名家，不是这种农村，就是中国北方普普通通的一个村庄。李苦禅先生小的时候，这个村子就是这样的么？这种农村怎么能走出一位世界级的大画家呢？

李：高唐那地方最早还是一个不错的地方，它是一个移民区。据说在明朝，在山西洪洞县的大槐树那里，聚集了好多人，然后移民到各地。有这么一支移民到高唐这里安居了，我们的老祖宗叫李奇，所以这庄就叫李奇庄。

徐：这洪洞县大槐树是怎么回事？

李：据说明朝的时候内地有瘟疫，大量的人口死亡，好多地都荒了没人种，后来皇上下令从人口多的地方往这里匀一匀，这属于国家命令，很严，由军队来执行。这移民过程就跟押犯人似的，挑那年轻力壮的，不管男女都得是身子骨好的，拿绳串上。怎么串？就是胳膊捆上，一个一个捆上，一串一串拉着到大槐树这儿集中，再发往各地。这一串走的时候谁要是想撒泡尿怎么办呢？就把这胳膊解开，据说最早"解手"这个词就是打这儿来的。

徐：也有说是"解溲"的。

李：就是一种说法吧。可想那是一个国家的强制行为。那么其中有一部分就到了我们老家这边，过去叫平原，平原郡，它确实是大平原，没有山。

徐：十八路诸侯讨董卓那会儿刘备当县令的地方。

李：对对。这地方还是兵家必争之地，它是大平地，好打仗。这个地方现在就属于聊城，东昌府，它实际上是运河和黄河相交叉的这么一个地界，受运河文化影响很大。但是后来慢慢地,北边的运河就不像南边的运河那么发达,逐渐就不怎么使了,甚至也淤塞了。

徐:河道也干涸了。

李:近些年国家为了开展旅游事业,又重新治理老运河。在那边,原来有些地不错,挺肥的,可后来形成了一种自然造成的灾难:碱化。它不是沙化,是碱化。形成了一些盐碱地,粮食产量不高,慢慢就穷了。当然这里头也有穷点儿的,也有富点儿的。当然富也富不到哪儿去。从我们家来说,我们现在排家谱只能排到上六辈,再往上排查不出来了,基本上都是穷苦人家。过去农村讲远亲不如近邻,又是沾亲带故,又都是邻居,村也不是那么大,相互之间都有个照顾。就跟过去咱北京的小胡同一样,你别瞧那小胡同大杂院,人情味很浓。不像现在住楼房,都是防盗门,谁也不理谁。那会儿不是,有点儿事互相都帮忙,大家形成一个命运共同体。

在这样的环境下我父亲出生、成长。他出生之后,因为大家都穷,自己家穷好像也就那么回事,大家都习惯了。我印象里我父亲回忆小时候有些印象比较深的事情,你比如说这孩子生下来,城里讲弄个褯子,大人穿剩下的衣裳,洗洗,裁好了,当尿片儿。

徐:现在都用尿不湿。

李:现在高级了,尿不湿,那时候有也买不起啊。就是裁了旧衣服用,脏了再洗洗。说实在的,在农村是块布都不容易。

徐:都是自个纺的?

李:对,自个儿织的那老布。那布挺结实,一时也穿不坏,穿坏了之后干嘛用呢?轮不上给孩子做褯子,都是打鞋底子。什么叫打鞋底子?就是拿旧布在板子上面用糨糊一层一层地糊,糊得挺厚。干嘛用呢?把它按照鞋底的样子,裁出来,用麻绳纳鞋底子。这一般都是老太太做的事。可以讲每家老太太都是他们家的制鞋工厂,大人孩子鞋都是老太太做。弄那个夹板夹着——现在八成都找不着那东西了,那是一个民俗的文物,弄个粗针的锥子扎眼,然后拿大针纳,麻绳还是自己用麻搓的,这叫纳鞋底子。现在你到一些老鞋店可能还能买到手工纳的,当然现在就比较贵了。那衣服穿坏了的布先得做鞋底子,轮不上拿这个布给孩子当尿褯子。

我父亲说人都有自己活的办法,说穷人有穷人活的办法,穷人知道什么办法最省钱。可以讲农村尽量地要省钱,不花钱的事是最好的。他们给每个小孩子做一个布口袋,这布口袋是粗布的还挺结实,两层布做的口袋。口袋里装什么?装细沙子。我们那有的地沙性的,马颊河边有的地方种白薯好,就因为地是沙性的。在那里弄点那沙子,完了用那箩在河里头涮一涮,搁在院里头晾干了,把那沙子搁在口袋里头,搁一少半,然后孩子坐沙子里头,带着口袋往孩子腰里弄个布带子一捆,拉屎撒尿就这儿。那沙子脏了怎么办?换啊。这不要钱。

再有一个好在哪儿呢?那会儿大人都得干活,哪像现在能单抽出一位来看孩子?请保姆看孩子更请不起了。

徐:好么,现在月嫂得一万多块一个月。

李:也都是有自个儿的法子。把这孩子岁数差不多的都聚在一块,沙袋子靠着沙袋子,也倒不了,最多旁边有一个老太太看着就行了,哪个袋子要倒给扶一扶,小孩之间你逗我我逗你。孩子装在这沙口袋里头,拉屎撒尿沙子都吸了,还不会把那小腿给泡泛了,沙子脏了倒出去再换。

徐:但是这还是有点卫生上的问题,这小孩下身老粘着沙子,脏不脏?

李:那会儿的沙子可没现在这个污染,沙子挺干净。这个法子不知哪辈传下来的,如果说以前孩子因为这得了病了,那这法子就没人使了。

这样等于能够形成一个小托儿所,小孩们之间你逗我我逗你,虽然不能走道,但这上身是活的,能互相逗着玩。出现什么笑话呢?有的孩子他其实那腿都能走了,大人还没想起来,有的就老闹老哭,后来给放出来,愣直接就能走了,虽然走得趔趄。就说明实在大人忙着干活,没工夫哄孩子。

我父亲小时候也是在那沙子口袋里这么长大的,这对孩子也是从小的一种磨炼,我父亲对这印象挺深。不知道这传统到什么时候断的,其实挺好的。

徐：现在您让当妈的弄一口袋沙子给孩子系上，那当妈的可舍不得，坚决舍不得。

李：哈哈，当妈的倒无所谓，主要那当爷爷奶奶的更舍不得。

徐：我去高堂李奇庄，还看见您家捐的希望小学，叫"励公小学"，孩子们上课还挺好，教室也挺宽敞，旁边操场挺大，操场上都长着一尺多高的草，一下课，孩子们在里边一蹚，各种草虫满处飞。我说咱们逮个蚂蚱看看，一分钟都不到，每个人都提溜一只回来，可是我在那儿蹚了半天，看见了也逮不着。当时苦禅先生是不是也有这种上学的条件？

李：当时在村里可没这么好的上学环境。那个时候上学得走一段，走到高唐文庙，在那儿办了个学校。过去县里头都有一座文庙，祭孔夫子的，实际上是地方教育中心。农家孩子在那儿读书，收的学资多半都是实物学资，农民一般手里没有钱。什么叫实物学资呢？比如说柴火，整理成一捆，挺规矩的，几捆柴火，还有粮食、绿豆，就是意思意思。老师也得吃饭啊。实际上带有一种教育普及的意思，山东这个地界到底是出孔夫子、孟夫子的地方，还是有提倡教育的风气。

李苦禅少年读书处

徐：他在文庙上学的时候大概多大岁数？

李：大概10岁多点吧。

徐：我特意去过，这个高唐文庙是在高唐县的县里边，很中心的一个地带，李奇庄离它还挺远的，开车开快了也得开二三十分钟，那他要天天上学得走多长时间？

李：为什么我对我父亲正式上文庙上学的时间说不准呢？因为这中间有一个过渡。我父亲从小大人就看出来了，看他跟别的孩子不太一样。孩子们逮蚂蚱，逮挂嗒扁，粘个知了，他愿意弄个棍在地上画，村边马颊河有鱼鹰子来了他也画。

徐：就在地上画？不是拿笔拿纸画？

李：笔和纸那得花钱的，是不是？这小棍随便捡不要钱。他当年是以大地为纸，在那上头画。骡子、马、驴、牛，看见什么画什么。尤其受到庙墙艺人的影响，有时候还画个什么侠客人物。而且他对于认字特别好奇，我们村里也有认字的，有时候就跟人问：这叫什么字？他就对学文化非常有兴趣。后来我爷爷就说了，看着这孩子将来可能有出息，咱们家里头怎么着也得出那么一位能上学的。所以有意地，有些活就让别人做了，就让他多学点儿，跟周围的村里识文断句的学学。后来到一定年龄了，就去高唐文庙念书了，那时候在他印象里好像十多里路。农民心目里那"里"都比实际的"里"大。这我可有经验。你比如问老乡："还有多少里？""三五里吧。"好家伙，闹不好得走十里。

徐：咱们现在说一里五百米，其实没多远，五百米能有多远？高速上开车，一百米、二百米的车距的提示，真没多远。

李：所以农民心目中的"里"不统一，一个地方一个看法。反正我父亲历来就说，有那么十五六里吧。其实农民的孩子，他吃得了苦，他不觉得吃苦，大家都这么走道去，嫌走慢还小跑呢。连我小时候都有这习惯，走着走着跑起来了。不是说天天去，是现在讲一周去那么几天。当然学的内容都是比较旧的了。有前清那些图功名没考上的秀才，在乡里也挺受人尊敬的，就教孩子读书吧。当然读的是"四书""五经"，老师讲一讲："大学之道，在明明德,在亲民,在止于至善。"就是读这个,摇头晃脑地读。这读的过程有一个好处是什么呢?一个是认字,一边读一边认字。再一个好处是人小时候记性好,所以《论语》《孟子》《大学》《中庸》这些经典句子他记得清楚,尽管不是特别理解,但是用这个童子功很重要。

徐:大了以后有的是理解的时间。金庸写《倚天屠龙记》谢逊教张无忌就是这么教,可见金庸当年也受过这种教育。

李:对了。有这么一个基础,而他又特别上心。我父亲觉得周围这亲戚人家帮着我们家干活,供我一人上学,我不努力不行。努力的结果是什么呢?学习成绩好,可以保送到聊城中学。这一保送就不要钱了,农民穷啊,第一得想着要钱不要钱是不是?这可是好机会,整个东昌府地区那么多村,不是谁都能到聊城中学上学,那时候一个中学才能容纳多少人?所以他在高唐文庙读书的结果就是……

徐:取得一个进入中学的机会。

李:机会!对了,这太重要了。

徐:您说他一个农村的小孩,怎么就那么想上学呢?

李:这跟我们那地方人文环境有关系。我父亲小的时候就老听爷爷跟他讲:"有个武爷爷,叫武豆沫,办义学。"

徐:叫武什么?

李:叫武豆沫,就是其实他这个人光知道自己姓武,也没名,他是一个要饭的,乞丐,乞丐哪有名?大伙都叫他武豆沫。

徐:这俩字是哪俩字?

李:"豆沫",就是豆浆的沫子。武豆沫,过去穷人什么怪名都有,还有四个字的,叫"秃二里系",他连姓都没有,长一头秃疮,穷得娶媳妇绝对娶不上。后来这位武豆沫大家尊称他叫武训,教训的训,在过去"训"就是"教育"的意思。

武训雕像

徐：训导嘛。

李：对，训导、教育的意思。

徐：昆曲里头有一出《刀会训子》，就是关公教育关平。

李：对，就是办教育的意思。我爷爷就讲有个武爷爷，说："你不是喜欢上学、喜欢认字吗？离咱不远的冠县出了一位武爷爷。"

徐：这是谁给您爷爷讲的呢？也是家里上辈的老人给他讲的？

李：嗯，老人给他讲的。那个地方关于武训的故事传说特别多，这个人是清朝末年人，一直活到民国时代。他在世界文化史上是一个奇迹。怎么说呢？他一个要饭的，一个钱没有，什么背景也没有，居然通过自己要饭、乞讨，感动了很多很多人，兴办义学。什么叫义学？不要钱的学校。专门供给穷人家的孩子读书的学校。

徐：那他是为什么呢？自个还吃不上饭呢，干嘛还得弄个学校？

李：武训代表了鲁西人的一根筋的精神，就是一件事情我决定要做了，我就想尽办法也要把它做到底，不管受多大的苦。他有一段是靠当长工、短工活着，这么挣点儿钱。那个时候他没怎么乞讨，只要有人让他干点儿活就有饭吃，这一段没人找他干活了，那他就靠乞讨。那么他干多少活，人家账房先生都给他记到账本上，可是等到他想支这些钱的时候，人家说："你这钱都支出去了。""我一个钱都没支,怎么说这钱都支出去了?""看这写得清清楚楚,你到哪儿打官司去,我告诉你有账本在这呢,白纸黑字,你支出去了!滚,没你的钱了。"这武训他是一个老实人啊,"咱做人要凭着良心啊!要凭着良心啊!"可是有人没良心怎么办?农民他很朴素,觉得每个人怀里都揣一颗良心,碰着没良心的,坑他了,气得了不得啊,一下病倒、晕倒了。他的一个穷朋友,在一个破庙里头给他安顿下来,每天给他送点儿水,喂点儿米汤什么的,也是外头要饭要来的。武训整个昏迷了七天,做噩梦,醒来之后说话了:"这穷人吃亏就吃在不识字上,瞪眼瞎子啊!那穷人要不受欺负就得认字。"昏迷七天,他就悟到这么个道理。

他这朋友也说,那怎么办呢?咱们这穷人上得起学么?上学要钱,是不是?"哪有不要钱的学校?""嘿嘿,你说笑话了,那种学校恐怕就得叫义学了。"就跟你演出似的,义演,赈灾有义卖,办个学校不要钱,不等于义学吗?其实是说个笑话。"咱们穷到这份上,混碗饭吃就不错了,您还想办义学啊?"这"义学"俩字一下子印到武训心坎里了:"那咱就办义学!"人家说:"凭什么办啊?咱们凭什么办义学啊?你兜里有几个钱?"这武训当时抄起要饭勺子来了,盯着要饭勺子,说:"以后咱办义学,我就凭着你了!"

这个场面赵丹在电影《武训传》里演得非常深刻,就是用的山东腔演的,他本身是肥城人,用我父亲苦禅老人的话说:"你算把武训给演活了,我跟你那么熟,我都忘了你是赵丹了,就是我们武爷爷啊!"

赵丹演武训的剧照

李苦禅与赵丹

徐：您父亲跟赵丹还认识？

李：那熟极了。他们俩的故事，咱们以后再讲。武训下决心办义学，到处嚷嚷："办义学！办义学！"人都笑话他："疯子！"他也没什么手艺，怎么办呢？这么着吧，"你打我一拳，给我一个钱，踢我两脚，给我两个钱"。还真有人试试他，打一拳，给一个线，"我给你三拳给你三钱行不行？"打他三拳，拿他开玩笑。"我给你两个钱，我踹你一脚行吗？""行，你踹吧！"给两个钱扔地上了，踹一脚。其实是拿他开涮。

可以说这个阶段他真是吃苦吃大了，有人弄条虫子问："你敢把它吃了吗？""你给我多少钱？"多给点儿，就把虫子给吃了。哎呀，真是，用实际行动感动了好些人。时间长了，毕竟有些有识之士，就觉得他这么说是有诚意的。后来大家知道他办义学，都给他攒钱，这个送一吊那个送两吊的。他还不会理财，他交给别人帮着理财，这过程中还受过骗。这个过程我就不讲了。

但总而言之，那块地方孔孟的思想还是影响挺大，终于把钱凑起来了，在他活着的时候就能办起三所义学。他亲眼看着的，亲自参加，搬砖抹泥，终于他亲眼看到自己的理想实现了！而且这种精神一直惊动到上头了，那时候还是清末，光绪皇帝都知道了。光绪皇帝对他大为嘉奖，赏了一个匾。那皇上赏匾多厉害！那感召力就更大了。后来攒钱给他修一个石牌坊，人家都感恩戴德，他不，说："修这个牌坊有什么用？花那么多钱，拿这钱办义学好不好？"他心里头全是"义学"俩字。

后来真是有人帮他理财了，为什么得有人理财呢？义学办起来都要有一些日常的费用，靠什么呢？买点儿房产，买点儿地产，出租房产地产，得的租费供给这学校。在当时挣钱的路子最可靠的就是这个。过去老百姓讲，不管什么土匪来了，你把我一身衣裳扒光了，房子、地你抢不走，把房契、地契藏好了就行。那时候老百姓可不就想这个嘛！

徐：咱现在话就是投资不动产。

李：哎，投资不动产，这么维持这个学校。后来影响之大，一直到当时全国鼎鼎有名的大教育家陶行知都给他题字。这是鼎鼎有名的一个大教育家，毛主席曾经用"伟大的"这三个字评价陶行知，这个人影响很大，不得了的。再到后来，整个民国要人，那时候已经进入民国了——无一不受这个事情的

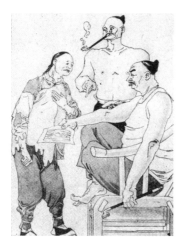

孙之俊作《武训先生画传》

感动,都给他题字。凡你能点得出名来的,什么林森,还有蔡元培、少帅张学良,都给他题。张学良知名度高,跟大伙说都知道,我说林森好像都不知道,他曾经是国民党主席。

少帅给他题的是篆书,四个大字,"行兼孔墨",就是评他这个教育之道兼有孔子和墨子的精神。四个字概括得特别好。孔子大家都知道,是中国历史上第一个教育改革家,把教育从少数贵族子弟中间解放出来了,提出"有教无类"。用现在话来说,不管你什么出身,都应该受教育。墨子他的精神是什么?就是舍己利群,舍己利人,或者说毫不利己,专门利人,是这么一种高贵的精神。所以武训的行为本身就实践了孔墨二位的精神,这不得了啊!他不是靠言论,而是靠他的行为办教育。这些题字现在好多都被镌刻在石头上,立在他的纪念祠里面。

这个事情影响到好多地方都办起了武训学校,直到他去世,武训学校越来越多,甚至办到了上海。

徐:上海也有义学了?

李:也有,就叫武训学校,专门招收穷家子弟,影响相当大。很可惜正办得兴旺的时候,日本鬼子打进来了,这一下就停了。直到抗战胜利之后,有些人还想恢复,个别的恢复了,但是整个国家都是一片战场废墟，教育事业也就没人能够真正地顾及了。可是，在世界教育史上，武训办义务教育，这属于唯一的一个实例。因为在世界范围内当时办义学的还有一个地方，就是法国，巴黎公社，当时它提出来要办义学。但是毕竟它斗不过那些既得利益集团的势力，被残酷镇压下去了，它提出的义学也只留在一个口号上，没有一砖一瓦实现。而在这个时候，中国却有了武训学校，还不是一所。

武训当时为了请教员，说实在的，也真是卖力气，不怕吃苦。比如他要请前清举人来教书，人家看不起他呀，臭要饭的，还请我？他就在门前跪着，把人家感动得亲自出来把他扶起来了，答应他去教书。还有，他为了证明这些钱我一点儿不贪，一辈子不结

张学良书"行兼孔墨"

婚，要来所有的钱全都搁义学里头，由义学的账房先生管。人家后来很尊敬他的，给他的不是剩菜剩饭，而是做好的饭菜给他；他捡那素的、便宜的吃，像点样的，摆一摊儿卖。他绝对不上宴席，开学了请的校长、校董、教师们上宴席，他绝对不上，还是在外头到处乞讨。因此他也没有儿子，让人们彻底信任他，绝对无私，你看这不是墨子精神吗？

我的爷爷给我父亲讲这些故事，我父亲就说："他不是离咱们这不远吗？冠县离这不远，咱们去看看武爷爷好不好？我也上他那义学去。"我爷爷说："傻孩子，我给你讲的都是故事，怎么叫故事呢？都是过去的事，在你出生的头两年，你这武爷爷就去世了，看不见了。"小孩听了还哭了一场，确实很感动。

所以我觉得当时的这种人文环境，对于我父亲少年时代的影响相当之大。所以他下决心自己一定要好好地学习，这是他当时在老家读书的时候最大的精神动力。

【第六聊】

# 双刀

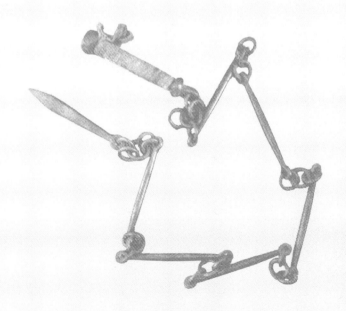

我们家原来有一副鲨鱼皮的月亮牌儿的双刀,那可是真家伙,开过刃的。那钢真好,窝成一个半圆儿,一撒手就弹直了。为什么叫月亮牌儿呢?它有俩半圆的牌儿,合在一块是圆的,往刀鞘里一插像一把刀,抽出来也像一把刀,双手一分,就变成了两把刀。

徐：之前咱们聊的是文，下面聊聊武。您父亲这一辈子都是好武术，练武，这是不是也跟山东的人文环境有关系？

李：对了，我们老家那儿男孩子从小就爱习武。

徐：他这习武是去聊城中学之前就习了，还是去之后才习的？

李：从小孩子们就爱摔跤，那是基本功，拳路子当时还没讲究。他印象很深，这摔跤还不是一般玩儿，家里大人还真拿旧的布做一个跟坎肩似的那个，那个好抓。

徐：褡裢。

李：弄个粗布带子绑到腰上，这是最重要的，没这人还不跟你玩儿。

徐：没个抓挠。

李：没抓挠。然后提拉个铁锹出去练去，干嘛提拉铁锹？到地里把土翻松了，在那儿练。俩人就练背挎，折腾，打。那地都砸瓷实了，再掘松了，再练。练完了之后一身的臭泥汗，好办，也不用到澡堂，在马颊河里一涮。从小身子骨好就是这个习武的功夫练出来的。所以我父亲到老年，人家访问他，说："你老先生身体那么好，你怎么练的？"他说这练有两种练，一种是"阔练"，一种是"穷练"。什么是阔练？你说你瞧人家有钱的，穿一身运动装，穿一双回力牌胶鞋，好鞋，那得花钱。穷人第一不能花钱，第二不配得病。

徐：不配得病？

李：你得了病看不起！那靠什么？好身子骨。还有你吃饭靠什么？也是靠好身子骨。你给人家打长工、短工，人家先看你这体量，"叭叭"一拍膀子，一瞧不结实,人家不雇你了。那时候有一句话挺损的,说"三条腿的蛤蟆不好找,两条腿的活人有的是"。劳动力过剩,人家挑有劲的。你这练得身子骨好,你给人打工人家才要你。所以他说穷人全凭着好身子骨,一能干活,二不得病。所以从小男孩子就是这么穷练。后来慢慢大点儿了,练棍,练七节鞭。

徐:有句话有点儿不恭敬,说山东齐鲁大地,既出圣人也出响马。当年就有《水浒》的故事,宋江三十六人横行河朔,历史上有这个记载。

李:是这样。山东所处的战略位置重要,确实山东也出了文武两方面的人才。文的不说了,有圣人。武的方面,传奇故事流传最广的就是《水浒传》。你要真是开展《水浒》旅游的话,就不妨到我们老家那块地方去,那儿有很多关于《水浒》传说的一些文物、遗址。比如我们老家那儿有一块碑,二十五年前我回老家,我说:"这碑可别任它倒在地上,那人走来走去,字已经磨得有点儿浅了。"

李苦禅练武用具石钱(现藏于李苦禅纪念馆)

徐:那碑落在地上了?

李:那上面是宋徽宗写的瘦金书,旁边还有蔡京写的,这么俩名人写的,这是文物,赶快竖起来。当然后来收起来了,现在在高唐李苦禅艺术馆里边,在那儿收藏。还有不少其他石刻呢。

徐:原来这碑在哪儿?就铺在地上了?

李:哎呀你可不知道,相当一段时间"反封建",这碑都拉倒了,在地上铺地。这铺地还算整的呢,还有的砸碎垫柏油路了。这段事就不提了。我们老家还有柴进柴大官人,现在还有"柴进花园",你要到那儿去访问去,不妨到那儿去一下。真的是柴进的花园吗?地面部分当然已经都是仿古的建筑了,往地下挖,还真发现有一口井,从井里头还真出了一口铁刀,长锈了,那刀的制式,一看还真是宋朝的东西,所以那还真是柴进花园的旧址。

徐：一直故老相传那就是柴进花园？

李：对，柴进花园，一直都这么讲。还有武松当官的地方，阳谷县，山东快书里面常有这个。"闲言碎语不要讲，咱表一表好汉武二郎，景阳冈上打猛虎，阳谷县里都头当。"照例都有这段，那是他当都头的地方。

徐：都头就相当于现在刑警大队的大队长。

李：对。还有就是狮子楼，杀西门庆的地方。现在好像又照宋朝建筑恢复起来了，有好些人都到那儿打听去，没开展旅游的时候就有好些人都打听去。

徐：其实本来没这个事，这个事是编的，这不是真事。

李：有没有？没有。但是演义要是演好了，那假的能成真的。就在那盖一狮子楼，生意就好，人家就到那儿喝酒去，到那儿吃去。说这是当年武松在这里，拎刀上楼，跟西门庆打，然后把西门庆给扔出去，扔到当街。为了再把这事说扎实点儿，我父亲老朋友李士钊先生让我父亲给题字。他是写我岳父画的《武训画传》脚本的这么一位，是老干部，

李苦禅为狮子楼书

但是因为扯到政治运动里头了，后来也没人提他了。他是到处"制造"文物，让我父亲给狮子楼题字，又给景阳冈题字，题完之后都镌刻在那个地方。现在我父亲题字的墨迹还在纪念馆呢。有关《水浒》的传说那地方太多了。

徐：戏应该也不少？

李：戏也有。有关《水浒》的戏、《三国》的戏，这在传统剧目里头，那都是占相当比例的。

徐：当时在当地的戏京剧不占主流吧？还得是山东那些地方戏吧？

李：对对，地方戏。这京剧也是大器晚成，它是好多地方戏聚在京城形成的，那是"四大徽班"进京之后的事情了，到同光年间才初步形成咱们现在印象里的京剧。那个时候一般地方上所谓唱的大戏就是梆子，叫梆子，但是这里分多少路咱就不说了。有的到这个地方没有做到入境问俗，这个地方……

徐：唱戏干嘛还入境问俗？

李：有的地方忌讳什么事，忌讳什么人，你到那儿得问。反正至少有这么两出戏不能在那儿演。一个《白逼宫》骂的是华歆，这段《三国》故事大家都知道，他让曹操把献帝那俩孩子给毒死的，在戏里是站在刘备的立场，站在正统立场，把他描写成是一个坏人。但是华歆是那地方人。

徐：华歆是高唐人？

李：是。后来劝曹氏篡位的功臣也是华歆，这个有汉碑为证。你演戏，你演《白逼宫》当然不行了，他有后人的，是不是？还有一个也不能演——《时迁偷鸡》。时迁的绰号叫"鼓上蚤"，轻功好，落地无声。凡是有偷了摸了的事、侦查的事都是他干。戏里演他都是武丑，开口跳。

徐：《时迁偷鸡》《时迁盗甲》，戏多了。

李：反正不是偷就是盗。虽然有人说了，这是为正义而偷，为正义而盗，但不管你怎么说，沾个偷、沾个盗不好听。所以你到那儿演《时迁偷鸡》，那不行，到那儿你也得改个名，不能叫时迁，你叫什么都行，不许叫时迁。就跟后来有人到某个地方演《秦香莲》似的，演着演着，不远地方一个村里人过来把这戏台子砸了，戏班被打伤不少人。那不是骂陈世美的戏嘛，那是陈家庄，陈世美是他们庄的人，而陈世美给他们庄办了不少好事，那是清官。正因为是清官，得罪俩哥们，那俩哥们跟他一块赶考，就他一人考上了，那俩落榜，落榜之后有什么事托他，企图让他以权谋私，人家是坚持原则，不给这俩办私事，这俩就恨上了。采取什么办法啊？艺术办法，这艺术能宣传，就利用民间都恨那种喜新厌旧、忘恩负义之人，就编了这么一个角儿，这个角儿叫陈世美。这个戏很得人心，成了包公戏里头的重头戏之一了。

徐：就因为这个把那戏班都打了？

李：这事一直闹到1949年后，好像我记得三十年前还打这官司，打到文化部去了。文化部说我们很体谅你们，但现在《秦香莲》这戏已经家喻户晓了，凭着我们文化部也不可能把它改过来了。这么着，你们编一个正剧好不好？还真编了个正剧《陈世美》，出版了录像带，那时候没有光盘。但就是流行不开，人都是先入为主。

可以讲，《水浒》的传说也是促使当地人习武的原因之一。正式习武，那是我父亲上了聊城中学以后。当时有一个屠老师，那个人多才多艺，文武双修。聊城中学不同于一般的中学，是一个新式中学，早上上军操，有军操课，那相当于体育课了，但是又不同于一般的体育课，教长拳，一路拳、二路拳。还有简单的器械，最主要就是棍。

还有一个挺有意思的事。他那时候还练过地躺拳，练拳讲究高架、矮架的是吧？地躺拳，有好多的架式都是在地上的。其中有名的一个招式叫"乌龙搅柱"，还有的写成"五龙搅柱"，躺在地上，两条腿那么编着。这个在实战中间很有威力，专打你下盘，但你够不着他。你别说够着他，一挨着他，他把着你的腿，能给你抢一大跟头，然后他自己来个"鲤鱼打挺儿"，就起来了！练那个是最苦，背都磨破了，我父亲是非得学不可。他说你得看对手，他善于打高盘的、中盘的，一瞧他的虚处是底盘，那使这个正好对付他。对付对方的弱点，要击其软肋嘛。

我父亲说武术比起舞台上的武打来说难看。舞台上讲究美，俩胳膊讲究举起来，真练武不行，俩胳膊举起来两肋全露外头了，那是找挨打呢！打架

李苦禅老年练武

得先护两肋,但这姿势不美啊,得打对方的虚处,地躺拳就用处比较大。这个地躺拳京剧里也有,《打渔杀家》里头,萧恩把那教师爷一手指头捅一跟头,那教师爷说:"你小心我的地躺拳。"其实他没练过,当然这是讽刺了。

在聊城中学的时候,我父亲在小时候练武的基础上又更上一层楼。

徐:高唐这地方练武的历史故事很多,也有习武的传统,那当地人到底见没见过真正的打仗?真正说刀对刀、枪对枪地打仗?

李:见过,还真见过。捻军,知道吧?清末的捻军,当然朝廷对他们鄙视,叫他们"捻匪"——奏折上是"捻匪",口语是"捻子",就出在这块地方。

徐:我们现在说就是农民起义。

李:对,农民起义,愣把大清国名将蒙古王爷僧格林沁给杀了。

徐:对,僧格林沁就是死于剿捻之战。那时候老乡怎么能看着军队打仗呢?不怕伤着吗?

李:伤不着。我们高唐是一个水城,有一个城圈,一般没有这样的城。它把整个我们高唐那个湖圈在城里头。怎么叫高唐呢?它原来是一个沼泽地,最高的那一块水漫不了,在那儿盖的民宅,四周都是水。然后水周围又是一圈城,有旱城门,还有水城门。那时候运输主要是靠船水运,水运成本低。

徐:这水是在城墙外边的还是城墙里头的?

李:城墙里头。

徐:不是护城河似的在城墙外头?

李:不是。外头也有个护城沟,但不是主要的,它是为了行船,水并不深。那船都是平底船,它不像海船底下是尖的。小船,运个粮食、物资,从水城门进来。到晚上关城门了,水城门有铁栅栏,也放下。陆上的城门也关上,那是为了防土匪。这老百姓能站在城上看外头。高唐那地方是兵家必争之地,所以在那儿有人能看着打仗,有看着土匪打的,也有看着官兵对所谓的匪的。

徐：看见的最大的一场仗是什么呢？

李：太平军大将李开芳，他建议天王一定要北伐，您别老在天京这待着。所谓天京就是南京，太平天国在那儿建都，然后就腐败了，极其腐败，不是一般的腐败，坏透了。洪秀全不听李开芳的。那时候封了一大堆王，谁也不听谁的，内讧，互相掐架，而且掐得还挺狠，一掐就把人家满门抄斩，真是鸡犬不留，就这么干。李开芳他就擅自行动，带着一支兵马北伐，打到哪儿呢？高唐。这是一个重要的战略要地，到这儿歇歇脚，再招兵买马。没后勤怎么办？到当地得抢点东西——太平军走哪儿抢哪儿，包括抢女人。所以大家都害怕，一听说李开芳带着"长毛贼"来了，可了不得，赶紧把水陆城门全都关了。而且城上也有自卫的军事组织，都拿抬子杆，就是土枪，凡是青壮男人都上城了，守着。所以这能看着战场。

这李开芳带着兵过来了。清朝政府派的谁呢？曾格林沁。

徐：蒙古王爷。

李：蒙古那是马背上的民族，他这王爷不是一般的王爷，他天天骑马、射箭。他骑的是蒙古马，我父亲说，蒙古马善于作战，徐悲鸿院长画的马是大洋马，那个在检阅的时候漂亮，但是真讲究作战还是蒙古马，耐性强。还有它跑起来，比较平，不是那么一颠一颠的。曾格林沁骑的就是蒙古马。现在好多打仗的画儿画得都不对，都是骑的大洋马。再一个他善使什么兵器？双刀。小双刀，轻便。咱过去练武讲，"一寸长一寸强，一寸小一寸巧"。他本人个儿也不大，他用的是一个巧字。他们打仗，还真是像书上说的，先"来将通名"，再对骂，这边骂你"清妖"，那边骂你"长毛贼"。

曾格林沁是后发制人，他不先上去，等李开芳过来。李开芳使的什么？长兵刃。长把的大刀，那本身分量不得了，朝着曾格林沁的头上一刀就劈下去了，那要真劈着就劈两半了。结果就听"咔碴"一声，劈到马鞍子上了。怎么曾格林沁没了？这王爷的马鞍子可讲究，那不是一般的马鞍子，上头镶着一些白铜件，还镶着一些装饰品，"咔碴"切那上头去了，连马都没伤。可是长兵刃你出去了之后往回收，你可来不及。曾格林沁这马过来了，敢情他来个"镫里藏身"，借着马镫，在马肚子底下藏着呢，跟着冲着李开芳嗓子眼这一刀就抹过去了。这李开芳抽不回刀来，拿刀把挡，曾王的刀顺着刀把一溜，把李开芳大拇指切下来了,一下子兵刃就掉下来了。那没了兵刃你在马上不是废物吗?还往哪跑?跟着这些兵一看主将都这样了,哗,散了。这边清兵的挠钩都上去了,李开芳他不是有铠甲吗,这一钩上就生擒了,这么把李开芳押到菜市口处的斩。

后来的事是我父亲到北京以后听说的。处斩的时候,刽子手上来了,骂道:"长毛贼跪下!"李开芳瞪他一眼:"叫大爷我什么?""你小子长毛贼。"李开芳一脚把他踹得吐白沫子,踹得半死。后来又上来一个刽子手,这人比较老练,说:"将军,咱们前世无仇,后世无冤,我让您不受罪,您让我利索点儿。您愿意站就站,您愿意跪就跪,由着您。"李开芳说:"这还像句人话。"他冲着南边跪着,说:"我跪的,不是你清妖,我跪的是我们天王。"这样一刀斩的,有这么一个传说。这个我父亲没看见,他没赶上。

我父亲什么都爱刨根问底,小孩嘛,大人讲故事,"那后来呢?那后来呢?"你小时候大概也这样。至于后来捻军怎么把曾格林沁给杀的,这没看着,那不在近处,近处看的就是他们俩打,就一回合。

徐:当时高唐的父老乡亲看见了,慢慢地就传了二三十年传到您父亲这儿?

李:可以这么说吧,女人不许上城,好好看着家,孩子只要稍微大点儿,不知生死大事,都看热闹,都上去。总而言之就是说这些方面的故事在老家有看见过的,流传下来的,还真是不少。

徐:那您父亲是哪年到的聊城中学?当时他是多大岁数?

李:我父亲当时进聊城中学,我看有16岁左右吧。他到聊城中学对他一生影响极大。

徐:这个中学是一个新式的中学?

李:新式的,中学这个称呼就带点新文化的味道。比如它那个科目里头,除了军操课以外,有时候还讲点儿时政。过去的学校不讲这个,"两耳不闻窗外事,一心只读圣贤书",你管什么时政?这里还有时政课,还议论时政。还有外语,教点儿英语,当然都是基本的。还有历史、国文等等,课安排得比较全面。所以那儿的学生思想都比较新。这也促使了他后来关心国家命运，投入到爱国的行动、行列中间。聊城这个地方一度出过很多文化人，像傅斯年、季羡林，那都是文化大家。现在人们有些误解，好像一说山东话就有点儿"怯勺"，包括咱传统相声里头，一说怯口，就是学山东、河北的话，这是一种成见。

徐：什么时代这里出大知识分子呢？

李：在运河文化发达的时候，那真出大知识分子。后来北方运河文化一衰微下去，特别是一修铁路，整个情况就改变了。所以咱们相声里头一学知识分子都是带点儿江浙腔，好像文化高的都是江浙的，这是一种成见。那季羡林了得么？那傅斯年是敢在蒋介石面前发脾气的，有大学问才敢有大脾气，是不是？可以说，聊城文化遗风到现在还有，现在那地方的教育并不差，我去那儿讲过学，学生也挺欢迎。

那里现在还留着不少古迹，其中最具代表性的就是一个古城楼，明朝的，一直保护得很好，叫光岳楼。我父亲他们这些学生经常登楼，人都愿意登高远望，凭栏远眺，发思古之幽情。还留下了一些古碑，到现在还保持完好，有的碑文我父亲都能背下来。他对光岳楼是很有感情的，如果有机会你们可以去，那些古迹可真值得一看。而且那地方也是北方少有的水城，只是它没把那水圈在城圈里头。它水域的大小比西湖略小一点。

徐：那在北方就属于大片水面了。

李：一大片水面，特别湿润、干净。反正到那里刮多大风眯大眼都不会迷眼，真好。那地方历史上真出了不少人才，整个聊城地区的人文环

聊城光岳楼

境，对于少年时代的李苦禅，那是起到一种很了不起的潜移默化的作用。

徐：那他在聊城中学念了多长时间？那会儿的学制是按初中、高中这么算的么？

李：它这种中学怎么说呢，不像现在这种建制。好像有三年吧。因为他到19岁就到北京来了，你想想中间没几年。对于我父亲这个年表，还是有好多人帮着查的，他自己也不记自己的这些年表，他连自己的生日都不记。后来是因为学生想祝寿，打听半天，幸好那时候我一个小姑姑还活着，她还记着。后来又有我们山东老乡历史学家张守常先生，他又经过一番考察，这才考察出来，戊戌年年尾，是1899年的年初，1月11号出生。张守常先生那是我们高唐人一个骄傲，他是历史学家！这个人很低调，不久前刚去世。他对于中国边界这些历史，研究得通透。我们国家外交部能跟苏联谈判的时候、跟俄罗斯谈判的时候凭什么？凭些历史资料。他在上头很有贡献。他本人也是一名老共产党员，跟启功先生是同事，我顺便提提。我们老家真出人才。

徐：刚才咱们聊到苦老一生练武，那您小时候，到北京住央美的宿舍以后，您父亲已经是中年人了，他还练武吗？

李：练！我父亲有他自己的生活方式、生活习惯。他老说："睡懒觉一辈子没出息！"每天早晨早早就起了，起来了就练武。我们家原来有一副鲨鱼皮的月亮牌儿的双刀，那可是真家伙，开过刃的。那钢真好，窝成一个半圆儿，一撒手就弹直了。为什么叫月亮牌儿呢？它有俩半圆的牌儿，合在一块是圆的，往刀鞘里一插像一把刀，抽出来也像一把刀，双手一分，就变成了两把刀。

徐：就是它刀盘子像月亮一样，合起来是圆的。不是商标是"月亮牌"的。
李：不是不是，那没有注册商标。鲨鱼皮一打亮儿特好看。

徐：那鲨鱼皮是真鲨鱼皮么？还是说刀鞘做出来效果像鲨鱼皮？
李：真鲨鱼皮，过去人们打鲨鱼不算什么。但那个不便宜，制作工艺相当复杂。有一个什么好处？坚固，结实极了；而且轻，因为那是实用的刀。他就挂在腰里，每天早上起来就练那个。要不我妈老劝，说别练那个了，那是开了刃

的，万一蹭到哪里多危险。那刀快到什么程度？他到四川参加土改工作带回来的大蓖麻子，种在我家院里，长得跟手腕子那么粗，结完了果该去掉了，他拿那个练刀。一般劈干的木头都是斜着劈好劈，这还是湿的呢，还在地里长着呢，有韧性，横劈不好劈，他就横着劈。我亲眼见的，"噌噌"两刀，砍完了都不倒，慢慢慢慢地倒下去，你说多厉害！

徐：那刀过去了，那树还立着呢？

李：对，就那么快！收了刀之后就练他那个棍。从小我就知道他喜欢那棍，真藤子的棍，现在不好找了。要是真打起来的话藤子棍跟别的棍不一样，你只要会使，它能弹出去打人。别的材料的棍不能弹，你一弹棍就劈了。他那时候早上起来以后还练拳，后来到老了就改成打太极拳了，就不练长拳了。

李苦禅老年练武

李苦禅练武用具七节鞭（现藏于李苦禅纪念馆）

徐：年轻的时候练长拳？

李：有时候他性起了，还来一套七节鞭。现在棍还在，七节鞭"文革"期间被他的弟子李竹涵藏起来了，等"文革"过后又还到我们家，现在捐给纪念馆了。练的时候得拿多少层布包着枪头子练，要是不小心打到自己身上疼得不行。他年轻的时候走南闯北的就在腰里头缠着。

这里有最难的一招鞭法。七节鞭它得在一定的距离的时候才能起作用，人家用贴身战术，绕你后头一个锁喉怎么办？有一手绝招，叫"豹子鞭尾"，叉开腿之后从裤裆里甩过来，从脑后打击敌人。那个劲儿得算计好了，长短也得算计好了，如果算得不好，这一下子正打到自己天灵盖，能要自己的命。要练这个，先把枪头子换成包木头的，外边再包上几层布，布外头沾上大白。练得过关没过关自己能看见，练完自个到那河边照照去就知道了。

徐：老年以后，他身体这么好，是不是也是早睡早起？

李：他可以讲晚上就来了劲儿就睡得很晚，睡得再晚早上也早起，成习惯了。他确实身体好。

徐：中午再补一觉？

李：中午觉睡不睡都另说。后来到老年了，我母亲给他规定中午必须睡一觉，说："你不睡觉下午再来客人怎么着？你又陪人说。"他的精神头特别地足。

我父亲晚年依然很健谈，人家谈的是文的，他谈的是武的。聊天的时候，他不坐着，坐不住。客人来了请坐，看茶，把茶端过去，然后就是聊。他也聊戏，来的那些位也都对戏有兴趣，尤其像李洪春先生等梨园行这些朋友来了。他们聊戏，那恨不得从戏的开头一直聊到最后。当年杨老板怎么演，我老师尚和玉先生他那起霸怎么来，他跟杨小楼的起霸不一样。说着说着就站起来了，拿着家伙。

徐：怎么还拿着家伙？

李：我们家现在还有三件老武把子，一件是谭鑫培谭老板使过的象鼻刀，《定军山》里用过的；还有一件是尚和玉老先生给他的《铁笼山》里用的

李苦禅与京剧演员马玉琪、萧润德切磋京剧表演

大刀;再一件是尚先生《挑滑车》里用的大枪。现在经过各种灾难波折这三件还在我们家呢。我父亲一说到戏,他虽然不是专业的,但他比专业的还认真。他说这个大刀从这个手换到那个手,换手我是怎么换法,杨小楼是怎么换法,我老师尚和玉他是把刀横着这么一磕,"啪"就接着。当场他就表演,认真极了,他不是只说说,身上的动作都跟得上。

这不是没有文武场面,就是乐队嘛,他嘴里边还有"锣鼓经"。还有时候说着说着话,我母亲就得制止他了。他好动感情,说有些老朋友的事,说着说着就掉眼泪了。这一掉眼泪麻烦了,中午饭也不吃了,影响他半天的情绪。要不说我母亲为我父亲操心是方方面面的,要没有我母亲给他安排生活真不行,他纯粹是感情型的。我母亲有些事也做在他面前,有的时候,事先嘱咐客人别提谁谁谁。因为一提起来,我父亲的脸上马上就沉下来了,那表情好像陷入了十几年前二十年前的沉思里头了。这回倒不说话了,饭也不吃了。那客人也觉得自个儿可能说话说冒了,也就告辞了。客人走了,他那脸上还沉着呢。他这一辈子,特重感情,尤其是困难的时候帮助过他的恩人,一提起来那真是眼圈都红了。他就是这么个性情中人。

【第七聊】

# 我教你两手儿,你可别用啊!

回来我就跟我爸我妈哭诉。我爸喝点儿闷酒之后就说:"我教你两手儿。"他教我使反绊,这可厉害!

"他不绊你吗,你让他绊,你来一反绊,咔嚓,他这骨头就劈了。"等酒醒了,赶紧跟我说:"你可别用啊!千万别用,宁可挨打。咱打了人咱可赔不起,咱还过不过日子了?"

徐：咱们聊李苦禅大师，我想先由您这儿聊，做童年的一个对比。咱们上次说到苦老去了聊城二中，您呢，是在美院附中上的？

李：对。我是在北京二中毕业之后去的美院附中。中央美术学院附中，我们丁井文校长特别爱广交画界名人。黄胄那时候没地方画画，"上我们附中去"。附中四楼有一个大教室，黄胄就天天在那儿画画。那随便就能给我们上一课，当场表演。

美院附中现在来说是中专吧？中专能有黄胄这种资格的老师给你上课？没门啊！现在请也不好请啊。还有，我父亲想画丈二匹，没地方，我就跟丁校长说了，丁校长说："来啊，我给他预备。"在大教室地上铺了三层报纸，我父亲去画了《山岳钟英》，这是他1949年后画的第一张横披的"松鹰图"，现在在北京画院存着呢。那个学校真是忒好了。蒋兆和先生，那是大学的教授，丁校长一句话就请来了，教给我们人物写生。

黄胄　雄鹰

徐：上一学期的课？

李：不是，就是对着模特，边讲边画，当场表演。

李苦禅　山岳钟英

徐：讲座性质的？

李：讲座性质的。但是真能学东西啊，实惠极了。包括我父亲苦禅老人也到那儿去。合着美院各个系的教师，丁校长一句话就能请来。不光请美院大学部的教授，还请中央音乐学院的教授开讲座，谈如何欣赏古典交响乐。我入美院附中还戴着红领巾呢，才15岁，那个年龄就能听到这种高层次的讲座。

徐：您怎么15岁？上高中怎么也得16岁啊？

李：我上学早，有毕业证书为证。我可沾了上学早的光儿了。那时候听这种讲座，等于在你脑子里种一个好的种子，从那儿开始就会欣赏交响乐了。

徐：要不然不知道怎么个欣赏法。

李：对，你爱看足球，我就不看，我不知道什么叫犯规，什么叫越位。

徐：不会欣赏。

李：围棋我也不看，我不懂下棋的规矩。但会欣赏文艺，在美院附中那些年沾光儿沾大了。这么说吧，从美院附中考到大学部，能考上的还是不多的——那时候教授儿子也得考试，不讲走后门。但是大批没考上的到了社会上都能独当一面。

徐：附中毕业之后就能独当一面了？

李：对，那水平都不低啊！出了不少人才。当然美院附中三年上下来也不容易。一是高中的课程该学的都学，包括这理工科，那费了劲儿了。

徐：物理、化学？

李：都得学，这叫文化课，还有外语，学俄语。业务课，业务课那时候很全面，色彩（油画、水彩、水粉），素描，速写，还有美术史论课，当然是简史简论，我还是美术史论课的课代表呢。数学不灵，净补考了。再有一个就是接触的姊妹艺术多，请当年北影的著名导演崔嵬来讲电影艺术，讲他拍摄电影艺术的体会。请中央音乐学院教授来讲音乐欣赏课，当场放唱片——那年头听音乐也就是放唱片。

这些姊妹艺术丁校长要求我们都要接触，甚至有一段还开了玉雕课，一楼有个大教室，把玉雕师傅请来。那时候玉雕还都是传统的工艺，就是俩脚踩踏板。

徐：水凳。

李：一锅水里放上金刚砂，那个轴是不动的，手拿着玉动，那不容易。现在都是蛇皮钻，你那轴是能动的，一会儿工夫就能出个形儿。我们先学开大料，怎么开料，然后看师傅怎么坨。我们入手先拿什么材料呢？先拿白化石，就是莱石，拿那个刻。我现在还留着当年刻的作品呢，刻的一只大公鸡。

徐：也是上水凳么？

李：那不是，白化石能下刀，因为它软。你先得拿那个练，一上来就拿块玉给你练哪行啊？我刻了一个公鸡，上边是盖，下边还有底，里头能放下一盒烟卷。

李燕15岁作石刻公鸡

徐：我也学过刻玉，但是现在就没有上水凳的机会，都是用蛇皮钻。

李：说句不客气的话，最早提出要用蛇皮钻来刻玉石的，我告诉你，就是鄙人。

徐：您提出的？您又不是搞这一行的，您怎么提出来的？

李：这就在于我兴趣广泛，善于联想形成的。我瞧着人家修牙的，他那个工具怎么钻都行，你不能让牙疼的人奔着你那不动的钻头去对不对？我说这东西好，我要是用这个，不管是坨玉还是石雕，肯定方便极了。你看我雕的那印钮，寿山石、青田石、昌化石，那都是可以下刀的，但是拿蛇皮钻就快了。你比如一个狮子钮，腿底下不得掏空了么？你要拿刀掏得掏多长时间啊！拿这蛇皮钻一下就透了。

徐：钻完了再修？

李：那大形儿很快就出来了，然后细部我再使刀功。但是我那时候也没有专利，我提出这建议来也没记录，现在就在这儿来吹牛吧！

徐：这大概什么时候？

李：我最早提出这大概就是十五六岁，这是第一次。第二次是我到荣宝斋工作的时候，30岁出头，我现在还有在荣宝斋那时候刻的印钮呢。当时我又提出这个问题了，用蛇皮钻，我还差一点儿买回家里来一个。但是钱是大问题啊，买那也不便宜，所以就没买成。现在一看到处都是蛇皮钻，我说我这可惜了，想当爱迪生没当成。

徐：体育方面呢？

李：足球我不懂。篮球我创了一个空前绝后的例子。这个篮球我们那队打得甭提多臭了，简直是让人一灌再灌，最后输得惨透了。完了我拿起那篮球来，狠狠地砸一下，然后使足了劲儿往天上一踢，踢得这叫高啊，高到什么程度？大伙都追着我那篮球看，等往下一落，"满堂彩"，你猜怎么着？整掉篮儿里头了。

李燕31岁时作石雕印钮

徐：这真事？

李：真事。是我发明的"足篮球"。当然不算分,但是我特得意。排球也打,我还发明了一种发排球的办法,后来有了弧旋球乒乓球以后,我给它起名叫什么呢？叫"弧旋排球发球法",也没专利。是什么呢？在发球的地方蹲着,人说你的姿势不好看,跟端尿盆似的,我说别看姿势,咱看效果。把这球抛起来,差不多抛起来有个一米半高,落下来的时候我使拳头背儿使劲儿往上挑,手背儿这儿不是有这么几个关节吗,我这么一旋,这球就以高速度旋到那边去了,只要你一接不是蹭网就是出去。

徐：您还是运动健将？

李：那时候就是玩儿啊,也不当回事儿,就是爱动脑子。我就是从小有一习惯,也是在苦禅老人影响下养成的,什么事不玩则已,玩就得动脑子。但是到现在体育也不灵,也进不了体育行。那个时候体育课要求极严,要讲一级劳卫制、二级劳卫制,那都有指标的,通过了胸口才能戴那么一个章,一级、二级,起码你得通过二级。这是必需的。

徐：什么叫劳卫制？

李：这个最早的提法不知什么意思,反正就是证明你身体素质好。劳卫制,好家伙,一项项,跳高多少,跳远多少,跳箱动作什么什么的。最难过的什么呢？那时候我胳膊没现在结实,举重、杠铃,老通不过,老通不过,天天就练啊。

徐：中学还得练举重？

李：还得举杠铃。好不容易练成了,赶快让裁判过来看,使足了劲,好不容易举上去了,就赶快扔下来了。第二回举就不灵了,但是通过了。对身体要求很严。再有一项,三门功课不及格,您自动退学。好家伙,那严极了。有原来上下床的同学,三门不及格,最后大家含着眼泪送走的。礼拜六晚上可以回家,但是礼拜天晚上得回来。那三年要求极其严格,养成了习惯。所以到现在我跟你讲,我做事情一丁一卯,毫不含糊,那就跟在美院附中受的教育有关系。

徐：可是我们心里的艺术家都是不拘小节、大大咧咧、不太守时的呀。
李：散散漫漫。

徐：对。男艺术家头发比女的都长，往往都是那样。
李：我告诉你，我父亲就说过，有的人画还没画出个样儿呢，这人先已经是"画家样儿"了；人还没出名呢，"做派"就已经是"名士样儿"了。他说这不能学。他说这画家有的头发长，他不是想留长头发——我父亲有一段也是头发长，他是没工夫理发去。最后长得都痒痒了，让同学"你给我来几剪子吧"，后头来几剪子。那种留长发不是有意的。

李苦禅学生时期

徐：您父亲有照片还是那种长头发的呢。
李：对，我父亲年轻时的照片有的就是长头发，就是这种情况。不是说为了表现我是个艺术家，我就留长头发。现在还讲究在后面扎一马尾巴。

徐：背后一看看不出男女来。
李：还有这留胡子也不是说有意地留。个别的像张大千，那是有意地留胡子。有的真是因为画着画着画上瘾了，没工夫去修门面，胡子稍微长点儿，那不是本人有意追求的。还有有的画家不叠被子，屋里邋里邋遢，这也不是画家追求的。画上瘾了，这一夜都画画，第二天早上起来挺晚，客人一来还没叠被子呢！都是这种情况。学书画净学这毛病，这不行。就跟有人学王羲之的《兰亭序》，字没学好，却把人家错了直接圈改学来了，也拿墨在错字上来一圈儿，好像在说："大爷我是书法家，我有名，你看我这写坏了的，我都圈上，这都算是我的墨迹。"学王羲之最后就学了一个画圈儿，这是毛病。

我父亲特别反对年轻人沾染这种习气。

徐：那您现在平时还看什么体育活动吗？

李：我告诉你，我自己都练过花样滑冰。我父亲上中学那年头，想都想不到。当然我是到大学部之后才有机会练滑冰。大学那时候就不是军事化了，而且我们家离美院三分半的路，还是聊着天走三分半。男生宿舍也给我一床位，愿意在那儿住就在那儿住，那时候也能开夜车了。当然养成习惯了，能不开还是不开。

徐：上大学就不管了？

李：不管了。但毕竟说要抽出时间到北海、什刹海去滑冰，那还是要算时间账的。还有一条，那个冰鞋可贵了，你买得起吗？你买不起啊。美院挺好，总务科买了一大批冰鞋，都是花样刀。为什么不买跑刀也不买冰球刀？那两样速度太快，那得是大冰场，美院的冰场是人工泼的，没那么大。

徐：美院也有一个冰场？

李：对了，人造冰场。

徐：在什么地方？

李：就在美院里头，我们的楼是U字型的，大家叫U字楼，U字楼中间那块空场，泼了一片冰场。

徐：这一直到什么时候没的？美院从王府井迁走的时候就没了吧？

李：不，早就没了。什么时候呢？连这也上升到"修正主义、资产阶级享受"了，那年月是越来越"左"嘛！到1964年秋天，康生和江青在中央美院内部发动了一场"城市社教运动"，对外还保密，实际上就是"文化大革命"的试点，后来被主持工作的刘少奇同志和邓小平同志发现了，说这么弄可不行，这样要推广全国会大乱的，就制止了——后来这还算是刘主席的一项"修正主义罪行"。且不说那个了，这吃喝玩乐都是"修正主义、资产阶级生活方式"。可惜了那些冰鞋，那都是相当好的冰鞋，后来都当废品处理了，其实那都应该留着当文物，陈列在中央美院的校史陈列馆里。

徐：您练过那个吗？直接就用的花样的冰刀？

李：一般练滑冰，都是先练花样刀，当然得让人帮着教。美院的学生都挺好的，都知道我是谁的儿子，对我都挺厚爱的。扶着你，教给你一些基本姿势，怎么先起步，怎么蹬，怎么滑。起步了之后自己就能滑走了，走起来之后逐渐增加速度，往前滑。滑溜了之后围着场子绕圈儿，越绕越快。熟练了，到一定时候，再教你怎么倒着滑，S形的动态，俩刀倒着滑，完了看自己那冰印对不对、匀不匀。这后头得有人看着，别撞着人家。倒着滑也顺溜了，再由正着滑之后跃起，中间转身180度变成倒滑。

徐：这您都练过？

李：这都练过。练完这之后再练什么呢？画圈儿。这两个脚大八字劈开，能够画一个圈儿，看你的圈儿圆不圆？你到那头没接上，那不行，得能接上，整个像圆规画的似的。画完这个还不算，再画8字，就看8字那俩圈儿匀不匀。

徐：您是大学开始学的？

李：大学。我是1961年考入中央美术学院大学部，中国画系花鸟科。在那上了五年，1966年"文革"前毕业的。所以我有机会在那儿学滑冰。

我觉得美院它这种安排不纯粹是为了体育锻炼，增加文艺生活。你看现在，我特别欣赏花样滑冰，我觉得那是西方发明的一种"舞蹈写意艺术"。它里头的那些姿势，如果静止地摆，哪个体操运动员都摆得出来。但是你把它连贯在一块，那可难度大了！尤其是双人滑冰，哎哟，那个节奏，动作那个协调，都得跟着音乐节奏。特别是甩开了之后，距离相当近，那真是差点能把冰刀甩到对方身上。再加上空中托起，抛起，下来之后马上又来一个什么动作，难度相当大，都串到一块。"一切美的姿势、造型都在过程之中"，这不就是写意嘛。所以我现在在体育里头我最欣赏的就是花样滑冰，那绝对是很惬意的一种精神享受。

徐：这也是年轻时候的爱好延续到老年？

李：是。那时候学生之间也有竞赛。有个别滑得好的，大伙让让，旁边都坐着，给他腾出场子来，让他来几个动作。再有滑得好的，允许他借球刀，就是赛球的那个冰刀。那一般人你驾驭不了，它不像花样滑冰那个刀，它那有点儿曲线，这是直的，它绕得快。而且还得学会什么呢？相当快的速度冲到门前你得刹得住车。哎哟，大家都佩服这个。都快撞梆了，他一打横，旋起一片冰沫子，就刹住车了，那才叫高！但没法整场赛，那也就两人打冰球，多了就不行了，就撞梆了。

我父亲怕我摔坏了，我母亲倒很支持我滑冰。她在美院医务室工作，是校医，是徐悲鸿院长亲自下的聘书。说实在的，那时候买一双冰鞋很贵的，我母亲愣是从生活费里头算着，掐着，还真给我买了一双，在王府井八面槽那儿一个体育用品门市部买的。那双冰鞋背回来之后，搁哪儿你知道吗？搁枕头边上。嫌凉不嫌凉？不嫌。

徐：真喜欢！

李：真喜欢，这是自己的啊。可惜了，"文化大革命"一"破四旧"，这玩意也算"四舅"（"四旧"）——倒不算"二姨"，也给破了。真心疼！那年头买一双冰鞋可真不便宜，真得掐着算着省出来。

徐：那您父亲这一辈子除了京剧跟武术，爱好什么体育活动？他当年在聊城中学的时候，有什么样的类似上体育课的经历？

李：他们那时候，体育课叫军操课，练军操，也是立正、向右看齐、列队、正步走这一套。再一个就是练武术，练长拳的这些动作。

徐：其他的功课呢？国文国语？

李：那时候已经有外语了，有日语，有英语。

徐：您父亲都学过？

李：那时候就是草草地学过点儿。都不愿意学日语，因为那时候大家都记着甲午之仇，弄得教日语那老师也挺别扭的，学生净不好好学。老师教："哭你七哇（日语的'你好'）。"这孩子们说："去他妈的。"就这个，到后来传到他学生那儿，杜鹏也是这样。杜鹏就是《四世同堂》里头演钱诗人的

李苦禅早年四条屏之三

那个,他也去世了,那是我父亲的老学生。后来沦陷的时候在课上就是杜鹏带着学生淘气,日本教员教的也是这个:"哭你七哇。"学子们说:"去他妈的。"这都是跟我爸爸学的。还有教员教:"欧哈有(日语的'早上好')。"学生们说:"狗哈腰。"狗哈腰不是汉奸嘛,后来被日本教员发现了,把他开除了。

英语呢,我父亲开玩笑说那时候学生学的英语都是山东方言。反正多少学一点儿吧,总比不学好。

徐:那在聊城的时候学美术吗?
李:学,那叫图画课。

徐:是您学的这种专业性质的美术教学吗?
李:不是,就是图画课。那时候图画课多半都是什么呢?实际就是临摹,照着当地有点儿小名气的那些民间画家的画临摹,当然那临摹都是国画。现在还能找来他那时候画的画,四条屏,毁了一条,还剩三条。挺不容易找回来的,都霉烂了,好不容易修理起来的。

徐:在聊城中学时期你父亲的画?
李:对,上面有款:李超三。一般人都不知道我父亲原来叫李超三。

徐:但是那个很不容易鉴定啊。
李:要不说鉴定真假还有一个它的来历的问题。这些东西都没离开过我们老家。

徐:这有意思了,您给说说这个,这些画是怎么发现的?
李:这画原来一直就在我们老家的一位家里放着,也不当回事儿。

徐:毛笔画的?
李:毛笔画的。马上出《李苦禅全集》了,第一篇就是这张。

徐：连我以前都没见过，各种的杂志、画册都没有过。
李：很少出版。

徐：这是他见着徐悲鸿之前，拜齐白石之前的画，那应该很稚嫩，可以想见。
李：对，很稚嫩，一看就像民间画家画的。

徐：这宝贝是怎么发现的呢？
李：是我们老家有一位先生，他看着我父亲的传，知道我父亲早年叫李超三，他就记着谁谁家里头存着一些旧的画片什么的，到那里找着的。就是破损得很厉害。后来就问那家，那家说这些几十年都没动，没挪窝。

徐：就扔在那儿了？
李：就没当回事儿。

徐：当时是送的还是买的？
李：那都不知道了。完了后来他主动地送到我这儿来。

徐：这是什么时候的事？
李：说这话至少得二十五年前了。挺有意思，他喜欢我的画，喜欢我画的猴，就跟我换。当然我不是三张换三张的，多换。多换也值啊！我在老人的艺术经历中间补了一个空缺。拿回来之后费好大劲儿修理的，上头有的地方霉烂得厉害，影响画面效果。我用很小的行书，把这过程题上头了，这样对后人负责。

人家还存了一张黄宾虹老先生30多岁时候写的小楷，一小篇，他也不喜欢，喜欢我的猴，我一张猴换了一张黄宾虹的小楷。

还有一位收藏家，他也是忒富了，存的名家画忒多了。有一天忽然看见我一张大幅的《群猴图》，喜欢得了不得，非要买不可。我说："这是我自己喜欢的，这大幅的群猴我画得也不多。"越说他越觉得可贵，非要换不可。我说："那您拿什么画给我换？"人家拿了一张潘天寿的《秃鹫》，还特精！

徐：多大的？

李：那张潘老的画是六尺纸稍微裁了一小块儿。要拿这个跟我换，我当场不能表示出高兴来是吧？我说："就拿这一张啊？"哈哈哈哈！这叫"得便宜卖乖"！

徐：这是什么时候？

李：这有些年了。你知道这张画市场价什么价？反正要论价我是绝对买不起的。其实这真玩画的主儿，他不是按照价钱收藏。

徐：他是真喜欢艺术。

李：对呀！真懂艺术的不往钱眼儿里钻，对艺术他是真喜欢。再有一个，人家收藏真富，他藏的东西太多了。

徐：拿出几件换别的东西不当回事儿了。

李：是啊！有的人存的黄胄作品也特多，也跟我换，换我的画。你想想，现在让我买黄胄的我可买不起，二百万、三百万一张很正常，是不是？

徐：那这些黄胄也好，潘天寿也好，黄宾虹也好，拿来他得保真啊！您怎么能鉴定是真的呢？

李：我这个经历，对这几家我绝对能鉴定真假。再加上他还有一些别的证据，比如说荣宝斋卖出来的画，画角上齐缝盖一钢印，还有我们的经理侯凯同志亲自在那鉴定书上盖的章签的字。

徐：这些都有么？

李：有啊，他拿来的时候全套给我。黄胄的画不是在拍卖行买的嘛，他拿拍卖记录给我。我一看，上面写着上款，那是给某某夫妇画的。某某何许人也？黄胄跟他熟极了，给他夫妇画的。我估计他去世了，家里人卖出去的。所以像这样的东西，那就是"开门"的东西，鉴定不费太大的劲儿。

潘天寿给人的应酬画，多半是画俩小鸡，一只黑的，一只白的，上头题一溜儿字，或者来一鸟站在篱笆上头，要不就是一只鸟站块儿石头上，旁边

李燕与侯凯（1973年）

李
燕
聊
李
苦
禅

儿题一溜字，一般应酬画就是这个。老先生画画特慢，也不轻易应酬。但是现在拍卖行只要发现他的应酬画，基本都是这个稿子。我这张可不是！好家伙，那个配景，那个山石底下的溪流、小花卉，那比主体下的功夫还大。那题款钤印也绝对是"开门"的，打荣宝斋收来然后出去的。那是大约80年代初出去的。

我接触的收藏家有真收藏家，有的不灵。我有幸收这个，但我不为卖，我当教材用，在家里头看名家原作，多好！

徐：画的印刷品跟原作还是差很多的。
李：差太多了。

徐：印刷得再精良也不行。
李：也不行。所以我父亲这一辈子收藏这些文物，都是为当教材，都没花多少钱，因为他一辈子就没富过。收藏古今名人字画靠的是两条：一是眼力，二是机会。我们收这些东西都是人家不以为贵的年月收的，这是机会。再有就是人家特爱我的画，不拿市场眼睛对待艺术。

徐：他在聊城二中的时候也还是穷孩子？
李：穷孩子。

徐：聊城二中的全称叫什么？
李：它就叫省立聊城第二中学，相当有名的。

徐：那当时上中学的都是什么样的子弟？
李：我父亲是穷家子弟，因为是保送才上去的，还得家里供给，所以生活相当紧张。那同学里头也有的是现在叫"富二代"的，有时候就拿我父亲取笑，想各种办法作弄他。我父亲自尊心很强，又有点儿功夫，恨不得揍他们，但没动手。后来我问他："爸，那您就忍气吞声？您这脾气？"他说："不是，我一下手可要伤了人啊！我要伤了人可了不得，要开除学籍啊！人家既然有钱，那家里头不定是干什么的，咱惹不起。他怎么骂我，讽刺我，我也掉不了一块儿肉。咱们得把中学上下来，这机会忒难得了。"

这是我第一次听他讲韩信"胯下之辱"的故事。所以我好些知识是先听家里讲，再听评书里头讲，然后再读原著。他就说到韩信没起事的时候，背把宝剑赶路。乡里有一些地痞，说："站住，你背着宝剑你敢杀我吗？"韩信心想：我要杀了他，我不就成杀人犯了吗？我前途就没了，我将来还要干大事业呢。"我不敢杀。""你不敢杀，你就从我裤裆底下钻过去。"韩信真这么做了，"胯下之辱"。钻过去之后，回头猛地看了看这几位，记住模样了。等后来韩信成了事了，衣锦还乡，找这几个人，把这几个人吓坏了，心想这非得把我们零碎剁了，跪在那里不敢抬头。韩信度量相当大："抬头抬头，我不杀你们，我来是感谢你们的。"这几位哆嗦更厉害了，感谢？您拿什么感谢？闹不好拿油煎了。他们就更害怕了。韩信说："我真不杀你们，我真是谢谢你们，当初没有你们给我胯下之辱，也没有我的志向，也就没有我韩信的今天。所以我真是感谢你们，非但不杀你们，还给你们封个小官当。"据说那小官大概也就相当于地方什么保安之类的。哎哟，这些人是磕头如捣蒜。老人当时就给我讲了这么一个故事。

这对我一生影响也很大。到现在你看我的墙上还贴着"铭耻奋志"。我这一辈子，受的讥笑、侮辱、谩骂，要放现在好多年轻人身上，早就受不了了！

李燕1980年作《韩信铭耻图》

老人对我的教育相当大,以至于我上小学校的时候,有的学生知道我是教授的儿子,就拦着我:"借俩钱儿!"他认为教授的儿子有钱。我兜里真是没钱,他就找碴儿打我。回来我就跟我爸我妈哭诉。我爸喝点儿闷酒之后就说:"我教你两手儿。"他教我使反绊,这可厉害!"他不绊你吗,你让他绊,你来一反绊,咔碴,他这骨头就劈了。"等酒醒了,赶紧跟我说:"你可别用啊!千万别用,宁可挨打。咱打了人咱可赔不起,咱还过不过日子了?"

老人在聊城中学那会儿受的那个待遇、经历,他有时候就跟我聊,实际上就是家庭教育。

徐:那除了这些,他跟您聊的,现在有没有什么史料,当时留下来的?

李:当时留下来的很少,有文字可求的就是他的一个老同学叫张乾一,他给我来过信,毛笔字写的,说当时我父亲面对这些情况,自己还写了两首诗,诗言志嘛!

徐:当时他也就是十七八岁?

李:你想他1916年夏天17周岁保送到聊城省立第二中学的,当时算虚岁,虚两岁就是19岁,实际17周岁。这两首诗也是张乾一来信我才知道的,八成我父亲自己都忘了。第一首是"纨绔弟子富而骄,华服彰身自觉荣。俯视一切呈狂妄,金玉其外腹中空"。第二首是"丈夫自有凌云志,不与俗子较短长。七十任重而道远,无暇羡人文绣裳"。"任重而道远"就是孔夫子,73走的,一般来说人过七十古来稀,意思就是将来自己志向还远呢。那么这个诗后来被国文老师陈月霖先生看到了,当时他有一段评论,也是张乾一信里写的:"孔夫子曾经说过,古来凡有大丈夫之志者,必能屈能伸者也。李英杰此仁人厚者,志气不群,前途无量。不仅以文学、美术见长也。"我父亲那时还叫李英杰。张乾一后来还跟我父亲一块去参加"五四—六三"运动,老朋友了。

徐:那下次您就给讲讲这"五四—六三"运动。您父亲在山东聊城中学上学,他怎么到北京参加"五四运动"了呢?

【第八聊】

# 你是不是中国人？你爱不爱国？

我父亲那会儿就给警察头儿做思想工作，说：『你是不是中国人？你爱不爱国？我们学生爱国有什么罪？我们出来又没造什么大事，是不是？又没砸什么东西，毁什么东西，又没杀人放火，我们无非就是请愿要求当局不能签字，不能把我们祖宗留下来的胶东半岛给鬼子。你是不是中国人？你爱不爱国？』

徐：1919年，您父亲正在山东聊城中学念书，他是怎么想到到北京参加"五四运动"的呢？

李：聊城中学是开放式的。什么开放？信息开放。从排的那些课就能感觉出来。譬如说历史课，它不是完全讲三代，唐宋元明清，相当一部分是讲中国近代的屈辱历史。而且老师讲的时候声泪俱下，拿出的地图是大清国时代的中国地图——我小时候受的教育，中国地图就是大清国时代的地图。

徐：枫叶？

李：对，是枫叶形状的。学生上完历史课记住的就是国耻，要雪耻，就是这么一个印象。恰在此时，1919年，第一次世界大战结束，巴黎和会。大战中中国去了些劳工，抬担架、管后勤的，牺牲的也不少，算战胜国。既然算战胜国，原来胶东半岛作为德国殖民地应该还给中国，可是日本要它。这不合道理了，是不是？这个消息传到国内之后，山东学生首先就动起来了，说胶东是我们中国的领土，是我们山东的胶东，凭什么给"日本鬼子"？这"日本鬼子"的称呼可不是后来抗战时才有的称呼，老早就叫"日本鬼子"了。有的时候简称就叫"鬼子"，如果叫"洋鬼子"，那是西方帝国主义，要不加"洋"字，那就是"日本鬼子"。学生群情激愤，打着小旗上街游行，那时候因为我父亲和张乾一他们口才比较好，选他们当学生队长，在街上打着小旗带着游行，然后找个高地方一站。聊城最高的地方在哪儿？光岳楼。那是明朝的一个城楼，现在还在，保护得挺好。上头有一圈石碑，都是古碑，经过"文革"居然还保存下来了。学生们经常上去凭栏远眺，发思古之幽情。此时成为群众活动的这么一个中心了。就站在那上头，大声地宣讲，讲的、听的，那都是泪流满面。后来有人传来了，说："北京那边学生们都上了街了，咱们也都表示表示去！胶东是我们山东的，我们山东学生不去行吗？"就选我父亲还有张乾一作为学生队长到了北京。那真不容易,那时候从聊城到北京,哪像现在有高铁,打一盹儿就到了,那时候可真不容易。路上有时候搭一段骡子车,说上北京去,白搭,不要钱。赶上那一段运煤的,煤车,说上北京,"上来",就这样。

不光是他们,山东好些学生就是搭着骡子车、煤车到的北京。客车一般不能随便搭,煤车有的是,运货的。你知道那车怎么坐么?就坐在那煤上。那时候烧煤嘛,机车后头是煤斗,就在那儿待着,那比较安全,旁边有梆儿,能靠着。

徐:就是火车?

李:火车。那时候到北京真不容易。到了北京已经过了5月4号了,但是仍然满街都是学生。所以在我父亲印象里头,"五四"跟"六三"分不清,不断地老有学生上街,警察还出来干涉。但是当时警察好像是接到命令了,不准使枪头捅,只能拿枪托子磕,还不准把学生磕伤了。

这个时候就发生了什么事呢?凡是有山东口音的学生一来,立刻就让其他学生、群众还有教师们都给围上了,包括做小买卖的。那时候中国的老百姓已经不是那么愚昧,那么封闭了。学生上街喝水不喝?拿大碗茶送上去,白喝,一分不要。还有,老百姓再穷,窝头还是拿得出来的,饼子还是拿得出来的。学生饿不饿?饿,给你。

那些警察说实在的也爱国,也并不十分地镇压,就是意思意思。后来就发现山东学生成了闹事中心了,就把山东学生聚在一块儿赶到天安门的城门洞子里头,那边一堵,这边一堵,就堵在那儿了。张乾一来信回忆当时的事情:我父亲那会儿就给警察头儿做思想工作,说:"你是不是中国人?你爱不爱国?我们学生爱国有什么罪?我们出来又没造什么大事,是不是?又没砸什么东西,毁什么东西,又没杀人放火,我们无非就是请愿要求当局不能签字,不能把我们祖宗留下来的胶东半岛给鬼子。你是不是中国人?你爱不爱国?"后来那个警察头儿面有愧色,说:"我虽然是满族人,但我也是中国人。"——你看他特意提一下"我虽然是满族人","我也是中国人,我也爱国。但是我有这身皮啊,我没法跟你们一块参加爱国"。这身皮就说这一身制服。

他这一说，旁边警察也都明白，故意地网开一面，那边空出一个档子来，学生心里明白，一个字，跑！都跑了，这边警察追，"别跑，别跑"，原地跺脚，"吧啦吧啦"挺响，但是他们不真追。我父亲回忆说，那些警察，说实在的，一个月下来挣不了几个钱，长官有命令下来就得弹压，但是人家也是爱国的。

后来课本上叫"五四—六三"运动，那时候学生上了街了，真是算不出日子来，不是说哪天忽然就停了，陆陆续续还有一些事情。

到北京来之后，我父亲的思想获得一个很高的提升，见了世面啦，而且是大世面！毕竟北京是政治、文化的中心，能够从北京感觉到国家的命运，这种氛围在老家是感受不到的；而且传统文化在北京太丰厚了。首先故宫在那儿摆着呢，大清国灭亡之后，后来不是改成博物院了吗？为什么叫故宫，就是"过去的宫"。

徐：博物院应该是1925年挂的牌，把溥仪轰出去以后。

李：对，轰出去以后挂的牌，当时还叫紫禁城，但是就摆在这儿呢，是不是？另外还有其他皇家花园也都开了。再有一个，北京画展多，前门楼子，那是经常办画展的地方。

徐：民国时候的前门楼子是可以开放办展览的？

李：开放办展览。我印象很深，台阶比较高，我小时候觉得迈一磴都迈不上去，我父亲还得提溜着我。而且那个时候，整个北京好些地方，文化人都可以宣讲，找个地方就可以讲，真有人聚起来听。

哎哟！我父亲觉得，这将是我这一生的安身立命之所，就下了决心了。还回不回老家？不回了，先在这儿待一阵子。

徐：1919年您父亲应该是20周岁？

李：20周岁。他不回老家了，就有一个问题，他住哪儿？还有，怎么吃饭？上哪儿去？这是摆在眼前的现实问题。后来人家说，庙里暂住不要钱。庙里经常有些香客，有钱的住庙旁边给香客住的房子，那不便宜。没钱的睡那大通铺，烧完香就走，睡一夜两夜。有个慈音寺，后来我再找就找不着了，拆了，在西四附近。在那庙里有个大通铺，他到那儿一瞧，没地方睡，那人就跟现在鱼市卖的那鱼似的。

徐：一条挨一条，还都得平着搁着。

李：对了，你想翻个身还麻烦。后来发现有一地方没人挤，哪儿呢？过去那些庙里，四合院里，在门洞子都摆一个大长板凳，临时来人有什么事，在外头候着，就坐在那儿，另外晚上还能顶门。尤其那庙里的，好家伙，少说八尺，那大长板凳！宽有多宽？顶多也就一尺二寸宽。这没人跟他争，可你躺在上头，骨碌下来怎么办？他练的武功有好处了，摔不着。晚上不管什么时候回去，就睡那大长板凳上。这双鞋也别丢了，当枕头用。这老家做的鞋结实，都是手工纳的鞋底。

徐："千层底"？

李：那比"千层底"还"千层底"，过去老百姓叫"踢死牛"，你想多厉害。把这双鞋当枕头枕着，这一夜躺在那儿，不带打滚儿的，躺在那儿什么姿势，起来什么姿势，跟谁也不争，与世无争，睡得实在。另外还能蹭上粥喝。我父亲好聊，走到哪儿很容易拉关系，跟那和尚谈禅论道——这过程也是个学习的过程。这庙里头的粥锅特别大，人家说庙里的粥好喝，讲究"小锅炒菜香，大锅熬粥香"，他这里头提供这个。比如香客来了，到那儿领碗粥，至少不饿了，是不是？至于能吃几成饱，那再另说。

这也不是长事啊！后来又打听有哪儿上学不要钱的。我父亲就特别直率，第一就是不要钱。人家就说，你算问着了，不远那大茶叶胡同——现在有没有我就不知道了，"旧城改造"，整个把北京"改造"了，现如今连我这"老北京"，除了故宫博物院以外哪儿我都不认得了——说那儿有一个叫"半工半读"的在招人。"半工半读"什么意思？半天干活半天读书。他就记住这个了，到那儿去，就报名了。

徐：大茶叶胡同在哪儿？

李：离西四不远。到那儿报名。报了名之后，检查身体很重要，看看牙，拍拍膀子，押押劲儿。半工半读，你病秧子去了人家也不接纳，是不是？报报自个儿的出身。是庄户人家出身,身体好,这相当重要。在文化课方面就是口试,他有聊城中学的底子,是吧?那时候还能扒拉几句yes、no,行了,到那儿去了。

原来这就是著名的北大附设的"留法勤工俭学会",这在中国历史上曾经起过很大的作用。

徐:哦,大茶叶胡同这个,就是"留法勤工俭学会"?
李:对了。

徐:聊城中学就不回去念了?没毕业就算了?
李:他就不回去了。到底算毕业还是肄业,我现在也不清楚,反正决定不回去了。那年月这个地方出了不少后来的大名人,包括毛泽东、徐特立等等。它设在北京府右街北口,北大医院东边的一座洋式小楼里头。

徐:就是您说的这大茶叶胡同?
李:不,在那儿报名,但是正式上课的地方是在府右街北口。后来不久又迁到了祖家街路北,好像这个建筑还有,雕梁画栋的,收拾得挺好;好像作为市级文物保护单位存留着,据说还跟曹雪芹有关系,不管怎么着吧,还留下来了,没拆。当时我父亲到那儿之后才知道,全名叫"北京大学附设留法勤工俭学会"。这又是蔡元培先生做的好事,他跟法国友好人士铎尔孟联合办的这么一个学校。不但北京有,外地也有。半天做一些铁床子活儿,半天学法语,现在我父亲还留着那个课本呢。

徐:什么叫铁床子活?
李:铁床子活儿估计现在都不再用了,因为现在都是高科技了。就是大老虎钳子上面夹着一个铁件,然后拿锉刀按规定把它锉成什么形儿。先用锤子打,打一个粗型,然后再拿锉刀锉成什么形儿,90度,然后拿角尺量,够不够。这个活儿都是先用手工,所以一个人一个老虎钳,那铁床子就是指的那个。有人写我父亲写错了,以为是机床,机床能交给你?那多少钱一部,你使坏了怎么办?了不得的。铁床子就是那个东西。

徐悲鸿自画像

我父亲一听等结业之后可以到法国留学,高兴了。他正式来北京之前,有一次非正式到北京,那就是1918年暑期,他壮着胆子到北京,问:"这地方有教画画的地方没有?听说北京有个大学教画画。"人家一听"北京有个大学",那不就是北大嘛!北大在现在的沙滩红楼,他就去了。在那里,他碰着一位穿着长衫的挺清瘦的年轻人。我父亲问:"这是北京大学吗?""是的。""这有画画的地方没有?我想看看。""有的,同我来。"这个年轻人就是这种江浙口音。我父亲就跟着他进了一间屋——这间屋里头有股怪味,后来才知道是松节油味,挥发性很强,还有亚麻油味,还有一些木头框子跟布,后来知道这都是画油画的家伙——就说说自己的来意。这位年轻人他就自我介绍,说我是临时安排在这里的,这是北大附设的一个画法研究会,有愿意画画的到这儿来可以画画。

徐:这位年轻人就是?

李:徐悲鸿先生。这段接触非常短,但是对我父亲一辈子起了非常重要的作用,可以说决定了我父亲苦禅老人他一生的艺术道路。

当时徐悲鸿先生他还没去法国,他从日本回来,还算"北漂",比我父亲不过就大个3岁。那年代可不论岁数长幼,也不论你以前什么资历,就论真本事。那个阶段,你看中国出了多少名人,那都是岁数不大就成名了。它有一个"在公平的起跑线下竞争"的机会。

徐:也就是说,最早您父亲的西画是跟徐悲鸿先生学的?

李:对了,说我父亲是徐先生的大弟子,就是这么来的。那会儿徐悲鸿还不出名,有蔡元培等这些人看中他是个人才,就安排他到北大。安排到哪儿?也没个资历,就为他设立了一个"画法研究会"。那时候有人还埋怨蔡元培先生:"孑民先生真是好心,你说为这么一个无名之士安排这么一个机构,这不是因人设事嘛!"这"因人设事"可不是一个好词儿,那意思是就因为这个人才设了这么一个机构。

徐:就跟现在说"因人设岗"一样。

李:其实是领空饷是吧?现在想想,咱们现在还真缺乏像蔡元培这样的伯乐"因人设事"。他给谁设的?未来的千里马!后来又找机会,教育部给个名额去留法了。没有蔡元培先生和他周围这些关系,一个"北漂"他怎么能够留法?经费哪儿来?那是后话了,是1919年3月份以后的事了。但在这个短暂的时间里头,徐悲鸿给我父亲,年轻的李英杰,讲了一些有关西画的素描知识——那会儿叫炭画,还有油画知识。特别是还提供颜料,让他临摹徐先生画的一张油画,是根据希腊神话的故事画的,一个裸体的壮士,扳着狮子嘴在跟它搏斗。这幅画的右下方签着1918年。这张画还很侥幸,出现在北大百年纪念的纪念册上。

徐悲鸿　搏狮

这段时间徐悲鸿特别提出了一个观点，就是现在中国画陈陈相因，都是以临摹"四王"为己任，违背了我们传统的"外师造化，中法心源"，就是以大自然为自己的老师，要通过自己的主观加工，然后出你的创作。所以你看宋代那些山水画，一看就有大自然的气息，等到元朝以后慢慢山水画都变成了笔墨游戏、笔墨符号，大自然的气息就少了。我这次去黄山回来一看，我不客气地讲，所有画黄山的人几乎都没有得到黄山的神韵，还不如看黄山的摄影作品，这就是以临摹为己任，从临摹到临摹造成的。

徐悲鸿先生讲，他说你看这个时代，千年未有之大变故，在我们这些中国画里头没有表现。你再看人家油画——当时看油画当然都是画册、报刊上的，至少一张画一个模样，不是像咱们这个，一开展览山水画多少张都是千篇一律。再一个你看人家的画，你就是不懂得人家历史，你也能感觉到那是人家的历史。拿破仑加冕，那个盛大的仪式，你就能感受到拿破仑这个人物是怎么回事。咱们这国画就没有时代的表现。所以他说要改造国画，把西方好的东西拿来要融汇到我们国画里头，原来我们好的东西还要继续继承，有垂绝者还要继之，不让它绝了，有不足的地方要补充。徐先生的原话是"古法之佳者守之，垂绝者继之，未足者增之，西方绘画之可采者融之"。

徐悲鸿先生，他有种历史责任感，他教育了我父亲，我父亲也觉得，我们不管是画人物画、山水画、花鸟画，总应该反映这个时代的精神。或者是凄凉，或者是悲怆，或者是雄健、奋斗，这个时代需要能通过你的画表现出来。题材上不论人物、山水、花鸟，概莫能外。

徐：这是当年在1918年的时候徐悲鸿给您父亲的影响，有一两个月、两三个月？

李：不，没那么长时间，就是暑假。

徐：之后您父亲就回去了，一直到1919年"五四运动"的时候，才又来到了北京？但来到北京就没见到徐先生了？

李：见不着了，那时候徐悲鸿先生已经在法国留学了。但是徐悲鸿先生当时的改造中国画的重要思想影响到我父亲了。还有一个，徐公教导，就是中国人也要画自己的油画，学人家的东西，也不是光临摹人家的东西，临摹

李苦禅　双鹰图

第八聊　你是不是中国人？你爱不爱国？

137

是个手段，重要的是创造中国的油画。

所以，在我父亲心里，法国是一个油画的宝库，巴黎是油画的宝库。因此这时候我父亲一考上勤工俭学会，听说还有"留法"两个字，喜出望外啊。"哎哟，那我能跟徐悲鸿先生见面去，到那儿我们见面去，那多近啊！而且那卢浮宫里面有好教材，还都是原作。"高兴得简直了不得，相当之兴奋。你想还能回老家去吗？这学会还有地方住，在三眼井那地方，有宿舍还能住。住解决了，有地方吃饭，还能将来挣钱留学。

徐：还能勤工俭学，还不花钱。
李：等着结业之后才能挣钱。

徐：那么苦禅先生到底能不能去法国呢？咱们下回再聊吧。

【第九聊】

# 英杰你怎么不吃饭?

蘸完了馒头是黑的了,那家里条件好点儿的就扔了,我父亲把这黑馒头就吃了。到中午吃饭的时候人都走了,说:"英杰你怎么不吃饭?""我这儿没画完呢,我这修理修理。"实际上就是躲大家。我告诉你,老年间人特别有自尊心,不愿意人发现自己的苦处,也不需要别人可怜。

徐：您父亲加入了留法勤工俭学会，那他当时如果要去留法的话，是学什么科呢？

李：他是想到那儿学油画。

徐：还是想学画画？

李：学油画。

徐：跟那些留法勤工俭学会的老一辈革命家们不是一个科？

李：目的不一样。你像邓小平他们那一拨去的，实际上就是去接受一些个现代的新的思想，接触一些新的思潮，是为了回国干革命，把中国改变成一个理想中的社会，总而言之是为了革命去的。

徐：那您父亲最后去没去成法国呢？

李：想去，但以前去的这些留法勤工俭学会的革命学生引起了法国当局的关注。法国当局认为这些中国学生到这儿来是闹事的，因为他们是有组织、有计划地开会啊，活动啊，宣传革命理想。虽然法国很标榜自由、平等、博爱，但是当局对于激进的中国学生有些反感，就不再接纳留法勤工俭学会的学生去留学了。正巧，我父亲他这一届就赶上这个了。所以到此结业，但是不能去法国。不过北大说话可是算数的，你是半工半读，去不了法国了，可是该挣的钱给你，自谋生路。我父亲兜里有点儿钱，至少能生活一段。

徐：有点儿底气。

李：而且这一段也没白学，起码学了法语。现在我这儿还保存着先父留下来的课本，上头印着"1916年的法语课本"。

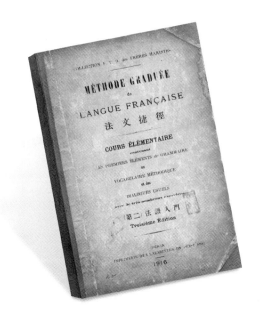

李苦禅学生时期用的法文课本

徐：但是后来恐怕这法语李苦禅先生也没用上，就像中国学生都学过英语但是大多数也没用上一样。

李：他还真用上了。在聊城学点儿英语，在这儿又学点儿法语，等到后来考进国立艺专西画系的时候他用上了。那第一代的西画教员都是外国人，所以那时候的课堂，是三分之一的英语、三分之一的法语，再加上三分之一的半通不通的中国话，讲着百分之百的油画、西画。

徐：那可够难学的。

李：我父亲这点儿外语用上了，有时候还担任半个翻译。直到他晚年，我还听他跟吴作人先生俩人用法语说什么，肯定是笑话，因为俩人对话的结果是都哈哈大笑——我这学俄语的自然没听懂。

徐：吴作人先生也是学过法语的？

李：人家那法语可利索。

李苦禅与吴作人

徐：也去过法国？

李：不是去过，他在那儿待了相当长的时间。他第一任夫人就是欧洲人，长得蛮漂亮的。他那个法语溜溜的。

徐：您父亲晚年还有什么涉及外语方面的小故事？

李：有一回，他的书法作品挂在王府井的书法篆刻门市部，那个门市部时间不长，只展览书法篆刻。

徐：这是什么时候的事？

李：这还是60年代初的事情。有一个外国人在我父亲写的草书面前，一直站着看了相当一段时间。后来我父亲上去了，跟他搭讪几句，说："你认识中国字吗？""NO，不认识。"说："你为什么喜欢看这个中国的草书？"他说："我觉得这里有音乐感。"后来我父亲说："莫非你是观音吗？"可惜他没听懂。咱们这个双关语比较多。所以后来我跟人做对子，我出"观音"俩字的上

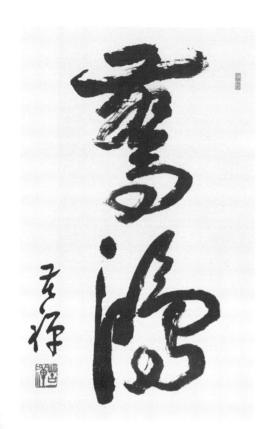

李苦禅草书"惊鸿"

联,到现在没人对得上。

徐:他当时跟那个外国人就是用外语聊吗?

李:他不行,他能听懂点儿,说可说不了,因为没有外语环境。就像我是学俄语的,偶尔说几句可以,但是你让我听不行。俄语的语速快啊,听力跟不上。

徐:那到晚年的时候,他聊起这一段,会不会觉得没去成法国是他的一个遗憾?您想,假如当年他真去了法国,后来他这一生一定会有重大的转变,他可能就不学国画了,完全就是油画了。

李:不是,他倒没忘记国画,因为他最终的目的不是为了画油画。虽然他后来考西画系,但是他最终目的是希望借助于西方绘画的一些优秀的东西,融入中国的绘画,这是他的目的。

那么在留法勤工俭学会这一段,我不妨稍微多谈几句。这个留法勤工俭学会,说实在的,真是当时中国一些革命青年聚会之地,希望能够改变中国这种积弱积贫的现状。比如说湖南那一拨,岁数最大的徐特立,还有一位,很像是他们的领导人似的这么一位青年,瘦长个儿,毛润之先生,那就是后来大名鼎鼎的毛泽东。他们这拨人在那儿。但他们说的是湘潭土话,我父亲听不懂。到毛主席晚年,你听说话那还是湖南口音极重。他们有过短时间的同窗之谊,怎么讲呢?干铁床子活分两个组,我父亲那个床子跟毛润之先生的铁床子正好挨着,但是他发现这位毛润之先生经常不来——他是为了搞革命,不能够天天来,有时候相当一段时间跑湖南去布置什么活动,然后再过来。他不在的时候,我父亲经常用他的铁锉什么的这些工具。因为那时候铁床子活儿有一个基本功,就是给你个铁件,按照图纸要求,你把这夹在老虎钳上,用锤子砸出个基本型,然后呢,再用锉刀,比如说锉出平面,粗着锉,细着锉。那时候的相当一部分是手工加工,哪像现在,有数控机床。那个时候就得练这个基本功。这个锉刀锉一段时间就烫了,烫手,我父亲就把毛润之先生那套拿起来用,用完了,收拾干净,还是物归原处。这个他印象特别地深,但是实质性的交往没有。况且留法勤工俭学会很快就结束了,各奔前程。

虽然在留法勤工俭学会这段时间并不长,但是我父亲跟毛润之先生,也就是日后大名鼎鼎的毛主席,从此可就结下缘分了。这咱们以后再谈。那么留法勤工俭学会结束之后,湖南这批学生就干革命去了。到哪儿去? 大家去查《党史》,我这儿就不谈了。但是我父亲这时候又有了一个机会。

说一个人的成功啊,离不开机遇,这件事情又得感谢北大。北大的蔡元培先生,他觉得中国过去的美术教育太陈腐了,就是师父带徒弟。比如,你德亮跟我学,就得像我,不像我就甩脸子了。如果你再敢说:"赵先生讲的跟您有点儿不一样。""出去!"这就逐出师门了。


徐: 那意思是你跟他学去吧。

李: 对了,当时就这样,太保守了,这叫门户之见,而且有些传授很不科学。蔡元培先生他就觉得西方的教育体制,院校教育,大可借鉴。它把有一些规律性的东西,科学地总结起来,给大家作为教材。这些基本的东西掌握之后,至于你怎么创作,就看你怎么用了。在美术上有些规律的东西,比如透视学,近大远小的透视原理。还有解剖学,达·芬奇发明的,研究马体解剖——徐悲鸿不是也研究马体解剖嘛,他画的马,结构又准确又生动。再有一个色彩原理,在大自然的不同的气候之下,它的色相、色阶,呈现什么样的变化,浓度呈现什么样的变化,原色和复色之间是什么关系,在六色板上是什么关系,在光谱仪上,红橙黄绿青蓝紫之间是什么关系。西方它有些自然科学方面研究出来的成果,可以借鉴。

我上学的时候就是徐悲鸿教育体系。我们有解剖学课,就到北大医学院去看尸体解剖,还要看一些个尸体标本,尽管看完了都吃不下饭,但是到

徐悲鸿画奔马

徐悲鸿素描

现在，对人体结构刻骨铭心。

徐：看一遍就能记住吗？

李：那可不是嘛，那刻骨铭心啊！原来人是这么回事，哪条肌肉从哪儿往哪儿长，它有一个标本室，把那个人的器官肌肉什么的，干化了，不会腐败。

徐：咱不说人体，咱说马体，这马体当年徐悲鸿先生他们是怎么学的呢？就解剖一匹马，挨个儿看去？

李：他有标本。他为什么以马体解剖为基准？你只要把马体解剖掌握了，其他脊椎动物，四条腿的哺乳动物，你也都掌握了。用我们的术语来讲，就是马与人之间，外形是"大异小同"，但是从解剖结构是"大同小异"。你人体解剖学完了学马体解剖就容易多了，肌肉名称都一样。比如"胸锁乳突肌"，从这个胸锁，锁骨的头这儿，一直到你颅骨后边，"梆梆梆"一敲挺硬的叫"乳突"，它们之间连在一块儿。一讲就明白，这是重要的"表情肌"。深层肌肉就不学了，因为那是"医用解剖"，我们的叫"艺用解剖"。还有对形体的理解，通过素描来理解。画静物，来了解自然光下的色彩变化。它都有一套规律性的东西,这些东西逐步教给学生,然后再进入创作阶段,那就看你怎么使用了。

有人用不好,可别赖这套体系不好。如今有人没受过这种体系的教育,既没这方面的知识,又没这方面的实践,却攻击这种体系,就不是实事求是的态度了。我不会英语,但不能说英语不好啊!

徐:当年是蔡元培先生希望把这套东西挪到中国来。

李:对,挪到中国来。他建立了一所艺术专科学校,名称几经变动,大家熟悉的就是北京国立艺专,再早还有些名称。

徐:它不是在北大下属的?

李:不是北大下属的。但是呢,它直接受到蔡元培思想的影响,而且很多具体的人员安排,蔡先生都能决定,因为他本身是官员,他有这权力。这学校刚刚成立的时候,过去的积习一时扭不过来。张仃先生,那时候很年轻,也想进这学校,一看这学校,虽然叫作国立艺术专科学校,但是具体情况很腐败。腐败到什么程度呢?每人一个抽屉里头搁一本珂罗版画册,照着临摹。那本画册不便宜,一块五、两块大洋一本,好家伙,那就等于是一袋加拿大面粉。所以我有,我保守,不给你看,打开抽屉看一眼,关上,再临摹着画一笔,就这么保守。老师呢,转悠转悠说几句,很难说有什么规律性的指导。这叫什么!所以刚开始搞的时候,校长不行,用人不行。蔡元培先生及时地发现了一位人才,在海外的林风眠先生。蔡元培急电调他回来,任校长。他一来,不出一个月,校风为之一变。那个时代,什么学历啊、年龄啊,都不是问题,确实真是考验人才,出人才。要想靠官僚、裙带关系、行贿当校长,没门儿!

徐:当时林风眠先生大概多大岁数?

李:比我父亲还小半岁。

徐:那么年轻,也是20多一点儿?

李:对。但是我父亲一辈子称他为林校长。为什么呢?他能镇得住,唱戏叫"压得住台"。

徐：这很奇怪啊，学生22岁，这校长21，他压不住呀。老师们三四十岁，能听这二十一二的校长的吗？

李：那个年月，看的是真本事。你要镇不住，那学生确实不那么老实。这是新文化运动时期，年轻人已经不像过去考秀才那时候了，唯唯诺诺的。学生往教务处递条子厉害极了，老递条子，反映某教员不灵，那教务处就把您开了。那时候是聘任制，聘书就管一学期，放假您休息，接不到聘书您就别来上课了，那就是告诉你，学生不欢迎你。反过来说，大家都反应挺好，原来按讲师聘的你，现在改助教了，助教不得了啊！

徐：怎么讲师改助教？讲师不是比助教高么？

李：那时候的助教可不然。比如说你要是林风眠的助教，林风眠有个头疼感冒今天没来，你可以代理他主持这堂课。那学生得认你啊，是不是？所以你要是当了林风眠的助教，他要是一调动工作或者怎么着，你马上就能升为教授。不像现在这助教，现在助教在某种意义上就是一个漫长的过渡期，看电话啊，发个澡票啊、福利票啊，跟那时候意义不一样。那时候教授配助教，那可不是一般的成绩能当的。

徐：那这个国立艺专当时您父亲也是考取的？

李：他要考试的。要不我父亲终生感谢自己的大恩人徐悲鸿，那时候懂西画的人太少了，但我父亲懂，他在1918年暑假受到徐悲鸿先生的教导，所以很有竞争力。报考国立艺专的时候，他很快就报考成功。特别是他报考的又是西画系。当时有国画系，还有音乐系。

徐：当初您父亲怎么没报考国画系？觉得没有基础？

李：因为他觉得学国画以后还有机会，你毕竟在中国嘛！但学西画，那很难得，又听说这西画系请的是外国教员，那当然就很向往了。所以报考西画系，马上就录取了。现在我家还藏有当年老艺专的同学录为证，但是那上头你看不到"李苦禅"仨字，是"李英杰，字超三"，下边是原籍山东高唐。

李苦禅（左二）与校长林风眠（右二）以及北平国立艺专西画系的同学们合影（1925年）

北平国立艺专同学录

这很宝贵。可能现在只存两本了，至少我们家有一本。当年教员的照片也在上头。

徐：当年的同学们还有什么后来的名家啊？
李：你比如说国画系的王雪涛先生。

徐：也是学生？
李：学生，那是我父亲的同学。还有王雪涛的夫人徐佩蕸，那册子上有她当年的照片，那真是"时代女性"。那个时候，一直到"文革"前的中央美院，它招生都不是大拨赶羊，如今是"一只羊也是放，十只羊也是放，一群羊也是放"，名为"扩招"实为"招阔"，招多了收钱就多，阔啊！当年不是这样。它还是精英教学，一个班教不了多少学生。那会儿的师资配比，现在根本你都没法想象，那绝对是老师多于学生，而且是大大地多于学生。因为老师各有专长，老师教得好的，有多处聘任，不一定是专任。

徐：国立艺专当时是住校制还是？
李：住校制。

徐：也是有宿舍？
李：有学生公寓，留法勤工俭学会那时候也有。住的地方很重要，你总不能白天上课，晚上睡大街上。我父亲因为怀里揣着留法勤工俭学会给的这点儿钱，在吃住这两方面还能应付一阵子，但真是省吃俭用。衣裳，老家的粗布衣裳结实，能凑合，好办；但是吃就很困难了，尤其山东大汉的饭量又大。他说最困难的时候，能保证肚里有食儿，不至于饿晕了就行了。最苦的时候，他学着宋朝范仲淹的经历，弄个砂锅熬一锅粥——砂锅是最不值钱的锅，铁锅那就贵了——用砂锅，熬一锅粥。这粥等它凉了，你得有点儿滋味啊，买咸菜不是还得花好多钱吗？买那最便宜的有点儿咸味的，叫虾糠，虾米糠。

徐：什么叫虾米糠？
李：咱现在都叫虾米皮。这虾米皮它卖的时候为了好看，得过箩筛，现在

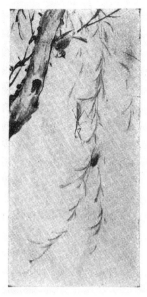

國畫系助教王雪濤先生及作品

西畫系助教徐佩蘐先生及作品

第九聊　英杰你怎么不吃饭？

151

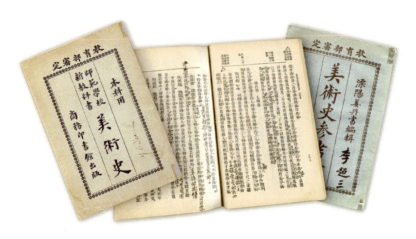

李苦禅学生时期所用课本

你看虾皮都是整个的一个个小虾,筛的碎的叫虾皮糠,那玩意儿不值钱,便宜。我父亲买点儿那个,撒在粥上头,就算调味了。等这粥冻住,然后用铁丝划成三块儿,一顿吃一块儿,这至少能保证肚里不空。

徐:太苦了。

李:有的时候馋得不行,把那块儿吃了。行,你吃那个,今儿可就改两顿了。还有的什么情况?那时候画炭画,铅笔是用橡皮擦。木炭画用什么擦呢?一人发一馒头,那可是白面啊!

徐:拿馒头擦?

李:是蘸,不是擦,现在一般都不知道那方法了。蘸完了馒头是黑的了,那家里条件好点儿的就扔了,我父亲把这黑馒头就吃了。到中午吃饭的时候人都走了,说:"英杰你怎么不吃饭?""我这儿没画完呢,我这修理修理。"实际上就是躲大家。我告诉你,老年间人特别有自尊心,不愿意人发现自己的苦处,也不需要别人可怜。大家都走了,他就把这馒头吃了,这可是真正白面的。

徐:可是上边沾了好多炭……

李:沾炭大概助消化,要有痔疮还能止血。哈哈!懂点中医就知道了,炭止血。说实在的,真是艰苦。但是这个日子长了之后,那点儿钱也没了。我父亲怎么挣钱呢?就是拉洋车。那是很苦的事,但穷人最大的资本就是卖力气,靠卖力气吃饭。那段儿是相当艰苦的。时间长一点儿之后,有一位同学就很了解他的情况了。后来此人不知到哪儿去了,叫林一庐。

徐:后来到您父亲晚年也没找着他?

李:没找着。这个战争年月啊,只要多年不见,就别问了。战争中,那中国人死一个人跟死一个蚂蚁似的,真是不堪回首。还有饥荒、瘟疫……他连张照片都没留下来。他很了解我父亲,本身又是佛教徒,信仰禅宗,他说:"英杰,我想送你一个居士法号:苦禅。"我父亲马上就领悟了,当时表态:"名之固当!名之固当!"从此在他的画上就有"苦禅"二字。但是不是题在油画上,因为你注册的时候是"李英杰、李超三",你写"苦禅"校方就不知道是谁的成绩,没法打分,是不是?

在这中间他没忘记徐悲鸿先生出国前给他讲的话,要中西合璧,改造中国画,我们借鉴西画里好的东西,要能够融汇,要做到"融之"。做到"融"可不容易。现在国家开放了,各种外国东西进来了,你看现在有的人搞的艺术作品,要么就是抄袭,要么就是"来料组装",能够看出铆接的痕迹,那不行。鲁迅先生说过,我们吃牛肉是不会变成牛的。你得消化,这一点不容易。所以在这方面来说,我父亲是把西方绘画的科学的成分融入中国传统的文人大写意画的最成功的画家。我不避讳父子这层关系。

徐:"举贤不避亲"。

李:我对父亲就不是"举贤"了,是"言贤不避亲"。德亮你有些方面如果超过我了,那我就得承认。

徐:现在我就是饭量超过您了,别的还没超过呢。

李:你啊,没超过,我下放干苦力的时候比你吃的多得多,现在我七旬了,赛不过你了。

徐:您父亲在国立艺专的时候不是西画系嘛,那时候他也画大写意吗?

李苦禅 1927 年作墨荷图

李：是啊，他就想画大写意，他很喜欢大写意。尤其是在聊城中学那时候，学过写意花鸟画。

徐：那会儿大写意在中国画坛上最有名的就是吴昌硕，还有齐白石先生。
李：轮不上齐先生。

徐：还轮不上齐先生？
李：那时候写意花鸟画名声大的，莫过于吴昌硕先生。他是清末民初人士，那影响太大了。他在传统文人绘画艺术的基础上，融入了金石元素。当时有一批画家都做这种尝试，比如说赵之谦。但是呢，出其类而拔其萃者，那是吴昌硕先生。大家注意，一个时期啊，一种艺术的创新不是个人成果，它是集体的成果，但必定里头有出类拔萃者、鹤立鸡群者，他能够统领这个时代的一代新风，是里程碑式的人物。吴昌老，当年真没有第二个能跟他比肩的。

徐：当年您父亲也很喜欢吴先生的艺术？
李：对了，我父亲早期的画，临摹吴昌硕那画，可以说乱真。

徐：现在还有他当年临摹吴先生的画？
李：有。那稿子隔十米远一看就是吴昌硕，字都一样，题的诗也是吴昌硕原诗；再往下看，图章不是。当然这种画很少的。有一次我多嘴说了一句："这是我父亲当年画的。"这句话传出去之后麻烦喽，好些人开始造我父亲早年的假画，临吴昌硕，写我父亲的款。越出越多，都来找我鉴定。我说这样的画哪能有那么些个？

徐：这很不容易鉴定的，他是仿别人的画，用笔用墨，不是自个儿的风格。
李：不是后来他晚年我们熟悉的风格，临吴昌老太像太像了。

当时影响很大的除了吴昌硕，在北京影响比较大的就是陈师曾先生。这位先生叫陈衡恪。陈家那真是出人才，还有那大国学家，陈寅恪，也是他们家的。但是平常我们都不称他这个名，都称他"师曾先生"，再有就称"槐堂先生"，这是尊称。文化人在称呼上很讲究。师曾先生，那真在画界很有影响。

陈师曾　蔬菊图

他是个早熟的文化人,去世的时候才48,那现在你看他的篆刻作品,够篆刻家,写意画,够大画家。你看我这儿,这是拍卖行的册子,陈先生这画多好,咱买不起,咱把这页铰下来搁这儿学习。你看那个构图的形式感,那几笔,那在当时是相当先进的啊!

徐:现在看都特别时尚。

李:这张画我想摹都不敢摹,"增之一分则太长,减之一分则太短"。这个拍卖集子挺厚,我挑着好的把它拿下来,贴在我柜子上,经常看,养眼睛啊。现在有的鉴定家,一着手,就说这是真的假的,你看过几张真的啊?那不行,我们叫养眼睛,你得看好的。那陈师曾先生在画画方面是没说的。你看那个《画论丛刊》上有他的文章,文章也好。他讲课,也有好多人爱听。那时候听课,我告诉你,这个北大精神啊,太厉害了!自由竞争,兼容并包,这是蔡元培先生的教育思想。不管你什么观点,你都可以在北大讲,有的一天晚上俩仨演讲,那真是等于争夺听众啊。那时候没有麦克风,去晚了离得远,有时候主讲人的音量差点儿就听不清。不过那时候人说话也会使用共鸣部位,你看在延安,毛泽东讲话前头有麦克风吗?坐那么些人,听不清楚不是白讲吗?那时候讲话习惯声音大。白石老人跟我父亲说话声都大,习惯了。现在离了麦克风就说不了话了,那哪儿行?那时候各种演讲,不管什么观点,包括蔡元培先生自己演讲,请英国哲学家罗素演讲,梁启超先生演讲,广东味的国语,都可以,当然还有李大钊、陈独秀的演讲,很吸引学生们。

徐:据说梁启超先生在课堂上的第一句话是:"兄弟我没有什么学问。"第二句话是仰头看看天:"兄弟我还是有点学问的。"又谦虚,又实在有点自负的感觉。

李:那时候演讲也真是有语言水平,不是念稿子。我昨天开讲座,连着几个小时站下来,讲下来,我也都不拿稿子。这就叫传统。现在有人老说"超越传统"。我说您别说"超越传统",就按讲课来说,您超越我李某就行。你也别拿稿子,往这儿一站,"一不坐二不休",中间一不坐着二不休息,俩钟头仨钟头下去,嗓子不带哑的。而且,你看听众不记笔记了,为什么?他注意你的表情语言,肢体表情,声调的表情,他被你吸引了。一记笔记,低头不就看不着了嘛！这种讲座是最成功的，他听完就能记住。当年我上大学的时候，最好的教师讲课，坐满站满，外校都过来听，都是这么讲的。

那个时候在北大，讲座是开放性的，自由听，自由退场。所以我父亲受北大的教育思想、教育环境的影响太大了。这不光影响他的艺术，没有门户之见；而且影响到他的思想，那完全是新青年的思想，关注国家命运的思想。

徐：那当时他要看吴昌硕先生的画，要看陈师曾先生的画，怎么看呢？那当时的画册也没那么普及，只能上画店看去呗？

李：我告诉你，当时要想学点儿东西真不容易。画册倒是有，你买得起吗？那珂罗版画册，还是黑白的，在当时那就是最好的画册。什么叫"珂罗版"？就是玻璃板，咱翻译成"珂罗版"。而且印那么大概100份不到慢慢就模糊了，出不了多少册，还是瓷青皮儿线装的，要大洋两元、大洋一元五角，了不得啊！我父亲在艺专最穷的时候，一个月全部生活费就一块大洋啊！

徐：那怎么看呢？怎么学呢？

李：有时候借助一些刊物，就是别人拿来自己借着看，刊物上登的，那个也不清楚。但有时候有好机会，那时候开始有些画家、收藏家们，办一些自己的画展、藏品展。一旦有这展览，这是上好的机会。到那儿就是瞪大了眼睛，恨不得眼皮上支个牙签儿，仔细地看，那太难得了。再到后来，故宫博物院开始公开卖票了，但那也不能轻易进去，票钱太贵，也不是一般人进得去的。还有一些很有雅兴的收藏者们，他买了画之后，在某些小的场合展览。这当然你得有点儿关系，倒是不卖票，但不能是个人人家都接待。

徐：不认识的人不让你去。

李：对了，你要是"贼踩点儿"怎么办呢？"不怕贼偷，就怕贼惦记"，是吧？那时候相当一部分画要靠琉璃厂的挂号屋子卖。

徐：什么叫挂号屋子？

李：它那里头卖画，为了多挂出来点儿，就这房梁上头，能挂三层，看的时候掀着看。但是它那儿主要是卖"旧活儿"，不卖"新活儿"。什么叫"旧活儿"啊？所谓"旧活儿"就是已经故去的画家的画，还在世的画家的画很少挂。我在荣宝斋工作的时候才30多岁，我采访过一位80多岁的周殿侯老先生，他说："琉璃厂卖新活儿我是头一个，张大千还没什么名声的时候，我这儿就挂他的画。"

徐：这个老先生就是开挂号屋子的？
李：最早是开这个的。老板决定挂谁就挂谁的，所以他那里开始出现"新活儿"，"新活儿"就是当时活着的有名画家的画。张大千那名气虽然还不能跟吴昌硕比，但已经有名了。在京城这一挂，名气就更大了。那年月，好些学书画的人都常去北京琉璃厂。真能看些好作品，是不用买门票的教材大展。不像"文革"后，特别是形成"潜规则"下的书画市场之后，滥画、赝品、"挂官衔儿"的应酬画和"行活儿"之类占比例太大了！如今反腐"打虎拍蝇"动了真格的之后，用"名人书画"大行"雅贿"的事不灵了，害怕了，不少"名人作品"的高价立成泡沫。但有的市场还硬撑门面，要脸面，不断造出"天价作品售出"的新闻来，蒙老百姓，老百姓在网上问"是真买了还是自拍自买了？""买主真的交钱取货了吗？"于是又"演戏"出来"辟谣"，出现了"大买家"当场作证"买下了！"可是这种"人证"能算数吗？老百姓又追问："有税务局开所得税的税单作物证吗？"没下文了！这让我想起了四十年前学的毛主席语录："群众是真正的英雄，而我们自己则往往是幼稚可笑的！"网络时代的群众永远不傻，欣赏这种"演戏"并非着意认真，只是一种业余乐趣而已。法国的大雕刻家奥古斯特·罗丹说过："静观丑，也是一种美。"苦禅老人一生都很崇敬罗丹的雕刻艺术。他老人家也常常笑看人生的"折子戏"，绘声绘色地讲给学生和朋友，大家捧腹一笑之后，也不觉地受了一场"何为真美善"的教育啊！

【第十聊】

# 咱们学校还有个苦和尚？

国画则统统题的是"李苦禅"。很引起林校长和诸位教员注意。林校长当时说:"我不记得咱们学校还有个苦和尚啊?哪儿来的啊?"后来这位林一庐同学就把前因后果说了一番。林校长和诸位教师非常感动,当场,林校长带头:"李苦禅所有这些成绩,国画,我们统统买下。"

徐：当年您父亲喜欢陈师曾先生的画，喜欢吴昌硕先生的画，那他怎么又拜在齐先生门下了呢？

李：用我父亲他的原话来说，"我把北京画国画的都滤了一遍"，过滤的"滤"。这话有点刻薄了，但是我父亲是山东大汉，说话一向直率。"有这么一位老先生，他的画连挂号屋子都不挂，只能在南纸店寄售。"南纸店寄售字画，是说您的画想卖，到那儿说妥了大概是什么价，然后这画连托裱都不托，就一个单片子，装一个硬木镜框，后头拿白纸一衬，往那儿一戳。卖了，结账分成；老卖不了，人家有句客气话，"您再换一张行不行？"连着换十回都不行，那时候人都好面子，就不往那儿拿了。白石老人的画，那时候只能在南纸店寄售。

徐：这是一九二几年？

李：就是20年代初，那时候基本上就是这样。

徐：那会儿白石老人还不出名呢？

李：略有小名气，可是还受到一些人的讽刺，就说这叫什么？"野狐禅"！"野地里狐狸参禅"，也不是好话。白石老人自尊心很强，刻了一方印，"吾狐也"，我就是狐，你拿我怎么着？当时我父亲发现这位齐先生的画好。

齐白石印章"吾狐也"

第一呢，他有中国传统文人绘画，像八大山人啊、石涛啊这些人的精华；但是同时他这个画，雅俗共赏，就是后来叫作红花墨叶派的风格。一般文人画都是纯墨的，他这个里头有些个颜色，而且用得很鲜亮。

徐：当时有这"红花墨叶派"了吗？
李：这实际是时人这么说的，而不是他自己标榜的。

徐：当时齐先生已经有点要"衰年变法"的意思了。
李：有点儿这意思了，这当然是在陈师曾先生的点化之下形成的。陈先生一句话，确定了白石老人未来的路子，这"红花墨叶派"，雅俗共赏。毕竟老画八大山人风格的不行，卖不出去，曲高和寡啊。白石老人有过去做民间艺人的那段基础，有这个底子，而这个却是别的画家所不具备的。人要扬其所长弃其所短才能成功，你让我去当会计，麻烦了，我不会算账是不是？所以我这辈子干脆就画画吧。齐白石先生把自己对民间生活的体会纳入他的绘画题材，又把对于民间色彩的理解融入他的大写意画，这样社会就比较认可。所以他的画在南纸店里是经常可见，而且还能卖，卖得非常便宜。再怎么便宜，画能换钱，能吃饭，也是好的啊！经济是基础，吃饭是基础的基础，是吧？所以我父亲觉得，这位先生的画好，后来又一了解他的出身，也是农家子弟，贫寒出身。我父亲拜师很慎重，用当代著名的美术史论家李松先生的话，他说"苦禅先生拜师白石老人，是一种师生的双向选择"，这话说得很精确。你拜师啊，一旦投错了师之后，你要再想从师门出来，也挺麻烦的。

徐：费劲儿。
李：至少是酸甜苦辣这些话都听完了，最后还剩咸（闲）话让你听。所以就得很慎重地选择拜师。他就觉得白石老人，除了艺术上好，人格上也好，他没沾染当时有些个社会习气、社交习气。社交习气最重要的有那么几样，第一样你得会摸牌，可我父亲一辈子就讨厌看人打牌。这个摸牌实际上是当时社交拍马屁的一种办法，人一上牌桌啊，虚荣心就特别强，你在那儿给搭个桥啊，弄点过阶什么的，让那位能和一块钱，比下头送十块钱还管用，所以你得会摸牌，这是一个。但这个，白石老人一辈子不沾，打扑克他都不会。这点儿我

齐白石　荷花

第十聊　咱们学校还有个苦和尚？

齐白石　红蓼

也像我师爷，打扑克都不会。

还有一条，就是要干这个（攥一拳，大拇指小拇指出来），这可不是抽烟，抽烟带锅，这是抽大烟。第一代毒品是鸦片，抽鸦片它有个程序，得有大烟枪，现在偶尔在地摊上能看见，好多人不知道是干嘛的。

徐：得有烟榻，躺那儿，还得有烟灯什么的。

李：对了，得会这个。会这个有什么好处呢？有时候到那些"大人物"家里去，一看人家一个劲儿张大嘴打哈欠，这烟瘾上来了，您要是对这熟悉，很快的速度就把这烟炮点起来，及时递上去，这时候抽上一口可是太解气了，太过瘾了，一口下去之后马上就精神了。那真叫拍马拍到痒处，得会干这个。白石老人一辈子连烟都不抽，更甭提大烟了。

还有一条就太缺德了，就得认那"八大胡同"的。有那灾区的女孩子刚卖出来的，还没接过客，没有性病，给他留着，该拍马屁的时候他就去拉皮条，干这个，特别地缺德。但是那个时代得会这个，才方便攀附某些权贵。

徐：画家也得会这些东西？

李：咱不说都得会，但是有的人，不管是画画的不画画的，他要往上爬的话，往往得会这个。

徐：都这样，现在也这样。

李：现在当然是少数人了，是吧？咱13亿人口绝大部分还都是好的嘛！

徐：我们的习惯性表达方法是：一小撮。

李：一小撮这样的，而且好些已经都给"双规"了。那个时代当然还有别的习气，咱就不一一列举了。这些习气白石老人是一丁点儿都不沾。

徐：您父亲也是从多方面了解了他？

李：他当时的结论是什么？"这位齐先生是人有人格，画有画格，这必定是我这辈子的老师。"

徐：当时他见过齐先生吗？

李：没有。

徐：都是从各方面了解？

李：只能从各方面了解，连齐老先生长什么样都不知道。哪像现在，你德亮一上镜谁都认识了，那时候不是。而且名气没大到一定程度，人家那些刊物上也不登您的玉照。都登梅兰芳先生的，梅先生那正是红的时候，登几张梅先生的玉照，那简直是招读者，好卖。我管这叫"形象知名度"。那时候白石老人还没出大名，但是我父亲已经通过各方面的了解，觉得这就是我终生的老师。所以1923年的秋天，他打听到白石老人住在西城大岔拉胡同，租的一个小房。

徐：西城什么胡同？

李：大岔拉。

徐：还不是后来的跨车胡同？

李：不是，那得往后说了。白石老人那段时间不是住姑子庵就是和尚庙。他说这辈子我跟佛有缘，借庙住，借姑子庵住。当然那姑子庵也不是全是姑子，全是姑子你也不敢住，也不接待你，就是这么叫的。住过好几个地方，咱不一一列举，年表上都有的事咱就不说了。那时候勉强租那个大岔拉胡同的房子，带着他的儿子，我的一位师叔，齐良琨。齐良琨是跟随白石老人患难时间最长的——要是排辈分的话，那就是三师叔；齐良迟是四师叔；齐良已是五师叔；最小的师叔现在还健在呢，齐良末——他跟随老先生时间最长。当时齐先生在北京还有点儿自身难保的意思呢，家属在湖南没敢带来。

白石老人那时候生活相当地清苦。就他睡的这个炕——你别认为炕都是城外的，北京那时候，城里也有炕。有什么好处啊？过冬的时候，有一点儿柴禾，这屋里头就不冷了。煤炉子，那得够小康之家才点得起啊。还有洋炉子，挺高，铸铁的，当然也通烟筒，里头得使什么煤呢？阳泉煤，大块儿的煤，那得够什么生活水平才点那个！这个炕有什么好处呢？睡完了觉，一卷，铺盖卷到边儿上去了，这儿铺上毡子画画，省地方啊，是不是？租房也论尺寸。那时候我父亲看到的白石老人的"家"就是这么个样子。

找到地方之后，一敲门，开门的当然就是良琨师叔了，问明来意，请进。我父亲回忆："我是乡下人，也不会说这些客气话。"北京是挺讲礼儿的地方，有一套客气话，叫礼数，这些我父亲都不会。进去一看这位老人仙风道骨，那必定是齐老先生。我父亲就很直白地说："齐老先生，我特别喜欢您老人家的画，我想拜您为师。我现在虽然在洋学堂学油画，就是拿那刷子在布上抹油那种画，但是我特别想画国画，想拜您为师。我这穷学生也没有什么礼孝敬您。"这个拜师过去讲究"贽见礼"，这当然也有不同的层次了。"等我毕了业之后，找着事情做了，我再好好孝敬您。"什么叫"有了事情做"呢？就是找着差事干，那时候不管分配工作，找着差事干，意思是能挣钱我再补这个礼，就这个意思，说得很直白。

白石老人当年小六十的人了。他是岁数最大的"北漂"，五十六七岁到北京。我父亲当时这种直白非但没被白石老人挑礼，反而这位农民子弟的这种表现，很引起白石老人心里的共鸣，当时就点头应允了。当时我父亲还闹出个笑话，老师一点头，他就赶快磕头，这一磕头不就成了既成事实了嘛，可找着好老师了！过去老北京那个墙叫"四白落地"，不像现在贴壁纸，"四白落地"就是用那个大白、白垩，拿那个刷的墙。所以当时北京人都知道，到人家里离墙得有点距离，不然身上蹭一块白的，对墙不利，自己也不雅。我父亲当时也没看离墙多远，急着就磕头，屋太小，结果脑袋右边蹭在墙上沾了一大块大

20年代的李苦禅与齐白石

白,等到抬起头来,只见白石老人捂着嘴直乐——过去老师有师道尊严,在学生面前不苟言笑。其实我觉得脑袋上这块白倒更加重了白石老人对他的感情。从此呢,我父亲就成为白石门下第一位登堂入室的弟子。

弟子各有不同,有的是挂名弟子,我跟您学个画,画着玩,等老师有名了,这才说我的老师是谁。有些是挂名的,学几天走了。他不像德亮你隔几天就来一趟,咱俩都那么忙,有的时候打四回电话才约好,这叫"登堂入室"。登堂入室跟不登堂入室的区别大了,登堂入室就是你能够看老师画画,能听老师直接的传授。这挂名的就不行了,也可能听一两句,"三天打鱼,两天晒网",过些时候见不着了,三年后见面,一问干嘛呢?"我炒股呢。"跟画画没关系了。

徐：说相声的也净是这个，师兄带拉师弟，冲师父牌位磕一头，那就得了，那是我师父了，其实他连师父都没见过。但是您父亲是真正跟齐先生有缘的。

李：登堂入室大弟子。一个星期，白天学西画，夜里三天拉洋车，或者四天拉洋车，抽出来三天晚上的功夫去跟齐先生学画。为什么晚上还能学呢？白石老人太勤奋了，他的全部精力就用在艺术上。社交活动，他基本不参加，什么协会也不入，这是公开说的。你不管成立什么画会，他都不参加。1949年后给他挂一名儿：中国美术家协会主席。他根本就不去，美协门儿朝哪儿开他都不知道。他不参加这些活动，或者说极少参加。他早上一起来就画，画到很晚才睡。

徐：所以打这儿起，您父亲就是一边学西画一边学国画？

李：对，同时进行。

徐：可是找了齐白石，没找陈师曾先生。

李：为什么当时没找陈师曾先生呢？一个是陈师曾先生他的社交很忙，时间恐怕很紧。

徐：再一个名气太大？

李：对了，名气忒大了。所以白石老人对我父亲拜师这事的评述，那可有诗为证，他自己写自己诗的注解："余初来京师时，绝无人知。"你看一个"绝"字，绝对没有人在我的门下做真正的知音。"独英也从余游。"唯独你李英跟我一起"游于艺"，"游"就是"游于艺"。

徐：《论语》上孔子称他最好的徒弟颜回，说："贤哉回也！"白石先生这话有点儿"贤哉英也"的意思。

李："若使当年慕名誉，槐堂今日有门生。"如果你当时考虑的就是名气的大小，那槐堂先生陈师曾名儿比我大，你早拜他去了。

徐：就是追一个"大蔓儿"的老师。

李：对了，要追"大蔓儿"的话，那你就是槐堂先生的弟子，不是我齐白石的弟子。这首诗在《白石诗集》里头有。

所以可以讲,我父亲在国立艺专那段时间,是中西绘画并举的:白天学油画,晚上帮着老人抻纸。老人家一直画到12点多,点六根洋蜡,没影子,一边三根。说要写字,他点三根蜡或两根蜡。

徐:那当时国立艺专的同学们知道不知道他去跟老画家齐白石学画?

李:不知道,连校长林风眠都不知道。所以这里又出了一个故事。等到毕业创作的时候,这就暴露了。油画国画统统展出,由林校长带着教师们来检阅学生成绩。油画题的名字,一般在右下角或左下角,李超三,或者李英、李英杰,还可以题法文的缩写。国画则统统题的是"李苦禅"。

徐:毕业创作他也交国画了?

李:而且很引起林校长和诸位教员注意。林校长当时说:"我不记得咱们学校还有个苦和尚啊?哪儿来的啊?"后来这位林一庐同学就把前因后果说了一番。林校长和诸位教师非常感动,当场,林校长带头:"李苦禅所有这些成绩,国画,我们统统买下。"

徐:怎么个意思?
李:买了。

徐:所有的这些画。

李:买下了。对于穷学生李苦禅来说,那不仅是经济上的巨大支持啊,那是精神上的巨大支持啊!那是在证明自己的毕业成绩被校长为首的教员们肯定了认可了,你想在学校那是什么份儿啊?所以他一辈子都说自己离不开三个伯乐、三个恩人嘛!那就是齐白石、徐悲鸿、林风眠这三位。他一辈子称这三位都不直呼其名,提林风眠就是"林校长",那是尊敬有加。

徐:我记得您有一次说他差点把林校长给打伤了,这是怎么回事?

李:不是我父亲差点儿打伤了林校长。在艺专有这么一段故事,就在那一个班上,除了我父亲穷以外,还有一个学生叫明方岩,也穷。此人后来如何,去向哪里,历经战乱现在我们也找不到任何他的踪迹和作品了。他们两个都很刻苦,所以往往排成绩的时候,不是你第一就是我第一,等于形成了竞争对手。后来连续的两回第一都被李苦禅占了,所以明方岩就有点儿吃味儿,心里有这么一个结,赶上一个事儿就爆发了。在艺专画素描啊,上课之前,画架子都得摆好位置,底下拿粉笔画一个记号。我在美院上课也这样,找一个自己觉得比较合适的位置,当然还得跟同学互相协调。我父亲把那个位置画好了之后,明方岩进来了,装作没看见,他把这位置占了。我父亲说:"你看我这画好记号了。""凭什么就许你在这儿不许我在这儿?"这当然就有点儿无理了。后我父亲就跟他吵起来了,年轻嘛,吵起来了。吵着吵着,明方岩抄起板凳了。那时候素描教室都有板凳,当然那板凳有高有矮,有半高的,还有中高的、最高的,现在美院也有。他抄起一个板凳来,朝我父亲就扔过去了。我父亲有点儿功夫啊,这一闪,好家伙,这板凳飞出去了。飞到哪儿去了?教室开着门呢,飞到走廊里去了。林风眠校长正好从那儿过,这俩人都吓呆了,这板凳朝着校长胸口就去了!好家伙,这要砸上去,那不是别人,是林校长啊!就算不是他是别人,你砸谁也不行啊!弄不好要开除啊!

林风眠校长反应也快,他也没什么功夫,一伸手,也不知道怎么巧,愣攥住板凳腿儿了。攥住之后,好几秒钟说不出话来,瞪眼往里看,不知这里发生什么事情了。

徐:这俩人吓坏了吧?

李:就差跪下了,哈哈!那时候已经不兴下跪了。民国以后不兴下跪,现在有的拜师还要求下跪,那实在不对。民国时候最大的礼就是鞠躬,他们都赶紧作揖道歉,是往自个儿身上揽:"我们俩打架,抡家伙,差点把您伤了,学校处分,学校处分。"争着都认错,谁认得好处分轻啊,是吧?

林校长明白怎么回事了之后,亲自把凳子拿回来:"原来在哪儿搁着的?""搁这儿的。""还搁在那儿。我们这个学校得讲文明啊,吵嘴都不应该,怎么还能动家伙?就这一回,下不为例。"后来也没处分。但是呢,两人心里这个结就更厉害了。尤其是明方岩知道我父亲练过武功,他经常躲着我父亲,怕在没人的地方挨揍。有一回,在一条胡同里,我父亲一拐弯儿,正好碰上明方岩,把明方岩吓得往后躲。我父亲知道什么意思,说:"别躲别躲,我不打你,我也不骂你,你站着,我想跟你说两句话,多少日子我就想跟你说这句话,没机会。我跟你说,方岩,咱们俩可是咱们班上最穷的,咱们都是'一根肠子挽着半根'在这儿学画呢,全不容易,是吧?咱们争的是成绩,咱不争别的,是吧?您有好多好处,我都学,我佩服您。你说咱俩争什么啊?更不能动武。你说咱俩谁伤着谁,都不合适。"然后我父亲上去一下攥着他手,请他去喝点茶。无非就是沏一壶"高末儿",老北京叫"高末儿"的就那些杂茶叶,最后筛的那个末儿。有时候赶上里头那好茶叶多味儿还真不错,这最便宜。老北京话能把什么东西都往好了说,管这叫"高末儿","三合油"冲出那汤最不值钱,叫"高汤",这就且不说了,这是北京人的幽默。沏壶高末儿俩人就聊聊,从此言归于好。

我父亲后来老给同学们讲这个例子,这是一种教育。他说:"这个同学、同行之间,讲的是个竞争,别讲斗争。竞争,互相提高;一斗争,人格就低下。"所以他有时候特别讨厌强调"斗争、斗争",尤其那时候"以阶级斗争为纲",我父亲说那不是教人学坏嘛?明明是一班同学,他说了哪句话不合适了,或者你觉得不合适了,白纸黑字写一小条子,背地里给人打报告,送到团支部去了,这叫卖友求荣啊!你觉得他哪点不对你当面跟他说,哪儿能干这种下作事啊?所以我父亲对于这种违背人格的斗啊、暗斗啊、钩心斗角,非常之反感。

徐:您父亲这么老实厚道,也有人跟他斗?
李:有,太有了。中央美院那时候给他派了一个助教,这人叫什么我就不说了,反正也死啦!作为李苦禅的助教,这是多好的学习机会?他不正经好好学,专门写我父亲"小报告",因为我父亲说话直啊,"错处"容易抓啊!写了小报告之后,就秘密地送到院党委书记陈沛同志那儿去。陈沛同志是中学教员出身,参加革命的老新四军,在公安部也工作过一段时间。后来美院改换领导的时候,把他调到中央美院任党委书记。他经多见广,接到这些小报告之后,就压在自己桌里头,就没认真对待。因为人家从公安部出身,对这种"举报"之类的东西,那简直太有政治经验了,对这类找上门来的"义务线人"岂能轻信呢?

我怎么知道这段呢？"文化大革命"里头，这位助教，进入了李苦禅专案组，批判"反动学术权威"李苦禅，是他当众批斗陈沛同志，大吼道："走资派陈沛，你包庇李苦禅，多年来，我及时汇报了这么多他的反动言论，你都置若罔闻！"这是他自个儿说的。在"文革"中，他批斗"地主出身"的郭味蕖老师，愣命腿肿的郭老师站上凳子挨斗。为了表示他对地主阶级的仇恨，突然飞起一脚把郭老师踹下去……其实郭老师早在民主革命时期就被共产党地方政府列入了"开明士绅"，因为他支持民主政权。

陈沛

后来这位助教去世了，办个画展出画册，他那续弦的夫人不知这段历史，居然来让我给他写序言。那咱们还是往好了说，挑点儿好的地方说。可是怎么挑着好的说，也好不了多少。最后他夫人不满意，到现在画册还没出呢！你甭说别的了，他这画题字还有错字呢，还是常用字，都写错。因为他心不在画上，全都在政治投机上。他最应当记取苦禅老人的教导，"人无品格，下笔无方"。

鲁迅早说过，给人家当狗的有三种：一种是叭儿狗，面像猫，可爱，中庸，其实是狗，知识分子里出这类叭儿狗。一种是走狗，走着当狗，主人一旦失了权势，它立刻走到另一家高宅当狗，不用驯它就好使。还有一种是一心想当走狗而苦于不得其主，因而"惶惶然若丧家之犬"，鲁迅谓之"丧家犬"。

苦禅老人说，历来这类走狗连主子都烦它，最后，没落个挨烹的下场，就算走运啦！

徐：当年那些个小条条留到现在也是历史文物，能让我们看看当时您父亲有什么"反动言论"。

李：其实我父亲说的好些话都是超前的、说对了的，就是说得太早了才犯了忌讳,因为他都是出于对国家人民负责任。听谓"大跃进"的那年月,你老说"今年丰收了",他就说"没丰收,我们老家饿死人了。你要再嚷嚷丰收了,饿死人还多"。这在当时都叫"反动言论"。包括画画,当年一来就强调"讲课要强调阶级性"。新的教案下来了,我父亲说:"照这个我怎么上课啊?划成分?划成分我内行,我参加过四川土改的土改运动,胡耀邦同志带队,跟说山东快书的高元均还是一个队的。我知道怎么划成分。你现在一讲美术史,就先给古人划成分。王维,大地主、大庄园主;董其昌,大官僚……那我上哪儿找一个美术史上的'贫下中农'出身的大画家去?苏东坡,朝廷命官、大官僚,是封建统治阶级的……(下面那话不好听了)那我怎么讲啊?你让我讲谁?中国美术史没法讲了。"像这类真心话,在当时他能够公开讲出来,那都是身边小人汇报的材料。

包括有一段时间,美院极"左",有人汇报到上头去,说"画裸体模特是资产阶级腐朽的东西,要废除"。居然已经形成文件下来了,由陈沛传达。要不陈沛怎么人缘好呢,他爱说真话。他传达完文件马上就谈他自己的体会。他谈体会可不是定调子,有的人传达完专门定调子,最后你们都得按他的调子说。陈沛不是,他纯粹是发表个人意见,他就敢于唱反调。陈沛90多岁去世了,在我心目里,那是真正的共产党员,一切从党和人民、国家的利益出发,绝对不讲阿谀逢迎的话,对就是对,错就是错。

大家都听到"毛毛雨"了,知道要宣布以后不能画人体模特了。好么,那天到场听"正式传达"的人特别全,700多人,座位满满的,还带站着。陈沛在前面讲,把这文件都宣读完了,说:"从现在起,人体模特不要画了,传达完毕。"大家都知道,他有一习惯,把外衣这么一脱,似脱非脱这么搭着,可能体温有点儿增高,激动了,精彩的在这段:"现在有人讲,雕塑系离不开人体模特,裸体,研究结构嘛,我们这课还怎么上?别的系也有,油画系要画人体,最难画的是腹部,这个部位色彩的冷暖关系很不好找……"我告诉你,陈沛他可虚心学习了,来了三年就满嘴行话。他经常召集老画家、老教授们座谈,谈教学第一线这些个问题,时间长了他也成内行了。那人脑筋也好用,学得很快。他接着发表已见:"你不画这裸体模特,这油画系课也不能上了。国画系也有嘛,画人物,你不画裸体,怎么掌握人体的解剖结构啊?我告诉诸位,能解决,可以画你的老婆嘛!"他这话都带着情绪。"那有的人讲,我

李燕速写女人体

还没有结婚,没结婚怎么办?一句话,你活该嘛!"就这么一个老干部!多直率!

　　然后听众们照例回各系讨论。当年全中央美术学院,谁也不敢跟着陈沛这个调子说,都哑口无言坐在那儿不敢说话,最多就是:"既然上面规定了以后不许画裸体模特,那我们就遵照上级指示办吧,我们没有什么意见。"那会儿都怕"犯错误"。中央美院全校就有一个人坚决反对,我父亲,他常自称"山东傻小子李苦禅",他说:"从老艺专起我就画裸体,上课怎么能不画裸体呢?我画了这么些年月的裸体,我也没有变成腐朽的资产阶级。画裸体不能取消!"好,别人都替他捏把汗啊!当然有人想,你李苦禅能说这话,因为你资格老。中央美院论岁数资历,他属于最老的,他和刘开渠都是岁数最大的。

　　徐:这大概什么时候?

　　李:大概是1963年的样子吧?1963年至1964年之间。回去查一查,这有记录的。至少还健在的徐悲鸿老弟子、九旬高龄的戴泽先生的日记里头记着这段事。但当时真有人替他捏把汗呀!

　　徐:那后来怎么样了呢?

　　李:好多人正为李苦禅反对取消模特制发表言论担心的时候,这时候伟大领袖毛主席下来指示了,白纸黑字,陈沛又在美院传达。这回我告诉你,陈沛那个底气那叫足啊!当众宣读毛主席的指示,对画裸体模特,毛主席基本是这么讲的:"男女老幼裸体模特,都是可以画的,封建不行,为了艺术科学,不惜小有牺牲。"这话是言之凿凿啊!这下子我父亲没事了。而且呢,有人还佩服:"苦禅,你不但说话大胆,你看,连毛主席都支持你的观点。""毛主席哪儿知道我说什么啊!这只能说是我们这个领袖对这事情很英明。"苦禅老人一辈子说的这些直话,这些所谓"反动话、落后话",被人汇报的这些话,要真是保留下来,你们可以看一看,绝对影响很超前的,很实事求是的。

徐:其实是挺好的历史资料。

李:挺好的资料。就是可惜啊,中央美院一搬家,从帅府园搬到东郊那个垃圾填埋坑里的时候,把好些个内部资料都当垃圾处理了,太可惜了。那有多少麻袋呀!像侯一民等从事地下革命工作时写的文字存档、1949年初期的财务科签领工资簿……全被有心人想方设法收藏起来。我也托人花些代价要回一点儿来,那都是书写历史的第一手资料啊!无价宝!当年被英国贵族官员当废物作枪靶子的账本之类,却成了马克思用来写《资本论》的第一手宝贵资料!唉,"历史的遗憾"老在书写着"遗憾的历史",不是吗?

【第十一聊】

# 富能藏,穷藏不住

旧社会来讲，富能藏，但是穷藏不住。首先这身衣服，穿的都是老家带来的粗布衣服。尤其到冬天，人家有皮袍，我父亲穿的是棉夹袍。他老说过去老北京比现在冷多了，现在气候变了，北京暖和了，其实是他到老年生活富裕一些，穿得起厚衣服了。

徐：当年苦禅先生在20岁多点儿就在国立艺专学习，当时他的生活水平如何呢？都是靠留法勤工俭学会给那点儿钱活着？

李：那是坐吃山空，维持生活，到了一定时候，也就不行了。我爷爷是一个贫苦农民，不可能接济他任何钱。尤其在旧社会，这个男孩子出去之后，不兴跟家里要钱的，只有往家寄钱。

徐：不像现在，孩子买一间房，家长您得拿200万首付。

李：那个时候跟家要钱，整个村儿都知道了，丢人现眼！所以在1922年他考进国立艺专西画系，生活上面临的最基本的问题，就是吃饭问题。还有一个就是买材料。

徐：买材料是什么意思？

李：画西画的材料啊。当时中国没有自己的油画材料工业，全都要买进口的——现在当然还有进口货在商店卖——那个时候一般店里不卖这个，有几个画西画的？还得托人，租界有二鬼子，翻译，就是鲁迅笔下的叫"高等华人"，一身西装打扮，油头粉面，见到中国人爱答不理的，好像跟洋鬼子沾边儿就比同胞高一等似的。他们能买到这些东西，可是要倒卖，挣钱。所以那材料贵得呀，用我父亲的形容就是，"画油画告上一笔，那比在老家告一笔香油还贵"。

徐：什么叫"告一笔香油"？

李：这话跟小年轻的说都听不懂了。过去农村老家都是灶台做饭，一大锅，灶台墙上有一个窝，那个窝供灶王爷，也不一定每家都供。到晚上需要临时用锅做一点什么东西，就把一个小油灯搁在这个位置上。再有一小罐油,就是香油,或者是那个棉籽油。为了省,瓶里面搁一只羊毫笔——这个笔还是自家羊身剪下一撮,绑在小棍子上插到里头——拿这个弄一点儿香油,在锅里面抹一抹,连拿勺子舀都舍不得,这个动作叫"告香油"。画一笔油画比告一笔香油还贵,那真是画不起。再节衣缩食,能省出来的也有一定限度。当时他跟齐老师学了国画,这当然从艺术来说,是为了中西合璧,但是还有一个实际生活的问题,逼着他得把国画画下去:国画好卖。油画你办一个小展览,或者你画出两张来一挂,谁都叫好,"嘿!画的跟真的似的!"可是没有人买,毕竟还有个欣赏习惯的问题。

徐:中国有钱人家里都是红木家具,上边挂一油画,觉得不配套。
李:那个时候不像现在,五星级酒店都得挂一堆油画,甭管好赖也是油画。

徐:但是现在油画比国画好卖吧?
李:都是行活儿了,有的村子专门成批生产这类画,流水作业,倍儿快,还不贵。

徐:出手快。
李:那个时候不行,这个说好,那个说好,说了半天好不掏钱。可是国画搁在南纸店里可以寄售。人家说:"你说一个底价吧。"我父亲作为穷学生来讲,卖点儿钱是点儿钱,还能说我笔单多少?成了名家之后才可以说笔单。而且实际上有的名家笔单是一回事,下边谈又是另一回事。

徐:笔单就是"一平尺多少钱"。
李:笔单上一平尺五块大洋、一平尺十块大洋。

徐:真正卖也许一张画五块。
李:对了。我父亲在那儿有时候能够卖到一块大洋一张,对于一个穷学生来讲,那简直是太大一笔收入了。

徐：一块大洋够一个月花销吗？

李：他最穷的时候，一块大洋够整一个月各方面的挑费，所以这也是促成他努力学习国画的一个原因。但是在那个时候，都有这个道德，跟师父学，不能跟师父"戗行"，师父画虾你也画虾不合适。而且白石老人也说过："学我者生，似我者死。"所以我父亲从题材等各方面都跟齐老爷子岔开了。

逐渐地齐白石老人的画开始有名声能卖钱了，在他的门下就开始有人造他的假画。白石老师发现苦禅的画经常卖不出去，但是他也不造老师的假画，很有感慨，就写了一首诗送给我父亲。墨迹现在还在我这儿保存着，那是很不容易辗转从香港那边买回来的——我父亲这一辈子经历很坎坷，自己的东西绝大部分散失了。那上头写得清清楚楚，其中最重要的两句："苦禅学我不似我"，"苦禅不为真吾徒"。

当时白石老人说苦禅的画，"一钱不值胡为乎？"这么好的画，凭什么一钱不值？但是他绝对不造老师的假画，哪怕是学吴昌硕，学得那么像，也是题自己的名"李苦禅"，也不是造吴昌硕的假画。

我父亲这一辈子老是穷，但是他讲过，"人穷不能贱"，穷而不贱，保持自己的人格。

在上学期间，其他同学也逐渐能感觉到同学中谁穷谁富，富能藏，穷藏不住。

徐：按说富藏不住，露富嘛，再穷，也有一身衣服盯着啊？

李：我告诉你旧社会越富的人越藏富，不然绑票绑谁啊？过去一般来说不是太露富，等大家都知道他富了，旁边就或明或暗有保镖了。

徐：一般人看不出来。

李：外国也是这样，据说美国前国务卿、历届总统的中国事务顾问基辛格的收入一多半儿都给保镖，他发表一次演讲，一看收入几十万美元，人家多富，后来才知道一多半儿给保镖。

徐：保镖也不是一个人，也是一个大团队。

齐白石1926年书法 一日能买三担假

释文：一日能买三担假，长安竟有担竿者。（见随园答金寿门书。）苦禅学吾不似吾，一钱不值胡为乎？（余有门人，字画皆稍有皮毛之似，卖于东京，能得百金。）品卑如病衰人扶，苦禅不为真吾徒。题门人李苦禅画幅一首，时丙寅春二月，书于京华寄萍堂。白石山翁。

李：那当然有明有暗的，明的在电视纪录片里都能看见，他后面晃悠两个人，眼神都东张西望的，那是明的，还有暗的。所以旧社会来讲，富能藏，但是穷藏不住。首先这身衣服，穿的都是老家带来的粗布衣服。尤其到冬天，人家有皮袍，我父亲穿的是棉夹袍。他老说过去老北京比现在冷多了，现在气候变了，北京暖和了，其实是他到老年生活富裕一些，穿得起厚衣服了。他说："当年北风一起，棉夹袍都吹透了，冻得骨头生疼。"同学们其实看出他穷来了，有时候让他到公寓里，大伙一块聚餐，等于就是变相请他吃饭。

徐：那会儿不兴ＡＡ制。

李：那个时候如果讲ＡＡ制，你跟朋友就算绝交了。你甭说那会儿，就是1949年之后相当长一段时间，美术界有这么一对夫妻，他们从洋人带来的ＡＡ制的规矩，夫妻俩吃馄饨，馄饨是一毛三一碗，喝一碗馄饨都各掏钱包。这马上就传开了，大家就在下边说："都这样了，这婚离了就算了呗。"在中国人心中，我请客就是我掏钱。

徐：何况这是夫妻啊。其实人家两个人感情还挺好。

李：两个人感情还可以，就是有这么一个洋规矩。那么说回到20年代，同学聚餐的时候，请我父亲吃饭，一次两次他也不觉得，三次四次他明白了，怎么老是赶着接近饭点儿的时候请我玩，找我聊天？这不就是要请我吃饭嘛！他有这个志气，他一辈子都讲，穷，别让人可怜，别让人接济，有能耐自己想法解决。他一辈子就是这志气，再穷，我父亲这一辈子没有跟人借过钱。偶然有借的时候，那是人家说："苦禅，工会费还没有交，今儿到日子了。"我父亲跟同事说："借我五块钱。"马上把工会会员费交上，就手写一个条儿放兜里，可惜我没有留那个条儿。

徐：条上写借谁五块钱？

李：他怕忘了，回到家头一件事就是把钱搁在兜里，第二天上班马上还给人家，那个条是为了自己记住的。过去咱们尤其老北京人的习惯，互相很信任，那个时候老北京借钱都是这样，"借我五块钱"，跟着就拿，没二话。

"说什么借呀？拿去。"其实这里包含着的道德层次很深。第一，互相绝对信任，他认为你从他这儿借走这五块钱，绝对不是干别的，绝不是抽白面儿，准是有急用。平常不轻易开口，所以一开口我立刻掏钱，一犹豫掏晚了对方就不好意思拿你的钱了。这是第一层。第二层，他认为你借了钱之后，肯定会还。第三层，你如果相当一段时间没有还，那就证明你最近日子真是有一点儿紧了，我可绝不能催账。在老北京，朋友之间的道义关系，已经达到了这个层次。

徐：现在可不行，现在不还的是"爷爷"，借出去的是"孙子"。出借方到处哀求去："你还我行不行？你看最近到年底了，我借你50万你还我10万行不？我也得过年啊。"现在都这样，单位也是。

李：经过十年的"文化大革命"和"前文革"，中国人的好些美德都断了，大概断够三代了。书归正传，回到当年我父亲李苦禅吧！

徐：他吃人家几顿自己觉得不成？

李：去了三四回以后发现了，这是同学在怜悯我，再请他他就不去了。同学们就觉得他有点儿不合群，脾气太怪了。有一天忽然有这么一个机遇——挣钱的机遇往往是想不到的，他这一辈子卖出去了第一张油画。那是在长城写生，那时候去长城写生不像现在，那交通很不方便的，去一趟挺不容易。

徐：油画写生怎么写法，拿着画笔、画布、拿着画框去？

李：带着画框子，还有一个很简单的油画箱、油画板、颜料，支起一个马扎儿来，再把这个画框子支起来。要是有点儿风啊，旁边找砖、石头什么的压上，就在那儿油画写生。这张画基本都画完了，过了几个外国人来旅游，看了都说好，都夸奖，我父亲学过一点外语啊……

徐：能沟通沟通。

李：能听出来人家夸他呢。人家就提出来了："多少钱？"没有卖过，不知道多少钱，而且一提钱就害臊。赶上这几位外国人大方，你猜掏出多少大洋给他，十一块大洋！当时这个油画还没有干，后来人家外国人还弄了一个纸盒子,搁里正合适,把这个纸盒子盖上小心翼翼拿走,还挺当回事儿。后来我父亲说:"活这么大,我没有见过十块大洋摞一块儿的。"就是留法勤工俭学的钱也不是哗啦啦的现金,是开一个银行的票,因为现洋沉。现在有的电视剧赏两千大洋,弄一个小托盘就托出来了。那个东西有分量。带身上一般是一块、两块,一般带毛钱儿,铜的,平时花不了这么多钱。这回是十块大洋摞一块儿。

徐:够一年的挑费了。

李:发财了,回来之后,就跟同学说:"过去你们请我吃饭我明白什么意思,谢谢诸位了,今天我请诸位吃。"同学都以为是逗着玩。

徐:你哪有钱请我们?

李:老社会真是这个,只要在别人面前谈钱,必定跟对方有关系。"德亮最近我卖一张画卖800亿。"我说这话必定跟你有关系,下句就得是"你房贷还没有还齐,我从里面拿出来点儿给你先还了去"。如果说钱但跟你没关系,就绝不谈钱。哪像现在有的画家当人家面儿,就说"我最近一平方尺多少钱",这实际上是一种心理侵略。

我父亲说:"我既然提到钱,说话算数,一桌不够请两桌,看你们谁光顾谁不光顾。"大家就都去了,其实暗中都商量了,等结账咱们偷偷结了。摆了两桌,我估计应该差不多在十名以上。而且我父亲到那儿亲自跟"小力巴"点菜,让他介绍特色菜,他会帮你点。实际上跟"小力巴"早说好了,不许收别人的钱。当时北京大饭庄的厨师、"小力巴"都必须说胶东话,这才是正宗,京菜主要是鲁菜、齐菜。

徐:"小力巴",就是服务员?

李:带班的,不是一般的服务员。带班的,在香港叫什么?"开单部部长"。刚改革开放那会儿有这个笑话么,有人从香港来,他说他爸爸在香港当部长,大伙儿一听,啊,大官呀!其实是"开单部部长"。这"小力巴"特别懂这个规矩,该谁结就是谁结,事先我跟你说我结账,要是让别人结了,我下回再也不来了,等于把顾客得罪了。我父亲说这个菜够丰富了,我活这么大,这些菜都是自个儿不敢吃,或者头一回吃的。就那样给两块大洋还找回一多半儿,就看当初这个大洋多值钱。我父亲有一种感恩之心,一辈子如此,这是继承他老师齐白石老人的美德,滴水之恩当涌泉相报。

后来发了第二笔财是什么时候呢?毕业创作的时候,林校长和教员当场表态,我们都定了,全定了。

徐:当时定多少钱还记得吗?

李:至少比十一块大洋多。多少我不记得,咱们也别瞎编。实际上这是林校长和教员们对学生莫大的鼓励。

徐:当时画的长城油画,现在肯定找不回来了。那当年毕业时林校长收藏的这几张画,也找不到了?

李:你想中间中国经过多少大的劫难!可以这么说,到现在为止,我父亲早年画的西画只保存下三张,都是水彩画。

徐:油画没有?

李:至少家里一张都没有。我父亲最后一次看到自己的油画是在50年代,在东安市场。东安市场那个时候有一些委托商行,你委托他卖这件东西,卖出去,结账。里面什么新鲜东西都有,常去常新,特别好玩。我父亲在那儿看到过一次,当时他的毕业创作之一。为什么大家说好呢?画的是一些人的合唱,合唱这些人一个一个都张着大嘴,看出来都是扯着嗓子喊,不同的口形,大嘴,露着鼻子,别的都看不见。这么一个构思,可以讲够"现代"、够"超前"了!

徐:不是漫画?

李:就是油画。那个时候油画也不完全是写实,有一点儿受印象派之类新的流派的影响,已经开始有一些自己的创意。

徐:那个画没有买回来?

李:他对这个画很有感情,回去想借点儿钱把这个画买回来,等他回来的时候没了,已经卖了。这是最后一次他看见自己的油画。别说我父亲的画,林风眠先生的油画在"文化大革命"里头基本都烧了,林先生家里损失大了。林风眠先生这一辈子就做了两件事情,一个是办美术教育,一个就是画画,此外别的什么都没有做,就是纯粹的一个艺术家,一个艺术教育家。后来落实了政策。他"出去"了,因为他夫人是外籍人士,德国人——为这个他还闹了个"特嫌",关押了好多年。他也不愿意远离自己的祖宗之地,就去了香港,也方便跟朋友相会。

那个时候挺"左",出海关他自己的画都不许带。到了香港以后他每天就是画画,活了90多岁,天天画画,所以现在能见到的好多都是他晚年的作品。

这位林风眠先生,我一提起来就肃然起敬,小小的个子,从来没有听说过他跟谁吵架,也没有听说过他拉帮结派地巧伪钻营。所以黄永玉谈林风眠这个文章太不好做了,这么有名的人,你怎么谈,你从哪儿下笔?黄永玉,他是艺术天才,文笔好,又因为他太理解真正的艺术家了,所以写得真好。这个文章整个看起来也不长,一个自然段是一件事,散乱的,好像都是一堆珠子,没有穿起来。这个文章怎么收啊?最后人家收得好极了,大致意思是:"当林风眠叩响了上帝的门的时候,上帝一开门,看着一个遍体鳞伤的老人,问:'你做什么的,身上这么多鞭痕?'林风眠先生说:'画家。'"就这么收尾。

徐:真好,太好了!

李:你是学中文的,你能听出好来。林风眠先生他一辈子培养了多少人才!什么是教育?教育家的成果就是出人才。我父亲是他门下学生之一,尽管他比我父亲还小半岁,但是我父亲终生称他林校长。

他们最后一次见面是1980年12月,我们父子在国家支持下到香港办展览。那个时候办展览可太不容易,光办手续,港英当局那些刁难就别提了。这个过程我累得那个样儿,我父亲都看出来了:"咱别去了。"我说:"不,一定要去!"办展览的时候,我父亲天天在展览会坐着,因为确实有一些老朋友到海外去了很多年,这才有机会见面了。我看到一位老者来了,我说:"爸,林老先生来了。""谁啊?"我说:"林风眠。"我父亲一听,好家伙,眼睛瞪得老大,"腾"一下从椅子上弹起来,到那儿就认出来了!两个老人真是世纪老人,互相拥抱,那个场面,真让人感动。我赶快让记者过来照相,现在

林风眠（中）、李苦禅（右）和李燕 1980 年 12 月相会于香港"李苦禅李燕父子书画展"

才有这个照片。还有一段影片，当时有一个年轻画家叫莫一点，他带着摄像机，超8毫米的，可惜没有同声录音，那一盘最多录十来分钟，把这个场面录下来了，宝贵极了。

我父亲说："林校长，看看我成绩怎么样，有进步吧？"还是当学生这个口气。林风眠校长也特激动："好，更有气魄了！更有气魄了！"这是两位老人1949年后第一次也是最后一次见面。

徐：三十多年一直就没有见，那是为什么？

李：因为林风眠老觉得对不起我父亲。我父亲一再传信，说知道当初在国立艺专被解聘不是林校长的主意，是国民党的党棍，管训育的那个党棍，是他的主意。他说我父亲有通共嫌疑，是他把林校长写好的聘书压下的。但是林校长老觉得对不起我父亲。所以我父亲一直托人传口信问林校长好，但是一直没有机会见面。话说回来了，现在咱们可以到世界各地去旅游，"文革"前就算你从北京到天津，这么近，你要没有组织介绍信，对不起，不接待。

徐：住不了店。

李：还吃不了饭呢。北京粮票到天津不能花。如果出差有任务，上级给你换全国通用粮票，一斤通用粮票还带一两油，全国通用粮票。那个时候讲送"薄礼"最好，从兜里掏出一小包，里头有两斤通用粮票，这比送什么都好！所以现在说话，得加注解，要不年轻听众听不明白，有时代隔膜。就像《诗经》，那是当时的流行歌曲呀，怎么还需要翻译？因为语言有变化。同样地，有些风俗礼节习惯，你别看就这么几十年，变化也不小。

在老艺专能够上完这几年课，最后毕业，对我父亲来说真不容易，那真不容易。但是那个时候有这么一条不成文的规矩：不管原来出身如何，门第如何，背景如何，我用人只看你的真本事。所以我父亲毕业之后，生活就好过多了。实际上我父亲在没有毕业的时候，就已经有一点儿小小的兼职了，譬如说帮着教务处做一点儿事情，额外给你一点儿劳务费。咱们就举一个例子，画裸体模特。那个时候画裸体模特可不像现在这么开放。

徐：您父亲那么早就画过裸体模特？

李：在西画系你不画裸体怎么行，一个静物，一个裸体，一个出去写生，

老艺专法国教授克罗多教画人体模特

这三样不可少。当时找模特特别麻烦，别说找女模特，就是找男模特都不好找。学校也知道我父亲人缘好，容易跟人搭上话，五行八作聊聊就近乎了，就让我父亲帮着找。我父亲就上天桥去找撂地的去了。那些练功夫的艺人都是一身肌肉的，好画。找着一位，练两手，确实有一点儿真功夫，我父亲叫好，扔一点儿钱，熟了。我父亲就说："我给你找一个差事，不费事，往那一站一坐，不用练把式就能挣钱。""哪有这么好的事？""有啊，你看你这个肌肉，看着都有劲，就画你浑身肌肉，洋学堂画人体，画你，一个课时多少多少钱。"这位一算这个账，一站一坐，不练还给钱，这差事多美啊！就答应了。到课堂上，这位把衣服脱了，大裤衩不脱。人家说大裤衩也得脱。"啊？什么，全光了？""那可不，我们画裸体不能穿衣服。""这些公子小姐全在这儿画，你让我脱光了？光腚推碾子，我跑这转着圈儿丢人现眼？这个钱我不挣了，老子不干了！"穿上衣服就走了，怎么动员都动员不回来。

那时候人特别封建，有一点儿新的事物来了，还真是接受不了。不管怎么着，反正最终还是请来了。可是现在你看当时画的所谓人体，实际还是穿着裤衩的，有照片为证。后来徐悲鸿跟裸体女模特合影，当时可是新鲜事物，那是不容易说动的。

这是父亲给教务处帮的忙之一，其他的忙也帮，比如选景。那个时候西山没有这么多旅游的，他先到西山，把景选好了；或者北海公园，看哪几个点儿比较好。

徐：画写生干嘛还先选景？看见什么画什么呗。

李：这么着省时间，我父亲到那个地方看看，这个地方不错，可以写生，定了这两个点儿，这样学生到那儿就到位。那个时候路上就得花多长时间？实际可画的时间很短。而且画的是西画，光线变化那么快，必须抓紧时间画。所以我父亲在那个时候，已经开始靠自己的这些知识挣点儿钱。

由于他毕业成绩好，人家别的学校要聘请美术教师，很重视国立艺专出来的学生，这个学校品牌很重要，所以他一毕业就在两处兼课。为什么那时候叫兼课？实际上那个时候当专职教师的人很有限，所谓的专职实际上也是聘任制。比如，德亮，我们那儿缺一名讲师能不能应聘？你要同意了按讲师聘书签字。教得好学生欢迎，学校有可能改聘书了，副教授。

徐：那会儿教授、讲师也就是看你的水平直接定？不是先当讲师，再熬到副教授，再熬到教授，不是这样？

李：不是这样。我父亲1930年应聘到杭州艺专，那是林风眠校长聘的，一聘就是教授，那个时候校长有人事大权。

徐：他在国立艺专一共学了多少年？

李：他是1922年考入国立艺专西画系，1925年毕业。

徐：等于就学了三年多一点儿？

李：对。

徐：那水平就那么高了？

李：他等于是中国的第一代学西画的，那个时候画西画的人很少。

徐：可是不单是西画好，国画水平也太高了。给刘淑度的册页是什么时候画的？

李：那是1928年。

徐：等于跟齐先生学国画也没有多长时间？

李：几年吧。

徐：那笔法怎么那么成熟呢？

李：学艺术，不管学哪一行，得有那方面的天分。

徐：我在高唐李苦禅纪念馆，看到一幅大画，特别像吴昌硕，远了看简直就是吴昌硕的真迹，那个时候您父亲就这么高水平了？

李：那张画比这个册页还早，那个是1926年的作品。

徐：学国画一共也没有学几年，怎么能画成那样好呢！

李：他进步很快，这个方面白石老人对他的评价相当高。就在给刘淑度

齐白石题刘淑度藏《苦禅花卉册》(1928年作)

**释文**：苦禅画思出人丛，淑度风流识此工。赢得三千同学辈，不闻杨子耻雕虫。
淑度女弟子持此属题。时己巳五月同客旧京。齐璜。

**钤印**：白石翁（白文）。

**按**：1928（戊辰）年，29岁的李苦禅为齐白石女弟子刘淑度作此册页。次年白石翁见此甚喜，不仅为之题签，还题了一首诗，将弟子苦禅比作孔子门下三千弟子中的佼佼者颜回，认为苦禅的艺术思想超出了一般人，有远离小伎俩的壮夫气概。刘淑度拜师齐白石门下的介绍人是李苦禅，刘专学篆刻艺术，颇有成就，曾应嘱为鲁迅先生治印两方。

的册页上,白石老师把他比作孔子门下三千弟子、七十二贤人中间的头一名:颜回。头一句"苦禅画思出人丛",就是你李苦禅绘画思想超过一般人。这个时候我们就想起爱迪生的那句名言:"天才是99%的努力加1%的灵感,然而这1%比99%还重要。"确实这么回事,爱迪生有什么学历?一直到老,他天天没有别的事,老想着发明,发明东西太多了。最后到老年一头白发人家扶上台讲几句,掉眼泪了,怎么这么激动?"我还想做好些发明呢,看来没时间了。"就这样他还有好些脑袋里想的没有实现呢!好像这个人活在世间,生在世间,就是为了发明来的。就跟那些早早去世的音乐家似的,舒伯特,30出头,莫扎特,简直就是天才,看钢琴好玩,弹着玩,好家伙,别人一听,"这是一首好曲子呀!"

徐:李贺20岁就死了,王勃20多岁死了,人家写的东西别人一辈子赶不上。
李:王弼,三国的王弼也是20多岁归西,你现在研究《老子》,研究《易经》,都绕不过王弼的名字。

徐:还有研究《庄子》。
李:我觉得有些人活在世上就是偏才,你如果发现自己的偏才了,按照这个路子发展就能展现你的天才。有的人一辈子都没有发现自己的才在哪儿,选错了职业,这个就麻烦了。在那个年月,说实在的,一个皇上倒了一大堆小皇上出来,军阀混战,顾不上管艺术家管知识分子。这个时候作为绘画天才,也很容易展现出来,没有人下令出题让你非画什么不可,你画画当然也没有条条框框限制你发挥天才。

总而言之,他从国立艺专一毕业,生活条件马上改善了。

徐:最后去了什么地方教课?
李:保定有课,北京有课,这在年表上写得清楚。特别是"保定二师",他在这儿讲课当然就有薪水了,生活有保证。

徐:大概能挣多少钱?
李:他没有具体提到过,但是反正生活绝对自立了。

徐：当时要是北大的教授，有记载都得是一百到二百大洋一个月。

李：是。

徐：有比较，说当时毛泽东同志在北大图书馆一个月挣八块大洋，李大钊是一百六十块。

李：李大钊开始八十块，后来大概是一百四到一百六大洋；陈独秀多，陈独秀是二百块大洋。

徐：你父亲怎么也得二三十块。

李：绝对有的，那时候一个中学校长十四块大洋。那个时候教艺术的不多，能聘请一位受学生欢迎的教授或者教师很不容易。在保定听过我父亲课的人，他们有回忆，说那时候我父亲留挺长的头发，一看就是画西画出身的，讲课的时候也是不拿讲稿，往那儿一站，声音朗朗，大家听得特别清楚，还爱听。他讲课很幽默，举一些例子，讲一些笑话，学生们哈哈大笑，对学生也特别好。他们有这个印象，可见他是一位受欢迎的教师。

【第十二聊】
# 中西画会吼虹社

他,还有王青芳等等,当然还有我父亲,他们聚在一块,这些个致力于改革中国绘画的热血青年凑在一块,说干脆成立一个画社吧。画社名字挺长,叫『中西画会吼虹社』。从中西画会这个名称就能看出来,有中有西;吼虹,我冲这七彩虹大声呼吁,挺有气魄。

徐：李苦禅先生从国立艺专毕业，当了教员以后，他还去找齐白石先生学画么？

李：可以讲，从1923年我父亲拜在齐白石老先生门下，直到1957年老爷子晏驾归西，和他老人家就一直没有断绝来往。

徐：他是学西画的，在毕业以后，他的造型能力等各方面应该比齐先生要强了呀？

李：画家王维政曾经问过我父亲："你和白石老人之间，最大的不同是什么？"我父亲说："我老师的材料我没有，我的材料老师没有。"你要开自己的路子，很重要的一点就是"角色"。过去梨园行是这样，梅先生扮杨贵妃，《贵妃醉酒》，打响了，程先生演《梅妃》，这两个角色里面的关系你也知道。人家唱戏是艺术上的竞争，你也演《贵妃醉酒》，我也演《贵妃醉酒》，咱俩谁是杨贵妃？所以人家尚小云先生演《昭君出塞》。"四大名旦"都有自己的比较拿手的角色，又都互相岔开了。我父亲呢，由于自己有西画造型的基础，开辟新题材相当容易。

徐：画什么像什么，先画像了，老百姓先认可了。

李：先画什么像什么，等到画什么不像什么，但让人感觉更像什么了，这才是艺术。要比真的更美，更概括，更提炼。

徐：齐先生对油画、西画，有没有兴趣，比如也想学一学之类的？

李：白石老人之所以成为大师，很重要的一点就是，他特别注意吸收各方面的艺术营养，一点儿门户之见都没有。他知道我父亲李苦禅是西画系毕业的，是画油画的，所以偶尔也愿意听我父亲讲讲学校里怎么上课，老师都

李苦禅与齐蒂尔

讲什么等等,我父亲当然是如实传达。学校里教他的老师,主要都是外国老师,有一个是捷克斯洛伐克的齐蒂尔教授。这个人很了不得,在中捷文化交流上,他可是最早立下功劳的人。当时他买了相当一批齐老先生的画带到欧洲,经过两次大战,现在在那儿仍然能办一个100张画的展览。

徐:在捷克?

李:苏联解体东欧剧变后分两个国家,一个叫捷克一个叫斯洛伐克,原来是一个国家,捷克斯洛伐克。齐蒂尔教授教油画,还有两位西画教师,都是法国人,一个是柯罗多,一个是蒙日。蒙日大概时间短,柯罗多时间长,后来到杭州艺专还在教。

徐:跟你父亲又成同事了。

李:李可染的西画就是跟他学的。李可染学历也不全,林风眠发现他成绩挺好,没等到毕业就让他当助教了,念到中途就不是学生了,那真是破格提拔。李可染就是个普通的穷学生,徐州的,跟林校长没有任何什么三姑六舅八大姨的私人关系、裙带关系,林风眠校长真是伯乐!

白石老人实际上对西画很感兴趣,有时候也看一下当时西画的印刷品,大部分是黑白的,偶尔有彩色的,还是外国人印的。我现在仔细找还可以找到一个很珍贵的资料,在外国什么刊物上剪下来的,彩色的,俄罗斯列宾画的《给土耳其王写信》。一个人写信,其他人都在嘲笑。那个时候能够从齐蒂尔、柯罗多那里借一点儿洋画册就很不容易了。逐渐有一些外国人的画在中国展览，同时国内也有部分油画家办油画展览。

有一回，有一个展览，白石老人跟我父亲说："苦禅，陪我看一个展览。"实际就是让自己这个国画的学生当西画讲解员。我父亲陪着老爷子看这个展览。齐先生到那儿去看展览，那真是谁也不理，不是架子大，就是专心看画，跟谁也不打招呼。瞪着眼睛看，左看右看，一句话不说，最多就是歪头看我父亲一眼，意思就是讲几句这个画。我父亲对老师的眼神，太明白了，就讲一些相关的油画方面的知识，西画老师怎么跟他讲的，他如实转述给白石老人。白石老人那一次看得很仔细，最后临出门了，人家说："老先生在留言簿上留几句话吧。"可

齐白石参观油画展题字

惜了，没有预备笔墨纸砚，就旁边有那么一个小本儿。

徐：没有想到画国画的这些人也能来看油画展。

李：摆了一支铅笔。白石老师在那上头有题词。我小时候听我父亲谈这个故事谈过多次，他跟学生也谈过。他说老人家不管什么画，只要好的就吸收。印象最深的就是看这个展览，他留言最后的那句话："倘年未六十，非学不可。"大白话。

徐：这是他自己说的，还是题在那个本儿上的？

李：题本儿上的。我父亲跟我说过这事，但是查无实据啊。几十年后，

我父亲都去世二十多年了，缘分来了！现在有时候拍卖旧杂志旧刊物，也不知道怎么让我翻着一本，正是白石老人题在这个留言簿上的话！原件可能已经没有了，这能在上头拿铜版印出来就不容易，尤其后头这句话："倘年未六十，非学不可。"

徐：当时的杂志登的？
李：是。我买下了，虽然很贵，那一本就三十块钱，但就冲一篇白石老人的题字就有史料价值。我刚买回来，正好邵大箴写《近代中国油画史》，我就随便提了一句，他两个眼都瞪圆了，说："快快借我用用！"我说可以，宣传我师爷是好事啊。一般搞理论的，有一点儿史料往往是很珍惜，不轻易借人，除非我使完了，我已经发表过研究成果了，否则绝不借人。我可没这个习惯，我说："我就一个条件。""什么条件？""用完了之后原件给我寄回来。""那一定一定。"后来给我寄回来了，信封我还留着呢，还有回信。这个典故就写在《近代中国油画史》上了。

徐：这是您什么时候拍的？
李：十五年以前。

徐：因为您刚才说这一本不便宜，三十块钱。三十块还贵？
李：薄薄一本刊物三十块钱，退回去十五年，你说贵不贵？

徐：也还行。
李：物价上涨啊。那个时候别的不说，羊肉串五毛钱一串，你现在能买么？

徐：现在三块一串的未必是羊肉。
李：白石老人题字主要的内容是什么呢？就是说我素来喜欢此种画，但年龄已高，过60了，我若年轻非学油画不可。所以他就是只看看而已，不画了，但是要从里面吸收人家的东西，想这些东西怎么融汇在自己的画里头。总而言之白石老人这一辈子太虚心了，正因为没有学历，所以总是虚心，最后他学的东西比有学历的人那知识圈还大，他还不知道，还在学，所以永远在进步。

徐：当年吼虹画社齐先生参与了么？
李：他没有，白石老人一生不参与任何社团。

徐：吼虹画社是哪年的？
李：大约是1927年左右的事情。

徐：也是您父亲毕业当老师之后。
李：毕业当教员以后，这个时候绘画条件、生活条件已经改善了。这里还有一个小插曲。我父亲本来自己毕了业挣了钱应该孝敬父母，结果父母相继去世，我爷爷一辈子苦，不到60岁就去世了，去世的时候也不合适，正是头春节，所以我父亲终身最大的遗憾就是自个儿挣钱没有孝敬父母一个子儿。到他晚年，我在我父亲面前有些事不能提，他都80多了，只要我一提爷爷奶奶，偶尔一提，他就不说话了，麻烦了，我就知道我说错了。他这一天都不说话。

徐：真是难受。
李：有时候偷偷流眼泪。他就老觉得这一辈子对不起父母，他至仁至孝啊，觉得自己没有尽到责任。

说回到画画。他和一些同时代的青年，都有一种志向，就是不要把中国画和西洋画分得太清楚，应当是并驾齐驱。包括外国传来的这些新的东西，都要接触。当时外国传来的艺术中，有三种艺术形式，最快融入了中国，中国化、百姓化了。哪三种？一个是话剧，这是外国传过来的，中国过去没有话剧。第二个是电影，中国原来没有电影。第三个是漫画。这三样东西，老百姓非常容易接受，这三种形式能够非常及时地反映那个动荡的时代，反映国情和民意。我岳父孙之俊，那是我父亲在艺专的同学，他是学西画的，他用他西画的那套造型手段再加上国画白描的手段画漫画，成为中国第一代漫画家。现在你到上海漫画馆看历史照片，头一位是丰子恺先生，实际他是一个过渡人物，他的漫画基本上属于一种风俗画。

徐：还是中国画的东西。

李：而且并不具备太强烈的讽刺性，有的也有，但不是太强烈。然而漫画是需要讽刺的，老舍先生说过："漫画的生命是讽刺。"头一位是丰子恺先生，第二位就是孙之俊先生，上海漫画馆的第二张照片就是我岳父。

那个时候漫画达到什么地步？经常反映时政，时局发生什么变化，在漫画里都有很明确的体现。报馆那个时候是这样，只要你的漫画有读者，就等于签了约一样，天天有你的连载。那个时候不讲究订报，订报的有限，多半就是报摊买，报童卖。头条消息是什么，你喊出来人家感兴趣才买的。漫画当时不是靠展览，是靠报纸。所以我岳父孙之俊跟我父亲李苦禅，又约了当时不是艺专出身的，但是也是致力于国画革新的赵望云先生，成立了一个画社。

赵望云经常画一些表现劳苦大众的题材，我父亲回忆，他那个时候画了好些街上推小车的、要饭的乞丐等等，画这些东西。说来我父亲社会关系甚为复杂，我父亲和冯玉祥还有交往。我没有更多的资料，只有一条，就是赵望云先生问："苦禅，你还跟冯大帅认识？这个大帅挺体恤老百姓的，我想拿我的画给他看看，让他品评品评。"我父亲就写了一封介绍信，赵望云拿这个信去了。冯玉祥将军人缘挺好，没有什么架子，对老百姓也挺不错的，那时候是临时政局变动，下野了。那个时候挺有意思，他们互相斗来斗去，上去了就上去了，下去不是枪毙，找个安静的地方休息，不出面了，也不参加一些国家大事了，但是旁边还有卫兵，就是这样。赵望云拿这个画给冯玉祥看了，他很高兴，有题词，大白话："推小车推小车，推一趟挣一毛多。"意思就是说，那些奸商一天挣多少钱，老百姓干苦力才挣多少？有这样一些内容的诗题在赵望云的画上。

所以现在来说当时的漫画就是表现不合理的阶级压迫。后来赵望云把这个画展览了，当时很有影响，因为过去国画画人物都画古装仕女，画美人有人要，画要饭的谁要？这个展览纯粹是一种革新、一种实验。他，还有王青芳等等，当然还有我父亲，他们聚在一块，这些个致力于改革中国绘画的热血青年凑在一块，说干脆成立一个画社吧。那个时候成立画社也不需要哪个部门批准，就自己成立了。画社名字挺长，叫"中西画会吼虹社"。从中西画会这个名称就能看出来，有中有西；吼虹，我冲这七彩虹大声呼

孙之俊漫画《春郊》　　孙之俊漫画《无题》　　孙之俊漫画《大的跑了》

孙之俊漫画《招考一名职员》

吁,挺有气魄。

　　历经磨难,我保留有三张绝大部分成员的宝贵合影,其中有一张最宝贵,就是在"吼虹画社"小院照的。身后的背景就是他们当时的作品,看得清清楚楚,里头有裸体人物写生,有水粉,画的北海罗锅桥——有意思,我们辈辈儿画画的水粉画都有这个景,现在还有这个罗锅桥——还有四尺条幅的写意画,一看就是多画种。可见当时他们就是志在使中国绘画突破过去那种陈旧的局面,脱离时代的局面。

　　徐:这个"吼虹画社"的目的是什么?是在一起研究或是办展,还是教学,还是卖画,还是出刊物?

　　李:出刊物出不起,那可不是随便出的,主要就是一种探索。那个时代整个人文环境是那样的,一些文学家都挺年轻,自己想写点儿什么就写点儿

"吼虹社"成员合影:李苦禅(中排正中穿白长袍者)、孙之儁(中排右二)、赵望云(中排左三)、王青芳(后排左一)

什么，想写白话文就写白话文，想写文言文就写文言文，互相之间跟半开玩笑似的还攻击呢。留着小辫儿的辜鸿铭跟胡适开玩笑，说你提倡白话文，你的名字应该改，不叫胡适之，应该改成"你往哪里去？"那个时候挺开放的，互相之间辩论，有时候也开玩笑。画画的在那个时候大家都有探索，交流方式是什么呢？那就是办展览。那个时候非常活跃的办展地点，一个是前门箭楼，有时候设一个小茶座，在那儿互相聊天；第二个就是中山公园水榭，唐花坞前头，能在那儿办展览，那就相当有影响了，都奔那儿看去。

徐：当时画社的活动有固定时间么？比方说一个星期活动一次什么的。

李：没有，不定期，大伙觉得作品凑够一定的数量，就来办展览。展览得掏租费，所以前提是什么，通过讲学挣的钱来养这个。这类展览不一定卖，卖钱的展览一般在中山公园的来今雨轩，我小时候去过。现在的来今雨轩油漆彩画，就跟宫廷建筑一样，也不是在原来的地方。原来的来今雨轩朴素极了，屋里屋外都是摆一些茶座，茶座都是藤桌藤椅，那些编辑什么的在那儿商量稿子。供给一点儿茶水瓜子，饿了就是冬菜馅的包子，没有什么太讲究的。如果非要讲究，要吃西餐也有，但不是摆大席的，就是这么一个文人气氛的来今雨轩。来今雨轩往东边有一溜儿房子，那里办展览。在那儿办展览是卖钱的，花租费，最后展览结束之后结账，我小时候去过看过，那个是卖画的地方。可是他们画的实验性的这种画能不能卖，就拿不准了，当然也有猎奇的，特地买这种画，这当然更好了。

这些年轻人，他们是一代才俊。所以我觉得现在写美术史不太公道，只提那一两个有名的，其他人的名字就不提了。一个时代，大家都在探索中国绘画怎么能够创新，怎么能够跟我们国家的命运连在一块，怎么样让老百姓看得懂——现在叫"接地气"。所以那个时候通过这种方式，让观众去品评，那个时候各个报纸都有权品评，不是由一个官方似的评论圈去评。

徐：那个时候出门看画展的人也多，现在弄一个画展老怕没有人看，在哪儿搞画展都觉得没有观众似的。

李：现在开玩笑说中国10亿成年人里头，得有6亿画家，还都是"著名画家"。哪个都比你徐德亮著名，都是"大师"，还有"巨匠"。前天他们送我一个画册，说我是"一代宗师"。我死了？我师爷那才是宗师。他没有得到我的许可，直接印好了送我一本，告诉我："你的这页在这儿。"其实明为捧我实际捧他自己，那个聘书都是用金箔印的，讲究极了，"什么什么公司聘请书画大师李某担任艺术顾问"。我也没有应，我也没有签字，画册都印好了，做得挺好挺厚的，外面还有一个箱子，分量沉得拿起来能砸人。这都哪儿的事啊！那个时代一说："您是一位画家。"都得回答："不敢当。"

徐："画家"都不敢当？

李：都自称是"画画的"，最多是开老北京的玩笑，我不过是"画画低"——把"的"字念第一声，还用重音，这是一种北京人的自嘲。那个时候大家心目里对于画家还是高看的，画家还真是不太多，说你靠画画能养活自己真不容易。这个甭说我父亲了，就是他的恩师白石老人谈何容易啊。现在老讲白石老人的一张画卖上千万，认为他是大师，他那个时候的画十块大洋都不好卖。不值这些钱就不是大师？拿金钱标准来作为艺术标准衡量根本不合理。

徐：这个画社后来怎么样了？

李：实际上也没有宣布哪天成立，也没有宣布哪天解散，时代变化很快啊，后来各奔东西，凑不在一块儿，就等于散了。也没有登报说从此我们画社解散，忌讳"解散"，是吧？就跟做生意一样，有看哪家放爆竹开张的，没有看哪家放爆竹宣布关张的。

徐：我看王森然先生写您父亲有一篇文章写得特别好，真是好，一开头就写到了苦禅先生和赵望云先生两个人都是穷，一块儿作画。苦禅先生跟赵望云先生有什么样的交往？

李：他们的交往离不开王森然先生，王森然先生是近代中国文化史上绝对不可缺少的人物，知识面太宽了。

徐：他们大概什么时候交往的？

李：王森然对于这一批年轻的画家，在舆论上给予很大的帮助。他文笔

李苦禅（右一）与赵望云（中）、王森然（左一）等 20 年代合影

（从左至右）王逸如、王森然、李苦禅与阿老、许麟庐 1981 年合影

好,而且新闻刊物都欢迎他发稿子。那个时候他对于"吼虹画社"这一批画家都非常重视。甭别说的,我父亲就是毕了业能挣钱了,要想自己在北京买房也不那么容易,租房有时候也不一定合适,王森然先生在家里头愣空出两间房来——应该算两间,房子进深大,中间有一个隔断,然后开一个小门,一个门进,等于是一半归赵望云,一半归李苦禅,让他们在那儿画画。我现在家里还侥幸保存了一张赵望云在王森然提供的画室里画画的照片,找出来给他儿子了。他儿子现在挺出名,一个是音乐家,一个是画家,《水浒》那个"该出手时就出手",就是他儿子作的曲。

徐:当时这几个青年的关系也挺好?

李:天天在一块儿,进门先进赵望云画室,穿过小门是我父亲的画室。

徐:是画室,不是住那儿?

李:也能住。那时候住的要求不像现在,可以说是"卧牛之地足以安身",没有现在要求这么高,单人弄几个凳子一支也可以睡一觉。那时候对于物质要求真是不高。我父亲画通宵累了一歪就睡着了,衣裳都没有脱。他自己一辈子不会管理自己的生活。最狼狈的时候,天冷了想起来脚凉了,王森然提醒"该穿袜子了"。那时候穿的都是线袜子,从穿上起,到什么时候脱?袜子没有底儿了才脱。

徐:一直就磨着?

李:王森然回忆,你父亲画画都着魔怔了,习惯一画就延续相当长时间,画着正得意叫他吃饭,"不去!"气大了似的。

正因为他们两位都在王森然先生这里,再加上王森然先生跟白石老人关系也好,跟王雪涛、王梦白都好,自己画的画就交给他,让他发表什么的,所以好些画都存他那儿,把他那儿当自己的画库。这下到"文革"损失可就大了,王森然先生存的画,弄那个载重汽车拉走的,有人说一汽车两汽车,我没见过,反正是都拉走了。王森然先生保护画保护得特别好,小画裱成册页,大幅画裱成轴。你想看谁的,临时就开一个小观摩会。屋不是特别大,但是能挂十来张,好些人上他那儿去就是为看画去。王森然老伯光存我父亲的速写就有上千幅。那个时候我父亲老上前门车站,还有天安门前头去画速写;那个时候有一些外地人装饰不一样,尤其跑蒙古贩皮货的,还有蒙古人也来,画了不少。光速写就上千件,国画不知道多少件,都存王森然先生那儿。"文化大革命"一来,"破四旧",可以说99.9%都损失了,只有个别的还保留。偶尔出现在拍卖行,还有王森然与夫人结婚的时候,我父亲给他画的画,题的是"李超三"。别人不知道谁画的,我也没有出面,让别人举回来了,很便宜。反正拍卖行成了发"文革"国难抄家财的合法销赃处,因为拍卖行有条款,规定替买卖双方保密嘛!

徐:画的是什么?

李:结婚当然画一幅寓意吉利的画:牡丹芍药。王森然那个时候对赵望云的介绍,发表在当年报纸上的文章,称他为当今中国绘画界的革新者,这有当时的报纸为证。这都是在北图,由任继愈馆长亲自写介绍信,批准我们去查阅的。那个时候,退回十五年,这些也不是说什么人都可以查的,老报纸,弄不好全中国就这

李苦禅为王森然与藕丹结婚所作芍药立轴(1925年)

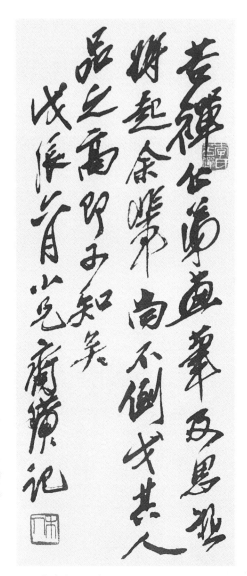

1928年齐白石题字

**释文**：苦禅仁弟画笔及思想将起余辈，尚不倒戈。其人品之高即可知矣。戊辰六月小兄齐璜记。

一套。当年我父亲和赵望云曾经出过一本合集画册。

徐：什么时候？

李：就是那个年月，上世纪20年代。

徐：20年代就出画册了？

李：自己有一点儿钱，那个时候不像现在印量这么大，也没有彩色版。

徐：这个画册现在还留着？

李：有，买回来的。

徐：家里没留下，也是去拍卖会买的？

李：家里原来有，"文革"抄走了，后来想办法买回来的。还包括白石老人的第一本画集，珂罗版的，那是人家赞助了一千块大洋出版的，我也淘回来一本。这本是白石老人亲自题字送给我父亲的，存在王森然家里。后来流失出来之后，辗转到王森然先生的儿子那里，他保存了。后来他说："这个最好还是存在你家，你看齐老先生对苦禅大伯评价多高！这是预言性的。'你的艺术和艺术思想将启发我们这一代人，到了那个时候你肯定有名气，不会背叛自己的初衷的，其人品即可知。'这是预言性的。"所以我单独把那个画册封面拆下来裱起来,那年月出一本画册很不容易。

《苦禅望云画集》,封面是我岳父孙之俊设计的,封面这个字是白石老人题的,相当宝贵。我们应该仔细查阅一下当年一些刊物,好多画家都在尝试创新,大家都在展览,就像当时的刊物一样活跃,尽管经过战争岁月,大部分都毁掉了,可是我们还能够通过一些印刷品,还有幸存的在市场上发现的东西去了解,他们真是一个大的群体。群体形成了之后才可能有出其类而拔其萃者,任何时期的代表人物都不是孤立产生的。我们在敦煌时,看到有的晋代的收条写得那个好啊!一看这就是王羲之的书体啊,感觉当时这种体势不是王羲之一个人会,好些人都是这种体势,而王羲之就是其中的出类拔萃者。

人文领域各界都如此,确实要注意,要不然我们美术史写得不公道。你像王青芳先生,那时相当活跃,还有邱石冥先生,但是现在你想看他们两个的照片都不好找。如果想看他们两个的形象,可以去蒋兆和先生的《流民图》里边找去,有他们两个,画得像极了——那里边好多真人做模特。王青芳先生,光版画收藏就能称"万版楼",但命运不好。当年西画系得到头等奖的侯子步,现在美术史上根本没有这个人,仅有的一张照片,还是我在好多画家的合影里头找到的,一个模糊的影像而已。但我们不能因为他们命运不好,就在美术史上泯灭他们的功劳。

历史永远是群体创造的,楚汉相争的历史,就是项羽和刘邦,外带虞姬、吕雉与两帮文武大官们的历史,那死于双方恶斗中间的无数可怜百姓们,连骨头都留不下!"文明"

蒋兆和作《流民图》中王青芳为原型者(站立)

王青芳木刻孙之俊像(左)、武训像(右)

的历史似乎都是由制造野蛮的少数人创造的！先父苦禅老人的一生却是用舍己为国为民为艺术而创造真美善的历史,绝对无愧于文明。

【第十三聊】

# 就这两只,吃不了多少鱼

西湖这是公家的地方不能放鱼鹰,渔民上西湖来打鱼,你都放鱼鹰子,西湖都没有鱼了;再说鱼也是一个景儿啊!我父亲到哪儿都特别善于拉关系,就跟人家说:「我这为了教学,为了让学生画的,就这两只,吃不了多少鱼。」把关系拉好了。

徐：李苦禅先生1925年在国立艺专毕业，之后就在各个学校代课、任教，成立"吼虹画社"，应该说在北方生活得还不错。那后来怎么又去南方了呢？我听说他和潘天寿曾经有一段时间关系特别好，潘先生不是在南方么？

李：是有这么一个机缘。我父亲1925年以优异的成绩在北平国立艺专毕业之后，到处请他讲课，从此他的生活得到了根本的改观，自己能够挣薪水了，他的画也逐渐被大家所了解。但是最了解他的还是他的恩师，就是他一辈子三个恩师之一的林风眠先生。由于林风眠先生在北京国立艺专做校长做得很好，蔡元培先生就给他一个新的任务：你在全中国范围内随便找，找一个最好的地方给我办一所国立艺专。蔡元培当时是有权的，说这话是算数的。林风眠先生就在西湖边上挑了一片相当美的地方，在那儿建了一个空前绝后天下第一美的美术学院，学生一开窗户就是西湖的山光美景，"柳浪闻莺""接天莲叶无穷碧，映日荷花别样红"，"西湖十景"尽收眼底。

徐：西湖确实美。有一次我去西湖做活动，在杭州发了一张照片，自拍，打一个小伞，发了一个朋友圈说"谁来认领我"，还真的有朋友说："我就在西湖呢，过来吧。"有缘。她就在西湖博物馆里，就在西湖边上，进去之后，三五朋友，摆上茶，西湖博物馆打开窗户就是西湖，对着一片江山，那个美好！别看就那一个钟头，印象太深了。

李：这所艺专的地方挑得实在太好了，选择这么一块宝地，"上有天堂下有苏杭"嘛！而且这个地方是自然景观和人文景观融合最好的地方，真的是步步是名胜处处是古迹，而且不是演绎瞎编的。比如，苏堤为什么姓苏啊？苏东坡在这儿为官一任，他发动群众修的。

李苦禅（前排右一）与林风眠（中排右一）、潘天寿（后排左一）1931年合影

徐：全称是"苏公堤"嘛。

李：这个地方周围的人文环境、自然环境实在是对学生最好的潜移默化。林风眠先生办学有一个主张，就是中西绘画要融合，不要分得壁垒森严。他这是一种新的办学思想，在这方面和徐悲鸿院长有不谋而合之处，当然切入点不一样——所以他首先要加强全面的教学力量。在当时从国画来说，艺专主要的教师就是潘天寿先生，林校长觉得比较势单力孤——因为师资薄弱，所以学生报名上课的时候也有影响，最惨的时候只有一个学生学国画，学写意花鸟。这个当然就不行了，所以西湖的国立艺专在1928年建立起来之后没有多久，林风眠先生就开始招收一些各方面真正撑得住的教授。原来北京国立艺专教油画的法国教授柯罗多现在又到那里教油画了，他当年是我父亲的老师。还有雕塑家罗丹的弟子卡姆斯基也去了，他是白俄人。跟大家解释一下"白俄"，不是"白俄罗斯"。"十月革命"之后有一些知识分子对苏联当时的政权有怀疑甚至恐惧，相当一部分人都跑到中国来了，中国人把他们叫作"白俄"，这是相对于红色的布尔什维克来说的，把他们叫作"白俄"。

徐：不是因为皮肤白，白种人，不是因为这个？

李：不是，你看苏联小说里面提到红军、白军，这个"白"。

徐：就像我们说"白区"的意思。

李：对，这个"白"是政治色彩，叫作"白俄"，哈尔滨那儿有好多。卡姆斯基他教雕塑，那是真正的法国大雕塑家罗丹派的雕塑。还有一个大雕塑家，刘开渠先生，也在那儿教课，咱们这儿的烈士碑他是主要的参与者，还有淞沪抗战纪念碑整个都是他的作品，可是因为历史的原因那个雕塑和纪念碑都被砸掉了。总而言之，西湖艺专真的是召集了一批当时的人才，都是当时的好画家、好艺术家。这个时候林校长就想起国立艺专的优秀毕业生李苦禅，于是给我父亲下了聘书，一聘就是教授。这可不得了，你知道教授的薪水是多少钱？三百块大洋！了不得，可以说查我父亲的工资，这是历史上最高的时期。当然这三百块大洋是你的一个资格，在西湖艺专只有十一位享受这个资格，包括潘天寿先生。但是确实由于当时的政府财政上比较困难，名义上是三百块，但是平均下来这一年能每一个月发一百多块到二百块就很不错了。

徐：张资平那个时候的小说里也反映了这种情况，《小兄妹》里说："在中国政府办的学校当教员是不能完全维持生活的，薪额上说起来很好听，二百元三百元，但每月所能领的只有十分之一二。"

李：就是您够这个格，但是实际发不了这么多。

徐：但是那也可以了。二三十年代胡适写的小说里面，主人公说："今天我们的生活很困难，本月只有二十五块钱的进项，我们都不能雇老妈子了。"

李：鲁迅给保姆的工资是四块大洋，当时两块大洋能买一袋加拿大进口白面，高级白面，100斤啊！

徐：您父亲在杭州一个人一个月一百多块，可以了。

李：实在是太富了。

徐：当时在杭州也没有买一所房什么的吗？

李：没有，一会儿我再谈，最后走的时候身上连一块大洋都没有了，这就是李苦禅的特点，古人说"千金散尽还复来"，他是"千金散尽不一定哪天来"，这个是后话咱们且不讲。我父亲接到聘书之后非常地感激林校长，虽然跟林校长已经成为同事了，但是他绝对不会直呼其名，都是称林校长。

徐：他比林风眠还大半岁。

李：对，那个时候不讲这个，就讲的是你的真本事。真本事表现在哪儿？表现在你得能服众。他请的这些主儿，首先得看得起你这个校长。这些人不是说没有饭吃没有人请，别的地方也请，人家为什么上你这儿来？一个是这个牌子大，国立的，有"国立"二字不得了的，再一个也是因为林风眠先生在那儿任校长。包括蔡元培先生的女儿、女婿都在那里任教。

徐：这两个学校我总是分不清楚，北京的叫作什么？

李：北平国立艺专。要不我说这个校长太重要了呢，林风眠一走啊，实际上后来北平国立艺专倒危了。当时代表中国最高水平的现代美术院校那就是西湖艺专。这么叫就是为了区别开，你要说名字都叫作国立艺专，但是别闹混了。林风眠到哪儿，就把最高水平的现代美术教育带到哪儿，真的不得了！实际上它是中国第一号的现代化的美术院校，指导思想就是中西绘画不要过分壁垒森严，要互相融合。

他指的融合这点很重要，也是跟徐悲鸿先生一样，不是说用西画代替中国画，也不是说中国画代替西洋画，谁也代替不了谁，他的意思是多方面地吸收。你看他自己的画，你说算西画还是国画？他一辈子画的风格跟谁也不一样，有的人嘲笑说他这个是"洋八大"，实际上这是讽刺的词，就跟原先讽刺印象派似的，"你这不就是印象派么？""我们就是印象派！"人家倒认了。这个"洋八大"也一样，后来还成好词了，别人想自称"洋八大"还不配。

徐：就是西方风格的八大山人。

李：你说他那个线条有马蒂斯的东西，可是又有中国画白描的东西。色彩上有中国的强烈装饰色，可是他又把西画的逆光的色彩用到了极致。别人没有那么大的胆子,整个画很暗,但是后面透出来的光强,特别是画静物,后面就愣是敢把柠檬黄那么强烈的颜色勾在边上,透着那个亮儿,还用了很深的栗色,就拿白颜色几笔写出来,跟写意画一样,写出这么一个玻璃缸子,透亮的,透明的,既是西画的素描感色彩感又有中国写意画那种"写出来的手段美",这风格、水平,西画可没有。

我到现在都敢说这话,大量的造林校长的假画的,一看就没有这个功底。所以说林风眠先生不但有他一套教育理论、艺术理论,在实践上也能服众。油画当然他能来,"洋八大"也能来,还有就是线描画人体,身体变形变得很美,不像现在有的名画家,人体变形变得简直就跟鱼市上卖不了的鱼似的,那不行。

可以说在这期间我父亲是非常得意的,生活绝对没有问题,他的全部精力都放在教学研究上。可以这么说,他绘画的绝大部分题材、意境都是来自于西子湖畔。

徐:您举一个例子。

李:比如说他以往喜欢画的大黑鸟,鱼鹰子,老家河里也有,他也画过,但是这个题材的充分发挥就是西湖生活的经历得来的。他当时还养了两只,鱼鹰子是吃鱼的,还得自己逮鱼是最得意的,所以我父亲当时就在西湖里面放。

李苦禅 1930 年作群鱼鹰

李苦禅 1979 年作鱼鹰

徐：西湖里放鱼鹰子？太可乐了。那会儿有人管没人管？

李：有啊，那西湖有巡警。西湖这是公家的地方不能放鱼鹰，渔民上西湖来打鱼，你都放鱼鹰子，西湖都没有鱼了；再说鱼也是一个景儿啊！我父亲到哪儿都特别善于拉关系，就跟人家说："我这为了教学，为了让学生画的，就这两只，吃不了多少鱼。"把关系拉好了，那巡警说："这么着，什么什么时间是我上岗，在我上岗的时候您放，差不多了赶快弄回去。"

徐：那鱼鹰子一放到水里吃鱼还回来吗？

李：唉哟，这个鱼鹰子通人性着呢！我到白洋淀跟放养鱼鹰的渔民有一段接触，鱼鹰通人性，就和你家养猫养狗似的。不说别的，哪家渔民都养一群，回来的时候都回自己的船上，别人叫没有用。你养的就认你的声音，换一个声音不灵。而且它们还会合作，鱼小一点儿的一个上去就逮到了，大一点儿的一个逮费劲，它能招呼，大家都来，招呼过几只来，有的叼鳃有的叼尾巴，整个鱼愣给架上来。那个合作精神，厉害极了。

当时我父亲教学生画速写。你看他画鱼鹰是常见题材，尤其是鱼鹰最常见的那个姿势，鱼鹰一上到岸就亮翅，抖翅，老是湿着也不舒服，你要披一件湿棉袄你也不舒服，这是它经常的姿势，还张着嘴，翅亮干了才并上。下次下指令再下去。它潜水，不是像鹅浮在水面上，它的吃水线很高，你看我父亲画的鱼鹰的脖子是断开一块的，为什么？那个脖子在水线下面。那个时候他留下来的画，有一张是一群鱼鹰在往前游，生动极了。要是不观察生活不画速写，那这个大写意只能是画非常僵硬的姿势，就是往那儿一落。即使是画抖翅，那远处的翅膀透视和结构关系也处理不好，能把鱼鹰远处的那个翅膀的结构、透视形象处理好，在写意画史上第一人是李苦禅，你可以看看他早期的作品。

徐：现在杭州艺专的作品还有存留的？

李：还有，有大黑鸟们，还有鹭鸶。那鹭鸶品种太多了，他常画的是苍鹭。还有翠鸟，那里的翠鸟至少是两个品种，一种大点儿的叫作鱼狗，还有一种小点儿的。最美的是那种小的，身上的翠毛特别的亮，还有其他的鸟类。他上课的时候把他原来西画的东西就结合进来了，让大伙儿先画标本，标本都

李苦禅 1962 年作老竹双鹭

李苦禅 1955 年课堂示范作标本鹰

是他挑的，林风眠校长通过的，因为差的标本不行，肚皮的草揎得不符合结构了，你放那儿一个草枕头让人画还行？

徐：整个起伏都不对，那画出来也不准。

李：研究结构，先是慢写、写生，一直到中央美院他还是这么教学，现在我还保留着他1954年左右画的那些标本。严格地要求一个标本画不同的方向，慢着画，研究结构，研究透了再来快的。结果学生出门都带着速写本，到西湖里面去画。他说那个时候西湖很有野趣，湖里长满了植物，划着小船来来去去。鸟也不怕人，不像后来，只要是肉长的，人都给打着吃了。现在北京人都知道了保护动物，你看公园里那野鸭子，成群成群地跟人要食儿，跑你腿边上蹭，还有鸳鸯一对一对的，就在你旁边游，动物知道你不伤害它，它就和你很亲近。所以当时在那儿画速写离动物离得都不远。

在这个情况下，学生能够实现李苦禅重要的一条教学思想：不要总在画谱里面找画稿子，要到大自然里面找画稿子。古人说"外师造化，中得心源"，还有一种版本是"中法心源"，就是外面以大自然为老师，向大自然学

李苦禅 1979 年作张翼鱼鹰

习，到了自己心里之后自己加工。怎么加工呢？以形写神。你形准了之后，再把形里面能够表现神的一部分夸张出来。比如说鱼鹰子，在水里面游，你要夸张的是它身体的那个船形。还有头，为了吃鱼方便，它嘴下边的气脖这个地方是松的，松紧带儿似的，多大的鱼一使劲儿都能吞下去，要夸张这个部分的三角形——这儿的基本形状是三角形。另外嘴要长，它们的嘴可厉害了，在水里面逮鱼，游的速度相当快，快到鱼那儿了，一缩脖，一掇，愣是能用嘴把那个鱼唑到那儿。在水里面鱼劲儿大，你别看德亮你也练大成拳，有劲儿，你要是在水里，治一条差不多一米长的鱼你治不过它，那个劲儿大极了。鱼鹰的嘴能穿过去，把鱼弄伤了，伤了之后战斗力就差了，好逮。

还有一个是，把它不美的地方加以改造。什么地方不美？善于游泳的动物就不善于在地上走，这个鱼鹰特别不乐意走道，因为一到陆地上来它那脚不适合走，还不如鸭子和鹅。它那两个爪子很不好看，往里佝偻着，都佝在一起，所以上来爱抓着杆子，你看那个养鱼鹰的船上都有杆儿，它不适合在平面上待着，在岸上也找一个树枝抓着。可是你要是如实画到画上就极难看了，这个时候就把鹅或者鸭子这类的能够平铺在地上的长蹼的爪，挪到鱼鹰身下，就好看了。

徐：那会不会让人说这是个四不像，或者不准确呢？

李：不会的，你创造美的形象群众是都能够承认的。

徐：就像您教我画兔子，有人说你画黑兔子也是红眼睛那不对，只有白兔是红眼睛。我说，这我知道，但是黑兔画个黑眼睛，不好看。

李：有的东西真实的不美，你要是真实地表现群众反而通不过。比如说你画一个食蚁兽，画得再好不如你的猫好卖。你如实地画食蚁兽，老百姓会觉得，这么难看是个什么东西！群众喜爱的题材也是有选择的。

苦禅老人那个时候不老，1930年去的时候是31周岁，潘天寿先生比他大两岁半接近三岁，都是风华正茂的时候。我父亲跟学生之间的关系特别地融洽，他自己讲"我庄户人家出身，从小就没有学会怎么摆架子"，到他老了人们经常说："苦老您一点架子都没

徐德亮画兔子

有。"他说："我不会摆啊。庄户人家和谁摆架子？打小就不会。"所以他和学生相处得特别好，自己也年轻，学生跟他的岁数也差不多。其中有一个叫作徐天许的，后来担任中央工艺美术学院的教授，还是我父亲向张仃院长介绍的，户口从武汉挪到了北京。那是我父亲的老学生，比我父亲还大一岁，90多岁才去世。每逢年节或者是礼拜天就来看我父亲，一敲门照例就是："李老师在家吗？"我父亲开门之后说："天许，以后不许这么说了，你还年长我一岁。""我年长你一岁我也是你的学生，你是我的老师一辈子都是我的老师。"这可以看出来，当时他跟学生们有多融洽。

他们当时划着船进西湖，跟玩似的，实际上是学着东西了。苦禅老人的课有一个特点，轻松、愉快，在轻松愉快中间学到真知识，让学生的情怀都融于大自然当中，这就达到了第一步了。他讲的三步走第一步是写生，包括观察。回来之后用毛笔把你速写的稿子整理到宣纸上，这是第二步，叫作习作。整理的过程就发现了，画得还不如速写生动，缺方法，这个时候再让你看八大、石涛，看古人，等于是你带着一种问题有针对性地学古人。学好了古人的方法、技巧，为己所用，就该进入第三步的创作了。

实际上这就是孔夫子这位大教育家他的教育思想在美术教育上的体现。孔夫子说人的这个知识来自于三个方面，一个是"生而知之"。过去好多人批判这个观点："怎么生下来就知道了？"这个其实并不难解释，小孩子生下来能吃奶，谁教他的？孩子生下来先上一个辅导班，教怎么吃母亲的奶？没有人教。还有小孩子生下来就知道抓挠东西，抱着母亲，这都是人的本能。孔子讲的第一个知识来源是"生而知之"，第二个是什么？"学而知之"。这个大家都承认，你中文的水平为什么这么高？北大学的，中文系学的，不学你不知道。还有一个方面往往有的时候容易忽略，就是"困而知之"。陷入一种困境当中了，发现这方面我不灵，我得学，这个时候再学是带着急切的问题去学，有目的地学，印象就特别地深。

不用说别的，比如说，我有一次讲话有一个字念错了让别人指出来了，对我刺激很大，我一辈子忘不了。还有一次我写字，不说写哪一个字，反正那个字极偏僻，是一个死去的文字，但是毕竟是你的笔写出来的，人家有比你认字多的，好心给你指出来了，而且是趴着耳朵指出来的："你这多写了一笔，是另一个字。"人家还客气，说："不怪你，对这个字，我认识的人里面没有一个不写错的。"但是不管怎么着我写错字了，这个字我一辈子也忘不了，这就叫"困而知之"。

我父亲回去之后就跟学生说："现在你们把速写稿子、写生稿子弄到宣纸上去，画不好，没方法了。方法从哪儿找？画谱拿来看。"那个时候看八大山人的作品也不是那么容易的，学校的图书馆有一部分，还有珂罗版画册。哪像德亮你现在学画，别说画册了，就是那个拍卖行出的册子，印得都特别好。

第一步速写

第二步习作

第三步创作

第十三聊　就这两只，吃不了多少鱼

徐：没错。但是有真假的问题，要不我看见一张好画老得拿来先让您看看真假然后再临。

李：这是另一个问题了，真假另说。

徐：现在网上也有的是，有的时候我临画就是直接用手机上网一搜，手机屏幕也大，一看这张好，把手机往那儿一放，照着就画。想放大看看细节，直接用手一点就放大了。

李：那时候哪有这个条件！其实那个时候学校也预备了一些名家的字画教材，比如吴昌硕的。南方海派影响最大，杭州直接受海派影响。当时白石老人的画在那边还不行，我父亲是第一个把白石老人的画带过去的，是在1930年率先把白石老人的画带到西湖艺专的。这段历史可以白石老人的书信为证，信封上写的是西湖艺专，上面有邮票、邮戳、日期，信上面提到了，苦禅你把我的画带到西湖展览，去年带去的结果一张也没有卖，林风眠先生精工装裱又给我送回来了，那么今年又邀请我去展览，我再考虑考虑吧，这么一个意思。这两封信如果谁感兴趣，到北京画院去看，白石老人他家里的东西，根据他的遗嘱后人全捐给北京画院了，捐给国家了。包括我父亲手里有一些他老师寄给他的信还有一些什么东西，都放在老师家里了，因为我父亲后来从事地下革命工作，居无定所，所以自己有一些宝贵的东西存在朋友家，其中有一些就是存在白石老人家，要不然别人说白石老人给李苦禅写的信怎么还在齐

齐白石给李苦禅的信

白石家里,是不是没有发出去? 对不起,发出去了,以邮票和邮戳为证,邮票上盖邮戳是有年月日的,说话得有凭据。

徐: 我打断您一下, 齐先生当时已经大红大紫了吧? 1930年的时候。
李: 还够不上大红大紫。

徐: 但是已经红了。
李: 在北方有一定的影响了,但是南方还是海派的地盘,有任伯年、吴昌硕为代表的一批画家,还有白龙山人王震等等。上海那是一个国画重镇,尤其它是接触海外文化最早的地方。最早"海派"也不是好话,包括京戏里边,说谁是"海派",那是骂人呢,不是好词。但是时间长了,大家觉得"海派"还是挺不错的,它最接近市场,也是雅俗共赏的风格,挺好!

徐: 有可取之处。
李: 不但是有可取之处,还是可供珍藏的文物。

徐: 现在南方人一说"我们是海派",也是当好词说,而且很骄傲,但是我听着还是有一点儿别扭。
李: 现在人家值得骄傲的是哪? 北京这边应该坚守的传统好些都丢了,人家上海一些画家倒还坚守着一些传统的好东西。

我们还接着说,当年苦禅老人的教学思想,他讲的第二步习作完成了,还要达到第三步,要完成创作,只有完成创作才是从事教学最后要求学生达到的目的,能够形成自己的一些完整的作品。德亮你画的写生的猫不算完整作品,在宣纸上画的也不算完整作品,算习作,画成一幅画,章法、造型、笔墨各方面来讲都不错,题字也挺合适,章也盖好了,往这儿一挂,谁都承认是成品,这叫作创作。创作要和别人不一样,要有自己的风格。

现在我还保留着可能是唯一的一批当年杭州艺专学生的习作。习作和创作之间没有绝对的界限,是有一个过渡。现在杭州艺专叫作"中国美术学院"了,其实北京有一个"中央美术学院",那儿又出一个"中国美术学院",也不知道谁是老大。咱们不管,不在其位不谋其政。经过抗战,鬼子在杭州扫荡一空，等人们从重庆回来，对不起，原来的什么都没有了，学生的作业更没有了。只有我父亲这里历经劫难还保留了十多张，没有两张一样的。为什么说是那时候的作业？上面有题的"民国二十年"，即1931年。

徐：您父亲留的当时他的学生的作业？

李：对。上面还盖着一个蓝色的戳，这个戳上刻有"国立艺专"的字，是作为学生的代表作业成绩交到老师这儿来的，不知道什么原因我父亲一直把它带在身边。经过多年的虫吃鼠咬，上面都有痕迹，我把它找出来之后全绫装裱了，这些是我家收藏的独家资料啊！

杭州国立艺专刻章

徐：这些里面有后来有名的大画家吗？

李：这里面能找到的最有名的就是程莉娜。她是谁？她是我父亲班里的一个女生，后来成为刘开渠教授的夫人，活了100岁才走。

徐：那这位刘夫人如果见到这批过去的作业，不得激动坏了？您还记得当时是什么情景吗？

李：见到之后高兴极了！说："苦禅先生这么心细，连我自己都没有！"但是出事也在这儿，她那两张要回去了，现在你要想看没有了。刘开渠与夫人两位老人都相继过世了，此画也不知还在不在。

徐：这是什么时候的事情？

李：没有多少年。那个时候开渠先生还在世，他是中国美术馆的馆长。现在这个画还在他的家里，可是我问他的女儿，她说没有印象。我一听这个话麻烦了，要是在家里放在哪儿不一定哪天就找到了，如果要是谁知道之后给顺走了就麻烦了。所以这一批里就缺这两张。

经过战乱，别说别的，光抗战中国就死了3500万人，谁知道谁轮上。但是毕竟保留下来这么十多张当时他任教期间学生留下来的习作，就可以看到

李苦禅保留的 1931 年杭州国立艺专部分学生作业
（小字是李燕题的，以便后世知道此画产生的背景）

他当时教学方法之一斑。他教学就是这样三步走，所以学生觉得这个课上得很活。好多学生都从别的班窜到这个班来听，弄得我父亲很尴尬。他说："我这个课不是不欢迎你们来听，我课上来一个也是讲，一百个人也是讲，问题是你们的课表成绩单不在我手里，你上我这儿听，你本科的课就耽误了，这个不合适。再有你们都等于是旷课跑我这儿来的，这在纪律上也不合适。尤其你们都跑我这儿来听，我跟同事也不好处。"你设身处地地想想是不是？

徐：都听你的课，别人开课就没有人去了。

李：那就麻烦了，所以总往回劝。人家学生说我交了学费了，花钱了，我得听好的。那个时候的学生不像是上私塾，你不听我打你手板，那个时候学生开放极了，都追着选，追着听。这就是由于林风眠先生的教学思想开放，他上面的蔡元培先生思想更开放，大力提倡中西各派好东西都要兼容并包，好东西都能容纳，对学生只有好处。这种教学思想完全是中国现代新文化运动思想的一种表现，主旨就是打破长期封建专制造成的保守自闭、唯上是尊的奴性痼弊，必须要让国民"自由思想，独立思考"，发挥各尽所长的独创能力。我父亲李苦禅正是这种新时代思潮下的教师和艺术家。

【第十四聊】
# 以后这地盘儿是您的

这个和尚主动进攻,朝着面门就一拳,我父亲稍微一闪,就着那个劲儿往脑勺上一捋,底下顺势来一个扫堂腿,他脚底下没根了,整个搓出去了。他不服气又回来,回来的时候整个人全身都散了,架式没有了,这更好办,又来一个扫堂腿,屁股带腰整个地夯在地上。他说:"饶了我吧,以后这地盘儿是您的!"

徐：咱们上回聊到了杭州艺专时期。李苦禅先生在北方的时候爱练武术，每天都练，那到了南方，在杭州人生地不熟的还练武术吗？

李：还练，为什么呢？因为这成为他生活方式里不可缺少的一部分。特别是他又拜了尚和玉先生为师，学习京戏，唱武戏，这你有点儿武功的根底就比较方便。而且，他不是说为了练武而练武，苦禅老人常讲："穷练穷练，穷人出身就得练，练得好的身子骨，生存能力强。"

徐：这练武了胆气就壮了，一个人在南方生活，好歹不会受人欺负。

李：他心挺善的，不轻易地吵着吵着就上去动武，那就不是教授了。他就为了在习武中研究武术当中的一些道理，武戏里的一些道理。但是偶尔也用上了，这一用可就惹了是非，今儿个我说这么两档子事儿。其中一档子事儿是他看那个小警察欺负穷人。穷人，做的买卖是"一脚踹的买卖"。

徐：怎么叫"一脚踹"？

李：他租不起门脸，也租不起地盘，在地上铺一块布卖点儿小物件。你说这算什么买卖？能挣出一顿饭钱就不错了。那个小警察他管着人家，那个时候不叫作城管，也不知道叫什么，就是地面儿的警察，管地面儿的，他管不了有后台的店铺，专欺负人家小买卖人，借此诈点儿"例钱"。我父亲自己是穷人出身，就看不惯这个，上去就打抱不平，说："你欺负人家'一脚踹的买卖'算你本事啊？有能耐你去跟大奸商干去，闯他的门脸去，有能耐往那儿使去。"这个警察不讲理，说："你管什么闲事，你招揍啊？"没有这句话还好办，一听这话我父亲说："什么，我还没有说揍你呢，你倒说我招揍！来来来。"我父亲是后发制人，那小警察一举拳头他就看出来了，他没有练过，穿虎皮吓唬人呢！这下连吵带什么的围了很多人，就动起手来了，我父亲三下两下地就把他戴着的肩牌扯下去了,一把又把帽子打地下去了。那个人是一个花秃头,老百姓就乐了。这一乐警察就吹哨,一吹哨附近的警察就围过来了,本来想动手,一看我父亲的模样也不像一般人,毕竟穿着长衫有这个气势,就问:"你什么人?""我是杭州艺专教授。""出什么事情了?""出什么事,到阁子里找你们头儿说去,你们不配和我说。"

徐:什么叫作"阁子"?

李:警察阁子,"派出所"是日本鬼子侵略中国之后才进来的词,日本各地都有"派出所",那个时候叫作"警察阁子",再高一点叫作"局子",谁进局子了这个罪过就大点儿,一般地方上有事就是阁子管。到阁子里之后那位长官还比较讲理,我父亲一说这个情节,他就说:"这是我们疏于对他们的训教,老百姓做小买卖不容易,哪能这么对人家!"跟着把那小警察叫过来了:"给人家李教授赔礼。"他就赔礼了。"行了,这把这个月的薪水支了,走人!"就给他处分了,这个差事没了,开除。这小警察刚出去没有多会儿挨进来一位老太太,这个老太太扑通一下子给我父亲跪下了,说:"我年轻守寡,就这么一个儿子。"

徐:警察他妈?

李:对,母子相依为命。说:"我就指着他这点儿薪水我们娘俩过日子,现在这个年头找一个差事也不容易,没有想到得罪您老人家。"还称我父亲老人家,我父亲才三十多岁,她说:"希望您跟长官说两句好话,我以后好好教训这个不争气的儿子。"把儿子当面骂了一顿,其实长官就坐在那儿听着呢。我父亲动了孝心了,这回好了,两个人哭,一个是老太太掉眼泪,一个我父亲掉眼泪,后来小警察也跪在那儿掉眼泪。后来我父亲说:"得了,还是念在他初犯,总得给他一碗饭吃,好歹也没有给人打伤,无非就是出言不逊,以后严加管教就是了,行不行?长官,您要是不答应我可不走。"长官说:"行行!还不快给李教授赔礼道歉。"这么着算是把这小警察给留下了,事后我父亲提到这个还掉眼泪。

徐:怎么还掉眼泪?

李：他的意思就是说，人行侠仗义是可以的，但是得有一个分寸。我管他不让他欺负做小买卖的，这个是对的。但是让人家长官惩罚他，弄得他没有饭吃，还尽不了养母的孝道，那我就有罪过了。他认为以恶制恶不对，不能过分。老人说话爱动感情，说着说着好像就又回到当年身临其境一般。

这个事情还是比较小一点儿的，还出了一个事儿。那个时候西湖附近属于郊外，其实挺野的，要不人怎么愿意去那儿玩，那里是野景，挺美的，不像现在走在哪儿都是人。

徐：上断桥看不见桥，全是人脚、人脑袋。

李：哈哈，现在人多得就差看不见雷峰塔了。那个时候挺野的，有的地方风景很美，人少，很冷僻。大家都传说有一个野和尚在那儿劫道，留两个钱儿花，倒是不要人命，但是谁都怕劫道的。我父亲知道了，说这怎么行，你这身为僧人行善为本，普度众生，怎么还干上这个了！我等他！去两天都没有等上，等了四回才等着。我父亲一看那个人的架式，又穿那么一个僧袍，僧袍很旧，冲着他就去了。和尚觉得是怪事，平常但凡见到我的人撒腿就跑，这位怎么还冲着我来了，就有一些奇怪。"你干什么的？"他反而问我父亲干什么的，一听这个口音还是北方的。我父亲说："等你啊！你名声不小啊！我等了你几回了这才算等着你。""你等我干什么？""我揍你！""你敢揍我？""你劫道我不揍你？你穿着僧袍在庙修行，这修行第一条讲的是行善，你在这儿劫道算什么行善，这是作恶！"这和尚看着也练过，一亮那个架式还真的练过。

徐：要不然不敢劫道。

李：但是正因为练过，我父亲就看出来了，到底你练到什么程度，有真功夫没真功夫，就让他先下手。他只要"一伸手就知道有没有，一张嘴就知道鬼不鬼"。我父亲一看他亮这个架式，不灵啊！二把刀啊！吓唬寻常人等还可以，吓唬我李苦禅办不到。这个和尚主动进攻，朝着面门就一拳，我父亲稍微一闪——闪不能闪太多，闪多了你脚底下没有根。

徐：对，练武术讲究能闪八分绝不闪一寸。

李:闪过拳头就可以了,就着那个劲儿往脑勺上一捯,就他的劲儿,借劲使劲,四两拨千斤,底下顺势来一个扫堂腿,他脚底下没根了,整个搓出去了。他不服气又回来,回来的时候整个人全身都散了,架式没有了,这更好办,又来一个扫堂腿,屁股带腰整个地夯在地上。他说:"饶了我吧,以后这地盘儿是您的!"

徐:他认为李苦禅先生也是和他一样占地盘打劫的?

李:对。我父亲说:"行不更名坐不改姓,我是杭州西湖艺专的教授李苦禅,不是跟你同行。"这和尚起来就磕头谢罪:"饶过我吧,以后不干这个了。""行了,以后要是没饭吃这不是有灵隐寺么,周围都是寺,当一个挂单的和尚到哪儿不能喝碗粥?你这是碰见我了,要是碰见警察,劫道的可是死罪,枪毙。"那个时候土匪查出来真的是枪毙,就这么着让他走了。

没过多少日子,我父亲在苏堤正散步呢,迎面看这和尚走过来。他低着头没有瞧见我父亲,一看他面色憔悴衣衫褴褛,我父亲走到他前面一拽他手,他一看见我父亲吓一跳,说:"我不干那个了。"我父亲说:"我一直想找你。""找我干什么?我改恶从善了。""找你是因为我觉得上回把你给摔重了,不过就是想教训教训你,那两下子把你摔重了,尤其是第二下,腰疼不疼?""还行,没有什么大事。""没有伤筋动骨吧?""没有。""来,我请你喝茶。"——西湖边上有很多茶座,喝茶上了茶之后照样上几样小点心,不知道现在西湖还有没有这个风俗。这个和尚很感动。

我父亲举这个例子也是说不可以以恶制恶,"我也是手重了,尤其是第二下,好歹他是练过,不然就这一下子这个腰恐怕三个月起不来",感觉挺对不住那个和尚的。在那儿和他聊天,聊自己经历,后来成朋友了。后来这个和尚也是云游四方,过西湖的时候还主动到家看我父亲,有时来了还在家住三四天,这段是后来我哥哥李杭给我补充的,那个时候没有我,有我哥哥。就这样我父亲和那个和尚成了朋友。再往后鬼子打进来,又内战什么的,谁也不知道去哪儿了,不知道下落了。但是他在杭州有这么一段经历,老人在和学生讲为人处事的时候老作为一个例证来讲的,打抱不平,"路见不平拔刀相助"是对的,但是不能以恶惩恶,他的道德要求就是这样的。

30年代初李苦禅（前排中）与杭州艺专学生王式廓（前排右）、宋步云（后排左）

徐：说到和尚，我记得张大千也当过和尚，好像也是在西湖边上，差点让人打了，坐船想去灵隐寺，还是去哪儿挂单，一下船说："我没有钱。""你没有钱哪行？""我是和尚。""和尚也得给钱，现在假和尚多了。"一堆人围着他要打他，他就生气，怎么出家也不清净，就又还俗了。也有这么一个经历，也是传记上写的。

李：他还被土匪劫走过。

徐：这在土匪之后，先当了一百天土匪的师爷，然后当和尚。
李：土匪也喜欢文化，把他劫上山去，看他通文墨，得了，当师爷吧。

徐：所以20世纪初的这些大师他们的成就和经历都有关系。
李：不寻常的时代出不寻常的人。

徐：要不然我怎么成不了大画家？没有土匪把我劫走啊。

李：哈哈哈。其实那时还是地面上不安全，大的方面来说军阀割据各占一方，小的方面来说地痞也各有地盘。大的叫"大帅"，小的叫"土匪"……

徐：说到练武术，咱们往后聊聊，我记得在哪本书上看见过您父亲老年之后和青年李连杰的照片，这是怎么一个机缘？

李：当时李连杰的第一部片子是《少林寺》，这个片子是一炮而红。

徐：那个照片是《少林寺》之后吗？

李：对。

徐：我看李连杰那个时候很小很小，以为还是在体校呢。

李：不是，我告诉你，就你这模样一上镜就显得比你现在老，不知道怎么回事。他那个时候演《少林寺》，一炮走红，我父亲对武术感兴趣，特意看了《少林寺》，觉得这个小子功夫不浅，这个片子太好了，就一个劲地夸。名

李苦禅与《少林寺》主演李连杰（左）、黄秋燕（右）等合影

李苦禅与李连杰聊武术

人说话往往有社会影响,一下子传到他那儿去了,他带着一个女孩子,电影里面扮演女主角的那个女孩子,一块到家里来访问。

徐:还特地来的。
李:对,特意来的,访问我父亲,我父亲就跟他聊起武术来了。

徐:您父亲和李连杰还聊过武术?
李:对,我父亲和年轻的李连杰。

徐:李连杰当时可能都不到20岁。
李:对,他拍那个片子的时候还很小,非常地年轻,上了片子一化妆显得大,实际来到家里一看,就是孩子样儿。

徐:当时您在现场吗?
李:我在现场,那照片就是我照的。我特别地注意留资料,还有一张照片小庆也跟他照了。

徐：就是您的闺女李欣馨？

李：对，那么小还让李连杰帮着她摆一个架式，"功夫之王"在这儿亲临指导。

徐：那是八几年？

李：我父亲是83年走的，这个事情应该是80年到81年的事情。这个好查，一看《少林寺》什么时候演的就知道了。

徐：通过什么途径找到您父亲的？和您联系的吗？

李：没有，找到我父亲太容易了，因为知道我父亲住在南沙沟的太多了。

徐：就在南沙沟这儿照的？

李：对。

徐：具体的情景您还想得起来吗？

李：聊得太多了，可惜那个时候没有录音。真的是具体谈武术上面的一些事情，包括一些行话。就这一次见面李连杰和我的父亲感情就挺深的，我有很深的印象，后来我父亲一去世，他在外地连夜坐火车赶回来参加我父亲的遗体告别。他赶到的时候灵车已经开来，灵柩已经抬上去了，等于是没有见到遗容。他靠在前头，扶扶灵柩，脸色特别不好。跟我父亲接触的人，好多都是就见一两面就和他感情很深，人都是心心相印，将心比心，你真心待人，人家就跟你有感情。要是查遗体告别的签名册上还有他的签名，他来正是灵车要开走的时候。我父亲去世之后他还到我画室来过一趟，特意来说："老先生走了，我到故居这儿看看。"说明很有感情。那个时候他已经是名声大振了，不是一般的明星。

徐：当时来是不是也得有随从什么的？

李：没有，就一个人。那次谈话我倒是记得有这么一句话，我后来写文章还用上了，我说："现在大家都论什么内家拳外家拳，这拳比那拳高，连杰你怎么看？"他说："不管什么拳，练好了的拳就高，练不好的拳就不高，不以你练的拳是叫什么拳来论。"我觉得这话很有道理。很多人说大写意比小写意高,以至于有的人不愿意别人称他是"画小写意的",觉得带一个"大"字就高,其实这仅是不同画种的称谓。小写意画好了,像我师叔王雪涛先生,那就高。现在有很多号称画大写意的,其实就是狂涂乱抹,反正你是文化水平越高越看不懂,要是神经病大概能看懂,那个自称大写意。还有评论家叫嚣这些是"当代大写意的代表作",真的是不知道怎么了,鬼催的是怎么的?说的都是昧良心的话。

徐:当初李连杰来的时候您父亲动笔了吗?

李:没有,就是聊,也不免聊起自己过去习武的一些经历。因为他认识的人,你像王子平,那是武术大师。王子平那长髯口,不像是长在嘴上的,好像每一根都是钢丝似的撅着的,这是人的血气旺胡子也壮,不是说胸前迎风飘洒,那么长的胡子还挺着。

他最出名的一件事情就是,有一位俄国大力士,真的是有功夫,不是一般的功夫,再加上俄国人骨架大,抬一个大杠铃,号称有几百斤,他一举举起来了,别人举举不起来。后来王子平一看这里面有假,这个是空心的,重是够重,不是光一个小空壳,但没有那么重,说:"你这够不上分量,我都能提拉起来。"就这么一提拉,没有使多大的劲儿,不像他那么大劲儿——这也是装的,咬着牙举——却很轻松地就拿起来了,这是给揭露了这么一个虚假。那个大力士不干了,动了拳脚,王子平厉害,据说是一回合,那俄国大力士早上吃的什么大家全看见了,把他给打吐了。但是我觉得那个人还是挺有武德的,知道不行,也学中国人作了一个揖。当时来说,中国积贫积弱,一看到洋人都是害怕三分,王子平老先生这种情况还挺振作民族正气,当然这个事情就传出来了。

徐:那您父亲和王子平是怎么认识的?

李:他喜欢什么就容易接近哪一行,喜欢戏就接触梨园行,喜欢习武就接触了王子平。这里面有一个缘分,就跟他认识意拳大师王芗斋似的。我父亲讲:"中国的武术是文化;文极而武,武极而文。"文人到了相当的才情之后,好家伙,那一来了劲儿,像张旭拿着毛笔写,觉得毛笔不行就把头发散了写。别人看是疯疯癫癫的，米芾是"米癫"、张旭是"张癫"，带"癫"字、"疯"字的过去不是一个两个，这个是"文极而武"。还有"武极而文"，中国的武术是一种文明，不像倭寇那是野蛮种，中国的武到了高处之后不讲砍砍杀杀，练的是内在的修养，修的是德，武德。而且练到高度之后都不露相，一般来说也不惹是生非，甚至不参加打擂。非打擂台不可徒弟去，他不上去，不号召争勇斗狠，练的是一个修养，强身明智，练的是这个，是修德。

王子平是回民，河北有一片回民区，他是那儿的人，都知道他的事情，他们那个叫作"花俏门"——这两个字怎么写咱们再商量。"花俏门"是善于使绊，也是后发制人。这两个人一短兵相接，往往容易使绊。但是谁给他使绊谁倒霉，只要往他腿上一缠，他跟着给你来一个反绊，一下子能让对方骨头劈了，起码是胫骨边的腓骨骨折，那就没有战斗力了。他本人也修文，爱书法，所以书法上的事情有的时候请教我父亲，武术的事情我父亲请教他。

徐：这个是民国还是1949年之后？
李：民国的时候。

徐：在北京的时候吗？
李：在什么地点我父亲没有提到，王子平云游四海不在一个地方待着，那时候找高人切磋要访名山大川，访绿林好汉，回来待一段时间，又是出去这么一圈。

徐：后来您跟您父亲见过王子平吗？
李：我没有赶上了，这都是老人说的。

徐：王芗斋呢？
李：我也没有赶上，我只赶上见他的弟子。对王芗斋先生我父亲真的是佩服，他要是走在街上谁也看不出是练武的，两个眼睛没有神，看胳膊也看不出那个傻大黑粗的劲儿。可是你别招惹他，他练出一种下意识的动作，什么是下意识的动作？也是后发制人。他这个后发，想不到制人就把人制了。

也就是说如果谁主动向他攻击,他立时反应,行里讲叫"彼不动我不动,彼欲动我先动",就好像这每个汗毛眼儿里都带雷达似的,你只要一动,我立刻就准备好了,所以你打我之时就是你挨打之时。练到这个份上了,才是下意识的动作。所以这个意拳练好了是"腰肩肘臀胯,无处不可伤人",就是录了像打官司你都赢不了,录像里你看,我没有出拳也没有出腿,是你打我来的,可实际上伤的是你这个进攻者。这个很厉害,浑身上下练出了一个整劲儿。

王老先生有那么一句话,叫"形不破体,力不出尖"。"形不破体",跟咱们画画一样,浑身上下是一个整体。"力不出尖",一让人看见出锋芒,那就露馅了,露锋芒的地方必有锋芒的背面,就露出虚处来了。他这让你都看不出我哪里出击,身子是一个"整"的,你不知道我哪儿出击。我也不招你惹你,你非得来挑衅,这是你自招的事情了。所以说老人对这个武术很有一番研究。

徐:我在您这儿见过李见宇先生,他是王芗斋的徒弟?

李:李见宇先生是王芗斋最小的弟子。我周围的人身上都有一点儿病,唯独他浑身上下什么病都没有,实际上到老年病故就是气数已尽,寿终正寝。那真是站如松,坐如钟,那两个眼睛藏神,如果一旦露出神来,你就觉得那两道神光不是打眼睛上冒出来的,是打脑勺后面穿过眼睛透出来的。

徐:李见宇先生也是您父亲的朋友?

李:李见宇先生是和我父亲交往的朋友,因为我父亲不在武术这一行里,所以就不那么论辈了。说画界和曲艺界不能随便地论辈,要论那就麻烦了,侯宝林先生管我父亲叫"苦老",这耀华、跃文管我叫"大哥",这个没有办法论,隔行不论辈。我父亲和王芗斋先生是朋友,和他的弟子李见宇也是朋友,还有功夫最深的姚宗勋先生,那是意拳大师,但是他没有修性,气性太大。这练了功的人生的气和一般人不一样,一般人生气可能过两天就过了劲儿了,实在过不来我给您介绍一味药,"逍遥散",怒气伤肝,来一包"加味逍遥散"也就消下去了。这个我有经验,"文化大革命"里面我和我爸爸"划不清界限",被批斗了,生了闷气肝直胀,吃了那个之后十五分钟就解了。但是练武的人一生气,那气结到那儿了,一般人解不开。解不开的结果就是得胃癌,姚先生走的时候痛苦极了。

其实那个事情也不大，如果时间稍微晚一点儿就解决了。就是霍英东的儿子霍震寰想请他到香港去教教他们，但是那个时候不像后来那么开放，限制很严。这个我知道，我陪我父亲1980年12月到香港办展览，港英当局办手续那个刁难，费事极了。他就认为是不让他去，生一股子闷气，为这么点儿事，一下子胃不舒服，一查长胃癌了。其实再多等等，等到更开放的时间就没有这事情了。

所以有的时候往往练什么都是一利一弊。练功还得修自己的性情。话又说回来，我父亲一辈子，谈到武术他就说："这是中国的文化，应该称武艺，不光是术。"

徐："文化大革命"里面您和苦老"划不清界限"被批斗？

李：我父亲这一辈子真的是舍己为人，有困难先想着别人，"文化大革命"里别人说我父亲反革命，斗我父亲批我父亲，打，打嘴巴，踢，简直就是把一个大活人当成木头桩子了，那个时候他已经60多快70了，随便就挨打，那我哪能受得了？所以我没有办法和他划清界限，我还替他写翻案书，所以我也被关进"牛棚"。在我的心里我父亲就是善良人，我不客气地讲，到现在为止我在画界没有看见一个能跟我父亲比人格的，我当儿子的就敢这么说。要不现在有一些会不能让我去，让我去了也不能发言，因为我一发言有的人身上的光圈就没有了，可能无意中揭了他或他老师的老底。在我心目中，我父亲就是一个善良人，很崇高的一个画家，他对得起所有和他交往的人，包括陷害他的人都对得起，后来陷害他的人到老来良心发现了，都觉得对不起李苦禅。

徐：什么人陷害过他啊？

李：可不是一个两个，我口下留德就不点名了。

徐：不点名，咱们就说说事儿。

李：我父亲就说古人讲"鸟之将死，其鸣也哀；人之将死，其言也善"，他说人一辈子老是做恶事，一旦做一点儿好事，他恢复良心了，基本上也就快走了。

李苦禅"文革"后期在安徽

徐：您说一个，谁陷害过您的父亲，不说名字说说事儿。

李：唉哟，有一位，从小就上我家来学，也不收学费，还给他画，还让他吃饭，等一搞运动，人家给他一做思想工作，说他这不是对你有恩，是在用"资封修"的思想毒害你，他在与党争夺青年，他就立刻揭发我父亲如何"反动"。

徐：就是说有一个学生从小在您父亲这儿学画，一直教他，后来这个学生上了美院了？

李：他上美院都是我父亲一句话，因为他就光学大写意，上美院来讲还得拿出素描和速写来，他没有这个。后来系主任叶浅予先生说："你这个画挺像苦禅先生的。"他说："我是他的学生。"这样叶浅予找到我的父亲了，说："有这么一个学生是不是你的弟子？"我父亲说是，系主任一句话，他就上美院了。因为他不是理工科，要看每科的分，这还是看总的成绩，而且在艺术上系主任说话有权威性。

就是这个人，在"文革"中就使劲地揭发李苦禅如何"反动"，他说我父亲说的那些"反动话"我这个儿子都没有听过，也再没有第二个人听过，可是我父亲眼前亏吃大了，运动来了不讲理，一定要我父亲交代说过这个话没有，说没有就是不老实、混蛋，就挨打。等后来"文化大革命"大乱之后，毛主席下令让军宣队、工宣队进入各个单位，掌握政策不允许打人，然后落实政策，一条一条地落实，问旁边的人听过他揭发的我父亲这些"反动言论"没有，都没有听过。执行党的政策还得是三头定案，尤其说的话又没有录音。

徐：就是他瞎编的吗？

李：就是瞎编的！就是为了证明自己已经跟我父亲"划清界限"了。可是我父亲吃的眼前亏太大了。事后他到家里来，我父亲还是"请坐，看茶"，但是这感情一旦没了之后就没话可说了，就剩以礼相待了。他也觉得没有意思就走了，我父亲还照例和对待所有人一样，自己开门自己送客。等我父亲回来之后在座的人说："苦老您可真是大好人，好得都过了，就这王八蛋还不给他轰出去，还请坐看茶。"我父亲说："要说他也可怜，他让人当枪使了，使了之后又把他一脚蹬了，你看他现在什么境遇，老师同学全得罪了，没有人缘了。人要是一没人缘，在这个社会上去哪儿混？你说他可怜不可怜？他就不觉悟。"

自古以来谁都知道这一条，"狡兔死，走狗烹；飞鸟尽，良弓藏"，韩信给刘邦立那么大的功劳最后的结果怎么样？这历代的例子太多了。那个时候有人动员你揭发教授，不光揭发李苦禅教授，揭发郭味蕖，揭发叶浅予，都揭发，揭发得越多，那人的功劳就越大，说明他的"阶级斗争觉悟高，善于调查研究，能挖出这么多资产阶级炮弹"，给他"做工作"的那小子也立功了。等把你身上的"告密"掏完了，你没有用了，最后收盘的时候，"积极分子"开会都有所安排了，就愣是没有他，他觉得挺失落的。他到家给我父亲道歉，我父亲说："不用道歉了，也挺难为你的，谁让咱们认识那么多年，以后自己明白点儿就可以了。"很宽容。

这个学生还不是道一次歉，等后来局势一紧张又"划清界限"喽！又参与批判批斗，再后来周总理让这些画家画宾馆画，把老画家都解放了，他又来道歉。反正前后三次道歉。

苦禅老人讲，在那个时候把这些年轻人教坏了，古时候读圣贤书的里面还出秦桧呢，这净教青年卖师求荣卖友求荣了，用这个立功受奖，这还能教出好人来吗? 我父亲觉得这不是他个人的原因,这是教育把人教坏了,还是《三字经》那句话,"教不严,师之惰",所以苦禅老人对这些人没有仇恨之心。

他后来再来,我父亲跟他也没什么可聊的了,因为回头再来什么"运动",他又会给你"上纲",又揭发你新的"反动言论"了。而且他不但批我父亲,还批我,批李家两辈子,才能说明他"划得清界限"。

徐:当时您不大啊!
李:我22岁半大学毕业。

徐:那有什么可批您的呢?
李:首先就是我跟打成"反动学术权威"的父亲"划不清界限"。我心情不好脸上也就乐不起来了,乐不起来脸色就不好,话也不敢说,一张嘴就怕让人抓把儿。就这样,我这个脸上不好看也成事儿了。开我的会,他带头发言,说:"你这张脸天天丧丧的干什么呢!你对'文化大革命'什么态度!你想什么呢?说说你的活思想!"我说:"我没有想什么,我就是睡不好觉,失眠,所以脸色不好,没有别的想法。"就装吧!要不我说"文化大革命"的时候我学会了"水仙不开花,装蒜"。我就得装着乐,要不说我感谢曲艺呢!批我的时候我就想着相声,我就乐,可是乐得过了又挨批,说:"你这个反动老子如此顽固,不交代问题不认罪,你对这个严肃的阶级斗争路线斗争嬉皮笑脸!"反正我苦脸也不对,装乐也不对。我这都是慢慢地练出来的,"文革"前的时候没有练过,我是"惯听梨园歌管声,不识旗枪与弓箭",唐诗里的一句话。

徐:白居易的《新丰折臂翁》。
李:这个是好句子我记住了,谁说的就忘记了。尤其是暗枪暗箭,得经历过大风大浪才慢慢地长见识提高人生觉悟。但是我父亲这一辈子对坑他害他的人并不怀恨在心,他永远是个自强不息、有容乃大的善良人。

其实,那年月,挨批挨斗多了,也就挨"皮"了。用老木刻家李桦对我父亲说的话:"苦禅啊,原先我们知识分子都太好面子,现在天天挨批挨骂,我看呀,以后咱们中国人就不懂什么叫尊严、什么叫要脸不要脸了呀!"确实这些教授们都被斗"皮"了，往往是每次"主斗"一至三个，其他"反动学术权威"和"走资派"要站一大溜儿。多的时候能在中央美院大礼堂台前头站两大排，如果轮到去中国美术馆挨斗去，能在馆前头广场上站一片。批斗会一开，挨斗的早都学会了"标准弯腰低头"，再加上戴个旧干部帽，能"破帽遮颜"，等一宣布散会，大众混而散去，这挨斗的"牛鬼蛇神"们和社会上来参加批斗的各单位愚氓们之间，谁也不认识谁。有的老朋友在那年月难得一见，借此机会，偷偷见面互相问候，倒也是百年不遇的"相濡以沫"吧！

还有一回苦禅老人刚挨完批斗，又赶上星期日，放回家待一天。老人一进小家门就止不住地乐，乐得直擦泪。我和母亲追问他："乐什么呀？"他好不容易止住乐才说话："有几个外地来的造反派，指着我胸前挂的大牌子，念道：'反动学术权威李若祥！'我心想'若祥'比'苦禅'好啊！老让'苦''缠'着我，不如以后就改名叫'若祥'吧！我就乐了。他们一看我乐，怒斥：'你他妈乐什么？'我什么也不敢说。正巧过来一个美院的造反派，说：'他叫李苦禅！'那几个小子丢脸啦，把怒气撒到我身上，大吼：'你真他妈的是老头儿围围嘴儿——装孙子！'你们听听这俏皮话儿有多好！装孙子，哈哈哈哈！"在那种年月，老人家还能这么乐观，不容易呀！

【第十五聊】

# 谁缺钱,找李苦禅

当时有一位河南籍的学生叫作李霖灿,他欠学费时间太长,学校催了好几回。我父亲有一次和学生聊天,他说话一直很直率,当年我怎么怎么穷,现在我不穷了有钱了,他说你们要是谁缺钱,找李苦禅,说话算数。行了,我父亲也没和李霖灿说,自己直接就到教务处去了,就写一个条子:『学生李霖灿学费由我薪金项下扣除。李苦禅。民国多少多少年。』

徐：我们北大的精神是"兼容并包，兼收并蓄"，艺术也要兼容并包的，所谓"工夫在诗外"。您父亲当年在教学上有什么兼容并包的事例么？

李：当时我父亲除了把西画的一些好的东西跟中国传统的东西结合，他还把京剧引进到高等艺术院校。他喜欢京戏，拜过尚和玉老先生为师。用程丽娜的话来讲："人家票友都是票文戏，唯独我这位苦禅老师票武戏。"这个武戏不好票，你得有功夫，我父亲有武功的功底，再一变化就成了武戏里面的功架。

徐：尚和玉先生可了不得，那是尚派武生、武花脸的创始人，跟杨小楼齐名的。

李：而且我父亲在杭州又有机缘认得了著名京剧武生盖叫天先生。盖叫天先生原名叫作张英杰，两个人一碰面，我父亲叫李英杰，这是缘分。"盖叫天"是艺名，人家那武戏厉害极了，号称是"活武松"。

我父亲对他尊敬极了，他说："这个人的天分且不说，人家下的那个苦功真的是没有见过，天天练功，只要一睁开眼睛处处是练功。中国人是蹲茅厕，他家的茅厕别人没有办法上，你要是上了能栽到坑里去。他的茅厕是前头高后头低，从这一蹲着就开始，合着早上上厕所也是练功。刷牙是耗着腿刷牙，在练站桩。"盖叫天还有一个特别感人的事。有一回摔断了腿，人家给他接上了。接是接上了，改文戏吧！武戏不行了，因为接的茬不对。盖叫天说："不对重接啊。"大夫说："笑话！您当这个是镶板凳呢。这个是骨头，已经长上了，除非把这个再砸劈了重接。""真的能接上？""是能接，你敢砸吗？"他就敢砸，使足了劲儿，用足了力，一掌就给砸劈了。冷汗下来了，人都晕那儿了，重新接上，再上台照样是活武松，你说厉害不厉害！

尚和玉先生亲赠李苦禅其《艳阳楼》之高登剧照

盖叫天饰演武松

徐：盖叫天先生是有股狠劲，所以演武松也是正当其任。他这个艺名就够"狠"。他刚出科的时候，谭鑫培那是唱戏的里的圣人，艺名叫"小叫天"，他想叫"小小叫天"，等于是借人家点儿光。结果有的戏班的人就冷笑说："哼，你也配叫这名儿！"他一听："你不是说我叫'小小叫天'都不成吗？那我就叫'盖叫天'，'盖'过'叫天'，独树一帜。"后来谁都得承认，他配叫这个艺名。

李：先父对盖叫天佩服得是五体投地。所以他在学戏爱戏的过程中把京剧也引进了美术教学。他提出："写意不光是写意画，更是一种审美。中国人最欣赏的是一种写意的美，京戏就是中国的写意美，综合了好多中国的高等艺术。"且不说"唱念做打"，光京剧的词都是好文学，脸谱、行头都是写意的、夸张的，生活里面走在街上没有画脸谱的人。上街看见小花脸逮起来？看见大白脸逮起来？要提拔就提拔红脸的？没有的，这些全是生活里提炼出来的。

京剧是全面夸张，动作也夸张，那样造型才美。盖叫天特别强调造型要看八面，不是光看正面，他讲看八面，所以他的造型和别人不一样，他的武松造型跟别人更不一样。他上哪儿学去？到各个庙里看十八罗汉。好多的艺人包括后来的面人汤汤子博、泥人张张景祜都到各庙里看这些东西。这些个庙后来某些时代都给砸了，那非常可惜！那里面十八罗汉、五百罗汉一个人一个姿势，漂亮极了！

老年间就是因为有这么一个角儿，唱《醉打山门》，描写的是鲁智深喝醉了酒，回庙前一路上看景，昆曲，美极了。这位先生他就是属于盖叫天这种学习的方法，他到那个庙里把十八罗汉的姿势都参透了，创了一套十八罗汉拳。后来他到老了，连贯不起来了，最后干脆在演出时就摆出这十八罗汉的姿态，长眉罗汉的姿势，这一个架式出来这是一个罗汉，跟着稍微一过渡一转身出来又是一个，伏虎罗汉，又是一个架式，全场都鼓掌，看的就是这个造型美。我父亲说这个是什么？这就是写意的造型美。

我父亲在课堂里把写意的造型美强调到什么程度？"不懂京戏就不懂写意！"这话很简单，但是如果您对京剧没有修养，自己没有实践，这话说不出来。

徐：京剧是台上的艺术，素身儿唱和扮上唱可不一样。一般票友要是光唱能有几段不错，但是要一扮上，连道儿都不会走了。我扮上唱过，那京剧的行头都是拿绳绑到身上的，帽子都是狠狠勒在头上的，要不然一动那帽子就掉了。别说唱，勒上十分钟，一般人都能给勒吐了，我真见过吐的。尤其您父亲又是唱武生，扎硬靠，护背旗，那更难了，那么怎么实践？

李：那时候不是薪水高么，自己掏钱组建剧团。对这个，林风眠先生可没有批经费，这是计划之外的，林先生一辈子可是清廉极了。

徐：杭州艺专自己就唱戏了？业余京剧社？

李：自己组戏班，根本连名儿都没有，目的就是为了研究。由谁来帮助组班？就是程丽娜，她们全家在上海都是戏迷，别看是女学生，人家唱须生唱得好。

徐：估计当时都是孟小冬迷。

李：人家去上海找人，租行头，还得请说戏的先生。什么是"说戏的"？

30年代初李苦禅扮演《铁笼山》之姜维

那可厉害,可以说上百出戏就在肚里装着,戏里面所有的角色,生旦净末丑,连跑龙套的怎么跑,带锣鼓经,由他一说就能把这出戏排出来,总导演、总监督,这才叫作"说戏的"。别瞧这仨字,一般人你还不配。这都得给人钱,全是自己掏,做实验嘛。教职员工谁喜欢戏自报角色,我今天来《平贵别窑》,你来一个《白水滩》,他来一个《霸王别姬》。报完了之后不买票不对外,就在学校里头弄一个很简单的舞台,就演。你这段唱完了,回到后台,髯口一摘,戏服一脱,脸上的彩色还没时间洗,下来又当观众。演的过程中互相切磋,演完了之后还互相切磋,这个是学术研究,不是为了卖票。

在学生中的反响太好了,他的一位老学生李霖灿先生,我们一会儿还要提到,他在老年的时候在台湾任"故宫博物院"副院长,写过一篇文章,说:"在西湖艺专期间,大家看着苦禅先生在台上的台风、表演,把手掌心都鼓红了,真的是北方之强,林校长选人才得当!"当时大家都这么评,这个时候叫好叫的是李苦禅,但是大家最终叫好叫的是林风眠,他会选人。所以学生对我父亲是特别地欢迎,在教学方面这也是一个引进,首创。

还有一个首创,我父亲把法国著名雕塑家罗丹的雕塑引进到杭州艺专。他是怎么跟雕塑教授卡姆斯基认识的呢?他一看那卡姆斯基那个雕塑,说:"你这个雕塑很像罗丹啊!"可以说我父亲一辈子没有见过罗丹的原雕,只借助一些刊物和照片,但他已经很佩服了,他认为"罗丹的雕塑是写意的雕塑"。为什么呢?第一他那个形体有夸张,是合理的夸张,不像现在有的所谓"现代派雕塑",看不出是什么,也不知道夸张成什么了,人家罗丹夸张得美。还有一个保留了什么?"手段过程美",他用泥做的时候手蘸着水在上面按、抹、捋的动作形迹,那都留着。还有就是石雕的斧凿

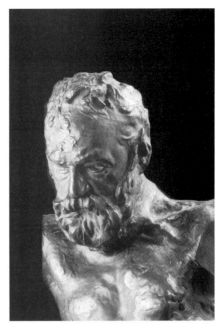

罗丹雕塑

痕，那都留着，很美。这个泥有什么好处？就是一做成铜的之后这个手的痕迹都在那儿保留了。铜铸的都是先用泥做再翻模。我父亲说："你这个雕塑就是罗丹一派。"后来卡姆斯基说："我是罗丹的弟子。"我父亲算算这个年头："你赶上他没有？"他说："我赶上了，你看我逃出来的时候狼狈极了，但是我和老师的照片还留着。"掏出一张和罗丹的合影，以此为证。您是谁的徒弟，得有证据，您说是齐白石的弟子，光说那不行。

徐：那我得先PS一张跟齐白石的照片。
李：那不如左边齐白石、右边吴昌硕。

徐：我在中间坐着。
李：那跟着就挨骂，哈哈哈哈！咱们书归正传。卡姆斯基拿出一张照片来，一看那个照片罗丹确实是到了晚年了，那个大胡子的形象大家很熟悉，坐在一个木箱子上，不一定是放什么的木箱子，卡姆斯基还是挺帅的俄罗斯小伙子——俄罗斯人的小伙子和姑娘，一个赛一个帅，一个赛一个漂亮，过了25之后就开始往宽了长，要不然避不了寒，那里的天气经常是零下五十度。咱们不说那个，但是不管怎么变，基本的神情和骨相还能看出来。我父亲说："那你这个得是罗丹亲授啊！这样吧，我想约你上一个课，给学写意画的学生上课。"他说："我也不会中国画，连毛笔都不会拿。"我父亲说："不用，你就给学生表演，老师怎么教你的，你就怎么做，当场对着模特雕塑。"他说："行。那就不能在你的教室上课了，得上我这儿。"雕塑不是画画，地上这一滩泥，拿两桶水，还有雕塑台子，还有模特台。

学生到卡姆斯基的工作室去，他当场表演。表演什么？"加法减法"，这个是当时的词。什么叫作"加法"？模特摆一个姿势，摆好了之后，俄国人的劲儿也大，拿泥往台子上摔，一会一个大形儿就出来了，基本上模特的大形儿就出来了。为什么放水桶？别嫌脏，沾着水在上面捋，这个细部造型就出来了。学生热烈鼓掌，就他不能自己鼓，两个手都是泥。

好了，把这个台子由学生帮助推旁边去。再表演一个"减法"。什么是"减法"？"学生替我帮忙，你们把这个泥摔了。不会摔不要紧，你们摔够一定的量我说够了就行。"学生就往上堆，没有什么别的要求，反正你堆够了量就可以了。"够了。"他拿那个做雕塑的大木头拍子,拍瓷实喽,用一个旧的指挥刀插在水桶里面,拿指挥刀往下削,这就是"减法",跟刀削面似的,一块一片地往下削。再用雕塑刀削,一会作品就出来了,削的痕迹都留着。学生又热烈鼓掌。

这个教学超前不超前,先进不先进?当然,归根结底这要归功于林风眠先生的伟大教育思想。所以现在有的人老说"我超前",得了,您"抄"画廊的"钱"去吧!

徐:您父亲当时没有学学雕塑吗?
李:没有,他自己不做雕塑。

徐:您学过雕塑没有?
李:我那点儿雕塑不敢叫雕塑,就是做小泥人。

徐:也学过?
李:学过,不过都是年轻时候的,30多岁时候的。小石雕的兽,最早的一件石雕是我15岁的时候雕的一个大公鸡,谁一拿都吓一跳,就拿起一半来,感情那是一个盖儿,下边是一个底儿,能放一盒烟,那都是后话了。我父亲当时在西湖引进其他艺术品种为他的写意教学服务,一个是京戏,一个是罗丹派的写意雕塑。

徐:当时学美术的学生都得有一点儿钱,用您的话说,得买油画颜料什么的,那西湖艺专的学生是不是也都家庭还可以?
李:可以这么说吧,在当时学生的经济条件差距挺大,不交学费不能上课,基本上来讲头开学就得交学费,有的学生就是交不起学费。

徐:当时的学费有多少您大概知道吗?
李:这个我还不太知道。

徐:当时这个学校是完全靠学费运营的还是说有国家的补助,还是说主要靠补助，学费就是意思意思？

李：两方面，教育部真的给拨下一笔钱来，要不然那个教材教具哪来的，都是当时的教育部给的，还有教员的薪金，不少。

徐：不是说都指着学生的学费？
李：靠这的话那学生学不起了。

徐：所以在什么时候教育都应该是国家管。
李：过去只要带"国立"二字的可以讲学费都交得相对少，有"私立"二字就交得多，因为全部的经费都从学生那儿出。可是私立学校不是说你走一个关系走一个后门再盖一个戳就算成立了，审批极严，硬件不合格就办不下照来。还有你请教员，你说把张大千请来了，把吴昌硕请来了，那不行，得确有其事，如果撒谎那麻烦了，非但是学校办不下来，而且学生一告，由司法部门处理。所以那个时候私立学校得请好教员，那个工资可不低，所以学费就贵，相对来说带"国立"二字的学费并不是太贵。

徐：那还有学生交不起？
李：还有个别的学生晚交的。晚交点儿不要紧，学校能容，但是超过一定的时间再不交的话，不叫开除，给一个面子，劝你自己写一封退学申请，然后由教务处核准，您就回家吧。当时有一位河南籍的学生叫作李霖灿，他欠学费时间太长，学校催了好几回。我父亲有一次和学生聊天，他说话一直很直率，当年我怎么怎么穷，现在我不穷了有钱了，他说你们要是谁缺钱，找李苦禅，说话算数。学生们说："李老师您真的是好人，我们这都是靠父母邮的钱，基本上都不成问题。不过有一个叫作李霖灿的现在可惨了，要是再晚一个月恐怕就上不了您的课了，教务处一个劲地催他，再过一个月不交，自己就得退学了。"

行了，我父亲也没和李霖灿说，自己直接就到教务处去了，问："听说有一个河南籍的学生叫作李霖灿，学费一直没有交？"教务处说："是的，现在还没有交，怎么办，退学吧。"说："不用了，从我的薪水里面扣吧。""李老师，军中无戏言，咱们学校也无戏言。"在军队里说话不能开玩笑，意思就是说我们这儿也很严格,学校里说话也不是开玩笑的。"我不是玩笑。""您得留一个条子,不然没有办法销账。"我父亲就写一个条子:"学生李霖灿学费由我薪金项下扣除。李苦禅。民国多少多少年。"写完走了,他前脚走后脚李霖灿又来求情了:"能不能再容我几天?"教务处说:"不要提了,李苦禅老师已经给你交了学费了。"李霖灿直瞪眼,哪有这等好事?"你看这个条子。"李霖灿当时一看这个条子眼泪就下来了,我父亲的笔迹都认得,跟题画的笔迹一样的。他就去找我父亲去了。

那个时候很有意思,老师住在王庄,从平地走也可以,也可以划着船去。他就自己划一个小船,学校的船或者是租一个船也可以,划着到王庄找到我父亲,千恩万谢。说我这什么表示也没有,就是答谢,好歹买一包点心。我父亲说:"你别说这个,你记住,对我最好的答谢是什么?你是我的学生,你努力地学,将来你毕业成绩好了,人家说这是李苦禅的学生!这就是最好的答谢。"他说:"人不怕穷,王勃说'穷且益坚,不坠青云之志',你不知道我原来怎么穷。"就把当初自己上艺专的时候拉洋车什么的说了一遍。李霖灿很感动,我父亲说:"能够有今天不就是我努力么?我成绩好,现在我当了教授,拿了大洋了,我给你交一点学费算什么?将来我就等着你的好成绩。"

徐:这个李霖灿也是国画系的是吗?

李:他学国画,但是后来毕业之后成绩很好,比较倾向于研究西南地区少数民族的美术,这个是冷门,他搜集了大量的第一手资料。后来他到海外去了,辗转又回到了咱们台湾省,到台湾省之后由于他有国立艺专的这个资历,当了台北"故宫博物院"的副院长,当了二十二年。这期间多次就提到他的恩师李苦禅,当然也经常提到林风眠,还有黄宾虹这些恩师,写文章回忆当年杭州时期的老师,一个一个地回忆,写得很有感情。晚年他儿子给他接到加拿大定居了,有一次吴冠中到加拿大去了,吴冠中老年比较走运,那个时候出国不是很容易的,他就出国去了。吴冠中也是艺专出身的,他称呼我父亲都是"苦禅先生","老师"的意思。他去看自己的老同学李霖灿,李霖灿又提起我的父亲李苦禅,说:"我现在很难回去到北京看看老师了,我这给你200美元,你看看李老师喜欢吃什么,赶在他生日的时候买一个蛋糕或者是什么表示表示,这个事情就交给你了。"后来吴冠中回来之后找到我,就把这个事情叙述一遍,说:"我也不晓得苦禅先生爱吃什么,我也不能贪污这200美元,连这个信封都是李霖灿的,200美元我交给你了,完成任务了。"有这么一段故事。

徐:吴冠中是北平国立艺专还是杭州国立艺专的学生?
李:杭州国立艺专。

徐:就是说他和李霖灿是同学?
李:同学。他跟赵无极、朱德群,包括跟李可染,都是同学。

徐:他们不是一年的吧?
李:不是一年的,都是那个学校的。好像吴冠中和朱德群、赵无极他们是一届的。这期间我父亲对于穷苦学生,帮助的也不止李霖灿一位,但是这位最典型。直到李霖灿晚年都不能讲话了,坐着轮椅了,有人去看他的时候一提起"李苦禅"三个字,他耳朵还不聋,就伸两个大拇指,一直"好好好",只能讲这样简单的字了。大概三年前,他的儿子到大陆来参加我们老家山东高唐的艺术节——那个规格还很高,带队的是蒋介石的孙子蒋孝严,李霖灿的儿子也一起来了,送了我一本他父亲的书,所以我们这两家的后代又见面了,一起合影,分外亲切。

所以你看,有一些纪录片拍台北故宫的时候往往就出现李霖灿的镜头,他担任副院长的时间可能是最长的,二十二年。这期间他是经常开课讲课,讲的很多内容都是杭州艺专时候的内容。我父亲去世的时候海峡两岸还没有像现在这么开放,他不能来,就写了一篇文章。那个文章写得非常感人,大致的内容是这样的,说一个人一辈子觉得最难过的事情就是自己受恩于恩师,而作为一个老学生又不能把自己最新的作品再重新请教于恩师。如果过去仅止于海天之隔的话,而如今已成为幽冥之隔。很深沉。这中间他也托人来过信,我还留着,还提这个事情。

后来我父亲给他邮了一张照片,他寄了一张照片,后面有题字,我父亲的后面也有题字,一看这个照片,他说:"苦禅老师真的是到了人书俱老的时候了。"这是一个评价很高的词,唐代孙过庭说的,这个"老"不是年龄老的意

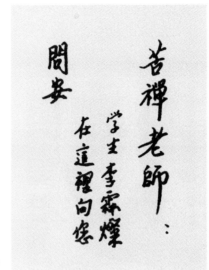

李霖灿及其题字

思，是成熟了，"人书俱老"。

徐：他们再活几年就好了，现在两岸来往太容易了。

李：那个时候很可惜，现在这种便利我父亲没有赶上，大千先生没有赶上，李霖灿先生也没有赶上。

当时在西湖这个地区尤其是在西湖艺专，共产党的实力影响相当强，以至于让有的人感觉西湖艺专是给共产党培养美术人才的，因为后来好多学生都到延安去了，1949年之后分别都分到艺术单位和艺术院校去了，那个时候叫作"激进学生"或者是进步学生。进步学生对我父亲李苦禅非常信任，信任到什么程度？要开会，有特务跟踪，那是CC派的，就是"蓝衣社"，是他们的势力范围。这个里面有中统、军统（后来是保密局），派系林立，那个是CC的势力范围。学生里面也有CC派的，也有中间派；老师也有。那么学生要开会了暗号是什么？"今天晚上到李老师家喝茶。"那个小楼我还去过，是木头楼梯，只要一上楼梯就有声音。还有当时这个规矩是很严格的，你要是访问老师，得事先打招呼。说如果你轻易地要闯教授家里，一是不礼貌，二是暴露，你这什么招呼没有打干什么来了？明显的是探子，而且模样都认识，以后你还上不上我的课？所以在我父亲家开会比较安全。

木刻家力群

《木铃木刻集》封面

徐：等于是掩护了进步的学生。

李：以至于当时共产党所领导的"木铃木刻社"的主要成员郝丽春——可不是女同志，就是后来大名鼎鼎的力群，前不久活到101才走。他要组织"木铃木刻社"，开一个成立会，这可不好选址，最后选定了李苦禅的课堂。我父亲把这个教室的插销一关，在窗户旁边招呼着手好像在讲课，其实什么课也没有讲。那围着炉子一圈的木铃木刻社成员宣布："自今日起木铃木刻社成立，组长是谁，副组长是谁。"这当然都是机密的，但不背着我父亲。

力群后来一度有所暴露被捕，所以很遗憾，我父亲给他画的画都没有了，都抄走了。他后来又被营救出来了，再后来到延安。他觉得最可惜的是什么？他说："我画了一张乞丐，街上的一个乞丐，就是对着他画的，苦禅老师看了很有感触，给我上面题了一大篇的字，好书法！好文章！可惜没有了。"

为什么叫作"木铃"？这有一个典故，在古代的时候如果有军事上的事情，摇的是金属的铃铛，铃铛都是青铜的，里面的舌头是金属的叫作"金铎"，当啷当啷的，这就麻烦了，要打仗了，有关军事的人都要聚集起来，要赶快集合开会。所以很多人名字是王金铎、刘金铎，就是从这里来的。

徐：说相声的有赵振铎，天桥老艺人有韩金铎。

李：那意思就是希望自己的儿子将来能成为大将。可是"木铎"用的人少，什么是"木铎"？就是铃铛的舌头是用木头做的，声音不一样，属于召集文官有重要的事情，比如说哪儿闹荒灾了，就摇木铎。后来这个字就演变成说你有"治国安邦"的才能。有一个成语叫作"木铎之材"，这个论语里有"夫子其木铎乎"，就是有人对孔子的学生讲，别看你的老师和你们现在受冷落，但是将来还有国家重用的时候。

后来连战到中原地区访问的时候，头一次来，到他上过小学的地方，就把这个"木铎"的典故用了，可惜迎接他的人不知道他的典故，没有在这个上面做文章。连战先生说这个是有寓意的，实际上就是暗示我连战到老年应该为祖国为我的故土做一些有意义的事情。

李燕赴台湾访问时将自己的著作《易经画传》赠送给连战先生

"木铎"就是木铃的意思，这些热血青年们都是希望自己为建立一个新中国效力。有什么办法呢？就是用木刻。鲁迅先生特别地支持木刻，来得快，很鲜明，能够在群众中起到作用，大家都能看得懂。所以现在一提起板画来首先想到的是木刻。其实板画品种很多，就是因为木刻在中国近代史上曾经起过特别的作用，在群众中影响特别大，比麻胶板、腐蚀板、丝漏板等等影响都大。

那个时候我父亲和革命学生交往走得很近，以至于私下他们给他起一个绰号，这个绰号现在想起来倒是光荣，但是当时的副作用太大了，叫作"赤色教授"。"赤"到什么程度，有一位学生叫作沈福文，这位学生革命有一点儿太露骨了，学校给他开除了。我父亲替他说话，说这个学生在我班上是好学生，成绩很好，没有发现有什么越轨之处。教授说话很有分量，一次两次行，但是事不过三，还是开除了。开除了之后我父亲给他安排到北方学艺术的地方继续学，到北方又给开除了。就这么一位，后来1949年之后担任四川美术学院的党委书记。

这已经管到头了吧？没有！这个当局还是可以容忍，毕竟是林风眠先生亲自聘请的李苦禅教授，得给面子。后来发生什么事情了？凌子风和张仃这两位大名鼎鼎的人物出事了。大家都知道凌子风是大导演，导演了很多的片子，包括《骆驼祥子》什么的，太多了。形象是跟大总统似的，留着胡子，大高个。张仃就是后来中央工艺美术学院党委书记兼院长。

徐：著名画家。

李：对，画焦墨山水。他们当年可都是小青年，17岁，这俩人都参加了一些进步组织的活动，被捕了。我父亲知道了之后，赶到北平宪兵三团。宪兵三团是专门管镇压这些青年学生的，到那愣是打听到了，说你来晚一步，他们押南京去了。我父亲赶快买车票到了南京，到了南京之后又通过自己的"复杂的社会关系"，打听到他们押在什么地方，而且还和那个单位的长官攀上近乎了。他是北大毕业的，我父亲自己谈起和北大的渊源，这两个人一谈起来说是校友，就聊起来了，就说起了这两个学生，犯什么案子了，听说被押解到这个地方。那位长官说："我对这两个学生印象挺好的，没有什么越轨之处，那么年轻，确实他们还没有参加共产党，就是受到了激进的赤化的宣传，参加了不该参加的一些事情，这就到苏州反省院受受训导，也就这么一个事情。"把底儿交给我父亲了。

我父亲又到苏州反省院到那儿交涉，这交涉的过程一个是凭着自己教授的身份，再一个说他跟凌子风也有关系。这里有一点插曲，在杭州我父亲娶妻结婚，娶的我哥哥的生身之母凌成竹，就是凌子风的姐姐。她后来参加革命到延安，"文化大革命"里被迫害自尽了。而且那个人的脾气也太大，很适合干革命，真不合适当妻子。死于"文革"，跳楼自尽的。

我哥哥出生在杭州，所以叫作李杭，我是后来出生在北京，古称燕京，就叫作李燕。因为有这个关系，一直到凌子风去世，只要见面我还得称他为大舅，这个辈分在这，而且我们都住在南沙沟，关系特别地好。凌子风对我父亲特别地有感情,还学画画,画得还好,也就两寸宽一个大长条的山水,外国人来了非出高价买不可,他愣是不卖,给大价钱也不卖,脾气也怪,就这么一个人。

我父亲到苏州反省院,首先见到的不是这两个人,而是另一个人物,我暂且不说。他见到的此人不是他营救范围之内的,也不摸他的底,但是这个人1949年之后地位相当之高。恰好是由于我父亲在反省院看见他了,不应该看见他但是已经看见了,这就麻烦了,等于无意中知道了这个人的"历史问题"或"历史疑点"啊!古人说过:"察见渊鱼者不祥,智料隐匿者有殃。"这为日后挨报复埋下了祸根儿。这档子事儿看以后什么时候该谈再谈,此处暂且打住。

我父亲因为摸清了凌子风和张仃的底,自己出于良心的责任,要把他们俩搭救出来。前后交涉,中间也得使一点儿银子,好在那个时候也是我父亲这辈子银子最多的时候,前后折腾了一年,反正也减期了,毕竟放出来了。而后才有他们奔赴延安参加革命。这事可就管过头了,因为人家苏州反省院跟杭州艺专得打听,你们这有没有一个李苦禅教授。到1934年暑假我父亲照例暑假回到北平,看望恩师白石老人,还照过去一样给他抻纸学画,聊聊南方的见闻,白石老人也很想念我的父亲,有书信为证,说自打苦禅弟你到杭州之后我心中若有所失,就是很有感情地思念吧!

齐白石给李苦禅的信

释文:璜自弟别后,中心若有所失,知弟亦然……

徐：30年代初白石老人已经很有名了，应该有很多跟他学画的徒弟了，但是都不可心。

李：因为30年代的时候白石老人甚至题这么一句，是我父亲给一个女弟子叫作孙涛画的芙蓉，画不大，一尺斗方，这个画我不知道在哪儿了，我就留了照片了，上面白石老人题写"苦禅弟画，白石门下只此人也"。这个评价太高了，我父亲都说"别老往外拿"，就可见早期在白石老人心里对我父亲李苦禅的评价就这么高。师徒二人经常切磋艺术，这一下子到杭州去就不能像过去那么经常见面了，所以一放假就回到北平，等着这个聘书就不来，当年的聘书只管一个学期，放假后如果接不到下学期的聘书，就是被停聘了。事后才知道聘书上林风眠签好名了，但旁边有一个国民党的党棍给按住了不让发。这就是1934年暑假结束之后，应该去上课，可是已经被停聘了。当时学生都很想念他，不但学生想念他，连后来的学生都感到很遗憾。

木刻家彦涵

比如说我父亲刚走之后，有一个学生叫作彦涵，大家都知道这是革命木刻家里面大名鼎鼎的代表人物之一。彦涵说："我一入学潘天寿老师给我们上课，拿了不少示范作品都是苦禅先生的，说'虽然他人走了，但是他的画留在这儿了，他是一个大家，你们可以临摹他的画'。"然后彦涵就发现高班的学生画的画都是苦禅老师的风格。可见苦禅先生离开杭州艺专，他的影响并没有离开，但是晚来的这些学生就觉得没有缘分了。"这么好的一个教授，高班的学生屡屡提到的这位苦禅教授，让党棍给赶走了。"（按：以上由力群、沈福文、彦涵等提到的内容都作了录像，并于1999年在CCTV-1播出。此十集采访纪实片《爱国艺术家李苦禅大师》是由中宣传批示拍摄并播放的，用以纪念李苦禅先生百年诞辰。）

我父亲就应该不上班不去杭州了，但是他还去。"这次去我不是教授了，但是我还得感谢恩人林风眠校长。"到那儿和林校长告别，和学生告别，告别完了走的时候，别看他那个时候挣那么多的银子，离开杭州的时候可以这么讲,身上一块大洋都没有,就剩下零的了。

徐:不是一个月就一百多块么?这四年怎么也得攒下点儿啊?
李:攒不了那些,攒十块也可以呀。没有,一块都没攒下。

徐:那钱都哪儿去了?
李:要不说他这一辈子爱多管闲事,都给人了,谁穷接济谁。怎么办,又找另一位恩师去了,离那儿最近的、交通最方便的是南京,找另一位恩师徐悲鸿先生。

徐:那个时候的徐悲鸿可是已经大名鼎鼎了,住南京傅厚岗胡同。
李:对,从杭州到南京很方便,到他那儿去了。徐悲鸿先生说:"苦禅来得正好,我到南边办展览,你给我看家好了。"他到南边就是到桂林,因为他和李宗仁先生、白崇禧先生的私交很好。后来为什么国民党中宣部长张道藩让徐悲鸿给蒋委员长画像,徐悲鸿谢绝了,在电视剧里处理这一段让人感觉他是反蒋的,不是的。电视剧老爱编,老把真的事情编假了。因为桂系和老蒋、和黄埔系之间老有矛盾,中间还打过,还真刀真枪地打过,徐悲鸿先生和桂系关系好,当然就不能给老蒋画像了,其实有这么一个背景。

徐悲鸿先生住在傅厚岗,傅抱石也是住在那儿,不是6号就是9号。胡同也姓傅,现在布置成徐悲鸿故居。徐先生让我父亲看家,显然是很信任李苦禅,才让老弟子看家。当然也不是说天天在家二十四小时守着,有的时候找点儿事情做做,毕竟得挣点儿钱,很苦。我父亲的老朋友提到他说:"你父亲在南京那一年,到天冷的时候穷到什么地步?身上穿的棉袄,到人屋子里不管炉子多热都不解开,为什么?一亮那个里子都是露棉花套的,就到那个地步。"

徐:在南京这一年有什么故事没有?徐悲鸿先生不在,和傅抱石先生有交往吗?
李:我父亲和傅抱石先生没有什么私交,互相知名而已。另外他二人这个社会地位也不一样,你查查《傅抱石传》就知道了,他还当过郭沫若的秘书。要不1949年后郭沫若一说话，那傅抱石就名声大振，这都有关系。可以说在我父亲的年谱里南京这一段是空白。

徐：这是哪一年？

李：1934年的秋天离开了杭州艺专到南京，这之后的一年里面，在那儿偶尔兼课，赚一点儿薪水，生活非常地艰苦，很快又回到了北平。1928年的时候北京改成了北平，因为国民党当政之后把首都南迁，南京成为首都。

其实这个当初也不知道是谁的主意，自古以来在南京那地方建都的没有一个待长了的。

徐：宋齐梁陈，朱元璋，太平天国，都不长。

李：那个地方的风水怎么说呢，反正历史上在那儿建都的最后都不怎么样。后来我父亲到了北平——我因为对北京有感情，还是比较喜欢称呼北京。回到北京之后，已经是1935年了，他在一些私立学校兼课。张恨水先生大家知道他是一个文学家，但是他也办教育，他办了一个京华美术学校，我父亲在那儿任课，教的学生里面又有革命分子了。

【第十六聊】

## "通共分子"

你要是留在北平,以你名画家、名教授的身份恰恰便于掩护,今后你就是职业画家,组织上也没把你当外人,会把你当我们自己人看,但是从这个关系来讲就属于党外人士。这样的话,他的任务已经明确了,把北平西城区柳树井胡同2号自己的住处,作为一个情报站。

徐：咱们就跟说书似的，接着往下聊。上回书正说到您父亲因为倾向革命，被排挤回了北京，在京华美术学校教课，那他教的学生里面有没有革命分子呢？

李：有"通共分子"，还有的就是共产党人。说咱们举两个例子，一个黄奇南，又叫天秀，还有一个张启仁。张启仁和我父亲关系非常好，我父亲从杭州刚回北平的时候，生活很困难，张启仁家略有点儿小康的意思，有时候还帮助我父亲，所以师生关系非同一般，有时候还帮着看孩子——我哥哥李杭

张启仁

那时候小，他赶上那时候了。张启仁后来入党去了延安，建国以后在美术院校里面当领导职务，他最后一站是在中央美术学院当副院长，主持日常工作的副院长，直到去世。黄奇南后来就成为介绍我父亲进入八路军冀中军区北平情报站的介绍人，这个是后话了。

我父亲到北京之后发现，这个时候北京学生和上海学生不一样，上海是一个商业城市，北京因为是古都，当过政治中心，所以北京的学生都挺关心国运，关心政治，整个氛围就和西湖那边不一样了。他回到北平之后，还是很关心国家大事，日本鬼子占了东三省之后势力就往华北发展，尤其是《何梅协定》之后，何应钦和梅津美治郎签署的《何梅协定》之后，实际上华北地区就等于拱手交给日本鬼子了，跟着大批的日本移民都来北京住。什么叫"殖

民主义"?从关东大地震之后,伤亡十几万人,日本举国上下一致认为"日本该换个地方了"。关东大地震中国援助了他们那么些钱,梅兰芳先生义演赚了那么多钱全捐助给关东大地震了,他们不感恩,反而加大力度要"挪挪窝儿"了。当然先占领朝鲜了,早就占了,甲午时候朝鲜就亡国了。

中国的学生们早就不答应了。可当时国民政府觉得整个战略部署还没有完成,而日本国力又很强,它已经准备了六七十年了,兵精粮足,而中国处在分裂状态,由此日本才趁虚而入。中国当时名为大国,实际上分裂为一个个小国。你北京的警察抓小偷到山东抓去,或许还不让,你跑我地盘上,谁知道你干嘛,是不是刺探军情?地盘分得很清楚。

徐:侯宝林先生的《关公战秦琼》里说的:"山西人为嘛到我们山东来杀人?他是阎锡山的队伍!"

李:那不是没根据,阎锡山那更厉害,山西当时是国中之国,铁路比别的地方都窄一点儿,火车开不进来。这虽然是相声,它有根据,确实如此。

所以当时蒋介石也很难调兵遣将,从他的日记里所揭示出的情况看,张学良做了一件很不对的事,实际上当时蒋委员长没有给他发"不抵抗的密电"。他自己考虑到我以一个地方的兵力跟日本干,干不过,为保存实力,撤进关内。撤进关内之后,当时蒋介石命令他和热河省的省主席汤玉麟兵合一处,建立一个防线,这样能够缓解日本向内地侵略的时间,争取时间,以空间争取时间,你先在这儿堵一堵,那么我这里的内地完成基本战略部署之后,再打也不迟。

但是当时张学良至少两次没有听从命令,这在蒋介石日记里披露出来了,蒋介石对此极为愤怒,但是拿他没有办法,因为他"易帜"之后立了大功劳,完成了蒋介石所说的在任期间要统一中国——原来东三省是奉系的势力范围,张学良旗帜改成中华民国了,于是封他为"海陆空军副总司令"。他可不爱听"少帅","少帅"是土匪名字,张作霖是大帅,有人上台湾称他"少帅",他不喜欢听,他愿意听副司令。这是我访问90高龄的"朱六小姐"时听她说的,她是当年张学良和赵四小姐(一荻)的牵线儿人。老蒋当年拿这个副司令也没办法,要是别人早就毙了。这可耽误抗战时机了。

汤玉麟那点儿部队哪挡得住,也赶快撤,历史上落了一个"滚热汤"

的臭名,他姓汤,又是热河省主席,"滚热汤",一枪不放就把热河丢了。现在从蒋介石日记看,这不是汤玉麟个人的责任,跟张学良关系很大。

那么在这种情况下,对于华北地区的学生们来讲,"偌大的华北,放不下一张安静的书桌了"。可以说那时候很难正常上课,群情激昂,尤其青年学生,热血青年。

日本鬼子也想搞一个伪政府,就是华北地区自治化,实际上就是建立傀儡政府和殖民地的一个过渡,办公处都设好了,就在东长安街那边。大家针对这个所谓"自治政府",自动组织起来上长安街游行。这里面的骨干是当时共产党领导的一个青年组织,简称叫"民先",张启仁同志和黄奇南都是"民先"组织的正式成员。

那么他们就把示威游行的计划统统都告诉我父亲和王森然先生,按照规定的日子大家集合上长安街游行,这就是震惊世界的"一二·九"运动。那年冬天特别地冷,老师和学生们手挽手在长安街游行。到东长安街的时候,军警出来了,拿高压水龙滋,那天气,水滋到你身上……

张作霖

张学良

徐：您父亲也参加了游行？

李：对，那时候他正年轻，我父亲1899年出生，你想那年他不到40岁。

徐：三十六七。

李：这些爱国师生们浑身湿淋淋的，水都变成冰了。当时社会影响非常大，好多群众都纷纷上街，声势浩大，全城游行了。事后在历史上叫"一二·九"，这都是事后总结历史的时候这么标的，当时谁也不知道叫什么运动。时势造英雄，英雄自己都不知道自己是英雄。

最近有一个电视片子出现这个镜头，拍的是在胡同里面游行，在胡同里游行给谁看啊？错了！是在长安街上。现在有的时候拍电视剧，不考察考察，整个场面全不对。该片说这里还有一个艺专的学生，那个时候参加的不是国立艺专的学生，而是张恨水办的这个北华美专的学生，张恨水是校长。所以说现在写剧本的也不好好调查调查。

黄奇南可不是一般的人物，他是中共地下情报人员。在我父亲去世之后我才比较多地接触他。他不显山不露水，建国之后，他就在故宫博物院的仓库里一待，不出来了，职务是故宫研究员。因为跟我父亲学过画，所以在那里专门负责鉴定字画，收拾仓库，不露面的。如果你接触他的话，从他的神色、举止上你根本感觉不出他是个情报人员。他是我父亲后来参加地下工作的联系人、介绍人。

徐：当时，黄奇南是您父亲的学画的学生？

李：学画的学生。

徐：是在哪个学校的学生？

李：就是北华美专，由张恨水办的北华美专。跟我父亲那个时候认识的，还举行了拜师礼，在来今雨轩摆了多少桌。那时候有这个仪式，不像现在你德亮拜师，我一桌也不让你办。

当时形势越来越紧，"七七"事变爆发，很快平津就失陷了，因为日本举国一致进行侵略，中国没有能够举国一致、统一指挥、充分准备，都是各自为战，相当一部分地方势力还保存实力。

徐：就是不全力抗战。

李：不是全力抗战，是有保留地抗战。阎锡山也抗过日，你打我山西不行，那是我的！但是后来为什么又跟日本人勾结在一块儿？日本想把山西当作日本战败之后的一个复兴基地，就跟阎锡山勾结在一起，相当一部分日本鬼子兵穿上阎锡山的晋绥军队服装，还帮着训练阎锡山的队伍。这在后来解放战争打太原的时候，解放军可领教了，这批人战斗素质特别高，给解放军造成了很大的损失。

当时的北平，鬼子的政策是制造一个"大东亚共荣圈"的模范地区那么一个假象，所以各个商店还都得开门，你像天桥这些卖艺的还得照样卖艺。

徐：说相声的还得说。

李：对，你要赶上那时候也得说，就是为保持这么一个虚伪繁荣的局面。在这种情况下，他需要笼络一些社会知名人士来给他装点门面。很不幸，在文化界最有名的人中间出了一位周作人先生。之所以称他先生是因为他是鲁迅的弟弟，另外他在新文化运动中间也做了不少贡献。但是在国难当头，这个时候，考验每个人大节的时候，他却失节了。

徐：晚节不保。

李：对。他当时就出面组办新民会，实际是一个敌伪的汉奸文化组织。他出面请很多人出山，因为他面子大啊。当时也请到了我父亲李苦禅，请他出山，参加这个组织。我父亲说："我这个人就是教书的，画画的，我不会做官，您还是另请高明吧！"说话客气，原则上可有底线。

那时候我的父亲李苦禅他正当38岁，身体还很壮的时候，他却辞职了。

徐：为什么呢？在战争年代有个固定工作是多不容易的事啊。

李：北平的学校都成了敌伪的学校了。他转而成为职业画家，靠卖画为生。这个时候黄奇南由于长期对他的老师李苦禅的了解，还照例经常来学画，但不像你德亮来学画，你目的单纯，就是学画，他不是，他还要进一步了解老师。就了解到自己的老师极力要参加抗战，还想打听一些门道，怎么样能够到太行到哪儿去参加抗战组织。"听说现在八路军很活跃，我想参加八

李燕与黄奇南

路,凭我这身功夫,这个体格……"

徐:1937年您的父亲38岁,而且还是一个著名的画家,他要去一线去参军抗日,这可不容易!

李:对,他就要这样做。那么后来黄奇南就直接跟他说了自己的身份了,对老师也就不保密了。"您的想法,我跟上级汇报汇报。"但也没说上级的名字。

后来我们知道,他的上级就是他的一个本家叔叔,叫黄浩。黄浩是地工人员,而且还是一个领导。他隐蔽得非常好,他是广东揭阳侨乡的人,讲一口带有广东味的国语,戴着金丝眼镜,还有小断梁胡儿,好像日本留学多年回来的似的。

他开了一个挑补绣花厂,当时还有点儿销路,有点儿钱,他拿钱就赞助旁边一个教堂。就像一般的庙有施主,他相当于教堂的施主,教堂里的人就尊称他叫"黄长老"。平常对人客客气气,彬彬有礼,所以他从面貌到公开职业，谁也不会怀疑他是地工，挑补绣花这个产品也跟军界没关系。

所以他安排的地方叫"百花深处"，可惜这个地方在头些年的北京"旧城改造"中间毁了，同时也拆了我们北京的好多文物。且不说古的，就抗战时期的一些情报站，都"改造"了，拆了。他这个情报站有一块石头，大石头，上边刻了他自题的"趣园"两个字，落款是"天涯怪客"，他的笔名。为什么墙上镶那么块石头呢？让别人一看好像也是个景儿。

黄浩题"趣园"

"百花深处"，这个名也有意思，当时那个地方不像现在这么繁华。

徐：新街口往南。

李：对，它比较隐蔽，门口种了好些竹子，还种点儿菜，整个一看有点像农舍似的。自己的同志要看到这块石头就知道了，那是他们联络的地方。后来"旧城改造"，这块石头拆下来之后，现在就在我们南沙沟院里草地上搁着呢。因为黄浩同志的女儿就住在这个院里头，这真是老辈的缘分。

当年黄浩听完黄奇南的介绍，说："听你讲情况是非常可靠，但是我要亲自见面跟他谈。"约在哪儿？五龙亭那边那个九龙壁。

徐：北海公园。

李：九龙壁当年不像现在，那时候好些园子没人收拾，清朝以后，那草都是齐腰深。在那儿有什么好处？装着欣赏九龙，实际在那儿谈情况呢。不远处还有一位闲客，那就是黄奇南，那是望风的。如果有人来，这个草有声，过一刺猬、过一狐狸都有声，那时候就是那么野。别说那时候了，就是没恢复景点之前,"文革"中间,说实在的本人也干过这个,为反抗"四人帮"做一些工作,也是习惯在那儿接头,在这儿咱就不说了。

后来黄奇南回忆说那个地方很像《四世同堂》里面一个镜头,可惜《四世同堂》拍的时间已经没有草了。

黄浩同志谈话的主要意见就是:你愿意去太行山抗战非常好,但是你去了以后,以你的名气和你的形象,你去了还能派回来吗?其实,你要是留在北平,以你名画家、名教授的身份恰恰便于掩护,今后你就是职业画家,组织上也没把你当外人,会把你当我们自己人看,但是从这个关系来讲就属于党外人士。你就当一个职业画家,这样更便于掩护。

这样的话,他的任务已经明确了,把北平西城区柳树井胡同2号自己的住处,作为一个情报站。黄浩一共设了十几个情报站,这是其中之一。家里头故意有时候弄得乱腾腾,乱中才方便自己同志来,你弄得安安静静的,忽然来个人在东张西望,那早让人家盯上了,就故意弄得人来人往挺乱的,好在我父亲一直有个爱交朋友的习惯。

徐:这个柳树井二号就是您父亲当时的住所?

李:住所,一个小南屋。

徐:大吗?

李:不大,也就等于一间半,可惜"旧城改造"也给拆了。所以平常布置就是你一个人在这个画室,旁边有一个藤椅,还有一个板床,没有接待多人的迹象。一般来说有同志往太行转移,他这是一站,因为离复兴门近。出了城又是另一段了,那时候这些交通站是一段一段的,便于保密。在你这儿住一夜,有时候是一天一夜,不能再长了。一般接待一个、两个,特殊情况接待三个,那很少了。来一个方便,他睡板床我父亲睡画案子——可惜那个画案子在"文化大革命"里头也给抄了,那都是革命文物啊!后来我又仿造了一个,搁在纪念馆了,按照原来的形式没变,但用的是楠木。

那如果有三个怎么办?那就麻烦了,板床上一个同志,画案子上一个同志,桌子底下一个同志,那就剩了个躺椅了,他就在那儿眯一晚上。

来了管什么?一个管化装。他是美术家,化装术挺好的,那时候买旧衣裳不是去当铺,当铺的衣裳就贵了,要到"估衣市场"。好些现代人不知道什么叫"估衣市场",估衣市场就是地摊,也不要什么执照,随便你有的什么旧衣裳、旧货,都可以在这儿卖。

徐:卖旧衣裳的摊儿。
李:什么叫摊儿? 就是摊在地上一块布,一块油布,棉布上刷桐油那是油布,那时候没塑料布,现在电视里拍那时的历史还用塑料布,那时候没有。家里有什么旧东西卖,那都很便宜,尤其是那个旧衣裳。

徐:您父亲也给同志们化装?
李:他买旧衣裳这个不受怀疑,穷,我进不了铺子,我在估衣市场买。他会看买什么合适,什么身份穿什么衣裳。帮着化装,还有就是管饭。别瞧这顿饭,在那个年代不容易。说最近卖画了,行了,大家有饭吃了。那一阵儿毕竟是国难当头,画不好卖呀!

徐:打仗谁买画啊!
李:对,老百姓绝对不买画,有钱还买粮食呢。粮食都买不到好的,"大米、白面是皇军的军用粮",你要吃那个逮着狠揍,净吃那混合面儿。那混合面儿现在说都不是人吃的,就仓库那陈底儿,然后磨一磨,甚至有人都吃出耗子屎了。

那时候送礼的多半是银号,北京前门银号,那银号现在还在,有幸保护住了。银号一送礼,就派个小伙计来了:"苦禅先生,定几个扇面。"

有一次定一百个扇面,高兴死了! 为什么呢? 我父亲说:"天下最穷的党莫过于共产党,一个钱没有,你别指着你工作挣钱,给你个任务,一切经费自筹。"

画扇子不好画,现在我都不爱画扇子,你得把它展平了,拿湿手巾擦好展平了,很费工序。就为了这一百张扇面,我父亲还定做了一个自己设计的扇面夹子,我现在当文物还留着呢。上头有七个窟窿,有三个螺丝,每个旁边伸出来一块,据说那是洋车零件什么之类的,反正他自己找的。这个扇面搁上,拿湿手巾擦——不能用手,手上有油——然后固定上,很快就平展展的

李苦禅设计的扇面夹子及李燕所写扇面

了,再画。我偶尔还使那个。

为了赶快弄资金,他也仗着身体好,一百个扇面,三天三夜只睡了一觉。

徐:画了一百个扇面?

李:画完了,换回钱来,这可够花一阵子了。有时候还得管一点儿盘费,从复兴门出去到下一个交通站的。

徐:路费。

李:这点儿路费主要是吃饭。什么叫路费,那时候也没有打的,没有公共汽车,你得吃饭是不是?他说有时候多少天卖不了画,最困难的时候有一次来了三位同志,我父亲习惯是笔筒里头搁一些零钱、钢镚。毛笔一拔,哗啦一倒,算算多少,好,能买两斤杂面。还是说那句话,杂面不是现在吃完火锅下点儿杂面,那个杂面不是人吃的,日本人不吃,专给中国老百姓预备。煮那么一锅杂面,为了显得多,弄点菜叶揪着搁里头,一人就分一碗,那真是共产主义。最困难的时候一天吃一顿。

那时候生活没有保证,可是有一条得保证:传递情报。有些情报他自己去打听,还有的再交给外围,外围还有外围。我父亲和我岳父孙之俊是老朋友,我岳父也是"通共分子",跟我父亲隔三个门,就住柳树井胡同5号。老哥俩一直到去世都不知道彼此过去的关系,可见当时组织纪律多严密。

他怎么成我岳父了呢？我父亲当媒人介绍的，两家门当户对，我夫人孙燕华就是孙之俊的女儿，他那边全是通共分子。他的大女婿是八路军的高级将领宗凤洲，开国元勋将领里的少将，第一波少将，跟李德生一块封的少将。你想从上甘岭回来的，那多大的功劳！前些年去世的时候快100了，那老资格。那时候像我岳父他们，你要一个人参加革命一家人全得参加，你不参加鬼子掏你窝去，所以当时很严峻。

我岳父他是北京刘仁地下城工部直接领导那条线的，八路军情报员一进北平先

孙之俊

找我岳父孙之俊做"良民证"，然后收集消息，再传达新的指示。我岳父的公开身份是敌伪"新民会"的成员，便于地下工作。

李苦禅与任安徽生产建设兵团副司令时的宗凤洲

徐：像这个苦禅先生都不知道？

李：不知道，这都是他去世之后问周围的老战友才知道，刘仁还隔多少级接见过我岳父，那必有重要任务交代。按说地下工作一般不能超越多少级见面，都直接单线联系。我岳父1949年后就跟我夫人谈过有这么一件事，但刘仁说的什么不知道，所以好多历史写不出来。这是1945年鬼子投降后的事。

徐：那您父亲前后都送走过多少同志？

李：数不清。包括后来鬼子审问他，他回答："我们来不问名去不问姓。"哪儿来的，这是组织纪律不许问。有个别的1949年后给我父亲来信了，有一个女同志当时从我父亲这儿送走的，来了一封信，我现在还留着，他说："记得吗，当年你送走我们，还请我们吃顿火锅，同走的还有谁谁谁，我今天在电视上看到您老人家了，还是那么老当益壮。您送走我以后我进了文工团当了演员，现在我已经有了孩子。"当然这位肯定也不在世了。

徐：他是1937年就已经参加黄浩同志的组织了吗？

李：没有那么快，这都有个过程。你先得要工作，反正没拿你当外人。工作一段时间之后，这才能发展为正式的黄浩情报组织的成员。

他搜集情报往往不是搜集整个的情报。比如说有个任务，要了解日本在军用被服厂里的情况。你要这么让人搜集，马上就露馅儿了，一打听就露馅儿了。它往往是分成好些零件，你被服厂需要什么，需要纽扣、缝纫机零件等等，反正有关的这些东西。等于是你打听螺丝钉，我打听螺丝母，他打听螺丝扣，最后送到上边，到情报核心部门再把它组装成一个完整的部件，那会儿收集情报是这样收集的。我父亲的画家身份确实对搜集情报很有利，他背着个大画夹子，满处采风画速写，他有当年拉洋车的地理知识，北京的大街小巷都记得清清楚楚。所以一天"采风"下来，能了解不少有价值的动态情报，及时汇报给上级组织。

交代任务有规定，甭等着组织上说，自己先把兜儿全掏出来，空的，一个铅笔头一个纸片不许带。交代暗号，交代任务，给我背一遍，重复一遍，直到背对了，走。为什么不让带？有时候怕忘了，出门之后凭着记忆在纸上记下来,以前出过事!也不用别的,敌人就搜出你那么一个小纸片、一个小铅笔头,日本人就问了:"你弄这个干嘛,什么意思?"说不清,那时候你说不清本身就是罪。一般鬼子在城里不能杀人,城里是"大东亚共荣圈",得拉到城外远远的荒凉地里去,一刀捅死埋了。鬼子拿中国人的命不当命,凡是可疑的都可以随便杀。

徐:所以当时苦禅先生确实是冒着生命危险干地下工作。

李:确实是。他举过这么一个例子:二十九路军的一位国民党炮兵的下级军官,卢沟桥事变之后军队撤得很快,他正在北京租房住看病呢,消息不太灵通,光听见枪响不知道怎么回事,出来一看整个都换成膏药旗了。这了不得,那时候日本鬼子进城要查旧军人,窝藏者同罪。

他叫袁祥峰,是山东人,过去我父亲在天津办展览的时候认识的。山东人脾气挺直,跑到我父亲这儿来了。我父亲说:"你还没走啊?""不能,走不了了。""那先住我这儿吧。""我不行,我在这儿住时候长了,我不连累你吗?而你家里头多一张嘴吃饭了不得,我得赶快走。"我父亲说:"你呀,你走不了,什么时候走你听我的。"就把这个情况汇报给自己的学生黄奇南,黄奇南汇报给黄浩,就说苦禅非常了解二十九路军的这位士官,他长期对于消极抗战不满,经常发牢骚,就觉得身为军人,不能保家卫国这是军人的耻辱。"你说我现在成什么样子了!又摸不着枪,又不能打鬼子,窝在这儿没处跑,就憋也得把我憋死。听说现在山里头有抗战的什么联队,什么时候有路子咱们到那儿去,好让我摸摸枪。"

我跟你讲抗战时期山里日本鬼子不敢进去,那里头是八路游击队的活动地盘,一夫当关,万夫莫开,鬼子只要进了山,甭想活着出来,你去一万兵也是白搭,那地形复杂极了。

我有幸见过这个老同志,他精干极了,说话记性那叫好,说话嘎嘣利落脆。那么后来黄浩经过再了解之后,就决定把他通过交通站送到太行去。这交通站很重要,没有交通站你自己跑,路上要是汉奸发现你怎么办?

送到太行之后,他可就成了共产党八路军了,又是共产党员,又是八路军。当时组织上给他安排一个很重要的任务:"你在旧军队里待过,你熟悉旧军队那一套,现在你要到徐州地区打入敌人内部。"徐州地区乃兵家必争之地，也是一个情报中心，在当时来说，古称彭城的徐州地区确实很重要。

徐：项羽立楚王就在那里。

李：淮海战役，国民党叫"徐蚌之役"，也是在那儿，那个地方很重要。上级对袁祥峰说："你想法要打入那里的伪军里面去，军衔越高越好。到那儿之后你的情报就别往八路军这边传了，你给彭雪枫的新四军传，那儿离得近，往那儿传，今后你就听命于新四军了。"

这时候他又回到我父亲这儿，柳树井2号，这可就不是"窝藏旧军人"了，这可真是"窝藏八路军、共产党"了。袁祥峰就说了我这个任务如何，"我来的借口就是我得痔疮了，我在这儿看看病"。我父亲又介绍他住院，实际上医院是黄浩安排的，黄浩自己就开过一个小诊所。

那么任务是什么？要到徐州地区去。当时我父亲利用自己的社会关系写了一封介绍信，给徐州地方一个敌伪军的高级军官叫王之青。此人如何先父在世没提过，只有袁祥峰跟我提到过，他属于哪条线怎么个关系，至今我做不了文章，我也不能瞎做。

他最后结果如何，建国之后派到哪儿去，或者是在哪儿牺牲，全然不知，只知道这么个名字，王之青。王之青拿着李苦禅写的这封介绍信，大面儿问了几句话，跟着封了他一个敌伪军的少尉中队长。那衔儿不低，能挎指挥刀。

这样的话袁祥峰能天天跟鬼子相处，脑子又好使，收集了好多情报。传情报的派过来，身上什么都不能带，连你的背心都不能说弄一个解放区出的土布做的小坎肩，不行，身上一根线毛都不能露。所以你根本随身什么也不能带，就等着交通员来，以规定的方式来把情报带走。

这个情报都是有期限的，过了期之后价值就不大了。但交通员总派不来，后来就想着又找到李苦禅，想法儿，跟我父亲联系他有方式。我父亲就发封假电报，说你老母去世，赶快去料理丧事。这是合法理由，请了几天假，好在都在日本占领地区，这儿还有他的行动自由，他穿一身伪军的皮，又是军官。实际上他跑彭雪枫那儿去汇报了，彭雪枫高兴极了，你这个情报太重要，你等于是在徐州地区扎入敌人心脏的一把尖刀，太重要了，还设宴款待他，对他礼遇相当可以。

他说："陆续用苦禅提供的方式我联络了六次，第七次就不能再用了，再用就暴露了。"就可能使的办法都使了，至于他之后怎么和组织上联系我就不知道了。

日本鬼子投降之后，国民党接收敌伪军，整编，愿意回家的回家，愿意参加国军的参加国军，有严重汉奸罪行的枪毙。找到他了，他说："我是吃行伍饭的，回家我没饭吃，我还愿意留在军队。"说："你会什么？""我会开汽车。"他专门找这种技术工作，他都有准备。"给我一辆美国出的大卡车，九成新的，太好了，我天天就开车，谁都认得我。"那时候开车挺牛。"我平常偷偷存一些东西，后来上面有命令了，该回家了。又找机会出去了，这车上可不空，带着好些，都是穷共产党弄不着的东西，什么西药，什么电台零件，什么器材，就全是解放区生产不了的东西，我平常偷偷存的。这回全都装了，弄了一车，我就出去了，谁也不怀疑，一拐弯，哪儿去了？不回来了！"后来他又回到部队。1949年后，黄浩同志还到东北去看望过他。

徐：革命英雄啊！

李：为这袁祥峰在"文革"中受冲击很大，因为一看他的历史照片，都是穿敌伪军军官的服装，"造反派"给老人家打得眼睛都瞎一个。所以搞这个工作真是在运动中间，多少人受到冲击，还不能说。对他老人家很晚才落实

袁祥峰接受李燕采访

政策，我见着他的时候，他已经一个眼失明了，但头脑清晰极了，学那日本鬼子的话，活脱就是一个敌伪军官。日本鬼子怎么敬礼，怎么立正，怎么下达命令，都学得特别像。我用录像机录下了这位老抗日英雄的谈话，那是极宝贵的第一手史料啊！

李燕聊李苦禅

【第十七聊】

# 你是名画家，你的彩笔好

『李先生,你不知道,我们日本挺专制,有人报上你的名字,交到我这儿了,我不能不给上头一点交代。我和他们不同,他们那些人都野蛮,没有文化,不文明,我是大学预科毕业的,我哪能这样对待你,你是名画家,你的彩笔好。』这地儿露出个日本词——你的"彩笔"好。

徐：您父亲是什么时候被日本人怀疑，后来被抓进了宪兵队的？

李：是1939年的5月14日。我父亲有一个老学生，叫魏隐儒，他不是共产党，实际上等于我父亲的业务秘书似的，办展览卖画什么的他一手操作。我叫他魏叔叔，就跟我们家的人一样，小时候还抱着我玩儿什么的。他是古籍版本专家，在中国书店工作。

李苦禅与魏隐儒1939年合影

他那天到柳树井胡同2号来学画，太晚了——那会儿一定钟点儿就不好回家了，有些路戒严。我父亲就说："你就在我这儿过夜吧。"到凌晨，麻烦了，听着房上有声响。我父亲很警惕，一听有人要下来，"噌"一下起来了，提上裤子，穿上衣服，赶快一兜，在门旁边等着。果然有人跳下来了，把院门打开了，又听着有人进院。这时候我父亲就做好准备了。屋门被撞开了，进来一个"二鬼子"。鬼子逮人之前有一个"见面礼"，拿藤子条朝脸上抽。但是真要按武术来说这可犯了忌讳了,这一举手破绽就全亮出来了。

我父亲练过武功,朝他那个胸窝那儿一掌,给"发"院里去了,直吐白沫子。

第二个他从侧面蹭进来的,我父亲又一掌,他没倒地上,因为那个屋子小,打到墙上,从墙上出溜下来了。再进来的是一个穿大褂的,拿手枪顶我父亲腰眼上了,这就没法动了。一看院里全是鬼子带着枪,这也没法反抗了。后来才知道穿大褂的是"北京通",满口北京话,叫上村喜赖。

徐:日本人?

李:日本宪兵司令部少佐。日本投降后他参加国民党部队了,在张家口被解放军俘虏,后来作为战犯释放的。后来公安部跟我父亲谈过他的情况,我父亲说:"我搞不通,这个人杀中国人杀多了,怎么能放呢?"一直搞不通。公安部的人说:"他悔过很好,还交代了很多我们不知道的罪行。""不管怎么说,我服从组织决定,但是我思想搞不通。"

徐:对于释放他这个事儿搞不通?

李:对,搞不通。咱说这个话儿是1949年后了。上村喜赖那是绝对"北京通",没有人见他穿过军装,永远一身北京人的打扮,从他说话,言谈举止,都跟北京人一样。就是离一丈远左右老有一个到两个保镖。

我父亲说日本侵略中国蓄谋已久,有些日本特务就在中国生中国长的,我都认识这样的人。北京生,北京长的,就说一口北京话;还有的在安徽生长的,说一口安徽话;上海有相当一批,满口都是上海话。外表看跟当地人一样没有区别,但是他灵魂是日本鬼子,很厉害,这些人比汉奸好使。

当时把我父亲和魏隐儒俩人一个铐子铐走的。就因为这我父亲一辈子不戴手表,包括1980年我陪他到香港展览,新华社驻香港分社的人送他一块欧米加表,他就不爱戴,他一戴就想起当年戴铐子了。

就为了让他戴表,人家还做工作:"李先生,你戴表过海关以你的身份就不要上税了,我们一番心意,您老一定要接收。"这样我父亲勉强戴着。回到家,我告诉你,他第一件事就是把表摘了搁桌里头,再没戴过它。

我父亲去世以后这块表我送给我哥哥李杭了,我说爸一辈子就戴过这一块表，还是欧米加，当年你跟爸爸一块儿抗战，受苦受难，我没赶上，这表你戴着吧。戴到现在还没坏。

把他们押到哪儿呢？就是他很熟悉的，当年在北大听课学习的地方——北大红楼。那会儿有站岗的了，成了日本宪兵司令部的一个"置留所"。地下室改造成监狱，一圈都是木板钉上，门是一小门，只能弓着腰趴着进去，出也从那边出，不是一个正常站着就能出入的门。墙上有好些绝命诗。日本人每到星期六点名，凡是点了名的就押到另一个地方去了，礼拜天拉到城外行刑，秘密行刑。所以有的人一想到自己在这儿反正也出不去，进这儿出去的人太少了——当然还有侯仁之先生进去也是侥幸出来的——是他们写的绝命诗，那意思是"但凡有人将来看见，就知道我是在这儿绝的命"，写满了。

徐：那您父亲当时的心情呢？

李：当时他就想，进了这儿我还能活着出去吗？他说，到这会儿我也就不害怕了，人一辈子最大的事不就是死吗？知道自己该死了那就什么都不怕了。可是死别白死，我得赚点儿什么。我赚个痛快吧！什么痛快？骂就最痛快。因为日本鬼子打他，这个上村可不在场，都是这些腿子们打，因为打人也挺累的。压杠子、灌凉水，最厉害一次是把他的左手绑在那儿，先给你一个右手留着，往左手大拇指里插竹签。所以他大拇指里边有一个疤，他习惯动作是叉着腰嗑大拇指，因为这儿痒痒，你想挠够不着。日后有人要拍我父亲的电视剧，我说他的习惯动作就是这个，这就是他想事呢。他腿还有一块黑，就是压杠子压的。

徐：压杠子是杠子横在腿上？
李：腿横在杠子上，上头再压。

徐：这算是酷刑吧？
李：酷刑，上头拿铁链子绑上。打到一定时候也不能再打了，大概也可能有命令，别朝死了打，对他有特殊政策，他有名气。上村回来了，他说话客气，扮红脸的，称呼也挺客气的："苦禅先生，你看我这出去有点事情，回来没想

铁骨铮铮的李苦禅（1938年）

到这帮混账王八蛋们这样对你，混账！"冲这儿骂，骂都是用中国话骂，没有"八嘎压路"，没有那个，他充好人。

他说："李先生，你不知道，我们日本挺专制，有人报上你的名字，交到我这儿了，我不能不给上头一点交代。我和他们不同，他们那些人都野蛮，没有文化，不文明，我是大学预科毕业的，我哪能这样对待你，你是名画家，你的彩笔好。"这地儿露出个日本词——你的"彩笔"好。

"其实你随便说一个名字，完了我立时就放了你，我有个交代，你回去接着画画，接着画，你的彩笔好。"我父亲说："你说他们是混账王八蛋，我看你上村更是混账王八蛋。""你大学教授这么说话可不文明，怎么可以随便骂人呢？""他们没文化不文明该骂，你大学预科毕业，你就不知道我们中国是你的文化祖宗吗？不知道中国是你的文化父母之国吗？你到这儿来杀你的文化父母是不是数典忘祖？你小子不是他妈的叫上村喜赖，你那四个字是拿什么字写的？拿我们中国字写的。要没这中国字，你叫什么？你爹你祖宗姓什么？是哪个狗杂种操出来的你都不知道。"反正能痛快的词他都骂出来了。

这通儿臭骂，我父亲说日后回忆这人还真是有点儿文化，被骂得脸还真犯红了。然后从桌子上拿起白手套一摇，翻译官知道，翻译官叫吴孟松，还有一个姓孙的不知叫什么，大家叫他小孙儿，那个人是最坏的。一喊"把李苦禅带回去"就带回去了，进牢房了。

反正前后二十八天，不是审就是打。为什么记这么清楚？每天算着日子呢。又赶上星期六了，上村来了很客气，说："苦禅先生，我看来救不了你了，你一个人的名字也没写，你哪怕写一个，他是共产党，他是八路，我往上一报，马上就放你。你说你家来这么些人，姓什么叫什么？"我父亲说："你这都问了几遍了，我还是老一套，姓什么叫什么，我是靠卖画为生，人家来买画给钱，就这点儿事，我干嘛非得问人家姓什么叫什么？我管人家姓什么叫什么？我不知道！来的有共产党没有？那我也不知道，人家是共产党跟我说吗？谁是共产党，谁是国民党，谁跟我说？我也管不着啊！我就为卖画，您到我这儿拿画，您把钱放下，我就管这个，我教书也教不了了，我现在就是靠画画为生了。"

这理由很充分，而且因为平常纪律很严格，鬼子抄家的时候，愣没抄出一片纸，一点儿有嫌疑的东西都没抄出来，这是平常安排仔细的结果。要不事后他有一个习惯，画案子上不能乱，什么都得有秩序。我稍微有点儿没秩序，那说我狠极了。那对我的教育就是这个，有时稍微有点儿没秩序，没有物归原处或者怎的时候，他就喊："我还活着呢，你就这么着！等我死了你怎么自己活着！"就能"上纲"到这份儿上，这就是他的经历造成的。鬼子真是没抄出任何证据。实际上最后等于吓唬吓唬他。

一会儿又听到提调官叫："调李苦禅！"这个翻译大家对他印象比较好，说他有点儿中国人味；不像小孙儿，鬼子没让他抽、打，他也照样对中国人狠，为了表现自己，鬼子一来抽得更厉害，踹得更厉害。这个吴翻译不是，而且他给我父亲透了个底，他说："李先生我佩服你，你挺硬，连上村暗地里都竖大拇哥。这回我是估计，但愿如此，是最后一次审你了。很有可能放你。"我父亲心里有底了，到那儿还是以往那番话。

他的精神支柱是什么？他最崇拜的文天祥。在这里边，他每天高颂文天祥的《正气歌》："天地有正气，杂然赋流形。下则为河岳，上则为日星。于人曰浩然，沛乎塞苍冥……时穷节乃见，一一垂丹青。"我这是节选一段，从小这段他就让我背。他就这样给自己振作精神，一个是文天祥，一个是岳武穆将军，这是他最敬重的两个古人。

他在西湖上课的时候，住在岳庙后头，每次上课，先绕到前门进去之后，在武穆将军像前鞠躬，然后走到岳飞、岳云父子的墓前肃立，回过身来照着秦桧那个跪着的生铁人那儿"呸呸呸"吐几口吐沫，然后才去上课的，天天如此。

他还以岳飞将军之事作为教材，他说："人必先有人格，方有画格；人无品格，行之不远，画无品格，下笔无方。所以秦桧的字写得好也没人存他的，认为奸臣的字存家里要招祸招灾。岳飞的字就是后人仿的都当宝贝存着。为什么？因为岳飞是忠臣，是英雄，秦桧是汉奸。"上课他就这么说，一直建国以后还举这个例子。

这是他的精神支柱，岳武穆将军、文天祥，所以打得遍体鳞伤，他也一直就保持这么一种精神状态。确实他练了武功对他也有好处。这中间有一个插曲，压杠子的铁链子拴着的时候，他发现那铁链子是铁匠打的，有一个缝儿，正好有一处三层链子搁在一块儿。

徐：就在胳膊上那块儿?

李：对，他想我试试，运运气，慢慢慢慢张开，那链子缝儿居然张开了，张开之后链子断一截，哗啦就下来了。结果旁边的日本鬼子说："神助，有神助。"

徐：认为有神仙帮助他？

李：对，有神仙助他。打那儿起用刑就轻了，日本人挺迷信。这是一个插曲，但毕竟也是挨了不少打。

这次上村稍微审了审就说："李先生，你先回家去吧！养养伤，对不住您了，以后听到一些什么八路的消息，随时可以送到这儿来。好好养养伤，还接着画画。"挺客气的。"还有什么困苦的地方，随时找我。"我父亲想我还找你呢？你不找我就不错了！

回去呢,还是押他那个大卡车,车不在家门口停,离着有段距离停下来了,让他自己回去。这怎么回事?是不是鬼子在后头开黑枪,打死在胡同里头,也不知道是谁打死的,无头案?我父亲是这么想,就走,走得快到家门了,后头还没开黑枪,又听着卡车发动的声音,再一回头看没人了。他明白了,这是鬼子要放长线钓大鱼呀!

回来之后街坊邻居送酒的,送吃的,哭成一团,我哥抱着他腿。我哥哥一回忆那段就哭,抱着腿,说看他身上打得青一块紫一块的。这有当时住在同院的凌子风和凌靖他们弟兄的回忆,凌靖刚去世,我哥哥也80多了。总算回来了!我父亲说:"没事,没事。"他还直安慰大家。

回来之后一边养伤,一边还得想着生计,剩下的那点儿画有没题款、没盖章的,题款、盖章,让凌靖送到银号去看要不要。

有一次我父亲刚回来,一看正屋凌子风他母亲凌老太太,那神色不对,八仙桌上面放着半口袋面。那年头谁不认识白面?口袋就不一样。我父亲问:"怎么回事?"老太太嘴直哆嗦,她说:"大概是头天,来了一个你的'老朋友',说:'我是苦禅老朋友,来看看他,听说他让日本人给抓去了,回来以后怎么样,伤养得怎么样?'"老太太就说:"平白无故就把苦禅给逮走了,说他通八路,这哪儿的事,打了一身伤。""现在上哪儿去了?""没饭吃不行,出去卖画去了,你要不在家等等,我这给您沏点儿水。""不用了,不用了。"一招呼后头人,拿半袋面搁那儿了,上头压一名片。老太太也没看,按北京老礼儿,一直送出门去,关了门回家一拿名片,上村喜赖,"扑通"一屁股坐那儿了。上村喜赖,跺地乱颤,多少人知道,那张嘴皮子一动能主生死的。

后来还来过没有?没来过。可见门口已经下了暗探了。

所以柳树井2号已经废了,绝对不能当情报站了。我父亲接受的新任务也是黄奇南布置的,就是公开卖画,开展览,别人帮着你张罗。尤其天津租界那时候卖得好,因为好些人都跑租界,租界安全;在法租界卖得最好。卖了钱之后,没回北京,"穷学生、穷朋友"就来了,"家有80老母染病在身"如何如何,其实都是干地下工作的,这给点儿钱,那给点儿钱。因为在法租界里设了一个地下电台,这些同志生活要费用,换个零件什么的也需要费用。

徐:等于是卖画来支持我党的抗战?

李：对了，就是这一个任务了，情报你不能收集了，就只能做这一件事情。我父亲一直坚持到抗战胜利。所以当时听到鬼子投降了大家都不信，后来听广播，那电匣子不是每家都有，茶叶铺、杂货店有的为了招揽生意装一个，都打开了，满街放，反复播，天皇的《终战诏书》。

凡是掉眼泪的都是日本侨民，中国人都是欢呼雀跃。就这还有些人不敢相信。我父亲当时高兴得连喝几杯，连着画了十好几张册页、斗方，画完了又没题款，又没盖章。直到他老年又从外头找回这些画来了，当然找早年我父亲的画我也下了一番功夫，正是赶上他好些画不值钱，不被认可的时候，我买回来，挺便宜的。他又重新补，题字、盖章。所以有些画是早年画画，后来补题的，咱们这儿顺便补一句。

我父亲后来题又加了一篇纸，上头的题字是，听到日本投降，他非常高兴，但他用了一个什么词？"偶尔败退"，他用了个"偶尔败退"。后来我说："爸，你怎么题'偶尔败退'，败了不就败了吗？"他说："不，它不会死心的，它作为列岛之国，只要一想着发展那就得扩张侵略，侵略谁？它不会侵略到美国去，也不会侵略到英国去，那最近就是朝鲜跟中国。它这回是败了，它要不死心呢？它要死灰复燃。它特别赞赏中国这个卧薪尝胆精神，教育国民卧薪尝胆，这什么意思？别以为它现在败了，我告诉你，今后对日本人只可以谨慎做生意，对此国政府子子孙孙万万不得信任！"

他说："我不是说日本没好人，好多日本文人都认为自己是徐福的后代，认同中国文化，研究中国文化，比一些中国学者都细心，留下很多著作、出版物，非常珍贵。但这些友好人士当不了政，他们主不了政。能主政的是日本的军阀和政客，他们主政，一心一意、处心积虑要占中国。所以不能因为这次投降了，就认为它就是失败了。"这份手迹现在我还留着呢，今年出版《李苦禅全集》，我把这纳入他的书法集。不光是书法如何，内容很重要。就"偶尔"两个字，他给我这么解释一番。

徐：当年那会儿您父亲有一个号叫"天逸囚窟生"？

李：他一生行不更名，坐不改姓，从在老艺专，1923年同学送给他"苦禅"这个艺名之后用了一辈子，但唯独从日本监狱出来之后，非常短暂的时间里，他用了一个"天逸囚窟生"的笔名，还有一个图章。究竟是为什么我不知

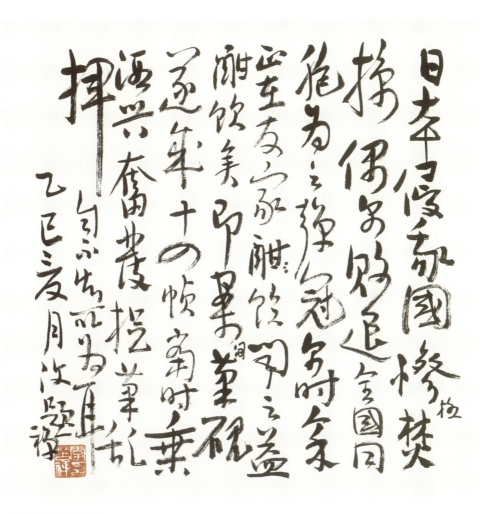

**李苦禅 1965 年手稿**

释文：日本侵我国，惨极焚掠，偶尔败退，全国同胞为之弹冠。尔时，余正在友家酣饮，闻之益酣饮矣！即案间笔砚，遂成十四帧。当时乘酒兴，奋发提笔乱挥，自不知所为耳。乙巳年夏月复题。禅。

道，但是在给黄奇南的一张画上，曾经盖过这个印。

另外，后来我在拍卖行里发现，在王森然存的小册页里头有三张，题这个款，盖这个印，我花钱从拍卖行买回来的。王森然被抄家，好多东西都抄走了，绝大多数都抄走了，能从拍卖行买回来已经是幸运的了。但究竟起这个号是为了什么搞不清楚。显然不是为了卖钱，"李苦禅"这个款值钱，"天逸囚窟生"这名也不吉利，没人会买。

最后一次用跟这个相近的笔名，是在"文化大革命"里头有个手稿，我现在侥幸还留着，也是我偷偷藏的；他题的是"囚窟生"，只发现这一个，"文革"中间写的。究竟是做什么用的我不好做文章，我只是说他平生的名字，题"天逸囚窟生"目前发现的只有这四件，但是我总觉得会有一些意义。

徐：这可能就是从日本宪兵队出来以后，题的这个。或许是给革命同志传递什么信息。

李：也有的同志是这么认为的。究竟什么目的咱不知道，但至少从逻辑上来讲不是为了卖钱的。而且只在这两家发现，一个是他的线上人黄奇南，一个是他的老朋友王森然，只有这两处，再没有在别的地方发现了。而且黄奇南这张画也很有意思，不在他本人手里，后来流到一位老同志手里。这位老同志我暂不说他的名字，他也是秘密战线上的一位资历很老的老同志，在他手里。

直到2014年之前，人们对李苦禅那一段历史的了解，就是为了帮助地下抗战遭到日本鬼子的逮捕，受了很多罪，但是他坚贞不屈，仅此而已。

直到"文化大革命"里头他也是讲，我帮助过地下工作；跟鬼子讲就是说到我这儿来的人很多，我不知道谁是共产党，谁是国民党，那时候国共合作抗日。一直他就是这个口径。

直到他去世之后，在1999年，我们举办纪念李苦禅百年诞辰这样一个活动的时候，当时中宣部为了配合这个纪念活动，批下来一个项目，就是拍摄十集的电视片《爱国艺术家李苦禅》。这是由中宣部批准的，当时还拨了37万的启动资金。我觉得这是一个很大的事，因为这是党的批准，是国家行为，不同于我们一般自己做一个片子。

当时拍得很认真，我们采取了采访纪实的这种形式，采访了他在当年抗

第十七聊 你是名画家,你的彩笔好

李苦禅钤印"天逸囚窟生"作品

战时期的一些老朋友、老学生,可以说是老战友,由他们口中才披露了一些鲜为人知的情节,是我父亲生前大部分提都没提到过的,或者说提了个头,提了个名字,但是就不再往下讲了。

直到2014年,中共北京市委宣传部有关部门根据掌握的历史档案资料,才首先披露了我的父亲李苦禅他当年不是一般的爱国人士,不是说"帮助"地下工作,而是"直接参加"了地下工作的组织。他属于八路军冀中军区平津情报站的主任黄浩同志所领导的北平情报站的正式成员之一。

我的父亲李苦禅一生都是党外人士。而且建国这么多年,他一直保守组织机密,没有谈自己的身份。就跟我这个当儿子的,我李燕是李苦禅的儿子,他跟我说到的,距离真相最近的也就是:在"文化大革命"里头,中央美院国画系的"造反派"发现他的档案里头社会关系很乱,所谓"很复杂",毒打他,让他写一个社会关系的名单,打得头破血流,他一字不写。后来回到家里,我问:"到底是怎么回事?"牛棚就够苦的了,还单独把我们父子又关到小牛棚里头,临时用男生宿舍的小间改的。我就跟他隔间被关着,所以那会儿他被打、被审,我听得清清楚楚。就让他写出这么一个社会关系的详细名单,但他一个字也没写,几乎被打死,十天。

后来晚一点儿把我放出来之后,我就问:"爸,到底是怎么回事?"他说:"你这个爸爸是干什么的?是干地下工作的。"就说到这儿。上下线一个没说,组织关系一个没说。

徐:等于到那会儿还要保守组织机密?

李:对。因为在建国之后,我们很多秘密战线工作的同志,并不意味着他的任务就彻底完成了,跟着还有很多的任务。

徐:抗战胜利七十多年了,前事不忘后事之师,苦禅先生的这些经历和思想,对我们对今天的思考,太有帮助了。感谢您!感谢苦禅老人!

【第十八聊】

# 保安是谁？是他养的喜鹊

就在那个处境下,我告诉你,他也有他的乐儿。他门口有一保安,他的保安是谁?是他养的喜鹊。客人来了之后那喜鹊拦着不让进,啄你脚面,然后他说『请进』,喜鹊才让一边了,客人才能进去。他有本事能训练喜鹊。

徐：从今天起咱们聊聊新中国成立以后的苦禅大师。我看到一张照片，很有意思，上面那个很可爱的小孩是您吧？谈李苦禅老人1949年后的生活，就从这张照片开始谈起吧。

李：这张照片，我估计应该是在1952年照的。黄永玉刚从香港回到大陆，到北京定居不久，那年也就27岁吧。那个时候我们都住在中央美术学院大雅宝胡同甲2号宿舍，这个门牌可以记在美术史上，因为这个宿舍可不是一般的宿舍，应该说是全世界、全中国大师级画家曾经最集中的这么一个大院。这个院是一个细长条的大院，现在还在，因为它建不了楼座，所以一直没拆。从头一家一直到最后一家，几乎都是大画家。咱们随便数几家吧。头一家是我们，李苦禅一家，再往北边是董希文，就是画《开国大典》的那位油画家，在美院开油画工作室。再往那边走，是谁呢？曾经是王朝文，大理论家，他住那儿。后来他搬走了，是张仃一家住。再往里头，就是黄永玉，还有一位李瑞年，当年很著名的画家。再往里头是谁呢？李可染，李可染他们家几乎占着小后院一多半，连他母亲、亲戚们，都在那儿住。在最后头那北房住的是版画家彦涵。当然还有别人，我就不一一列举了。

大雅宝胡同甲2号门牌

徐：就都是平房？

李：是。

徐：这也都是国家的房分配的？

李：对，那时候房子不讲究买，都是国家分配。那院子离城根豁子口特别近，也就二百多米，所以那地方还挺热闹，来来往往。黄永玉这人特别爱热闹,而且脑子好,主意特别多,净出花样。他到这院之后立刻就把我们这帮孩子给组织起来了,跟那小社团似的。他办了一个板报,让大家在上头画画、写诗。他有时候还组织周末晚会,出节目。他的招儿多了,给我的印象就是黄永玉永远不闲着,老出招儿,会玩儿,会画,会说笑话,而且还会恶作剧。就是这么个艺术型的人。你说他到现在都过90多了,我听说现在还忙着设计盖什么房呢。他永远有新作业。他到现在也没病,也不让人搀着。

徐:身体也好。

李:上台讲话,"噌"蹿上去了。经常爱淘气,就是艺术家味的淘气。说当今这画家,现在健在的我最佩服两位,一位是侯一民先生,原来美术学院的副院长,第一副院长。再一位就是黄永玉先生,他会的东西忒多了,国、油、板、雕,都会。文笔也厉害,不拘一格,写出来你就爱看。有内容,有情趣,有独到的见解,还净说你不知道的事,老生常谈的他不谈,思路非常地广阔。侯一民先生,除了国、油、板、雕之外,他还能复制文物,那做出来之后乱真。那大唐三彩,人家说:"这么大这么精的,你哪儿收藏的?"他说:"这是我造的。""不可能!"侯先生可不是爱开玩笑的人,他不会随便说假话,那就是他造的。修补铜器、铸铜、陶器、篆刻,他都精。

侯一民

徐:这样的人都是身体里有无穷的创造力。有一套人民币,我记得就是他设计的?

李:对,有一套人民币,就是最漂亮的那套人民币,上头有毛周刘朱几位领袖像,还有各少数民族人物的那一套,就是他设计的。那一套现在好像值钱了,成收藏品了。

还有就是黄永玉，黄永玉那个风格简直没法说，我就说他那个艺术构思太快，艺术头脑太发达，眼珠转一圈有八百个主意，那产量也高，还精。就一个《山鬼》题目，好家伙，他能用好几种方式表现出来。不像有的画家，画屈原《楚辞》人物都是一个模样两个姿势，还面无表情。所以不久前黄永玉在国博展览，我琢磨着多年不见了，见他不容易，他全世界跑，我想见一面，结果没见着。我那天去特意是为了学习去的，仔细地看每一张画，见熟人我都不打招呼，仔细地看，精心地看，学习。哎呀！那真是他弄什么什么精，他跑到意大利那儿去，看人家烧琉璃，他也烧琉璃，烧的那一套，那叫好玩！他的构思绝透了，还有十二生肖，唯独那鼠，比其他所有的体量都大得多，还叼着大烟袋在那儿坏笑，一看就是他自己，八成他是属鼠的，可爱透了！做什么什么有趣味。还有一个雕塑，一个小孩跳木马，噌一下蹿过去了，姿势全是小孩，你再看那脑袋，那是他自己，绝透了！

徐：那他当年跟您住一个院的时候，您也经常上他们家玩去吗？

李：是，都爱上他家去。刚解放，大伙儿全穷，屋里谁有什么东西，甭进去看，一猜都能猜出来。家具，都是美院总务科那儿借的，上头带一"中央美术学院"的小铁牌，没什么东西。他从香港过来，带来一些大家没见过的玩意，而且还经常有新的。不说别的，就画册这边就见不着，一本一本拿着就在那儿看。还有一些叫不出名的小玩意。

他当时就把我们这些画家子弟们组织起来，比如你现在看到的这张照片上，最显眼的头一个，那是我。

徐：几岁那是？

李：那会我差不多也就是9岁不到吧。岁数不大个儿挺大的，山东人嘛，个儿挺大的。我，还能看出来有李可染先生的儿子，李小可。

徐：他几岁那会儿？

李：他跟我其实是同岁吧，好像略小一点儿。

徐：但他照片上显得更小点似的。

黄永玉　红荷图

李：他个儿小，到现在他也不如我个儿高。再有就是董希文先生的两个儿子，大儿子董沙贝，二儿子董沙雷。还能看出来的就是张仃的儿子张朗朗。

徐：也是著名的写家，能写。

李：他写过一本《回忆大雅宝胡同》，但是有言未尽处。其他的我一时想不起来是谁的女儿、谁的儿子了。

徐：但都是美院子弟？

李：对，都是美院子弟。

徐：这张照片是在哪儿照的呢？

李：那个可不是我们院，我们院特别窄，就是一个窄条，谁也不知道历史上是怎么挤出来这么个长条。院不大，很细长，就跟智利地图似的，细长条，没法盖楼座，所以侥幸还没被拆。黄永玉他领着我们郊游，这在当时来说我们小孩一听简直就心花怒放。

郊游，两个地方，一个是往东边，我们的宿舍离大雅宝胡同城墙豁子口也就二百多米，那时候城墙还没拆呢，那开一豁子口，从那儿出去是护城河，护城河上有桥。

徐：我拦您一句，这老城墙的照片我们都见过，外边是城墙，底下就是平地，走马、走驴车什么之类的；城墙里边是贴着墙就盖房子，还是说里边也有道儿啊？

李：按说贴着墙不允许盖房，但是民国以后，也有人就在那儿盖了一些棚子，也有，那会儿已不是管得那么严格了。

徐：就是也有露城墙的地方？因为从城里照老城墙的老照片我还没看见过。

李：早知道后来都拆了，那就照了。不过那时候照照片很不容易，黄永玉他能给照张照片，是因为他从香港带来了照相机，让他的夫人梅溪照的。那

黄永玉（右二）带大雅宝胡同甲2号的孩子们在动物园（右三李燕）

时候出了城之后，过了护城河，那是一大片菜园子，野地，在那儿还能逮着小刺猬，逮蚂蚱，逮担担勾儿，逮刀螂，那时候没那么些农药，护城河也干净，还有青蛙，逮蛤蟆咕嘟，带上我们郊游。那时候好多可玩的。

徐：等于出去也不远？
李：不远。

徐：因为我想这一个27岁的年轻人，带着一堆八九岁的小孩……反正现在我可不敢带着出去。
李：您得负责任是吧？

徐：那可不是！
李：还有往西边走，那就比较远了，在我们心目里那就很远很远了，是到动物园，北京动物园。

徐：那确实也够远的。

李：那时候叫西郊动物园，我们习惯叫西郊，那地方是郊区。那时候动物园还是很有野味的，那真可爱！那大柳树，好家伙，就我们这些孩子，大伙儿互相牵起手来，五个孩子才圈得起来——后来有一年忽然全给砍了！据说原先慈禧住的那个畅观楼里头不知道住上谁了，说这柳树里容易藏刺客，所以全给砍了，到底什么原因也不知道。反正那会儿动物园的西边，就是畅观楼附近，那野趣真是浓厚极了。我们小孩子能有大人带着到那儿去，那真是心花怒放。这张照片就是在那儿照的。

徐：这是动物园？

李：对了，动物园里有小山，小土坡。

徐：那真是够远的。就是坐公共汽车去？

李：公共汽车。那时候好像还得倒车，反正他都带着，上车点数，下了车点数，别落一个，挺负责任的。还有他夫人跟着。

徐：那你们走道排队吗？

李：排队。

徐：还排队？那小孩听他的吗？

李：要不说他有领导能力嘛，是不是？其实"文革"后有一件事，还有人让他组建一个美术学院，他说我有条件，我这美术学院就我一个院长，什么一把、二把、三把都别提，也不要副院长，我也不要秘书，就我一个院长，我用什么人我说了算。那哪行？就没让他建。他就那么一个性格，我行我素。

现在也是这脾气，记者给他提问题，他都完全不按照你的思路去回答，比如说："你有什么梦想？""我一天画画我累得了不得，晚上睡觉睡得香，从来不做梦。"人家问："您这画什么风格？""我不知道什么风格，我想怎么画就怎么画，什么有意思就画。风格？那风格等死以后人家说去，让别人说去，人家说什么风格就是什么风格，我不管什么风格。"语言有意思，他就是这么个人。

这一路净讲笑话，讲故事，我们哪听过这个？而且好些其实是他瞎编的。但是我父亲苦禅老人说过，如果文学性强，瞎编的都能让人认为是真的。真的《三国志》那倒不爱看，编出来的《三国演义》都爱看，这就是艺术，艺术往往就是瞎编，胡说八道。

徐：您家跟黄永玉黄先生都住一个院，低头不见抬头见的，他和您父亲有什么故事没有？

李：怎么说呢？老在一个院，大家就是忒熟了，反正一见面就是聊聊天打招呼。黄永玉可以说对我父亲非常佩服，非常尊敬，他喜欢我父亲的直率，敞开胸怀跟你聊天。退回多少年，"文革"后期，有一天忽然有人敲门，我一开门："呦，黄先生您今天怎么来了？"他手里提拉着一个破报纸包的包，说："我来看看苦老来了。"

徐：他当时已经搬走了？

李：他搬好几次家了，这我就不说了。他来看望我父亲，很关心，坐那儿了。我父亲说："永玉，怎么着？是不是有什么事情要说？""画了一张画，我觉得是我最近的得意之作，《荷花》。"跟着就把纸包打开，晾出来了，上头写着我父亲的上款。黄永玉是性情中人，他说："我就没见过像你爸爸苦禅老人这么好心眼的人，善良人，你教给他坏心眼，他都学不会。"他就这么评价。当然这画由于种种变故，现在不在我身边了，就不细谈了。

可以说虽然跟黄永玉先生见面有限，但是神交不断，见画如见其人。

徐：可是咱从画画说，您父亲应该是最正宗的中国文人画，讲究笔墨，讲究线条、意境。黄永玉先生那个作品，我看是西画的意思更多一点，我还真想不到他们俩人能互相特别地推崇，画一张特别好的画都要题上苦老的上款送给苦老，那必然是互相特别喜欢？

李：是，我父亲觉得黄永玉这人太有才了。

徐：他看黄永玉先生那画也觉得特好？

李：特好。他这人太聪明了，你说木版水印他过去从来不会，后来听说荣宝斋有木版水印,到那儿就学,一学就会。然后刻了一张白石老人像,形神兼备!这形神兼备不是我评价的,白石老人亲自看了,上头有题字,肯定这张画。你说他过去也没干过木版水印,怎么一干这就这么好!后来又给一个少数民族文学《阿诗玛》插图,他完全用的是木版水印套色,得了大奖。版画里头,不管什么版,到他手里头那跟玩儿似的。还有一张,渔民在海上波浪之中,拿一个大鱼叉,戳那鲨鱼,这鱼叉后头带着绳,那绳还盘多少盘儿,扔那鲨鱼,鲨鱼往上蹿,旁边是惊涛骇浪。这可见刀功了!别说别的,就那根绳,一般人也刻不出来,那整个连贯的,哎哟,绕几十圈!那叉子差点儿就戳着那鲨鱼,鲨鱼躲;惊涛骇浪,那浪都在翻,那小船眼看就驾驭不住了,可是渔民一身的肌肉,他能驾驭住……了不得!

这个人简直就是,对他来说无所谓中国画、西洋画,什么油画、水粉,全不论!好像有一次有人说他的画不是中国画,他说:"谁说我这是中国画?谁说我是国画,我跟谁过不去!"好像这么个意思。

他这个人根本不拘于我这个画定位在什么画,他就是画画。尤其这次展览,我看过他两回展览都很震撼,一次是80以后办了一次大型展览;再一回这次展览,相当一部分是90以后创作的。那个创作精力!这画一画,好家伙那一大面墙,咱甭说画画了,就德亮你这小伙子,就让你刷那一面墙……

徐:都刷不出来。这90多岁的老人能画出那么大的画来,就太难得了。

李:哎呀,而且还是细细密密的那种装饰画,想细就细,想粗笔墨就粗。而且那儿词也有意思,有一张丈二匹的书法,说"久闻大名,如雷贯耳;一见之下,雷从耳出"。就这种句子,忒有意思了。

他还爱养小动物,好家伙,反正我知道他养过小鹿,养过大猫头鹰。

徐:就在家里养?

李:就在家里养,松鼠、喜鹊、鹦鹉。我说:"您就差没养狮子老虎了。"

徐:那家不成小动物园了吗?

李:"文革"中间给他轰在一个小得不能再小的屋里头。他起名叫"罐儿斋",那胡同叫罐儿胡同。那小屋有多大呢?现在要是按平米算,最多也就是

11平米。你想他的东西又多……

徐：一间小平房？

李：怎么说呢？实际就是那种老四合院的，两个房子之间有那么块地方搭一个棚，就给他挤到那儿去了。这是我知道他这辈子住的最小的房子。外头自个儿又搭出一小块棚来，那块棚就是两平米半。就在那个处境下，我告诉你，他也有他的乐儿。他门口有一保安，他的保安是谁？是他养的喜鹊。客人来了之后那喜鹊拦着不让进，啄你脚面，然后他说"请进"，喜鹊才让一边了，客人才能进去。他有本事能训练喜鹊。

进去之后，上头挂着鸟笼子，里头是虎皮鹦鹉。有两个笼子，其中有一只放飞不搁里头。我说："你怎么这个不搁里头？"他说："不行，这个鹦鹉道德品质太恶劣。你别看鹦鹉，人家也都一夫一妻的，他老第三者插足，老搅和人家这婚姻，破坏别人的家庭。像这种鹦鹉就得惩罚它，让它看得见，摸不着，碰不着，在外面飞。"

会客没一会儿，他就喊："了不得了不得了！"他胸口前这块兜儿湿了，他这儿有一个链儿，咱都以为挂的是怀表链儿，好，提溜出一个小松鼠来，感情那小松鼠撒尿了。就这样。这屋里头的最高点供着一个汉朝的陶罐，"罐儿斋"嘛。他说这罐是被派到农村搞"四清"运动的时候，在农民家发现的尿罐子，他一看这是汉朝的，这好，就花两毛钱买回来了。他详细讲买了后怎么煮，怎么去味，然后怎么着，现在就供到这儿了。

徐：汉朝的罐子，被后人当便器了？

李：嗯，供到小屋的至高位置上。这屋里整个没窗户，南方三面都没窗户，这怎么办？他就画一张画，画了一个窗户，那窗户开着，外头春光明媚。就是多差的环境他都能把它弄得特别艺术。他还招人在哪儿？那时候别人都没事——"文革"中间最不值钱的是时间——他忙不过来，上西山挖那些老荆条根，那都不知多少年的，上百年的老荆条根。拿它那个根做烟斗，一打磨出来，上头有天然的云纹、灵芝纹什么的。他做各种烟斗，有大的、中的、小的。专门有玩烟斗的人听说了，都到他那儿要高价买，他不卖，"钞票都一样，这东西一个是一个样子"，给我们展览了几个。一把这样的大烟斗，大荆条根的，他做得别提多漂亮了,做了一个长烟嘴,吸烟斗。配烟丝他也有秘方,秘不传人,一盒一个味,换一个一抽就招人。有懂这个的,一闻就得问:"你这什么配方?"他故作神秘,笑而不答。他在生活里老找乐儿。

这人连在"文革"中坐"牛棚"都找乐儿。他那个"牛棚"跟我坐的"牛棚"不是一个,他的"牛棚"里头有"红色牛鬼蛇神",这小子也是画家,叫什么名,反正咱口下留德不说了,不是东西。他想卖友求荣,套别人的话,然后向造反派密报。黄永玉挨斗了,回来之后他就问黄永玉:"永玉啊,永玉,听说他们斗你了。""斗我了,打了我十七八鞭子。你看,腰带抽的,还有皮带印呢。"然后这家伙写一小纸条,撮一小纸捻儿,在预定的地点,汇报给造反派了。造反派立时就来到"牛棚"喊:"出来出来出来!"命令"牛鬼蛇神"从牛棚里出来,在外头,排成一列:"原来以为你们这帮子都成死老虎了,没想到你们还挺活,有人竟然还记红卫兵小将的变天账帐,诬蔑红卫兵小将打了他十七八鞭子,谁说的?站出来!"没说的心里踏实了,这黄永玉他能不明白么?不敢正眼看。黄永玉有意思,他一挨斗,就跟做了什么错事,要挨大人熊的小男孩子似的,就那种表情。"黄永玉,出来!装他妈傻!说过没有?"到这时黄永玉嘴不行了:"不记得,不记得,不记得。""混蛋!不老实!"熊了一顿。

这位"红色牛鬼蛇神"还继续上黄永玉那儿套话,黄永玉装傻装得也真是非常到家,只当没那回事。他编一故事:"其实我有些事情现在真是不好说,你看咱们这没出去的自由,总得通通气,这也出不去,这怎么办?"那位问:"那你们怎么通气?是不是跟外地的朋友见见面?""是啊,有很重要的事情得通通气。"他说:"现在你也不能够寄信,你通过什么方式?"黄永玉说:"我有方式,今天夜里头两点,我们约着在版画系什么什么地方在哪儿哪儿拐角那里碰头。"那时候版画系是一溜儿一溜儿的房子。说完了,他就汇报去了。你知什么季节?大冬天!黄永玉说那地方是我们谁都知道的,夏天都爱往那儿站,那是一个风口,没风那儿都有凉风。

造反派夜里头两点,在那儿守着去了。

徐:逮外国特务去了。

李:打算当场抓获接头。据说是去了四个人,白等了一夜。第二天,把他熊一顿。这肯定是，咱凭想象。他完了又找黄永玉："永玉，你昨天晚上说那个情况没有发生吧？你不是说好了见面接头么？""这你就不懂了，接头约会有一个规矩。""什么规矩？""如果是当时发现有异常情况，顺延一天，顺延一小时，那就是今天晚上三点。"说完了，这小子又汇报去了。大冬天，夜里三点，好家伙，造反派又上那风口等着去了。

徐：好么，谁也受不了。

李：又派四个，好家伙，这回这四位至少有两个半感冒的。这回把那个"红色牛鬼蛇神"狠狠臭骂了一顿："你不给我老老实实交代：你跟中国头号走资派、中国的赫鲁晓夫刘少奇的关系。"——他上刘少奇家去过。"你在这儿谎报军情，害得我们革命小将都感冒了。滚蛋！"

哎哟，就凭那位"红色牛鬼蛇神"，就那豆腐脑，我太知道了，他跟黄永玉比智慧，黄永玉那脑子甩出那万分之一点儿渣渣，都比他强得多。黄永玉就是得益于爱看书。这招其实是曹操小时候用过的。

徐：50年代初，他带着您那帮小孩玩的时候画画吗？

李：有时候他也画几笔，想画就画，也不保密。在大雅宝胡同那院子里没大房子，采光最好的就是窗户，那窗台也不高，他在里头工作，我们隔着玻璃就可以随便看，他也不轰我们。他创作不背着人，上课也认真。他还让我当院里的旗手。

徐：怎么叫旗手？

李：他说你们是大雅宝胡同画家子弟，这是一个社团，得有个旗手。开始不让我当，是让谁来着忘了，举着一个旗子。院旗是他自己设计的，弄了一块大手绢，上头也不知画了一个什么标记吧，把那两角绑在那竹竿头上。当时去动物园每人还背一个毛巾做的口袋，里头搁着油饼一个、咸菜两根，还有一牙儿饼或者馒头，反正自己带点儿吃的。那时候玩公园哪买得起吃的，有汽水，那买不起，1200块，就是一毛二。那时候一毛二可了不得。你要买火烧，大火烧能买三个。买不起，就自个儿带。还有就是弄个军水壶，背着水壶到那儿去。后来他发现我老偷着吃。他有严格纪律，不到中午饭不许吃，那还得吃

"野餐"呢,正经极了!吃"野餐"的时候他带着一块……像塑料布,也不知道什么布,反正不是油布,往那儿一铺,坐在那儿挺是那么个事儿。

徐:那会儿他就带你们坐在草地上野餐啦?

李:嗯!选择的地方是黄杨张烈士墓,有一个碑,那地方有一片小松树挺好的。后来"文革"中间给砸了,现在又补了一个小的碑。

徐:在哪儿?

李:动物园里头。

徐:我还真没注意过。

李:动物园里头,在那儿。当时他发现我老偷吃,警告我两次,我还偷吃,后来他就想出一招儿来,让我当旗手,跟我说:"你举着旗子不能放手,走丢了怎么办?就得看着那旗子,旗子到哪儿,人到哪儿。大家伙都注意看着。"等我长大了他说:"其实我是用的一计,你中了我的计了。""什么计?""你俩手占着,你没法偷吃了。"

他就是这么一个人。要不他活得岁数大,最大的养生就是乐观。处境再恶劣的时候,他也乐观。就是个纯粹艺术型的人,活一天有一天的艺术创造。在中国也许现在藏龙卧虎,还有好些高人咱见不着,但我能认识的画界的人里头,我最佩服两位,一位侯一民,一位黄永玉。

侯一民是严肃认真型的,他不爱开玩笑。天天工作,天天画画,夫妇俩不干别的,就是天天画画。画多了怎么办?得欣赏欣赏自己的劳动成果,哎哟,就盖房。他那块地,现在大概没多少空地了,就盖房,盖了房子就是展馆,挂上。赶明儿有机会德亮我带你去,去你也就是看小小一部分,你要全看完了,你得在那儿住好几天。那叫勤勉,真是!那夫妇俩不得了!他还动笔写自己的历史回忆。

侯一民先生那真不容易,1949年前他是搞地下工作的,尤其在学生运动中间,立了不少功劳。你甭说别的,就一条吧,离国立艺专最近的协和医院,是他参与保护下来的。解放军围城的时候,国民党特务要把一些重点的地方爆炸毁掉,比如说石景山钢铁厂的大马达,那是工厂的心脏。协和医院也要毁了。他的任务就是保住协和医院，就找到协和医院院长，叫李宗恩，李宗恩是李宗津的弟弟，李宗津是通共人士，是徐悲鸿的忠实弟子。他让李宗津去做工作。李宗恩说："保证协和医院不会出事，我不管是谁，医院是救死扶伤之地，任何人休想破坏，我会有安排。"和平解放北平，这些重点的单位得保住，是不是？不能弄得一塌糊涂啊！

美院搬家的时候，把他当年写的一些秘密材料都当破烂垃圾给抖搂出来了，都不负责任，后来有人发现了，买了给他看，他才知道。

徐：当时侯先生住您这个院吗？

李：他短时间住这个院。他也不知道搬多少次家了。建国以后，由于种种的变故，包括我们家也都不知道搬多少回了。黄胄说："好像咱们是属耗子的，老爱搬家。"他也不知道搬多少回了。

黄永玉现在又在盖房呢！大概又有新的作品了。我坚信，他就算活到100多岁，也会天天出新作品，而且我肯定爱看。因为他的出新，是出美，不是出丑，这太难得了！

【第十九聊】

# 我叫田家英

没几天,忽然家里来了一位穿着一身干部服的年轻干部,手里夹着一个皮夹子,敲门。我父亲开的门……"你哪一位?"他说:"我叫田家英,我是毛主席办公室的秘书。"我父亲听了:"快快快,请坐!"

徐：您聊上个世纪50年代的时候，可以感觉到那是您的一个黄金时代，童年就挨着这些大师，而且玩得开心，一个院里那么多小朋友。那当时您父亲怎么样？

李：这就有得可谈了。我父亲虽然1949年前参加地下工作，但是他的组织关系直到不久前才解密。在当时来说，他又是从事写意画的，情况就不太好。那时候的美术界有一种极"左"思潮，认为写意花鸟不能为革命服务。

徐：他一直在美院教书？

李：对，我父亲一辈子都是效命于国立艺专和中央美术学院。在那个时期，堂堂教授不给你排课！这本身精神上打击就很大，经济上也受到很大影响，因为那时候也得按课时来给工资。让他干点儿什么呢？有时候就让他到陶瓷系画茶碗，还不许签名，说"苦禅"二字太封建。其实要真签了名了，存到现在也值俩钱儿了，是不是？

徐：不是值俩钱儿的问题了，我画的青花瓷比我的画都贵，苦禅大师画的青花、粉彩，估计得赛过一般光绪官窑的价钱。他画的茶碗现在还有吗？

李：现在光能找着你徐德亮画的瓷碗，他画的可找不着了。反正那时候就让他画那个。当时我们家生活特别地艰苦，1949年前我父亲挣的钱不是援助地下工作了，就是接济那些穷学生了，我小时候印象最深就是一个"穷"字，生活非常困难。尤其是我姥爷一去世，我姥姥又带着一个舅舅两个姨，挤到我们那儿住，那就更穷了。怎么办呢？我们家连压箱子底的四块大洋都没有。过去人再穷，箱子底四角搁四块大洋，万不得已，哪怕要饭去，也有这四块大洋带在身上垫底儿。我们家真没有，真穷。

那个院里邻居有比较，是吧？这一比较麻烦了，小孩爱互相比，吃的穿的玩的用的,只要是一回家表示羡慕,我父亲就瞪我。一瞪我,我父亲就教我,不许羡慕人家,羡慕人家没出息,有能耐将来你自个儿挣去,绝对不许羡慕。

徐:那会儿谁家稍微富点儿?
李:院里头说实在的,那时候也没有特别富的,但是相对来说,那生活水平一般比我们都高。

徐:那高体现在哪儿?就是吃得好点儿?
李:首先是吃,最重要的是吃。房子国家解决了,穿那时候都不讲究,打补丁才是无产阶级,只有吃最重要。有一回我上李可染先生家,去的时候他家正吃早饭呢,我闻着一股香味,不知是什么味儿,香!烤的馒头片,他从一个军绿色的像罐头盒儿似的盒儿里,拿出来点儿什么,抹在馒头上,洒点盐,那么吃。可染先生一看我去了,也抹了那么一块给我吃。哎哟,这么好吃!我长这么大还没吃过这么好吃的东西。后来我问:"李叔叔这是什么东西?""这是黄油。"

徐:黄油?
李:对。后来我回家就跟我妈说了,我说:"怎么人家家里有黄油吃,那么好吃。怎么咱家没有?"我妈说:"这个现在可不好弄,这是原来美国兵他们军用的黄油,库存的,现在不好淘了。"其实现在想想那黄油都哈拉了,怎么呢?它里头都有小块什么的。可是那时候你想,缺营养啊!

徐:有就不容易了。
李:那可不是!在我印象里那罐儿可真不小,那时候就连吃这个都觉得好吃得不得了。还有人家里头有从国外带来的玩意儿。比如说有一件东西,上头有俩镜子,跟望远镜似的。一看里头,再一拨弄那轱辘,感情里头有那画片,米老鼠什么的,一张一张走,跟连环画似的,特好。还有人买那上弦的小鸡,一上弦,搁地上,"卜得、卜得"能走。好像现在还有这玩意儿。

徐：有，尤其有些人专门收藏老玩具，他那店里都有。

李：看着特羡慕。还有小汽船，里头小油灯一点，在脸盆里头走。

徐：您都没有？

李：没有，那买不起。据说那一个小汽船大概得5000，就是五毛钱。那时候五毛了不得，能买十个大火烧。

后来我父亲就老是喝点儿闷酒。为什么现在我不喝酒？当时我就觉得这么好的、这么令我尊敬的父亲，一旦喝了酒，就好像变成另一个人了，说一些胡话，甚至对我很凶。从那时候我就认定酒不是好东西。

徐：他年轻的时候好喝酒吗？

李：他好喝，但酒量不大，也就是二两，过了二两就多了。

徐：那不像山东人啊。

李：不像，说实在的他酒量不大。

徐：我们演出去山东，就怕喝酒。多少种说法，主宾敬完了客宾敬，你不喝还不行，连着三杯……我看山东人都酒量大。

李：我父亲酒量不行，他就是喝闷酒，当年也喝不起好酒。

徐：二锅头？

李：那算好的了，好些那酒都说不上名，没牌儿。这时候这凌子风从延安进城了，头一个想到的就是来看我父亲。凌子风一看我们家这样，当时他的脾气挺暴的，说："这不像话！苦禅你是对共产党立了大功的人，现在你就等于是失业，就算给点儿生活费，那等于半失业，还得家里弄点儿旧衣裳卖，有什么可卖的？"是啊，有什么可卖的？1949年初期没值钱的东西，除非你有金子，那我们家没有。大洋？没有。那时候我们家生活实在没法过了。凌子风说："给毛主席写信，告他们，当年你不是在留法勤工俭学会，还跟毛主席有过那么几个月的同窗之谊嘛！提提往事，告他们去。"我父亲说："哎呀，毛润之先生，还记得我吗？现在人家是国家主席了，日理万机，别打扰了。"当时就没写。

后来有一回他心烦喝点儿酒,一喝酒胆就壮,拿出一个卷纸来,就那种障子纸。

徐:哪俩字?

李:好像就是屏障的"障",儿子的"子",反正大家都这么叫,障子纸,是棉料的,一卷儿。日本人拿它糊拉门,后来发现画画写字挺好。"文革"前就不好找了,现在更找不着了。拿着障子纸,写了一丈多长的一封信。他知道毛主席喜欢草书,他就用草书写的,写完了封好之后,使劲给它压扁了之后塞到邮筒里头。那时候邮筒是绿的,像铁柱子似的那种,现在成文物了。

徐:上边有扁扁的一个小口儿。

李:对,有一小口儿,这封信就塞进信筒子里边了。没几天,忽然家里来了一位穿着一身干部服的年轻干部,手里夹着一个皮夹子,敲门。我父亲开的门:"你哪一位?"他说:"我叫田家英,我是毛主席办公室的秘书。"我父亲听了:"快快快,请坐!"

徐:田家英亲自来了?好家伙!

李:来了之后落座。田家英一坐,我父亲就说:"我喝点儿酒写了这么封信,发出去之后我也后悔了。现在毛润之先生是国家主席,日理万机,他的办公桌上哪张纸都比我的事重要。他是'先天下之忧之忧,后天下之乐而乐'的人,我这等于打扰他工作了,实在有点儿对不住。"田家英先生说:"不要这样讲。你的信主席看过了,他确实很忙,现在忙于赶快结束战争,恢复和平建设,文化事业方方面面一时还顾不到,但是主席讲了,说你的写意画还是要画的,我们的子孙还是要看的。"这话最重要,这是毛主席说的。田家英说:"主席他现在很难有时间出来,特意派我代表他来看望你,同时表示慰问。他说从信上看,你似乎还有些话要讲,我现在带着本子,你尽管讲,不要有任何顾虑,我及时向主席反映。你这个工作安排的问题,我觉得不成问题。毛主席会给徐悲鸿院长写信,来解决你这个问题的。"

徐：对呀，徐悲鸿先生任院长，他的大弟子李苦禅没课上，他怎么能不给安排呢？

李：你不了解当时的实情，他这个院长没有人事安排权，在这任命教授问题上，他没有权力。谁有？咱现在不好说，等未来什么时候再说。那么他所能做的最大的帮助就是把我母亲李慧文聘请到中央美术学院担任医务室的校医，直到退休。他所能做的最大的事情就是这个了。要没有我母亲那点儿工资，那我们真是吃不上饭了，真是这样。所以我们一直感激悲鸿院长。

毛主席给徐悲鸿关于李苦禅的信

徐悲鸿心里也是挺郁闷，有些事情不能现在公开讲，说实在的他也挺郁闷的。从来他这个院长都有人事大权，"德亮不错，到我们那当教授"，一句话。然后教务处下聘书，送到你那儿，德亮你一签字，同意，下学期来上课，他有这个权力。现在没有了，他其实也挺郁闷的。所以那会儿差不多一个礼拜左右，我父亲总得到悲鸿院长家里去，他愿意跟我父亲聊聊天，谈谈贴心知己话。每次没等我父亲坐下，徐悲鸿先生往往就是这句话："听到外面讲我什么话？""听到外面讲我什么话"，他能老这么问，可见他心情之一斑。

所以当时来说，徐悲鸿没有权力解决我父亲任教的问题、职务的问题，那当然工资就很难说了。田家英在这儿一表态，我父亲当时眼泪下来了，喜极而泣，没想到，这么快毛主席就等于是表态了。我父亲就把整个心里话都倾诉一番。我个人想当然，估计对田家英我父亲很可能披露了自己1949年前的工作。按地下工作的纪律来说只能对上下线讲，但是对于毛主席的秘书，那是绝对信任，我估计可能讲了这话。当然这只是我个人估计。田家英回去没多久，毛主席就给徐悲鸿写信了，直接写信，大意就是：教授李苦禅生活困难，来信有求助之意。当然原文还不只这些字，这信就由徐悲鸿纪念馆存着，包括我父亲写的那封信，毛主席也把这个信一起转给徐悲鸿了，因为后头有一

327

句话,"李信附陈"。但是"文化大革命"中一乱,这封信丢了,红卫兵大闹徐悲鸿纪念馆嘛!要不是周总理及时说句话,能把徐悲鸿纪念馆给砸了。所以这封信到现在也没有下落。据徐悲鸿夫人廖静文回忆,上头还有毛主席的圈圈点点,还有一些记号,应该说是绝对宝贵的文物。

徐:现在这封信的照片也没有?
李:没有没有,那时候照相谈何容易?这个很可惜,就不说这个了。毛主席这一写信,徐悲鸿可有了"尚方宝剑"了,他就敢安排了。先把我父亲安排在民族美术研究所任研究员,那就等于是教授了;然后再过渡到国画系给学生上课。

徐:这民族美术研究所是美院下属的?
李:对了,美院下属的,民族美术研究所研究员。当然,工资就提上去多了。

徐:这是什么时候?
李:那是1950年。这些事我都是听我父亲母亲说的,我虽然赶上了,但我哪懂那么些事?可以讲从我父亲写信那天算起,一直到问题解决,前后四十天,非常快。给毛主席写信,也没有托什么关系,层层往上递,没有,就是人民邮政,贴上邮票,搁在邮筒里头,那就到中南海了。所以我父亲一辈子老是念叨这事情。

我父亲到了中国画系,那个时候由于极"左",就觉得中国画好像都是封建落后的意思,曾经有一度还废除"中国画系",改叫"彩墨画系",还有过这么一段。虽然工作安排了,但是当时美术界对于国画有种种的成见,批判意识多,要求国画要为革命服务,这国画就不如油画了;尤其那时候中苏友好时期,油画最容易表现革命题材。

那时候国画界里头,画人物的就相对来说好一些,比如蒋兆和先生就能画一些《热爱和平》之类的,在抗美援朝时期写信给我们最敬爱的人,《给志愿军叔叔写信》,寄慰问包,画这些内容。

徐:人物画很容易表现这些内容。

李：对，人物画很容易表现新题材、新内容。再比如，《我们领到了选举证》，说明新社会我们每个人民群众都有选举权，这个比较容易结合进蒋兆和先生的绘画。叶浅予先生过去是画漫画的，别人对他有看法，"你一个画漫画的，结果你现在当国画系的系主任"，好像大家都有些看法。那个时候他就不怎么画漫画了，可以讲，天天在屋里头练国画基本功。要说他头脑还真是好用，练白描，画模特，很快就追上来了。他画了一张，各族人民为伟大领袖毛主席敬酒，那么一张工笔重彩，那张画可真见功夫！还画了一个《丰收》，那老玉米棒子画得老大！旁边有一个老农，脖子上搭着汗巾，他也画这些新的东西。可染先生，他过去也画人物，但是那时候主要还是教水彩画，他那时候还没有来得及去写生呢。可以说没有写生之前的李可染和写生之后的他大相径庭。那么他当时还画了什么题材呢？《劳动英雄模范游北海》，是歌颂型的漫画，整个北海公园几乎是大全景，里头好些大脑袋小身子的人物，你一看都认得出是谁，都是当时一些著名的劳动模范。还画了一张年画，"黄牛分到我们家，贫下中农笑哈哈"这么个意思。土改了，把地主的牛分到贫下中农家里了。牛是那时候的第一生产力，了不得。一直到很晚法律都规定不许私自宰牛，宰牛犯法。

徐：《水浒传》里写随随便便就吃一盘牛肉，那就是明朝时的情况，在宋朝不可能。

李：那牛对农民太重要了。还画了一个大黄牛，一家老少三辈，在那摸着牛，高兴。这张画稿费不少。这个能够配合。但是花鸟画怎么配合呢？

徐：画个牡丹花代表春天来了这不成吗？太牵强？

李：上课上什么？我父亲好歹学过西画，跟年轻教员和学生一块画裸体模特，他也画了不少。可惜"文革""破四旧"时候都烧了，裸体模特算资产阶级，算是腐朽的。那些画还都挺大，稍微打打炭条稿，然后拿毛笔画的，很可惜，一大卷子人体都是那时候画的。就是保住什么了？画那个鸟的标本，那个不反动，不封建，保下来了。哎呀，人体写生一张没有了，个别的头部肖像还有那么两三张。

1958年"大跃进"的时候，非得国画出新，画新题材。有的老画家画了一张《又红又专》,"红"就是政治思想觉悟高,"专"就是专业过硬,要求每个知识分子做到"又红又专",这老画家画了一张。真没少使好料,拿真朱砂画一两块红砖!这是实在憋急了。

还有一位拿了一张画,谁都不明白什么意思。上面有八匹鹿,一棵树很粗,树上一个大鹰,树下藏大狗熊。这个是什么意思?《八路英雄》!我父亲也得画,那个时候还得叫国画系所谓政治觉悟高的领导帮你出题。你画一个草图给他看,他通过了,你再进入创作,画出来能不能展览另说。我小时候有一次,看见我父亲拿了三张《猫头鹰》,垂头丧气的猫头鹰。

徐:谁画的?
李:我父亲画的。这猫头鹰垂头丧气,围着一圈喜鹊。喜鹊都是一个翅背着,另一个翅伸着,作人手状,两个手指头指人,都指着这个猫头鹰。这是"世界人民团结一致,反对美帝国主义"这个寓意。猫头鹰就象征美帝国主义,一圈喜鹊就是全世界人民,这是人家上级给出的题。人家那最初的示意草图都不知道谁给画的,让他画的宣纸画,结果画了三张都没通过,拿回家来了。没见过他那么拿画的,您好歹卷卷啊,没有,提拉着就拿回来了。方的,大斗方,三张,全扔地下了。拿着给我妈看,说:"你看这叫什么玩意儿!"后来一生气扯到炉子里了,拢火了。可惜了,如果留到现在,不说别的,准值钱,就画过那么一回,它代表一段历史呀。我准备根据我的记忆复制一张。

徐:喜鹊翅膀伸出两个羽毛,两个手指头?
李:完全人手的形状,指着这个猫头鹰。

徐:您父亲画的猫头鹰我倒见过,画册上有。
李:这些猛禽他都画过。

徐:为什么猫头鹰代表美帝国主义?
李:拿它做比喻。我父亲说猫头鹰其实是益鸟,干嘛代表美帝国主义?可这是人家出的主意,就得这么画。尤其对他打击挺大的还有一次:他画了一只白脖寒鸦,远远的一轮旭日出来了,意思是咱们解放了,光明了,黑暗已经过去了。这个寓意很好,预展的时候还展览,正式展览拿下了。还不能问,不许问"为什么给我拿下去了?"你问这个话就是自找倒霉,潜台词是"你对领导不信任",那不行。这次对他的打击也挺大,因为他这一辈子自己的画挂上去就没有摘下来过,除非有人贴了红条买走。这次是愣被拿下来了,还不说理由,只好自己从框子里拿回来捡回家去。

徐:那个年代您父亲有没有能通过能展出的画作?

李:我父亲一直到1958年能够通过的大概就是那几张。有一张叫《力争上游》,"鼓足干劲,力争上游"嘛!是那时候的政治口号。画了一群鱼往上游,上边画半轮太阳,在水里看着太阳,力争上游。这张通过了,现在这张画在北京画院的画库里存着呢。有人说你怎么不画一整太阳?"画整的了得吗?那我成汉奸了。"

徐:那为什么呢?

李苦禅  力争上游

李：画一整的不是日本国旗吗？自古中国画讲究是画旭日，旭日东升嘛，是不是？哪能画整的？过去日本攻陷中国哪个地方，举行画展，迎门头一张，都是画一轮红日，象征是它的国旗。他说只要有红日的地方，都是大日本的国土。那了得吗？全世界都是它的国土。红日底下有一个地标性的建筑或者植物，比如占领海南岛以后，底下画海南岛风景，上边一个红太阳。占领保定了，画保定提督府，上边一个整个的红太阳。他只要占领哪个地方，美展迎门就是这样一张画。所以再看着画家有画整圆红太阳的，我父亲就特反感，但是又不敢说。为什么不敢说？自己琢磨去。只能是画旭日。鱼在水里头看着旭日东升，力争上游。这张画保存挺好，现在在北京画院。

那个时代，说实在的，花鸟画真的很危，卖都卖不了了。所以那个时候他经常用一些元书纸画一些所谓画稿子，现在我还留着。有的真是很精，说是画稿子，实际上就是成品，我现在还保留了一些。当然"文革"中也损失了一些，毕竟他画得多，再损失还留一部分。尤其里头有些画他没题款，没盖章，我就和我的画混在一块，这么着抄家的时候就没抄走。等到事后我再挑出来，补盖个章，或者他再题个款。所以有时候人家鉴定我父亲的画，一看这个画的题款，"这是他70年代的"。那不一定。那有的字是70年代的，画是50年代的。这就是特定的历史环境下产生的作品。

但不管怎么着吧，从毛主席给徐院长写信之后，我家的生活水平可以讲，明显地提高。这个时候，我的两个姨也分别都找到工作了，一个报考参加北京战友文工团，在那儿学舞蹈，曾经赴朝鲜演出慰问志愿军，现在还健在。她还很有幸到中南海，星期六陪着首长跳舞。她跟毛主席跳舞时还提到，说："我的姐夫是李苦禅。"毛主席还说了句："他的名字像个头陀。"

徐：就是像个和尚。

李：毛主席还问："他现在境况怎么样？"说："他特别感谢您。从您写了信以后，我们生活水平可以说是很快就提高了，现在我有机会能见着毛主席，他让我一定转告您，我们全家都特别感谢您。"还有过这么一段。当年，有些美院的人平常很看不起我父亲，认为他就会画"封建文人那一套"，是个"思想落后的人"。如今可不同了，那些人纷纷议论："没想到李苦禅还是毛主席的同学哩！还派田秘书来家看望呀！"

【第二十聊】
# 净扫出画蜘蛛网的纸了

"你看着那蜘蛛丝是从哪儿到哪儿,看两头,画中间那条线。就拿俩手指头拈着,千万别使劲,越使劲您那蜘蛛丝越不直,蘸好了墨从这一搭,跟着从肘往后撤,就这一下,这根线光不光、顺溜儿不顺溜儿?"学生们说:"顺溜儿。""再等会儿。"等几秒钟,眼看着那墨慢慢地洇出一点儿来,大家都给鼓掌,立时效果出来了。等到第二天学校扫垃圾的时候,净扫出画蜘蛛网的纸了,学生们都练画蜘蛛网了。

徐：我来您家学画，看您有的时候是把纸粘在墙上，站着画的。您父亲也这样画么？他从什么时候开始在墙上立着画？

李：我小时候的印象是有的，他先在画案子上画几笔，然后就粘在墙上，看一看，再画。

徐：当年已经上墙上画了。

李：对，比如荷叶，大笔泼墨，大的墨块他基本上都在案子上"摆"好了，然后在墙上挂着，其实就是在看位置，哪儿出来个荷花头，哪儿有半拉荷花，哪儿出来一个莲蓬，尤其是几个荷花杆怎么布置。现在我也是这么画，几个荷花杆太重要了，调解疏密动态啊，那都是在墙上画。画完之后哪需要点苔了，再拿下来。他那个点苔用的水分很大，叫"高山坠石法"，看准了"叭"在那一掇。

徐：我有时候也练在墙上画，就是画大块的墨的时候，它压不下笔，必须搁在案子上。

李：还是那句话，"手段为目的服务"。这个是绝对之规。

徐：那会儿也是用吸铁石吸在墙上吗？

李：那时候哪有啊？我不客气说，墙上装铁板，用磁铁吸，最早那是在"文革"中间由我发明的，后来一开放之后发现外国早有了。从而我得出一条结论："人的正确思维都会不谋而合。"咱这里那时候没开放，就等于我发明的。

徐：您给具体说说怎么用铁板吸这个画，我们很多听众不了解。

李:墙上挂画过去讲究用图钉按,有时候一下图钉坏了,还得多按几个图钉。

徐:过去都是这样么?
李:都要往墙上按,或者是往三合板上按,把三合板打一个框子立在那儿。

徐:那画不就四角都糟践了吗?全都是图钉眼。
李:得多按几个,要不怎么我嫌麻烦呢!我画的时候我开始用铁板,长铁板,工厂裁的,我一看这挺好使,用两个螺丝一拧。找磁铁,我使磁铁使了三代磁铁。第一代磁铁是什么呢?就是那个铁的磁化,但是那个磁性不大。后来又出现一种叫磁性磁,现在还有呢,掉地上就摔碎了,摔碎了之后你粘不上,它是圆圈的,只要一摔碎它的极性立刻就变,原来那个连着的地方一断,就变成了同性相斥,那是第二代。现在我用的是第三代,用稀有元素做的,叫"钕铁硼",这个一小块儿磁力特别大。这就方便多了,尤其你画完之后贴上赶快看,看完之后赶快拿下来画,你要摘好几个图钉那多费劲儿。所以当时我父亲觉得这个太方便了。

徐:这是什么时候?
李:"文革"时期我自个儿发明的。

徐:就是墙上弄一块铁板?
李:那个时候还没铁板呢,就是铁条。后来有的地方吸不上,有的地方是木头板,就发明把整个的马口铁,四角拿螺丝给拧到五合板上,这就方便多了。但是只限于画四尺以内的。那我就往下延续吧。像我这面墙,整个这墙都是铁板,然后上面垫一层亚麻布,亚麻布上一层混纺布,这个就方便多了。我现在的画板上就是这样的。

徐:直接上毡子不行吗?
李:毡子厚,而且太暄,你一画就知道了,太暄。我就是桌子上用毡子,墙上我用的是一层亚麻布一层混纺布儿。你看作这个工序还挺复杂的,尤其俩铁板接的地方，不能出棱儿，一出棱儿的话上面那儿就不平了。所以先得上一层胶，把它粘上，再拿小螺丝给它拧上，拧完了螺丝帽还不能露着，再拿锤儿敲进去。我就指导他们怎么做，施工的都说还没干过这活呢。

徐：那您父亲画指头画吗？

李：我父亲他曾提到，说工具不是不可以多种多样，但是最终要的还是练好毛笔，笔墨笔墨，还是练好毛笔为第一。

你提到指头画，传说唐朝王洽他画高兴了，这个笔放一边，手指头蘸着墨在上面画线，觉得挺有味道，"熟中生"的味道。那大片墨怎么办？索性拿手往上泼然后再用手抹。现在我们见到的指画大师，那就是乾隆年间的高其佩，专画墨龙。我们家存了一张，现在捐给国家了，藏在家父的纪念馆里。那可能是全中国最大的一张，八尺墨龙。现在在拍卖行里能看见的那个，一般就四平方尺五平方尺，够六平方尺就了不得了。那真是指头画，他追求的是一种"熟中生"的味道。

我父亲给学生也讲，但是他建议你别老指着这个。1930年到1934年我父亲在杭州艺专和潘天寿先生是同事，他们一块研究过好多种工具的画法。后来他说："老潘他就画指头画，咱跟同事得躲开点儿。"过去画画的遇见这种情况也得躲开点儿，这好像算一种同行的道德。比如谁画牡丹卖得挺好的，咱就别画牡丹了；谁画虎画得不错，咱就少画，或者是画风格不一样。这在过去的画界里算一种不成文的道德。他说："老潘老使其他工具画，我不是教学需要的话，我就不讲这个，我也不大使。"他最后保持的其他工具是什么呢？就是宣纸蘸湿了，拿那个蘸墨。画《盛夏图》那种巨大的画，四张丈二匹那么大，那纸不结实，就拿擦机床用的那个丝绒子，蘸墨画。你看现在有纪录片，我在旁边端一脸盆墨，老人抓着丝绒，蘸着墨画大荷叶。

徐：就是拿棉丝画。

李：对，拿那个画那大荷叶。

徐：拿那个能画出笔意来，那太难了。

李：所以他一直到老年还用毛笔以外的工具，就是我刚才说的那个宣

李苦禅作画（用四幅丈二宣纸连成一幅，约 22 平米，题为《盛夏图》）

纸团子和丝头，就是这个，别的再没使了。但是教学中间有的时候还教。潘天寿先生1962年9月的画展在美院南楼展览，那时候是全国第一美术馆，展览得是文化部批准的。谁在那儿展览一次，整个宣传舆论都对着你这个展览了。不是说像现在你掏钱租个地方就能办个展。印个人画册也是得文化部批准。

那国画系的学生离那儿太近了，下了课就去看，大家都问我父亲："当年人都说'南潘北李'，显然您知道潘老这些技法。我们不明白这个指头画，这手指头才能蘸多少墨？拿巴掌画，是人掌又不是熊掌，这是怎么画的？"后来我父亲就把那个缘由讲一遍，然后就带着学生们边看边讲解。学生们爱听，但是说实在的有的人就不爱听。这等于好像变魔术透底了一样。我印象中他讲了七回，那系内系外的学生全都追着听，因为学生都愿意听透底的事。他在其中就讲了好多工具。学生们说："您看这蜘蛛丝画得有味。"古代讲"如锥划沙"，这是形容词，就是拿锥子，你在沙子上画一道，那沙子又漫回去了，剩下流动的痕迹，这出现一个什么美呢？纵劲儿中间有横劲儿，咱中国的美学都讲这种法则。说你拿尺子打条线行不行？线条画出来没劲儿。"潘先生他画的这条丝挺细吧，旁边微微地还洇出一点。"那个劲儿难拿，洇得大了,那还是蜘蛛丝吗?那是棉线,或者粗棉线,那不是蜘蛛丝。"觉得特别有味道,我们拿手指头试,怎么也出不来。"我父亲就跟学生们说:"你就换成慈禧太后那指甲,你也画不了这个。画这个有一套办法:早上喝粥——"那时候我们每个食堂有一个大木桶,这个米都是先煮煮然后再蒸,这样感觉出量,自个儿骗自个儿,那个年头就这样。"——这个米汤别浪费了,端三分之一'把儿缸子'米汤从食堂出来之后,过锅炉房的时候兑点儿开水,到教室里头,你弄张宣纸,厚点儿的,拣几块半头砖,拿废宣纸包好了,在纸四周围压好了,你拿米汤用排刷往上刷。这个事儿什么时候干,晚上临睡觉前干,干完第二天早上一看撑平了。之后呢,再拿那个竹笋里头那皮儿……"学生说:"现在买不着这个,不是季节呀。"我父亲说:"这好办,我到北方以后也找不着竹笋皮儿,给人上课怎么办? 有牛皮纸信封没有?你拿信封撮一纸捻儿,旁边那个小碗里调好了墨,你把那纸捻往里头泡泡。然后你看着那蜘蛛丝是从哪儿到哪儿,看两头,画中间那条线。就拿俩手指头拈着,千万别使劲,越使劲您那蜘蛛丝越不直,蘸好了墨从这一搭,跟着从肘往后撤,就这一下,这根线光不光、顺溜儿不顺溜儿?"学生们说:"顺溜儿。""再等会儿。"等几秒钟,眼看着那墨慢慢地洇出一点儿来,大家都给鼓掌,立时效果出来了。

等到第二天学校扫垃圾的时候,净扫出画蜘蛛网的纸了,学生们都练画蜘蛛网了。画那荷花,学生们一看潘老那墨荷那么浓,这里头还跟乌云翻滚一样,还有变化,这是怎么画出来的? 我父亲说:"这大写意的墨讲究的是浓而不板,淡而不灰。当时我跟老潘就琢磨这个,你看这个乌云滚滚,尤其在南方云层比较低,怎么画乌云滚滚那种感觉? 一块儿琢磨出来一个办法:到山货铺去买丝瓜瓤子,过去是洗澡搓身上用的,买来是硬的,抖搂抖搂,把丝瓜籽抖净了,然后用水泡,泡得都没有黄水了,放到画案子旁边,老让它是软的。你想画浓墨的墨荷了,多用点儿墨汁,这个纸还是拿砖压着,别嫌脏,拿丝瓜瓤蘸着墨海里把墨蘸足了,拿手捧着,别弄脏了,到了画儿这里,你拿丝瓜瓤子平着往上一放,跟着你就朝着一定的方向往前慢慢推。别使劲儿,一使劲儿这个纸就破了。慢慢往前推,推得差不多的时候你就看吧,有好些气泡是白的,没墨。你别管它,你就等着它慢慢洇,一洇它那个气泡的地方也黑了,你看这黑跟那个着墨的地方那种黑不一样。"

徐：这得好纸，要不是好纸也出不来这个效果。

李：适当厚一点儿，丝瓜瓤再软它是丝瓜瓤。这样学生他就能够领会了。包括还有别的，咱们在电台得留几手，只传德亮，不传别人，以后谁想知道问你去，得付专利费。

徐：哈哈！这是开玩笑了。

李：老人一辈子画画，他研究过种种技法；各种技法都掌握之后，最后才能达到一个什么境界。学什么都一样，开始要"有意有法，意在笔先"；练到一定的程度"无意无法"；最后是"忘意忘法"。是这么三个阶段。在一定的阶段，这些法都是一样讲究的。

这个话说回来了，我小时候看过他画，我说："我能画这个。"他说："你别费宣纸了。"我就不明白。直到我正规地进了中央美院附中了，他还不让我画，他说你就练好这些基础课，你现在练国画等于还是费宣纸。

徐：那他最初教您写意画，也是按照先教齐先生的虾、螃蟹、青蛙怎么画，按照我们一般美术班教孩子似的这么教？还是说直接就让您把您的速写现在就开始变到笔墨上？

李：对的，你说得对，他开始不是说先学齐爷爷的虾、八大山人的鸟之类的。

徐：但是现在一般的美术班都是这么教。

李：他不是这个教法，他就说这个速写是你自己画的，你有体会，你就照着你的速写画，先往这个元书纸上画。元书纸便宜，那时候，好元书纸才两分钱一张——那大的毛边纸，一个月一般都得一刀多，那个七分钱八分钱一张——拿那个练。练的过程中间你就有体会了，自己这个水墨、笔墨运行过程中，哪个部分是软是硬，有绒毛什么的，有肌肉或者什么，你自然而然有一种体会。而这个体会是什么，不是学人家，是自己"法由心生"。这话是禅宗里的话，当然他说的那个"法"哲学概念很宽了，我们指的是技法上的，就是我"法由心生"。这时候你就再看八大的，再看我师爷白石老人的，再看石涛的，就体会到了，他哪些部分我可以用。这时候你再学，古人的法就能融汇到你的笔底去。

徐：作为我们听众，当然不是内行，外行的听众都会觉得您是李苦禅的儿子，那您爸爸得先教给您画鹰啊，这是吃饭挣钱的呀！一般都会这样想。

李：画写意的基本功不是这样，开头学就让你临这个再临那个，最后您就画不出来了。过去我的国学老师包于轨先生他讲了一段话，实际上是过去梨园行说的话，后来老前辈许多人也都引过这段话，但是一般一提都说是可染先生说的，他确实也说过："对传统要大胆地打进去，再大胆地打出去。"这句话是打哪儿来的呢？我的国学老师包于轨先生说当年梨园行有这话："说赵子龙他怎么就是赵子龙？他这一辈子最精彩的地方就是长坂坡救阿斗，七进七出，换了别的人一进就一命呜呼了，你还出来呢？你出不来了。说学戏也是这样，你得放大了胆量，吸取各家之长，一招一式都得学人家的，不能荒腔走板。您说学杨派，就是杨宝森；你说学谭派，您看学老谭，还是谭富英，还是谁，一点都不能走样。这一点就很难，就跟赵子龙有'七进'，还得有一个'七出'。"白石老人说"学我者生，似我者死"，当然开头还得要有一个学的过程。现在有的人不学传统，传统全都不要了，凭空创新，你怎么凭空创新？

所以要求学生学习的前一时期，苦禅老人特别强调画速写，观察物象，我现在一闭眼睛，这小老虎就是互相打架，好玩极了；小熊打架它站起来，互相打。那画画就不可能不生动。为了追求这个生动，你的行笔过程中就发现有哪儿没哪儿，你就等于是带着问题去学，有针对性地学。我这一段就得看八大，我这一段就得看我白石爷爷，我这一段得看青藤了，我放不开笔，我就看他了。

所以传统的画法我要知道，但是不一定死摹。过去苦禅老人讲："工笔画可以摹，写意画只可以临。临和摹还不一样。""临"是什么，就是说你体会到了这儿了，就行了。八大的画册搁旁边，仔细看，有心得了，盖上，背着画。他说把八大山人拿仙药给解活了，他也临摹不像他自己的画。兴之所至，信笔而挥，才出真正好的东西。

徐：像王羲之写《兰亭序》似的，喝高兴了写的草稿，据说他酒醒了之后写多少次也写不了那草稿那么精彩。

李：怀素也有这种典故。过去那个粉壁，就是白墙，刷好了以后，请名人在上面题几个字。把他请来以后，好像在这儿摆架子似的，不动，他没来劲儿呢！等一来劲儿，"忽然绝叫三五声，满壁纵横千万字"。这当然是文学夸张了，这里有很多感情因素。

我父亲跟大剧作家曹禺两人聊天，说到庄子讲的"解衣磐薄"，它是一个高境界的东西。那个情绪到了，他自然出那些东西。当时他们两位，苦禅老人和曹禺聊天的时候提到了喝酒的问题，关于书法家喝酒的问题，那是不是不喝酒出不来好诗出不来好画，那也得看谁。那位傅抱石他要不喝酒他出不来好画，他有一方印章就是"往往醉后"。这李白那得喝酒才能出仙味，黄河水哪是天上来的？还有这个"花间一壶酒，独酌无相亲。举杯邀明月，对影成三人"，李白大概事先喝过，又弄一壶酒才出这境界。我父亲说你不到一定时候，就别学这些，学完这些反倒成俗气了。

李苦禅与曹禺

诗还不知道怎么作呢，画还不知道怎么画呢，先学喝酒。人家说李白那诗也不是全喝酒之后作出来的，毕竟还有没喝酒之前的。苦禅老人说："人家那个才能，喝酒不喝酒都出好诗。我们一般人，您就是头脑清楚，还未必写出好诗来呢！你要是喝得烂醉如泥，连句整的人话都说不出来了。"我父亲说可千万别学这个。这在过去叫作"名士习气"，人家留胡子我也留一大胡子，人家喝酒我也喝酒，人家画画的时候笔墨飞扬，肢体动作特大，我画画也在那手舞足蹈？反正我就不干，我画画是背着手，最多就是手扶着画案，我一手舞足蹈我后面书柜子那玻璃碎了怎么办？那都是走形式的。现在有些个过去"江湖气"的东西又出来了，还有的先当众"运气"，等"气到丹田"大喝一声，挥笔疾书，那劲头儿真吓人。这玩意儿外国也有，那不叫艺术，那叫"耍江湖"，是鲁迅所说的"沉渣泛起"。

徐：行了，今天就这样吧，再说更得罪人了。

【第二十一聊】

# 青岛之行

我老听父亲讲青岛怎么美怎么美,这回可有机会了,我能够陪着我父亲一起去。……反正就借这个机会多聚集一些画家,一起到山东,目的地就是青岛。

徐：现在我们研究李苦禅先生的画，除了画册之外，好多拍卖行都在拍李先生的画，好些拍卖图录上也出现了很多以前画册上没见过的画。我也照着拍卖行图录上的画临摹。但是有一个问题，拍卖图录上的画是真是假我们不好分辨。那天我在一个挺大的拍卖行的图录上看见一张画，这画是四尺的，上边画两只大黑鸟、八哥，底下是大石头、竹子，上款是余修。我对这画就有点儿怀疑，因为您父亲画四尺整张的八哥，好像很少这么构图。这张是真的么？

李：这样的构图也有，至于你提到上款是"余修"的这张，是真迹。

徐：但是余修是谁？我查了查，没有哪个画家或是文学家叫这个名字。

李：这种题材先父画过不少，但是题"余修"上款的大概就这一幅，这是在一个特定的历史时期画的。余修是何许人也？现在年轻人大概都不会知道他了。他是位老革命，曾经担任过山东省的领导，至于具体什么职务我记不太清楚了。为什么有这么一张画呢？因为有这么一段缘分。

在所谓"三年困难"时期，余修组织了一次山东籍的画家到青岛休息、画画，这在当时，对于北京的画家来说，那是很振奋人心的一件事情。我记得大约是1961年暑期。那个年月不像现在，简直是中国游客遍全球，那个时代可不是这样的。尤其是在三年困难时期，到哪儿都要粮票。必须得有公家的介绍信，换成全国通用粮票，然后你才能够出差到地方去。在当时的条件下，能够得到出去的机会，那实在难得。在我父亲的经历里，他过去总是走南闯北，但是建国以后，由于种种历史原因，他一直想出去都没出去。不能出去，没有给他派任务，就出不去。尤其他向往青岛，因为我父亲跟我母亲李慧文1942年结婚后就在那里度过的蜜月。

徐：李苦禅大师和青岛还有这么一段缘。

李：去过青岛，转年我就出生了。所以小时候我经常听我父亲说："等太平时候，我带你到青岛去。青岛有个水族馆，墙上都能看鱼。一个一个跟窗户似的，玻璃的，里头都是各种挺怪的鱼。"

徐：这水族馆当年就有？

李：德国人那时候就有。德国不是占了青岛十七年嘛，留下好些建筑，现在都成了国家文物了。这个水族馆当时是很招人的。我老听父亲讲青岛怎么美怎么美，这回可有机会了，我能够陪着我父亲一起去。当时在北京的山东籍的画家，在我印象里头，你看有郭味蕖先生，潍坊人。还有王雪涛先生，他的夫人是山东人，他是河北人，但是历史上他们的老家一会划河北，一会划山东，得了这会儿就算山东人吧，他也巴不得参加这行列。还有田世光先生，那老北京人啊，不，他祖上是山东人……反正就借这个机会多聚集一些画家，一起到山东，目的地就是青岛。

1978年李燕陪父母重游青岛

徐：这是一个什么活动？

李：就是让画家到那儿去，休息休息，创造创造。

徐：就是这个余修主持的？

李：就是他主持的。也只有担任省的领导，才能够完成这么一件大事吧。这样的话，在1961年暑期，我就陪着我的父亲，还有北京这些著名画家一起乘火车前往。这是我这辈子头一次坐火车，新鲜极了。说实在的，这一路上这待遇还真是不错。

徐：那会儿还是绿皮车呢，是吧？

李：对，绿皮车。那待遇真不错。我一看，还有餐车啊？上来吃的喝的我都不敢动。我说："爸，咱没带粮票啊。""傻孩子，这都由山东省包了。"走着走着，我一瞧那边，我说："那边怎么跟洗脸盆搁小船似的？"我父亲说："哪是洗脸盆？那就是海了。"那海里的大轮船远看跟洗脸盆里那玩具似的。我第一次看见海那个激动啊！当然这是后话了。当时火车可没有现在高铁那么快。咯咯噔噔，从北京到济南小七个钟头。到那儿之后先得在济南落了脚，住一晚上，然后第二天再乘火车到青岛。

徐：您父亲当年坐的是硬座是卧铺？

李：硬座。那时候可以讲大部分都是硬座，很少有硬卧。

徐：这些画家也都是硬座？

李：都是硬座。

徐：一共大概有多少位？

李：十来位呢。

徐：那再加上随行的得二十多位？

李：差不多。

徐：因为每一位怎么着也得有一位跟着的呀。

李：对，有的岁数大点儿的，跟着夫人，年轻点儿的就不跟着人了。到那儿去之后，在当时济南最好的一个宾馆，济南宾馆，接待大家。我是头一回参加宴席，尤其在那年月……

徐：你没吃过席？

李：没吃过席。

徐：都有什么好的，您还记得吗？

李：我差点儿没露怯。上了一道汤，现在才知道，叫什么？奶油里脊汤。上来之后，我说："哎哟，这还有疙瘩汤呐？"我父亲瞪了我一眼："别瞎说！"哈哈哈，不懂啊！所以那次是这辈子第一次得到这种待遇，都是沾这些老前辈们的光儿。

徐：1961年您是18岁？等于是刚上大学？

李：刚上大学。但是我同时也有一个感觉，什么呢？初次接触大社会，也看到了一些在首都城市和院校里看不到的事。当时是三年困难时期，山东实际上闹饥荒很厉害，尤其是我们去的头一天，下了场大雨，下这场大雨从山上直冲下来。那儿有一条街名字叫"山水沟"，你听这名，就是千佛山下来的水就打那儿流。但是这个洪水不是说年年来，它可能几十年来一回，这几十年间，那里搭起好些棚户住了。这下子全冲了，冲得那叫惨啊，桌椅板凳都堆到水下去了。那山水来得快，去得也快。我是第一次亲眼看到老百姓流离失所。但是就隔那么一道墙，我进了济南宾馆，我们是另一种日子。

我当时心里头很难受，我父亲看到这情景也很难受。他不讲话，我也不知讲什么。这是我今生今世第一次感觉到，人间还有这样的差距。好在在那儿没待多长时间，又上了火车。我印象里头，北京到济南是960华里，济南到青岛是960华里，一样长。你看山东省是个长条的省，伸到海里头，胶东半岛。这一路上就看到大海了，特别地激动。其他这些画家也都是多年没见着海了，也都特别激动，都往海那边瞧。

终于到了，安排我们住的地方都是德国式的那些小楼房。我就想起我父亲过去说过，德国人很值得我们学习，他做什么事情都很严谨。小的丘陵上建的一个青岛，整个青岛市，你看这个楼，红瓦白墙，所有的房子没有两个是一样的，但又是统一的。甭说房子不一样，连瓦都不一样，你这个房子坏一块瓦，你拿别的瓦替不行。而且特别地坚固，哎呀里头那个窗户、门，白铜的合页，那个地板，可以讲是万年牢。尤其是那个总督府，那大花岗石修的，不像现在看花岗石那都是贴面的，那是整个花岗石修的，那个建筑真伟大。最近我们报上登了，全中国唯一下大雨不没脚脖子的就是青岛市，德国人先花了大力气修地下排水系统，都可以钻进人去，这么大。而且里头分得很细致，排水口还不污染沿海的沙滩，因为人还要游泳，它在很远的地方排出去。

你就说这种严肃的精神，负责任的精神，质量第一的精神，真值得咱们学习！所以我父亲老说，咱们中国人固然有好多优点，但是也得学习人家的优点。他就着德国人建的这个青岛市，说了好些方面，我就仅举这一例。

到那儿安排我家跟王雪老住在一个小楼，他跟我父亲是多年的老同学。

徐：谁跟着王雪涛先生去的？
李：他就一人儿。

徐：就一人儿去的？
李：那会儿他身体还不错。他夫人徐佩蕸也是老艺专的同学，比他岁数还大，身体也不太好，所以说就他一人儿去的。好歹也有我这小伙子在旁边，也就兼顾着伺候了。平时他有点儿闲杂事什么的，就叫："燕儿，过来。"贤侄嘛，是不是？哎哟，他跟我父亲这俩人净聊早年的事，那个情绪、表情，就不像上岁数的人。那时候我父亲也60多岁了，王雪涛老人也60多岁了，就跟当年学生时代一样，很亲切。而且在这过程中我收获不小。比如王雪老他在50年代有一次非常特殊的机会，让他到法国去，那时候这机会可实在太难得了。

徐：去资本主义国家。
李：对，他见着毕加索了，毕加索非常欢迎他。王雪老当众给大家表演，

王雪涛

毕加索 藤椅上的女人

画一只大公鸡,他说:"貌貌法国人,你不是艺术厉害吗?你法国的国鸟又是公鸡,找只公鸡搁前头,我就画。"当场画,特生动。其实他说没那几只公鸡我也能画,咱们写意画都是成竹在胸。哎哟,法国人当场说:"中国画可了不得!"毕加索也是特别惊讶,他就没见过,对王雪老是极为尊重。后来王雪老就说:"今天你们盛情欢迎我,我也非常想在北京安排安排,欢迎毕加索先生您到北京来。"毕加索说:"我不敢去啊。"王雪老说:"您不要顾虑,虽然您这是所谓资本主义国家,我们是社会主义国家,但您是法共共产党员,再一个我们中国是好客的国家,您去了以后一切安全请您不要顾虑。"他说:"不是不是,中国我就怕一个人。"王雪老问:"你怕谁呀?""怕齐白石啊!有他在那儿,我不敢去。"王雪老说:"您去,我老师齐白石一定也会欢迎您的。您一定要去。""我不敢。"跟着毕加索拿着一些他的画,到现在我也没见他发表,是他也不知哪儿找的齐白石的画册照着临摹的,后来知道是张大千送他的。用王雪老的话说:"白石门下哪个学生临摹得也比他那强。但有一样,您的不如他的值钱。"

王雪老说:"您还是要去,因为您在中国享有盛名,我们中国人都会欢迎您去的。"他说:"现在好些中国人都向法国来学习艺术,在我看来最高的艺术就在东方,说准确点儿就是在中国。中国能有齐白石这样伟大的画家,你们干嘛非要到法国来学?你放着这么好的大画家、大师当楷模,您干嘛到这边来学?"王雪老当然很谦恭地说这么句话:"不不,您对世界艺术的贡献也是很大的。"毕加索笑了笑,他说:"我确实贡献很大,至少我养活了上千名的理论家骗子。"

从此在我印象里,我觉得毕加索他很可爱,因为他说实话。本来么,好些根本不懂画的也在那儿瞎评论,评得连毕加索自己都一笑了之。

徐:评论家就指这吃饭呀。

李:对对,他能指这吃饭了,"毕加索研究专家",是吧?在那会儿我能听到这种高质量的对话,那对于十八九岁的李燕来说,那真是收获甚大。但是有时候在文章里我提到这些话,就让人给我删去了。也不知道毕加索是他祖宗是怎么着?为尊者讳?这我就不明白,只要我引这段,必定给我删去,这干嘛呢?我可以说在艺术领域里,我从来没撒过谎,也不知道怎么就不登这个。

徐:怕得罪"理论家"呗!

李:那一段时间,可以讲,跟这些前辈们接触,在一块儿看他们画画,很有收获。

徐:在青岛待了多长时间?画了几场?

李:在青岛时间不长,在我印象里头可能也就是十来天。那时候公家的招待费用各方面也都有限。咱不说别的,这些人"住"没问题,那时候这些高级的德国小楼都归国家管,统归"交际处",是管高级接待工作的这种机构。这"吃"上,供应那就……你想想吧……

徐:能吃上白面吗?

李:岂止白面?还有鸡蛋,还有肉,尤其是鱼多。

徐：对，靠海嘛，各种鱼。

李：靠海吃海。在我印象中也就是十多天，然后就回来了。

徐：天天画吗？

李：不画大家干嘛去了？都在自己住的那地方，都给你摆好笔墨纸砚。

徐：不是大家一块儿画？

李：也有一块儿画的时候，是合作的笔会。这也是我平生头一次看见这种规模的笔会，同时看到这么多画家动笔，那机会可以说是很难得。

徐：有您父亲、王雪老、郭味蕖、田世光，还有谁？

李：吴镜汀。还有谁一时我说不上来了。我现在就一个毛病，"坐牛棚后遗症"，我23岁那年赶上"文革"，我为打成"反动学术权威"的苦禅老人写"十万言翻案书"，被关进了"牛棚"。他们每次点名审我："认得他吗？""认得。""老实交代他有什么反动言行！""没有。""混蛋！没有不行！"我为了保护别人，我净说"不认得"。所以如今头脑里一到人名上就卡壳，就"徐德亮"还没忘。反正当年去青岛的画家有十多位呢，尤其北京画院占得多。

徐：那像您父亲画大写意，他稍微时间快一点儿；王雪涛王先生画就稍微慢点儿，那郭味蕖先生画那不就更慢了？

李：这两位都不慢。我跟你讲，这写意画画到一定高度，创作本身时间并不长，是后台下的工夫长。王雪老可以讲，小写意花鸟画，现在没有能够跟他比肩的；而且只要学小写意花鸟，无不受王雪涛先生影响，不管你承认不承认。他那笔底下灵动极了！他是老艺专毕业的，多年来自己钻研，先拜白石老人为师，又拜王梦白为师，还拜陈半丁先生为师，他悟性又强，那小写意，真绝了！

现在有人不明白，一称他是"小写意花鸟画"，他觉得贬他了，非得是"大写意"才高。他就不明白这是一种画种的名称。小写意你能画到王雪涛老先生那份上，那你就是"当代大师"。可惜我一个也不认识。

**徐**：那些评论家认识就行。

**李**：郭味蕖先生画画也不慢，他画小写意那速度很快，那熟练极了。尤其那竹子，他画竹子有一特点，他这眼不跟着笔走。看好了这个竹子的走势，眼睛根本就不看这个笔了，"噌噌"往前一推正合适，那熟练极了。当然后来他又发明一种画法，把工笔重彩和写意结合，那个就慢了，因为它有一道道工序。但是在那儿画就不能画这个了，太费时间了。像田世光先生，那是画工笔的大师，人家也会小写意，到那儿人家也来小写意。山水画家吴镜汀先生，他那个山水，用笔极简练。不像我现在看的好些山水画，不把着满纸画黑了，全画满了，好像对不起这张宣纸似的，可能是听说宣纸涨价了。人家不是，人家吴镜汀笔底下利索极了，很简练，空间感、质感、量感、气韵，都出来了。但是多年老不宣传人家，现在拍卖行老宣传那几个。你现在问谁知道吴镜汀？不知道。谁知道秦仲文？不知道。那都是我们很熟悉的这些老前辈，京派画家。现在不少当年的名画家都在宣传媒体上"失踪"了。

很有幸，当年各种风格我都能在那儿看着。

**徐**：在那儿他们有合作吗？

**李**：有。但是合作不太容易，原因在哪儿？山水画家跟花鸟画家没法合作，得能够互相搭配着合作。所以合作的东西很少，很少。我现在几乎都记不太清了。

**徐**：那我再问一句题外的，像您父亲跟王雪涛先生从20多岁就在一块儿，他们这一生有没有合作的画？

**李**：有，他们肯定有啊。

**徐**：但是好像没见过，还真没见过画册上有。而且他们的风格也不一样，一个大写意，一个小写意。

**李**：这就得配合了。

**徐**：一个甜一点儿，一个苦一点儿。

**李**：往往遇到这种情况，就让王雪老画主角，比如画一对飞的八哥，我

王雪涛为李燕作双鹊图

父亲画那配角,旁边画石头、竹子。这几年有的拍卖行里还有呢。尤其他们都在北京,经常参加社会活动,王雪老没架子,画不是那么难求,只要他对你印象好,你跟他求张画挺容易的,人可好了。所以现在值得我怀念的老前辈虽然很有限,但是王雪老是其中一位,当在纪念之中,我收藏有他给我的画,还有给我夫人孙燕华画的,那真是,人品、画品,没的说!

徐:那这张"余修"上款的画就是当年画的?

李:对了,当年因为他招待大家去的。但有一条,咱这话得说清楚。余修同志是老革命,他不是为这个事情索要画家的作品,不是的。画家是出于自愿,觉得余修同志组织这次活动,挺感谢的。咱拿什么感谢?秃笔一支,画张画送给他。在我印象里他生前也没见过他拿画去卖去,这些能够上拍卖行的估计是他去世以后流出来的,那就由不得他了。余修后来在"文革"中也被整得够呛。

徐：就像我说的这张，两个八哥底下大石头这个，您应该都是亲眼看着您父亲画的是吗？

李：多半都是我亲眼看着画的。

徐：那后来有没有在鉴定的时候，出现过这种故事？比方说拍卖行出来您父亲的画了，有人说不对，您一看说这画是对的，这就是我看着画的，有这种没有？

李：太多了。

徐：您给讲讲？

李：我比较有福气，我这辈子跟着我父亲不光是儿子跟父亲的关系，还有事业的关系。我老在他身边，尤其参加社会活动，经常陪伴着。比如去年吧，有一个拍卖公司拿了一张《白梅》，大幅的，丈二白梅，题名是《晴雪图》，大家都知道我父亲画册上有这幅《晴雪图》。临摹得大致一看还挺像，拿到我这儿来鉴定了。上面题"作于紫竹院问月楼"。我告诉他，我父亲到紫竹院两回，我都陪着，都在问月楼，那匾都是我父亲题的。那天到场有何许人呢？我把照片一拿，我当年照的相。我说你看上头有张伯驹先生夫妇，有胡爽庵先生，有张君秋先生夫妇，有我父亲跟我母亲，还有陶一清先生，等等。我说："有这么些人，你再看看望月楼里头面积有多大？能支开丈二匹画吗？就算让这些人都'属黄花鱼儿贴边站着'，能摆下丈二匹，那场合大伙能看着我父亲一个人画，他们都不动笔吗？不可能的。再有我告诉你，你看这白梅这种横的画，他没有画过丈二匹那么大的。他一辈子留下14张丈二匹这是我调查出来的，哪张在哪儿哪张在哪儿我大致都知道，忽然多出这么一张来，对不起，不可能。"

还有就是印章，我父亲晚年画画，印章每次都是让我盖的。他岁数大了，大图章有时候盖得不是太匀，甚至有时候还有盖倒了的，他忌讳这个——"文化大革命"里头，像他们这些"反动学术权威"的名字，都倒着写。所以这章就让我盖，我盖得瓷实，劲大啊！那印泥都是我们家自己在荣宝斋那儿特制的。

我说："这全部加在一块儿就一个字，假！"人家说："这画得挺好的。"

李苦禅与老画家们在紫竹院问月楼
(右起胡爽庵、陶一清、许麟庐、张伯驹、潘素、孙墨佛、李苦禅、张君秋、李慧文)

我说:"是挺好的,因为这位他学过我父亲的写意,我一看就知道。今儿个我口下留德,我就不说是谁了。"

徐:看得出是谁造的假?
李:这一行里的人都熟啊,更何况我老是陪着。我说:"梅花最难画,他这里头好几个地方都犯了毛病了。当年他就犯这些毛病,到现在了还犯这毛病,没改。我也只能说到这儿,你们让我鉴定,我就给你说实话。"他们本想把这幅当这一次拍卖的重点宣传作品,这么大幅的。

徐:得搁封面。
李:对,搁封面带局部,那价还得架上去,卖了卖不了也得找几个托儿给托上去。结果我说完了他们特失望。这类事情举不胜举。

徐:我记得我赶上一回,人家拿画来让您鉴定,上边是竹子,下边是竹鸡,结果您拿来打开一看,说这张拿您这里来好几回了,那竹子是您父亲画的,那竹鸡是您画的?

李:对对,这样的也有。

徐:那怎么回事?

李:因为我父亲手很松,容易答应别人的求画。"苦老,请您给我画张画呗!"他说:"行行行。"他行行了,他没记下来,人家记着呢,就催我。催我怎么办呢?我父亲说实在的岁数大了,我也不愿意给他揽这事儿,确实岁数大了不像以前画画那么利索,每天精力有限。那怎么办呢?让老人省点儿事吧,我画个鸟,比如画鹌鹑,画个八哥,画个鱼鹰,很少数还画只鹰,然后我父亲在上头简单加个石头,加两笔竹子,题上字。这样的画有相当一部分。我们那儿荣宝斋有一个叫王大山的去世了,我们两家特熟,他小时候他爸爸开一个最京堂古董铺,卖那些小名头字画。

徐:什么堂?

李:最京堂(音),那俩字到现在我也不会写,是喝醉的"醉",念经的"经"?咱不知道。我父亲常帮着掌眼。后来王大山成荣宝斋头把了,牛着呢。那时候去香港难极了,但他有任务可以经常去香港,到那儿去他就送礼,一送礼就找我来了。"李燕,麻烦苦老给我画个两张、三张、四张、五张的。"我说:"你到底要几张?多大的?丈二匹?"他说:"不不,二尺条就行。"像他这送礼的画,那一概都是我画一个鸟,我父亲再来两笔。我父亲也有意见:"大山这孩子,人家求画都给银子,怎么到我这儿都'票活'了?"我说:"他不是送礼嘛,送谁的合适?爸您不是好说话嘛,跟他爹关系好,不跟您要他跟谁要?那别人也姓李,让他试试能要得着吗?"所以现在有相当一部分是这个。

徐:那题字是您父亲题的?

李:就题他的款,不能题我的。

徐:章也就光是他的章,也没您的章?

李:对对。

徐：那您这算不算代笔？

李：这算一半代笔，但我不造我父亲假画。因为我们并没有亏待他，连纸都是我们家的，一分钱没要是不是？他还不上我们家取去，因为我在荣宝斋工作……

徐：您上班还给他带去？

李：照理说他是晚辈，应该"当面求，当面取"是不是？取也不能空手，好歹您拿盒茶叶是不是？也没这个。等于是我传达，我父亲画完之后我再带到荣宝斋给他。其实要说王大山，眼也挺贼的，他有一习惯表情，一看到哪儿不对，他眼睛本来就大，瞪圆了，然后就直在那儿"啧啧啧"。他一呲牙花子，能把好几万嗑回去，人都知道他这个习惯动作。他有时候也看得出来，但是我装傻，你看出来怎么着，我也没要你一分钱是不是？除了你以外，那些接受这礼物的，他们懂这个吗？本来大写意就是高度的东西，对不对？现在好些贪官污吏家里头的画，"大名家作品"，都是赝品，都是假的。一帮子"文革"文化大断层之后靠拍马屁上去的官儿，只听名气，没有什么文化，他们懂这个吗？

徐：鉴赏书画本来是一件很风雅也很难的事。

李：对这个咱都说实话，广播出去咱得说实话。

徐：上回我见那张画，您说拿来五回了，那就是说人家上您这鉴定一回，发现鸟是您画的，竹子是您父亲配的，他就出手了？

李：不是，不是这原因。现在好些人他不是收藏，也不是爱画，我光给你画猫画过几只了，没一张见市场卖的，是吧？你是为了学艺术。他们现在大部分人是倒腾画，你哪怕多等两年再涨涨价再卖，他不，拿来之后有赚就卖。

徐：见利就走。

李：见利就走。他不是真看出来了，他看不出来，他要看得出来找我鉴定干嘛？他要卖，对吧？他带着买主上我这儿来，我一句话他就买，对吧？后来我也不爱揽这事了，这时候我就不能不帮着说点儿假话了，得罪人干什么？

徐：什么叫帮着说假话？

李：我只能说："这不是假的。"我只能说到这儿，多一句下文也没有。

徐：像您跟您父亲合作这种是这样，但是要纯属假的您不可能这么说吧？

李：那当然。有过这事，给我多少银子，让我就说个"真"。我说："那不行。有一张假的我说真，我们家所有存的画，捐给李苦禅纪念馆的画，可就全让人打问号了。我这损失可是不可弥补的。而且这人格损失是钱买不回来的。"

有一张白石老人的巨作，那张画可以讲，白石老人可能这辈子就那么一张，我暂且不敢说上头画的什么，因为这不是从一般人手里出来的。上头已经有名人题跋，还包括我父亲跋的。他那个公司欠了钱了，拿这张画抵债，人家说了："必须得有三个人其中之一证明是真迹，我们就能接受。一个是许麟庐先生，一个是齐良迟先生，一个就是李燕先生。"可见人家对我多信任。后来他们到我这儿来了，写好了鉴定书，就让我签个名。那一摞钞票就搁到我这儿，那诱惑力，那印油味我都闻到了。我说："对不起，我是缺钱，但是这钱我不能挣。"

徐：它是真的不是真的？

李：绝对是真的，而且是白石老人的巨幅代表作，流传有序的杰作。

徐：那您怎么不敢写鉴定书？您签个名不就完了吗？

李：不行。这张画我知道，事先他们先拿到我们四师叔齐良迟先生那儿看过，他不表态。为什么不表态？这咱且不说，反正他没表态。他没表态的画拿到我这儿，我表态？这钱我挣了？我以后跟齐门不是等于绝交了？方方面面都得顾及啊，是不是？所以我说："对不起，我既不能说真，也不能说假。我就只能说一条，我没这财运，您这钱拿回去，我不能签字。"人家觉得我这人忒怪了，您不就签个名，这钱你不就挣到了？他们的价值观可能是这样的。咱们的价值观就是刚才我说的。所以这份鉴定我就不能签。

徐：来人很不高兴？

李：他们很不高兴，不是一般的不高兴，忒不高兴了。

徐：那后来这个画最终卖出去了吗？成交了没有？
李：这张画后来从我这儿离开之后再也没出现。

徐：保持信誉很难很难。
李：像现在有些鉴定家，收三千块，之后就说"假的假的"，全说假的。我有一朋友想试试他的鉴定水平如何，拿了几张别的名人的画，还拿了我父亲的画，从我们家拿的。到那儿去，那位"鉴定家"说："假的！全是假的！"我这朋友回来问我："怎么他都说假的？"我说："我告诉你，说假的比说真的好办。"如若他说真，万一别人说假，这是非就来了。他要全说假，别人说里头还有一张真的，这人家本家还特高兴，还落一好，不担责任。

他其实没有鉴定水平，人家的学问就在这一句上："假。"挣你这三千块，完了走人。下回来，"假"，又挣三千块。多容易，是吧？

说实在的，"文革"后这个道德损失太大了，各行各业都有道德的缺失。我们是受传统教育过来的，苦禅老人的儿子，我们说话就得特别地谨慎。

咱们这从余修同志请我父亲到山东开始，最后咱们这话题聊到这儿来了。其实我好些谈话的方式就是意识流，不一定流到哪儿，我想听众同志们大概也爱听我这意识流吧，全是心里流出来的话。

【第二十二聊】
## 我管他们叫"恒温弟子"

这几位弟子对老师都如此,我说他们对老师,是我父亲红的时候他也不热,我父亲倒运的时候他也不冷,我管他们叫『恒温弟子』,都是真心的。

徐：李苦禅先生，因为他一直到80年代才去世，所以他赶上很多新的科技，比方说摄影摄像，所以他留下的照片就还算比较多，齐白石先生留一张照片都很难。

李：对。

徐：但是李苦禅先生的老照片应该说还有很多没面世的，您捡其中好玩的，有故事的，给我们说一张。

李：恰好前些日子，我父亲一个老学生张如意的儿子墨缘给我送来这么一张合影，这是1963年在中央美术学院煤渣胡同9号宿舍那个院里拍的。

徐：那这是谁家门口？

李：这就是北房前头，那个小院里头。苦禅老人坐在藤椅上，那藤椅现在还保存着。后头有五位弟子，照得还挺清晰。我一看特高兴，这照片我们家都没有，所以别的书上你也看不着。那年月确实照相不容易。真是，白石老人一生才有多少张照片？

徐：好容易有一组挺好的，一看还是外国人特地去给他照的。

李：对了，有一组是德国人照的，大约是1947、1948年照的，外国人照的。我父亲的老弟子张如意喜欢照相，有那么一个小的照相机，留下了这么一张宝贵的照片。在这幅照片里头，一共后头有五位弟子。这五位弟子，他们都有一个共同点，就是都不是美术学院中国画系的学生，都是属于我父亲在校外收的弟子。所以说苦禅门下的弟子是"桃李满天下"，他不光是有国画系这些考进去的学生，还有一些在校外来学的。

我父亲也是继承了白石老人的传统，不收学费，而且不能送礼。为什么

李苦禅与校外弟子合影

不能送礼呢？他说："你们都是穷学生，我当过穷学生，你给我送礼，我吃着不好消化。为什么呢？你这都是从自个儿生活费里头抠出来的，你们都挺穷的，就别送了。"而且还是真教，跟学校里头教没有任何区别，该讲的这些道理全讲到了，特别是还坚持徐悲鸿院长和白石老人的教学传统，边说边动笔，所以这些老弟子手里都有相当一部分苦禅老人画的画稿子，还有成品画。

而且在照相的这个时候，1963年，这个时候是苦禅老人一生中的又一个高峰，60年代初，一直到1964年的夏天。因为1964年以后，康生和江青在美术学院发动了一场内部的"社会主义教育运动"，实际上就是未来"文革"的一个试点，这一下国画就成了"资封修"，不能画了，很可惜。

徐：那这五个老弟子都是谁？您给我们介绍介绍。

李：这几位现在都各有成就，当然有个别的不在了。你想我都73了，那时候的老弟子，这岁数都可以的。我按照照片顺序来讲，从左到右，这位是谷溪先生，他曾经在人美社担任过编辑。他不光学画，他重点还在书法、篆刻、金石方面，非常有研究。所以在人民美术出版社退休之前，他主要负责这方面的稿件。即使退了休，有时候有这方面的稿件还由他来审阅、校对，比如出版我父亲的书法集子，那就是他当责编。另外前两年，苦禅老人收藏的从先秦到唐宋系列的金石原拓本，在北京画院用两层楼展出，还只是展出了一部分，非常丰富。像这样的展览座谈会来说，有相当一部分美术界的人，可以讲没有多少发言权，为什么？光知道好，但是没有这种研究。因为有关金石方面的课，一直就没有正规地开过，就打"小学"，文字学一直到历代这些鼎彝、石刻、碑刻和上面的文字，有关这些方面的金石学，就没有怎么列入正式的课。偶尔有那么一小段，很短，也不成系统。

可是谷溪他就很有发言权，他就品评这些宝贵的拓本，比如哪块汉碑，现在这石头都不知道哪里去了。说你看这个是一块残石，上面还有一个方的窟窿，这敢情是人家农民拿来当房子构件了，那窟窿是插房坨使的，不过其他没有破坏的部分字口都挺好，而且一看拓功好，拓得早。然后他就有一番评论，他研究得很细致。

现在他还是每天在那儿默默地耕耘，并不炒作自己。最近要出版的《李苦禅全集》（共八卷）是国家出版署立项的任务，由人民美术出版社完成，在专家鉴定组里就有他。这是谷溪先生。

再有第二位是李士麟，叫李士麟的不止一个，我说的这位李士麟是咱们京剧界鼎鼎有名的老旦李多奎先生的公子，他喜欢画画。李多奎先生当年那真是不得了。

徐：《遇皇后》《赤桑镇》。
李：是是，他的模样，那个做派、神气，不化妆就是老旦。因为我到他家去过，一进门，那迎门是李多爷正在那儿坐着，一进门你看那就是老旦出场了。

徐：看着就像一老太太？
李：就一老太太，不用化妆。他在《钓金龟》那出戏里，那一嗓子，满北京都会。

《苦禅金石缘》展板

徐："叫张义……"

李：对！"叫张义，我的儿啊。"就那一嗓子，是吧？好！你这唱完了，隔着好几道墙，那边不知道谁又来一嗓子，最后能把这一段串完了。老北京这人人都是戏迷。这一段往往就是学李多奎先生。他这儿子其实肚里戏也不少，但是他挺爱画画，又学我父亲大写意，又学王雪老那小写意，挺用功。人还特别地幽默，活得是特别地有滋味，语言也特别幽默，就是可惜你见不着他了，他前两年过世了。

他是老北京，满嘴都是笑话，他自己那儿不乐，说着说着把你逗得捧腹大笑。你想想在"文革"中间，他也不怕，有时候还上家里来看我父亲，院里住着一个"造反派"他也不怕，就来看。到我这儿，聊天，挺高兴的。一进屋里，这外头是冬天，里头就是春天，师生之情依然如故。这几位弟子对老师都如此，我说他们对老师，是我父亲红的时候他也不热，我父亲倒运的时候他也不冷，我管他们叫"恒温弟子"，都是真心的。

那么他来了，我父亲也挺关心他的，说："士麟，现在你还画画？这都成'四旧'了你还画呢？还跟我这儿请教呢？""可不，我还得画画。您甭说别的，现在办事都有一个习惯，凡遇事都得托人，好歹得送点儿礼，您瞧我穷

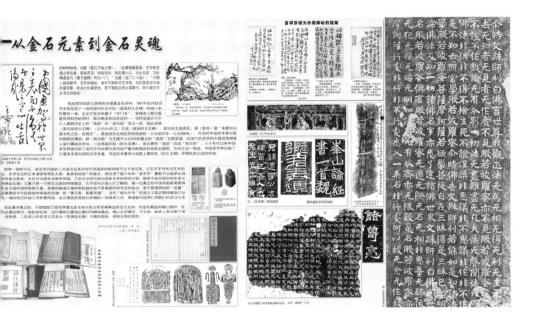

这样,我送什么?我画一棵牡丹,自个儿也会托裱,裱完了到那儿去送人家,这事就办了,这多好?你说我要不送画,我说:'这位同志,我家那房,前头那檐子坏了,能不能早点儿修?雨都流到屋里头来了,最好前头再搭出那么一小块儿棚来,我没别的表示,您坐这儿,我这儿带着二胡呢,您听我唱一段《钓金龟》。'唱完了不但事儿办不成,'造反派'告状了:'好哇!你还唱"四旧"呢!'您说行吗?咱还得画画,实惠。"他就是这种语言。

还有一阵儿问他,说:"你最近有什么活儿干?"他说:"我有活儿,没活儿干有饭吃吗?我现在可有饭吃了。"我问他:"你这活儿是干什么?"他说:"好,有饭吃的活儿。这叫'三年大旱,饿不死厨官',我现在在一个单位当厨子了。"我父亲问:"你还会做饭呢?行吗?""行啊,我这饭第一吃了毒不死人,第二吃了解饱,第三我还能沾点儿油水。"又问:"你这厨艺怎么着?算第几?"现在一般都说大师傅,是吧?

徐:几级厨师。

李:那会儿还没有几级,反正就是厨艺最好的自然就是老大。说:"你这厨艺怎么着?""我老大啊。""你怎么老大?""我告诉你在我们单位你打听打听去,论厨师左右上下,全没有,就我一个。"他就这口气。

还有一段他可能是有别的事,有些日子没到家来。有一回我在拐弯的一个小文具店里头看见有一种宣纸,我现在还留着,一毛六一张,我一看这宣纸,一摸那性能,咱从小"吃纸"长大的,一摸就知道那纸好。纸不在乎贵贱,也不在乎名牌,你现在奔名牌,"红星",净假的,是吧?那纸就是好。我正摸着宣纸,一个脑勺,从我这下巴颏底下探过来了,也在那儿摸,我从脑勺就认得这是谁,熟人啊,我就叫:"士麟。"他这才一侧脸,"呦,您在这呢!"我说:"有些日子没见了,怎么样?""没什么事,就一些杂事就不说了,在铺子里说什么话。"我说:"你家来呀!""到苦老那儿人挺多的,挺搅扰老先生,听说最近有点儿血压高,听人说的。"我说:"这得区别对待是不是?毛主席都教导我们说'没有区别就没有政策'。"我们这辈儿人背毛主席语录都背得溜溜儿的,"毛主席都教导我们说'没有区别就没有政策',像你这好人去,苦禅老师欢迎,我们父子都欢迎,全家都欢迎。""哎哟,我是好人啊?"

徐:这就上了戏韵了。

李:我说:"可不是你是好人。""我果真是好人。啊,哈哈哈!"上了戏韵了,就这么个人。逗得那卖纸的都乐了,他们没见过这样的"神经病",在小文具店里就开戏啊!

他前两年过世了,也不"扰民",我们根本都不知道。后来传说士麟走了,我很难受,这身边能够说知心话的朋友越来越少了,又走一位,还挺留恋的。一看这照片,往事又上心头啊!

徐:当年您跟他们关系都挺好的?
李:都挺好,都挺好。

徐:那他们来家学画的时候您也在旁边看着?
李:我在旁边看着,所以他们学画的事我都知道。

徐:苦禅老人身后正中间这位弟子是谁呀?

李：张如意。这位弟子也是非常忠诚，到家来沉默寡言，就是在那儿低头仔细听，听得特别仔细。他不光拜我父亲苦禅老人为师，还有其他几位老先生也都是他老师。像老一辈的山水画家吴镜汀先生、关松房先生、秦仲文先生，这些位京派的山水画家，那都是在京派画家里很有影响的画家，他们后人有的继承不上去，如今就没人提了。像秦仲文先生常用的有一方印，现在在我这呢。我买那个图章，是当印石买的。我一看，"遵化秦裕"，那不就是他吗？他是遵化人，姓秦名裕，字仲文，我给买回来的。所以说这个画家的后代啊，有时候真是，这就不好说了吧。

徐：就是当印章材料卖出去了？

李：对了。

徐：谁买了就给磨了刻自个儿名了？

李：对了，对了，就是这个。我买了当然不能磨了，是当文物收起来了。还有别的名人印章，我也是仅用印石的价钱买的，很便宜。卖它的是外行，不认得印面上的字是谁，我收了。张如意就跟这几位老师建立了很深厚的关系，对待他们跟对待我父亲苦禅老人都是一样的。所以在他手里现在还存着这几位老先生画的画，不卖，谁来求都不卖。我父亲给他画的画，写的字，不久要出《李苦禅全集》，就收录了给张如意写的一件岳飞的词句，那都是精品。

徐：张如意他有什么家庭背景？

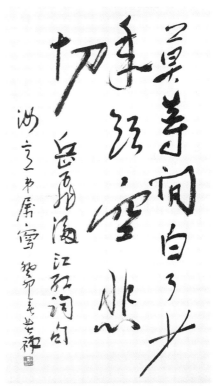

李苦禅书法："莫等闲白了少年头，空悲切"

李：他家庭就是很普通的家庭。

徐：那他怎么能够跟您父亲学画呢？怎么个机缘呢？一个普通的青年能找李苦禅学画，这不可想象。

李：是，现在一般想象，名家都有架子，是吧？好像得怎么引荐，人家接见不接见。说实在的这些老一辈的先生们，他们有一个什么作风呢？他觉得你如果是诚心诚意地学，他就愿意教，真是。不光是我父亲不收学费，其他那几位老先生也不收学费，他还是看人，是真正愿意学，还是附庸风雅。然后出去挂个名："我是镜汀先生的弟子。""我是仲文先生的弟子。"都不带姓的，透着熟。时间长了自然也就没缘分了。老一代这些画家在我心目里永远是老前辈。想起他们的形象，就有肃然起敬的感觉，如同在世一般的感觉，极亲切啊！

张如意这位弟子，就是兢兢业业地画画，画山水，但是他的画没市场。

徐：但是您父亲很少画山水呀？

李：张如意他是花鸟、山水都画，后来就转为专攻山水，也不拿出去卖。他说："你瞧咱们自个儿觉得画得不错，又得名师指教，可是画画跟卖画是两回事。你说卖便宜了，咱还不如现在有那年轻的，稍微弄几笔，人家会经营，会炒作，卖挺贵的。你说咱这画在人那儿一摆不值钱，这有辱师门啊。得了，我自个儿得意的画自个儿留着自个儿看。"后来他就从事别的工作了，但是始终是隔一些时候来一回，也是头两年故世了。现在跟他的儿子我们还保持着关系。真是，挺让人怀念的。

下面这位，比我岁数大，至今尚健在，身体还挺健康，那就是著名的京剧小生表演艺术家萧润德萧先生。梨园界一提萧家不得了。

徐：萧长华萧老先生。

李：那真是泰斗。当年在吉林组班，富连成科班，也叫喜连成，是吧？那时候叶春善先生发起组班，当时科班也有好几个，但是影响最大、出人才最多的就是这富连成这科班。当年的大教习是哪一位？就是萧长华老先生，生旦净丑，他专攻丑行。

徐：丑行可不简单。

李：哎哟，那戏路子得宽。丑儿可不是一般的陪衬，那有的还真是重头戏，这咱就不细说了。这些个进科班的学生，都改名，姓底下看中间那个字，"喜连富盛世元韵"，像侯喜瑞，是吧？马连良连字科，谭富英富字科的，你就往下看吧，裘盛荣是盛字科的，袁世海是世字科的，是吧？

徐：谭元寿，元字科。

李：对，你一听这个字你就知道他是什么时候入科的。但是也有没入科可是在那儿深造的，比如说梅兰芳先生曾经在这儿"搭班唱戏"，在里头深造。总而言之萧老先生作为大教习，富连成、喜连成科班可以说在中国京剧史上那是鼎鼎大名，培养出这么多优秀的京剧表演艺术家。

那么到萧家的第二代是萧盛萱老先生，那跟我父亲关系也是特别地好，当然隔行不论辈，但是他们互相都是以同辈相称，因为我父亲称萧长华老先生，那都按老前辈那么尊称，所以自然萧盛萱老先生那就跟我父亲是同辈的好友。俩人一见面就聊艺术，我现在还有个别的录音还留着，还整理成文字。我父亲苦禅老人他老是把京戏和写意画连在一块，他有句名言嘛："你不懂得京戏，你就别画写意画，因为你就不懂写意画，你不懂得写意美啊。这京戏里头这写意美那是最综合的。"现在这词叫"最浓缩"的。所以他们一谈就谈起这戏上的一些理儿。而且俩人一块儿谈着还坐不住，这还得亮功架呢。可惜那时候我这儿还没有录像机，要录下来，那现在绝对都是非物质文化遗产。

徐：真是。

李：那么说到萧家第三代，萧润德，他是叶盛兰先生的高徒。

徐：唱小生。

李：嗯，唱小生。现在他的公子不是叶少兰嘛，模样越长越像他父亲。

徐：方面大脸。

李：现在多少个小生的弟子，出来一看那架式，准是少兰教出来的，是吧？他有这么一个做派。萧润德他是功小生，当然他们家不光他一位。

徐：还有萧润增、萧润年。

李：他们都在梨园界。一位是功老生，是麒派。还有一位是小花脸，是他们家看家的活儿。京剧世家，了不得，做人规规矩矩，老实做人，绝不张扬。头些年有一回，有多少位演员站在台上，由主持人来报他们的字号，他就写一个条子给主持人。等到念的时候有意思了，前头都是"著名京剧表演艺术家谁谁谁"，唯独念到萧润德的时候，是"京剧小生演员萧润德"，人家就不加头衔。我觉得他这就是很实事求是，您只要是这行的，我这"萧润德"仨字就是一切，这是好传统。您说过去梅兰芳先生，郝寿臣先生，袁世海先生，那时候在水牌上，哪有前头写一大堆头衔的？就是老大的"梅兰芳"这仨字，然后下头小字就是配角的名字了，就是这个，没写什么美国博士之类。

徐：我出去人家介绍我也是，有时候不是说相声的活儿，是卖画的活儿，笔会，一上来先得介绍，"这是著名的相声表演艺术家……"，我说别这么介绍，人家知道徐德亮就知道了，不知道一介绍是最烦的，为什么？"这是徐德亮，您不知道徐德亮？说相声那个，说过什么什么好多相声，北京台《艺海说宝》主持人，还弄过那个《徐徐道来话北京》……"说半天人家对方也是"哦哦"，然后表示出一定的尊重的这个神态，其实人家都是不知道。两边都特别尴尬。

李：是的，现在不同了，现在好，光那名片上一印一大溜儿头衔。

徐：我刚毕业的时候，大学刚毕业，2001年，正赶上马连良诞辰一百周年纪念。我当时在《北京娱乐信报》当记者，去采访。好像人家家里正找领导们，说给我们定调，一定要写"著名京剧大师马连良"。说我们不是说非要争这名，你不能说"京剧表演艺术家马连良"，因为现在这些都是"表演艺术家"了，都不错，那马先生总比他们现在这些活着的强点儿吧！得叫大师了吧？这是十几年前。可是现在，这"大师"也是满天飞了。

李：那再往上叫，叫"宗师"。这些都是表面的东西。所以萧家他们家的家教就是很朴实，而且不忘本。萧老先生那会儿受过苦，曾经还卖过煮白薯。煮白薯那个铁锅,到后来一直在家里成了传家宝,扣在那儿擦得倍儿亮。他就是教育后代,别忘了当初咱们可受过穷。而且到戏校去,给老人家安排车他也不坐,就是遛着弯儿去,手里头不管是晴天雨天总是拿一把布伞。过去有那个油纸那种伞,油纸做的,还有一种是什么?布伞。为什么拿这个?就是"咱们成个科班不容易,可别散了",就是这意思"不散"。所以他教导他的公子,到第三代萧润德老兄的家风,都是很朴素,在台上满身都是戏,但下了舞台普普通通,走在街上就是寻常人等。

而且他还很有学画的福气,他能够亲自在白石老人身边,看着白石老人画画。你说这样的人现在还有谁吧?萧润德赶上了,他怎么有这福气呢?那时候戏校安排全面修养,让他们学画,这也是继承老前辈。像杨小楼写那小楷,好家伙,一个"大武生"写出那等秀劲的小楷!如今有号称"大书法家"的人物,只会草书不会楷书,社会舆论一激将,他不得不写份"楷书千字文",不出版还好,一出版麻烦了!一是并非标准楷书,二是出了好几个错字。

徐:梅兰芳画的画也好,梅、尚、程、荀都是工书画的。
李:梅、尚、程、荀,那真是,那画得不是一般地好。

徐:王瑶卿。
李:王瑶卿画得也好。时慧宝专画兰花。

徐:拍卖行还有过梨园界画作的拍卖专场,拍得还真不错。
李:这真值得专门收集。你像梅、尚、程、荀,他们不吃"开口饭",就靠书画卖笔单都能活着,那真有水平,真认真。

徐:萧润德先生他们那会儿学画,比方上您家来学,找您父亲学,那是怎么学呢?也是学大黑鸟?画个荷花、葡萄?
李:也是。我父亲常画这些题材给他们示范,现在他家里头还藏着我父亲的画,这画他绝不卖。他现在还活跃在舞台上,你想想他多大岁数了,大概76了吧?前些时候他们哥俩演出《连升店》,这在他们家可是看家的戏。我父亲老拿《连升店》这出戏来给学生们上课,一个就是说他们这个艺术好,还有一个就是这出戏太教育人了。

人生活在阶级社会,"远富近贫以礼相交天下少,疏亲慢友因财绝义世间多",这副老对联说的就是有人就是"势利眼",看人下菜碟,这出戏是专门讽刺这种人的,而且讽刺得非常刻薄,编得也好。它的情节就集中在一个客店,这些考生们答完卷子之后在那儿等着张榜,所以各种人等都有。有个王书生,浑身上下那真是穿得不行,很穷,进到这店里了。这个店家就势利眼,一瞧就这样的穷书生,住正房不行,厢房也没你的地方,最后去哪儿?"上这儿来吧。希楞哗啦,开锁打门,哎哟这蜘蛛网!"京戏是写意的,其实舞台上什么没有,就是靠这个词儿,这就行了。问被窝褥子在哪儿?"你这把草扑噜扑噜,被窝褥子不是全都有了吗?"就这样地侮辱人家,反正都是种种侮辱言词。

后来人家中了,有报事的来说:"报,王老爷中了,王老爷中了!"呵,这店主到处打听,上房没有,厢房也没有。这里头艺术处理挺好,突然出了一个小辫儿盘在头上都白了的考生,他也来赶考,在那儿拿本书在背:"赵钱孙崔,周吴郑崔……"店家听出来了,"怎么着百家姓净崔?""老爷我姓崔啊。"那边喊报:"中了中了。""我中了?"他听错了,一高兴,一乐,下巴颏儿掉了,给下巴颏儿又推上去了。"王老爷中了,你不是姓崔吗?边儿待着去。"这一场挺有意思。

店家想来想去,哎哟这马棚里还有一位,就问问:"嘿嘿,这位姓什么?"说:"姓王。""啊,你果真姓王?"哎哟,一听说姓王:"您赶快请,这地儿哪是您待的地方?"说:"这不是你安排的吗?""您请上房,上房!"萧长华老先生当年跟姜妙香俩人演这出戏,那绝了,相声叫"现挂",他这抓哏,抓得妙极了。姜妙香先生演的穷书生,说:"你方才不是说我口臭吗?"萧长华先生演的这势利眼的店家:"您口臭?让我闻闻。"闻完了说:"哎哟,哪个混账王八蛋说您口臭?依我闻着是又妙又香啊。"大家乐了,那不就是姜妙香嘛!是吧,就这么好!

最后戏的高潮是怎么处理的?这个穷书生浑身这打扮不行啊,也没好鞋,也没好衣裳帽子。店家又说了:"这好办。王老爷,您坐着,我给您拿去。来啊,把那身新衣裳拿来。来啊,把那双新鞋拿来。"拿来了,店主跪在那儿给人新任的王老爷穿鞋,跪在那儿穿,穿完了之后把那旧鞋拿下来,说:"来啊,拿回去供在咱们家祖宗板上。"一会儿又要给穿衣裳,我父亲说这段处理得最绝了：穿上一个袖子，等穿那个袖子，他还问："到底您是姓王？还是三点水姓汪啊？""我姓王。""真是王，三横一竖王？"问对了，才又把那个袖子给穿上了。穿上之后给王老爷把带子系上，帽子戴上。店主说："您这儿坐，您上坐，您就座。"坐完之后倒退三步，哭起来了。王老爷问："你哭什么？"店主说："哎哟这话说起来长了，这还是先父在世的时候，给他置办的一身，一天没穿啊就走了，如今王老爷您这一穿啊，哎哟，活脱脱就跟我爸爸现世一样哇！"我父亲说："你看，这把势利眼骂到家了。"

我父亲经常举这出戏的例子，做人做艺，他说这出戏忒好了。可是也长时间没在舞台上演了，偶尔有演的也不行，表演力度不够。这出戏很累，就卖这两位，一个小生一个丑。前些时候萧家这弟兄二位演，到上海演，哎哟这叫火，那真是配合得丝丝入扣。演完了都一身的汗，多大岁数了！70多了。后来等他谢幕，我们上台合影，二位累得那脸上都是汗。人家真敬业，这萧家人，有时候有点伤风感冒，上台一进入角色，那就不是他了。所以我父亲对于润德是非常地喜欢。萧润德先生画得不错，他其实现在还画，就是现在不爱往外抖落。他们家人都低调，萧润德，合影里边这位弟子现在还健在，有时候还在舞台上露面，特别是传授，教戏。

徐：他教戏也好。

李：教戏，那一招一式。你别瞧他人和气，那到练功房教戏，那一招一式绝不含糊。

再右边这个是我父亲的另一位弟子，叫生存义，姓这姓的少，也是老实人一个。他也画画写书法，后来又专攻篆刻，在篆刻里那是一把好手，也给我刻过印章。他岁数也不小了，现在跟他说话，有时候不理我，为什么？耳朵聋了。但是你说给送稿费了，他听得见，他看口型。也挺幽默的。退回去十几年，那时候讲究笔会，是吧？这个笔会，不同的画家给的那信封还不一样。

徐：有的厚点儿，有的薄点儿。

李：大家信任他，他管着发这信封，谁谁的，谁谁谁的。还说："有不放心的，旁边就是公共厕所，进去数数去啊！"就是这么个人，特幽默。他们的整体表现就是都心胸特开阔，不是那生闷气的，所以你瞧这几个，都不得忧郁症。

徐：而且都是高寿。

李：都年过七旬，而且还坚持研究。

徐：您说到笔会，咱就势就说两句笔会的事。一般都什么样的画家参加笔会？过去和现在有什么区别？

李：要说起这笔会，不能加儿音，它是一个挺庄重的事情。过去不属于书画家的活动，往往是文学家，或办什么刊物的，总之是文人吧，在一块聚会，谈谈文章之类。跟着就决定了下期下期哪篇文章上，哪篇诗歌上，尤其是新文化运动，兴办各种刊物，只要你办得起就办，办不起那就没辙了，政府不给钱，往往就是大家互相商议。在我印象里当年笔会就是一些文化人的一种活动形式。

那么这个画家的笔会呢，说实在的，可以说是改革开放以后兴起来的，经济慢慢起来了，大家都有这个文化需求。尤其有些个单位，会客室、走廊里头，挂点儿字画，那么就请画得好的人，大家聚会在一起，当场挥毫。中间有组织者，组织者本人不一定是画家，他就是人缘好。当然事后也不亏待他，也给他一个"戏份儿"，就是出场费。

徐：近些年笔会已经是很多画家来财的一个很重要的途径了。我知道好多画家，有笔会就有钱挣，没笔会就很难。

李：是这样的。笔会所需要的画，情况不同，要求不同。你看刚打倒"四人帮"的时间，这笔会特别兴旺，因为那会儿画家还都没自己的市场，所以给的戏份儿——我就叫"戏份儿"，也不叫红包，就是一普通信封，可以说是稀松寥寥。最开始的时候连钱都没有，就是中午请一顿饭。那时候还是物资供应匮乏，中午吃饭一上酒肉……

徐：那就不容易了！

李：那挺招人的，到那儿可以补充补充营养。那时候买东西还要票要本，哪像现在，商店里头随便挑。后来物资供应开始慢慢上去的时候，光凭这一顿饭的吸引力就差了；再有，办笔会的地方多了，有个比较，就有选择了，还得看中间这联络人您会不会办事。您的脑子得与时俱进，您得"戏份儿"给得合适。那么逐渐逐渐就开始有些分化了。凡是形成了自己的市场，就有价有市了的画家，多半就不参加笔会了。比如外贸收购他的画，比笔会卖钱卖的多得多。而且人都有一种自我财政的隐私心态，不愿意让人知道。再有的行市特别好的，那就见面都见不着了。

可是笔会仍然可以说养了一批画家，不用国家负担，就是虽然他还没能形成自己的独立市场，但是画画得不错。咱说过画画和卖画是两回事，有的人画得确实不错，但是这个名儿没出去，或者人家不认这个名儿，卖得就差点儿。过去讲会客室挂名家字画，名家有谁谁谁，名单里头没您这位，这就差点儿劲。可是笔会，咱就说比较早期的笔会，您参加一场给一千块钱，这一个月参加三四回笔会，挣个三四千，那比大学教授还多，还不用国家负担。所以它养了一批画家。

徐：这笔会有什么故事没有？您父亲参加过笔会吗？

李：参加过。这些老画家都参加过。打倒"四人帮"以后，哎哟，有笔会大家都希望参加，原因在哪儿？"四人帮"统治时期，这些老朋友不敢见面，见面得偷着见面，像我父亲去看许麟庐师叔，偷着见面，一见面俩人抱头光哭了，说不出话来了。那时代过去了，现在有场笔会，像岁数大的、身体差的，还派车接——那时候车可不多，汽油还限制呢！一见面，有的弄得跟小孩儿见面似的，就是老朋友聚会的机会。它重点在聚会，还不在乎吃那顿，那么大岁数能吃多少？见了面就聊，且不动笔呢，还没聊够。

这时候还得有人起什么作用呢？整个得支得动场面。这可不容易，这得人缘特别好的才支得动呢。

徐：什么叫"支得动"？

李：德亮，这块石头是你的了，石头上趴只猫，露一半；王卫东，你这底下画条鱼，猫奔着鱼去了。有人能支得动你们。

徐：合作画？

李：合作，往往笔会都是合作，一张丈二匹摆在那儿。老一辈儿画家，我父亲苦禅老人。还有比他小8岁的，那也是名画家，现在更有名了，一张《万

(从左至右）赵丹、黄宗翰、谢添、李苦禅、王雪涛、刘海粟"文革"结束后首次在京聚会

山红遍》，左倒腾，右倒腾，卖天价了，那是李可染先生。吴作人先生、黄胄先生……都是"文革"过来这批画家，鼎鼎有名的，在这中间你支得动谁吧？有一位，许麟庐先生。因为他早年开和平画店，形成的这个社会关系，他的外号叫"柴大官人"。你像李可染的画卖不出去的时候，家里生活也挺困难的，拿着一卷画来，他全都收下，按说是应该寄售完了分成，但是不然。那陆俨少的画都不值钱的时候，来了北京，许麟庐先生总说："住我这儿，管吃。"傅抱石到北方来也住他那儿。多少鼎鼎有名的画家，建国初期全穷。和平画店那是全北京唯一的画店。

所以好些画家跟他关系都不一般，也不知道是谁第一个给他封了这么一个角儿，现在还真没这个角儿了，空前绝后，叫他"大提调"。不知道谁第一个嚷嚷出来的，叫开了，都承认。他就敢说这话："可染，这块石头你的了。"可染先生一般当众不画画，你问他学生就知道。许麟庐一句话，他就真画块石头。叫黄胄："别画毛驴，别画人，你画这别人就上不去了。你来笔竹子吧。"他敢指挥。"爽盦，你过来，你别画老虎，你画老虎，那画猫的上不来了。"他敢在这里头半开着玩笑就安排妥当了。

徐：那您赶上的这些名家合作的画有什么画？好像我们印象里，市面上、画册上都没有。说这些人在一块合作的，很少。

李：这些画我跟你说吧，有些单位那真是就把它存起来了，你见不着了，很可惜。也不挂了，你挂出来万一丢了、脏了，是不是？现在这批画真是可惜，一直闷在库里，也没人出这个动议，应该把它整个出版一个画集。

徐：对啊！当年这些人在一块儿合作，这个少见，没见过。

李：太难得了。要不说我作为苦禅老人的儿子，有这福气，他们的合作全过程我一直跟到底，都看着呢。旁边还换个水、递个茶，这都是我的事。

徐：这些个人风格也不一样，它怎么能统一到一张画上？

李：要不说不容易嘛！他们互相得能配合，这个不容易。

徐：而且还有一个，这个画上谁画主体？谁画配景？

李：要不这"大提调"就起作用了。

徐：六个人，凭什么我画旁边的，你画中间那个？它肯定得有这个问题。

李：没有没有，老一辈画家可以讲他们之间都以礼相待，没有像现在有

（前排从左至右）卢光照、李苦禅、李万春、胡絜青、许麟庐 1977 年相聚作画

的在公开场合上"拔份儿"的。北京话"拔份儿"可不是好词,眼里没别人,就是他自己。但是时间长了,落一个让群众不待见,丢了人缘。

那时候可以讲老一辈画家们之间,只要聚在一块儿,真是其乐融融。但是后来慢慢随着他们年龄老了,很少出门了,都是在家画画。所以这个笔会到后来就该轮着中年画家了,实际那时候叫"青年画家",比如说鄙人,那时候叫"青年画家",30多岁,40岁左右,青年。其实我现在73了,我有时候画还题"七三青年"李某作。所以对于画写意的来说,70多岁那不是才中年吗?我师爷活90多岁,是吧?所以德亮你好好学画,不管画得怎么样……

李苦禅书法:"烟云供养,书画延年"

徐:争取活过60。

李:这又是"包袱"。画画可是养生的,活过70、80都是"小菜儿一碟"。

徐:说相声嘴损的、缺德的地方,都拿画画补回来。

【第二十三聊】

"牛棚"

这些人在『文革』初期都分别被拘起来了,关起来了。让各个单位自己办,等于是民间监狱,大家统称叫『牛棚』,就是『关押牛鬼蛇神的棚』。

徐:"文革"以后,这些老画家们见面时大家伙儿都其乐融融,那在"文革"前或者"文革"期间呢?他们之间是不敢说话?

李:不敢说话!就在"牛棚"里头一块…

徐:这"牛棚"好多文字上都写到过,但是都语焉不详,怎么就叫"牛棚"呢?它是关在那儿不许回家,还是说怎么着?"牛棚"到底是一个什么建筑?有标准没有?大间的,小间的?吃什么饭,有什么伙食标准?

李:要是再不提啊,年轻的一代真要忘掉历史了。

徐:不是忘掉,像我这样的,没经历过,是根本不知道。

李:这个怎么提起来呢?就是1966年忽然来了一篇社论,中央人民广播电台,夏青的声音。一听他的声音,了不得,这一定是重要的事情。那时候广播电台预先通告,让大家注意听,说有重要广播。哎哟大家一听这个,不知道出什么事,是要打仗了还是怎么了?一听,是发表《横扫一切牛鬼蛇神》。据说这还是陈伯达起草的,他是主席的政治秘书,从延安过来的,政治秘书,笔杆子,福建人。

后来"文革"一下起来之后,就把所有被批判对象统称为"牛鬼蛇神",它包括什么人呢?一部分是执行了所谓"刘邓反革命修正主义司令部"的黑指示,实际就等于各级党委,算"走资派",就是"走资本主义道路当权派",这是"牛鬼蛇神"里头的一部分。还有就是"反动学术权威",在学术界有点儿名的、有影响的,不管是搞哲学的,还是文学的,还是画画的。你像在中央美术学院,我父亲苦禅老人,画山水的李可染先生,院长吴作人先生,还有搞雕塑的大师刘开渠院长等等,这些近代美术史上能点得出名的老一辈,都是"反动学术权威"。

还有就是"地富反坏右",这叫五类分子;地主富农出身的人,"反革命分子",还有"右派分子"。有的不好归别的类,叫"坏分子"。

徐:也不是地主,也不是富农,也不是右派,也不是反革命,但是就认为他坏。

李:是的,这些人在"文革"初期都分别被拘起来了,关起来了。让各个单位自己办,等于是民间监狱,大家统称叫"牛棚",就是"关押牛鬼蛇神的棚"。您不配叫什么"牛鬼蛇神旅馆",那太高看你了。这词不知道是谁第一个发明的,反正就叫"牛棚"了。"牛棚"里头还有不同的档次,还有住单间的,这可能有什么"严重问题",单间的,隔离。

徐:哦,有严重问题?不是说因为他地位高点儿,给他待遇好点儿才住单间?

李:不是不是,没那事儿。吃饭就是大食堂,是吧?革命群众吃完了之后,然后叫"牛鬼蛇神"们排队吃饭去。一碗白汤,好的时候里头能捞出两块豆腐、一条咸菜,弄一盘,领一窝头,有时候还搀点儿白面,基本就这样。这我有生活,我坐过,我是岁数最小的"小牛儿"。说现在谁"牛"?我"牛"。我跟李可染、吴作人先生这些老前辈关在一个"牛棚",因为那时候我不承认我父亲是反革命,还替他写"翻案书"。你想想,"你跟你反动老子划不清界限,跟李苦禅那是一样的",是不是?

徐:当时您毕业了吗?

李:没毕业,不让毕业。我本来该毕业的,不让毕业,必须留校。人家叫作"革命群众参加史无前例的无产阶级文化大革命",我就属于被批判审查的对象,也不能走,虽然算毕业了,该给工资了,工资也不给我。人家同学们都发工资了,每月43元,我没有。

徐:那美院的"牛棚"在哪儿?

李:说起来好几个呢。最大的"牛棚"就在帅府园中央美术学院版画系和雕塑系那一溜儿房子,睡通铺,大家睡通铺。

徐：不许回家？

李：不许回家。这里我还得说明一下，中央美术学院这些学生们，确实是受到高等教育的，他们中间的绝大多数，我这些同学们，在这关键时刻他们都是好的。怎么证明呢？红卫兵运动刚兴起的时候，那些中学生打死人白打。美院学生们为了保护这些老先生，立刻成立了一个"中央美术学院红卫兵"，做的袖章都倍儿大、倍儿宽，门口有站岗的。然后"勒令""牛鬼蛇神"集中，由中央美术学院集中管理，就让他们都进了中央美院那个大"牛棚"了，实际上呢，起到了一个保护作用。你在外头街道让人家打死怎么办？有校外红卫兵想过来，不让进，"毛主席教导我们说，我们要自己解放自己，我们已经成立了中央美术学院红卫兵，不需要你们干涉我们的革命！"就不让进。

其中最感人的一个镜头是什么你知道吗？校外红卫兵冲进来，说中央美术学院图书馆、资料室的"四旧"最多——从徐悲鸿时代存的文物，不但有中国的，还有从法国买回来的，那多宝贵！够开一个很有档次的博物馆。要把这些东西全弄出来砸了烧了。在这关键时刻，中央美院这些家庭出身好的红卫兵，就召集我们在一块，那时候都不分出身了，手挽着手，在那关键几个地点，拦成人墙。好在那时候美院不像现在那么大。而且还规定纪律，只动嘴不动手，不还手。哎哟！他们就使劲撞我们，撞得胸口都红了。大家团结一致，手挽着手，不让他们撞进来。而且安排得很好，怕他们从东安市场那边跳墙，因为中央美院和东安市场就隔一墙，从那边能爬进来，进来就是美院的资料室，美院红卫兵在那儿还派巡逻的。果然抓住两个，他们跳墙进来了，被提溜出去了。

徐：可以说功德无量。

李：所以经过"文革"，美院资料室、图书馆这些文物，一件不缺一件不少，而且还多了，有的抄家的东西也不知道怎么混到那里头去了。你不管怎么样，文物是国家的、民族的、全人类的。

徐：别管归谁，先说没毁就是好事。

李：你像现在还在天津美院担任教授的韩文来，他当时就是红卫兵。有时候看着这架式不对，就小声跟我说："今天别让老先生到操场扫地，找个地方猫着。今天来势汹汹，打死可白打。"能递过这信儿来。所以"文革"后他开展览，请我父亲题"韩文来画展"几个字。我父亲写一遍不满意，写一遍不满意，连写三遍，他都拿走了。别人问他："怎么苦老对你这么厚爱？"他笑着不答。

说实在的，中央美院学生，绝大多数可以讲，在这过程中间，绝对不干那种丧尽天良的事。

徐：那肯定也有不好的。
李：那也有，咱就不说了，是吧？口下留德。毕竟他们那些人也是受恶势力的蛊惑，是不是？

徐：刚才您说老先生还扫操场去？您父亲？
李：对啊。

徐：那怎么还扫操场？
李：操场地方大。你像我父亲跟谁一组？跟华君武、钟灵，他们一组，有管推小车的，有管扫地的。各地群众来串联，弄得满地都是垃圾。

徐：就是他们是从"牛棚"出来干活？
李：对，但是不许出学校。

徐：干完了活再关回"牛棚"？
李：干完了活交差，回去各就各位。

徐：那天天在"牛棚"里干嘛呢？您也住过牛棚？就是待着？
李：待着，一个是等候提审，"徐德亮出来，交代北平沦陷时期，你都干过什么汉奸事？"你说："我没赶上。""你怎么没赶上？"一查，确实徐德亮没赶上。这种笑话可有的是！就这个。有好些外地来外调的，来调查你，审你。还有一个就是写检查，交代自己这一辈子。所以有些检查的文字，说实在的,现在留着都是文物,那等于是自传。

徐:对。

李:虽然是采取自我批判、自我解剖的态度,但是他毕竟写了好些事,是不是?这现在有些都流失了,还有的卖到地摊上去了。傅抱石写的"思想改造"检查,据说比他的著作还厚呢,现在有拿出一张来拍卖的。

徐:他没赶上"文革"。

李:他亏得在"文革"前去世的,就那还写那么厚的检查呢!这是那个时代,就这样。还有就是没事待着,反省,好好地反省。那时候"牛棚"基本就是干这个的。

徐:那您父亲跟谁一屋?

李:哎哟,他们那个"牛棚"人可最多了。美术界可以讲,以领导华君武为首,你能点得出来名儿的全在那个"牛棚",因为它地方大,大通铺,住的人多。

徐:有点儿集体宿舍那意思似的?

李:但是这宿舍就是睡通铺,就跟鱼市卖鱼似的,一个个捋在那。行李很简单,自个儿带的被窝褥子。

徐:有桌子?

李:小桌有,都是小课桌,预备写检查的。而且老艺专还留着一批那种椅子,右边多出一块儿来,记笔记用的。那都是文物了,都是徐悲鸿时代的,可以坐着写检查。

徐:那您跟谁呢?

李:我是另一个"牛棚",因为我给我爸爸翻案,不能跟他一个"牛棚"。我住那是小"牛棚",在美院附中,小食堂楼下。可惜拆了,要不拆那也够文物了,有年头,是民国时期的一个小楼,还是小洋楼。

徐：有多少平米？

李：还没我这屋大呢。就这么说吧，能摆下这么几张床。从门那儿说起，转着圈儿地摆床，头一张床是可染先生的，第二张床是我李某的，第三张床是艾中信教授的，就是画《刘胡兰》那位，他也是地下党。再往那边转是美术史系创始人之一金维诺的，再转过去是所谓的"美院头号走资派"陈沛同志的。再转过去是上海电影界30年代大导演，又是油画家，美院油画系教授许幸之的。许幸之知道江青过去叫蓝苹时代的一些事。所以上头有话："许幸之三个字都反动，他只要张嘴敢谈上海，拉出去就毙了。"他就是这么一个角色。再往那边转一张床，那是吴作人吴院长。再转过去就是刘开渠刘院长。你像这几张床首位相接，能有多大？是不是？这是我住的一个"档次最高的牛棚"。我还住过别的"牛棚"，是跟年轻教师住，那就不说了。

徐：那平时都得有人看着，盯着写检查什么的？

李：不，后来没什么可写的了，因为那时候两派的造反派都开始打起来了，争权啊！

徐：那你们在这里边，您得意了，您跟这些高人在一块，天天聊天？

李：哎哟，那可享受。我告诉你，一住"牛棚"，平常社会给每个人安排的不自觉的那种社会地位假面具就全都没了，大家都是人人平等，说白了"牛牛平等"，全是"牛"，当然我是"小牛"。每天没什么事，他们都把这些人叫"死老虎"，意思没什么可斗，没什么好审问的了。他们都忙着争着，盼着将来"文革"一收盘，弄个师长、旅长的干干，是不是？都忙着两派打仗呢！打派仗，憋着武斗呢！我们没人理了，你说待着多难受。天天相濡以沫，聊天。那我可是收获大了，聊这聊那的，什么题目都有。包括吴作人说臭豆腐："法国臭豆腐和中国臭豆腐有何不同？都是把它腐臭了之后变质以后形成的特殊味道。中国臭豆腐，搁那儿不动；法国臭豆腐搁那儿一会儿不吃，它能跑了。"我问："这您瞎编的吧？"他说："我能瞎编吗？它那有一种也不知道什么酪，最有名的讲究翻开来底下有那种小肉虫，当然不吃那小肉虫，但是有那个是标志，那是真的，很贵，弄一小盘搁那儿挺薄一块。你这忘了吃，跟人聊天了，一会儿没了，小虫它动，压着难受，掉桌子底下去了。"对这知识

李可染　　　　　　吴作人

许幸之　　　　　　刘开渠

我要不在那里,我哪听得着?

他还敢触及意识形态。吴作人在"反右"以后吓破胆了,美院里头没有几个人知道吴先生讲话什么声的,包括可染先生、古元先生,好些同学都不知道他们说话什么声,都不敢讲话。那个时候居然敢聊意识形态。为什么聊起来?因为那时候我正趁这个机会好读书,读《资本论》,平常哪有工夫?读《资本论》那得坐下来一页一页地看。

那时候,勾起来了谈这意识形态。那在"文革"中间可是犯大忌讳,吴作人先生他就敢说。他说:"上帝这个概念应该这么看,如果说你把他当成一个偶像,那就是迷信。如果他不是偶像的话,他可能就代表着真理。"他敢说这观点。这对我启发很大,是吧?这个跟禅宗思想很接近:佛无相。佛是一个概念,一有相,《金刚经》上讲,有相即非菩萨,连菩萨都不是。而且释迦牟尼本人讲了,将来我走了以后,圆寂以后,你们想我,不要从形象、声音、颜色,从这上来想我,那样的话就邪门歪道了。那意思就是你们要想我就想我说的这个学说如何普度众生。连这都敢触及。你说这些人一辈子经多见广的,能聊多少东西!

聊着聊着,忽然听见管我们的有一个八字眉的"造反派"来了。我们有一个计策,怎么能够预警?我们在不远那地方,他必经之路上洒那么几个干树叶,就那几个干树叶不扫,来了说:"怎么有树叶?""刚掉下来的。"其实有时候还没怎么掉叶呢,那就有干树叶了。听着"嘎吱"一响,我们就立时无声,然后各自做一个姿态。

徐:就好像立刻石化一样。

李:不是石化,就好像立刻进入状态开始演戏了一样。只要那位"八字眉"一来就该派活儿了是吧?一进门俩眼扫一圈,李可染先生照旧,看《毛选》,四卷跟刀裁的似的摆那儿,打开一页,弄一镇尺压着,然后在那儿跟握毛笔的姿势一样,拿一支碳素钢笔,恭恭敬敬地抄写《毛主席语录》,其实我看那是练硬笔书法呢。那字写得高级极了,能出本硬笔书法字帖,现在不知在哪儿。

我在那儿看《资本论》,那是共产主义《圣经》,看那没错。艾中信先生,手里拿支笔,纸上空着,仰着头,作自我反省状。我们那位党委书记陈沛同志,拿起一张过期的《参考消息》在那儿看。刘开渠先生,他最心爱的女儿刘沙平刚刚参加"七·一六"群泳大会,突来大风暴,八一湖(玉渊潭)竟起一丈多高的浪,淹死不少人,她也被淹死了。刘院长最爱这个又聪明又漂亮又画得很好的女儿,痛苦极了,头疼,就砸脑袋。平常就这姿势,造反派来看不来看都是这姿势。吴作人先生在旁边劝慰他,平常还用法语劝慰他,有时候劝得居然破涕为笑,很关照,而且控制他那个头疼片,吴作人先生老说"我没收了"。刘开渠先生一头疼就吃,吴院长怕他吃过量吃坏了。

反正"八字眉"进来一看都各有各的合理合法的动作。一看,没事,也没活儿可派,就走了,说明这些人一个不缺都在这儿呢。

徐：就是来巡视一下。

李：等他一走了，我们发现大家又都恢复原来的动作了。就这位陈沛书记他不知道，他拿着报贴着眼睛很近，那儿还看报呢。艾中信先生说："哎，陈沛同志。"我们在那里头互相称呼，都没有贬称。"陈沛同志你不认字吧？""我就算再有政治路线问题，也是中学教员出身的，我能不认字吗？""那你看你那报纸怎么拿的？"他一看是倒着拿的。当时"八字眉"一来，他紧张了，"噌"就拿起报来了。我这才明白什么叫视而不见，合着半天他就没看那字儿。他自己也乐了。

吴作人先生在那儿还做评论："当年我在国外看那个蜡人馆，特佩服，那蜡像做得都跟真人一样，就差活动了。这看来现在有用了，刚才每位那都是蜡人馆的好形象。"大家自己找乐，相濡以沫，真是就这么过来的。

说实在的，这些老先生们，他们就怎么聊怎么聊，但他们对于国家没有抱怨，没有什么牢骚。这么老实爱国的知识分子，你哪儿找去？背这大的冤屈，没有在里头骂街的。而且我们这里头也没一个告密的，你像黄永玉他们那一组里头就有告密的。背后大家给他起个绰号，叫"牛棚左派"或叫"红色牛鬼蛇神"。

徐：这"牛棚"住了多长时间？

李：分别住过不同的地点，详细时间我记不准了。

徐：就比如这一个月完事就可以回家了，过一俩月然后又来？

李：它偶尔就是人满为患。像我这样的，知道我"父母在，不远游"，而且那年月你没粮票也出不去，就跟我说："出去！"我就回家待着去。待着干嘛？只要有这功夫，我就上动物园去画速写。哎哟！那时候动物园安静极了，真没人。那时候"阶级斗争为纲"，都在搞运动呢，没人逛动物园。到处都是毛主席语录，我可惜那时候没照相机。就那熊山、猴山，那墙上都是毛主席语录，我也不说哪一条了，说了对我们伟大领袖不恭不敬的。那时代叫"红海洋"，得用伟大领袖毛主席的语录来占据所有的阵地，各个墙面上都是那个。我还坚持画速写，动物园里没阶级斗争。哎哟，这一天过得舒服哦！

还有一个就是做半导体收音机，我喜欢无线电，那时候攒零件不容易，我愣把来复式四管半导体做到七管超外差式的两波段收音机。都在板上按照线路图做的,不攒到盒里头,为什么?有一好处,能听点儿《参考消息》听不着的消息。那不能让人发现,我自己知道我的手搁在哪能感应,正好是哪个台;有人来了,我手一离开,就不是这个台了。那零件有的都是我自个儿做的。这一待就一上午,把什么不愉快都忘了!跟做梦一样,到那境界,我才领悟了李后主的那句词,"梦里不知身是客,一晌贪欢"。

徐:那比方人家要找您,不行又得住"牛棚"去了,上哪儿找?上家找?
李:上家来找我来。

徐:您父亲也是这样?
李:我父亲因为离美院近,等形势稍微缓和点儿了,星期六晚上让回来,在家住两夜,星期一早晨再自动上"牛棚"报到去。所以只要他回来那天,我都事先准备好他最喜欢吃的。他喜欢吃小笼蒸包,要不那时候我学会做饭了。那时候是我记忆里吃饭吃得水平最高的时期,因为不留钱了,统共我们家存折上就一百零几块,还给抄走了,工资又不发,给一点儿生活费,全靠我母亲的工资,我也没工资,有点儿钱就全使在吃上了。那包子皮擀得倍儿薄,弄点大葱,搁点儿肉,自己剁的,蒸包。他喜欢喝小米汤。等他回来之后,洗洗脸,迫不及待地吃。所以有时候想想老人饿得了不得的样子,心里也难受。他大口大口地吃,大口大口地喝汤。就是这么着老人回来能得到一些慰藉,反过来说我父亲有个老朋友回到家就没这待遇了。

他的一位老朋友,那人甭提多老实了,什么罪都没有,就因为是齐白石的徒弟,江青说齐白石是反动画家,那么他徒弟也革命不了,挨斗。斗完了之后回到家里吧,家里头又把他给拉到街道上斗,以表示全家都跟他划清了界限。哎呀!他一点儿也得不到精神的缓解。这人一太老实了就麻烦了,老先生觉得没活路了,结果自尽了。所以现在有时候我见他儿子,我心里特别扭,当初何必呢?这是你爸爸啊!干嘛这么表现啊?回到家来也不是家了,是不是?反正我父亲每到礼拜六回来,这一天保证他吃得好好的,还有他爱看的书,我想法从哪儿偷出一本来让他看看。

李苦禅"文革"中所作古松八哥

徐：他那会儿还画画吗？

李：偷着画。

徐：在家还偷着画？

李：偷着画。有一小桌，把那元书纸裁一半，也不敢摆水盂子，就是墨汁，不知道的以为你是写"大字报"用的。所以有一批画就纯粹拿墨汁画的小画，这搁拍卖行准不值钱，不热闹。还有的没题字，后来有的补题字了，捐到李苦禅纪念馆一批，家里还有一些。他就是这样，改不了，不动笔难受，回到家刚吃完又拿起笔来了。弄完了这些我给他藏着，上边也不题款，有时候塞到我的作业里头，反正是一堆，就是来抄家，也不知道谁画的，我说这是我摹的。包括黄胄给我画的画，我把黄胄题的上款跟他的名和章那块儿都扯了，完了塞到我自己画的那一堆里。直到"文革"后期，周总理让这些画家们画画的时候，黄胄也参与这工作，骑着自行车到我们家来了。我拿给他看，说："梁叔你瞧这画多可惜，为了保住它，这块儿给扯了。""没事，重新题字。"重新题字，他说："这还缺一匹驴。"我现给他找笔墨家伙，他又画了一匹，再补上题字。

黄冑

黄冑　三驴图

徐：现添了一只驴。

李：现添了一只驴，跟以前那风格还不太一样。现在不是有人是鉴定黄冑真迹的专家嘛？我这拿了给他看，他还真看得出来。这也是一件劫后遗珍呢！每每看到，黄冑都活在我眼前，他太让人怀念了。

【第二十四聊】

## "黑画"

她看这画如获至宝,说:『黄永玉画这种猫头鹰,简直是对社会主义的阴暗心理,一眼睁一眼闭,反动画!黑画!』

徐："文革"十年间,您父亲都没怎么画画?

李:好家伙,"文革"前期,他经常坐牛棚,有时候松一点儿礼拜六能回来,然后礼拜一再到美院去。提拉一个包,包里有一个牌儿,牌儿上头写着"反动学术权威",上面还戴一个套儿,在美院里是挂脖子上,从美院出来就把那搁包里头了——别让街道看见了,戴那个出来不是人人骂吗?然后等到星期一早上再去"牛棚"报到,再把包提拉去,一进美院过传达室,再把这个牌儿戴脖子上。但是他只要一回来,手痒痒就想画。我们已经被赶到那小屋住去了。小桌,元书纸,你练字的元书纸,一分为二,就画那么点儿的。那地方小,也不能预备什么笔墨纸砚这一套,万一有人闯进来发现怎么办?我们那院有一个"造反派"住对面。就枯笔焦黑那么画,我们捐献给纪念馆的有这个。这到市场上卖不上价钱,"品相不好",没款,只盖个章,要不题款题得莫名其妙,就这么大点儿,还是横的。在那特殊时期画的,就是他始终留恋笔墨的表现,但是说正经画画,那很难。

徐:那什么时候开始正经能画画了?

李:正经能画画就是1971年冬天。这个时候意想不到的机会来了。我们敬爱的周总理——到现在我还是说敬爱,这是打心里说的。打我心里能说敬爱的人越来越少了,为什么呢?有些历史真相出来了。但是我现在还是觉得周总理是敬爱的,就是他一段话救了好多画家,就是所谓的书画界的"反动学术权威"。周总理总是利用适当的时候讲适当的一句话,能够实现一些重要的事情。有的重要的同志被迫害,几乎都要枪毙了,材料送到他那儿,据身边工作人员讲,他就批示:"此人问题严重,继续审查。"就这一句话,先把命保住了。等过了那时候"四人帮"倒了,这案就翻过来了,是不是?周总理讲话那是非常懂得策略的。他太厉害了,那绝对是世界第一策略专家。

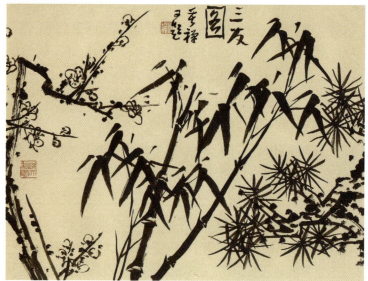

李苦禅"文革"中画作

那么在抢救画家这个问题上，1971年周总理有一次接待外宾，外宾走了以后，周总理看着墙上那些画，"文化大革命"里画的，都是《飒爽英姿五尺枪》这类，女民兵，练兵，打仗，要学会打仗，都是这画。总理说："现在我们的朋友遍天下，很多外国朋友到我们这里来，一看这些画，让我解释。搞得我很被动，好像我们不热爱和平，就喜欢战争，不是这样嘛。我看是不是以后在外事场合可以把这些画换一换？毛主席都讲了'江山如此多娇'，我们好多大好河山可以画，还有一些很美的花鸟可以画。当然内外有别嘛！这些画只张挂在涉外场合，那些宾馆、饭店、驻外使宾馆。"讲这么一句。这句可是救了好些画家。立刻把这任务交给古今明同志，成立了一个国务院绘画小组。

这小组可不隶属于"文革"中间江青他们那个文化组，当时文化部给砸烂了，改叫"文化组"，实际是部级单位，跟他们那是完全不同的。这在美术界大家心里清楚极了，这两个组可是不同的。说"那个组是三点水的"，是"江青"的意思；这组是"敬爱的"，举大拇指，大家都知道，这是指周总理。

那么安排这些画家到哪儿画画呢？就到东交民巷原先的外国那些大使馆去画。我可领教那些洋建筑的质量了，好家伙，各国使馆，一个使馆的建筑一个风格，里头那些建筑构建各方面，真是千年不坏万年牢。基础条件很好，创作条件很好。还有保健医生，有厨师做饭。家里不好住，没地方住的，那还能睡觉。那床铺各方面都很好了，比家里好多了。特别是门口站着解放军，站岗，武装站岗。这个站岗很有意思，是"站外不站内"，"站内"那是监狱，看着犯人别跑出来。这是"站外不站内"。

这样立刻引起"四人帮"那边的注意了，就派人来调查，拿着文化组介绍信。卫兵讲："出示介绍信，注意距离。"来人出示介绍信。这边说："不能进。"问："为什么？""我们服从命令。我们只接受国务院绘画组的介绍信，持其他任何单位的介绍信不得入内。""为什么？""不知道。"就这么，干脆极了。所以他们多次想探听，可就是进不去。

徐：这些画家都有谁呢？

李：都是大名鼎鼎。当然有先父李苦禅，中央美术学院的院长吴作人先生，山水画家李可染先生，还有国画系的山水画家梁树年先生……反正近代美术史上能在中央美院、北京画院这些地方工作的著名画家，可以讲大部分都在内。还有黄胄先生,阿老先生,还包括工艺美术设计方面的一些著名的画家。一旦住进饭店,大家就感觉这是春天;一离开那个岗,出去之后就觉得是冬天,明显极了。

那时候我父亲他还是恋家,虽然家小,被赶到蜗居住嘛,还是愿意每天回去一趟。只要一出门,那真是"破帽遮颜过闹市",戴着一个鸭舌帽一拉,让人认不清是谁。开始是我母亲陪他去,因为我母亲办了退休手续了,可以陪他去。再到后来我父亲提出个要求,说:"我现在画大画,大画得有人帮忙。我有一个儿子叫李燕,现在还在宣化那儿劳动,改造思想。这都好几年了,没分配工作。我想让他回来给我帮忙。"

实际上我们那些同学们在那改造了四年!而且事先还不告诉你几年,要不有的都得神经病了,他没日子盼。我在那儿,那是1971年,等于我待了两年多的时候,我父亲提的这个要求。那么就报到阿老那里。阿老是老新四军,前不久庆祝抗战胜利七十周年刚得了纪念章之后,一高兴去世了。那是个好人,那是真正的老新四军,老共产党员,他负责其中一个组的工作,在外交部服务局,那么这事情就反映给他了。阿老这人就是,凡是成人之美的事他一定办,绝对不拿架子,这个人真是太让人尊敬的。那年头他对我父亲就敢这样称呼:"是啊,苦老这么大岁数了,还要低着头画大画,应该有人帮忙。李燕我了解,他速写画得很好,国画有你苦老家传一定也画得很好。他们老不分配工作真是耽误人才,他要分配工作,我就要求让他到我们工艺美术学院。"因为他是工艺美术学院副院长,主持日常工作,张仃是正院长,一般日常工作是阿老主持。当时他就发这话了,后来我果然去了,那是后话了,当时还没分配工作呢。但是他开了个借调信,这个借调信可厉害,上面盖着中华人民共和国外交部什么处,那时候大事小事一张条子。到那儿一转,这部队

阿老

1966年李燕（左一）大学毕业成为"可教育好的子女"被发配到宣化"劳动改造"

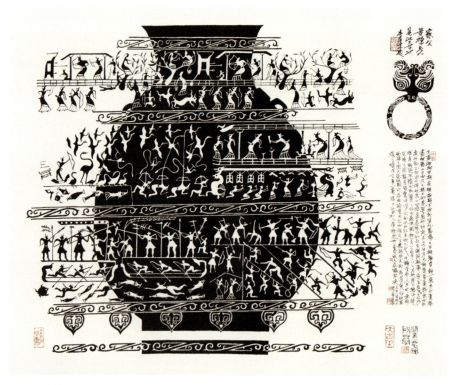

1971年李燕在宣化劳动后期允许"复习业务"为历博馆作《战国水陆攻战宴乐鉴展开图》

是服从命令听指挥的，就让我回北京。同学们这羡慕啊！有的同学那眼神，我现在想起来都难过，就跟监狱里送难友出狱似的。我们那儿的生活别谈了，摸爬滚打各方面，脏活累活苦活都干了，就不让画画。但是现在我也不埋怨，也算人生的一种历练。这回我出去了，而且我明确就是画画去了。

我回了北京，你想想如鱼得水啊！天天陪着我父亲，还能看着别的画家画。这在美术史上是空前绝后的，这些大师级的画家能在一起天天见面。但是那时候，基本上没有什么合作。

徐：画在哪儿画？
李：就在这些宾馆里画。先后住过几个宾馆，不是一个。

徐：在宾馆里的大厅里头画，还是在房间里画？
李：人家那外国使馆的设计，那厅有大有小。住那小的地方；吃饭单有餐厅，有伙房；大的那叫会议室，正好摆上画案子画，采光也好。

徐：是一个人一个会议室画，还是大家伙儿在一个屋里画？
李：等于一个人一个单元。

徐：一个人一个屋画，累了还可以互相串个门聊聊天？
李：对，串门聊天，你看这多宽松。就平常时间大家都各自忙，也不一定天天见面，是吧？哎哟，里头那环境。有一位画家特别沾光，这环境把他带出来了，就是曾经跟梁树年先生学过画的白雪石，他刚进来画那画什么水平我知道，他是那里头最年轻的。跟这些大师接触，他的画就提高了。那时候他就画桂林山水，桂林山水这题材挂到涉外使领馆什么的都行，后来"文革"后期他的画一出来到日本去，卖得特好，一下子名声大振。他可以讲，是宾馆画培养起来的这么一位后起的画家。

徐：主要作品就是桂林山水。
李：那个期间都是按照宾馆饭店外事要求来规定的尺寸。所以现在拍卖行里头出的画有时候我一看，我就说这就是当年谁从这个宾馆画里头"顺"

出来的，因为这尺寸我一看就不是平常常画的四尺对开、四尺整纸、六尺整纸，那种常见的尺寸。

徐：什么不一样？

李：它有一定的镜框尺寸。你比如使领馆它需要布置的用什么尺寸，有裁好了的一摞纸。所以这些画有的真是命运多舛，一换领导，有些画没有造册登记，就"顺"出来了。我一看我都认得，有的都是我当面看着画的，我给盖的章。一件《双鹰图》，大概整八尺，有一年，卖了1200万。我一看，唉！咱也不好问，人家拍卖行保密，谁卖的保密。就不说那个了。

徐：那都是白画？

李：白画，没稿费，没有，就是管吃住，管保健。但是大家就非常感激，就觉得周总理救了我们了。出于对周总理的感激之情，自己画的画还自己挑选，觉得不满意的还不交活儿。当然他们觉得不满意的其实有些也挺好的，毕竟是到那水平了。所以这里头有的没题款的，有的还因为种种关系给老学生卷走了，上头没款也没章，后来怎么办呢？有的让范曾给题的字，有的让我给补的章。我不能替我父亲题款，我就补的章。你这要传世，它有一个负责任的问题。哎呀，那时候画家们可以讲，把自己最好的作品拿出来献给国家。在这段历史时期，周恩来总理做出了巨大的贡献，在美术史上不可缺少这一笔。

徐：那后来呢，延续了有几个月？

李：好景不长。为什么呢？因为那时候"文革"还没结束，我父亲从1971年冬天开始，先在家里练练笔，因为毕竟长期不让画手生嘛。练笔的画我都留着呢，给它裱起来了。现在要画大画，那屋又小，拿小纸粘起来，在地板上画，局部画完了再整体，那就说明什么？对整体已经胸有成竹了。那画送到荣宝斋裱的，换个地方还裱不了，那纸都不平。老人觉得手熟过来了，这才正式地画，基本正式画是1972年开始画，到1974年就麻烦了。

徐：整个这一两年都在宾馆画这个？

李苦禅　会英图　1973年

李：我父亲那时候就跟上班似的，天天要是不去宾馆画画，就好像缺点儿什么。因为在我们院对面就有一个"造反派"看着，那老学生来说话都得小声说，还有戴着口罩来的。

徐：那您这两年也是天天陪着您父亲去的？

李：只能我陪着去，我母亲得料理料理家务什么的。我俩妹妹，一个在西双版纳插队，一个在内蒙古临河插队。所以我就说，我们家是"姊妹弟兄皆裂土，可怜光彩生门户"。

徐：人家那"裂土"是封王封侯，你这"裂土"就是一家人分到各地方去了。

李：就我在他身边。而且那时候我也参与画宾馆画，也是精心画的，学刘继卣老师。啊，对，刘继卣老师也在那儿。这你想想，那比他当初给我们上课的时间还长。他画画我就去看，要不我怎么知道他一只老虎画一个月呢？天天看那个进度，他也不瞒着我。那真是，那没有相当的素描根底根本画不了，落墨甚少，那层次质感甚强。

在这个过程里头，"四人帮"要搞一场阴谋，要"打倒周公"，那是冲着谁去的？就是冲着周总理，因为周总理是"四人帮"篡党篡国篡政的最大障

李苦禅一家五口照片

碍。这甭说别的,当时老百姓都觉悟了,大家都明白这冲着谁去的。当时有些"叭儿狗文人"写一些历史文章,都是为现实而写的,比如吹捧吕后,把吕后吹得了不得。你说那吹谁呢?画画,画吕后行,画武则天行,可你要画《三打白骨精》不行,画了也别声张,更不能挂在荣宝斋大厅里,你要有点眼力价儿你也别招这事儿。他们"批大儒",批"当代大儒",那"当代大儒"还有谁啊?你能点得出名的,像梁漱溟这些,人家也不是官,天天被叫去坐政协那挨批、当典型。梁漱溟还不服气,张口就是"孔夫子孔夫子",批判的人也拿他没办法。那大家都知道,"四人帮"是冲着周总理去的。

　　这时候他们就开始找碴儿,这里头在画界也出了叛徒,人格的叛徒。他也是画画的,还在人民美术出版社有很大的权力。他跟人家宋文治借了一个册页。当时参与宾馆画的还有南京的宋文治,宋文治觉得是一个机会,那时候他还比较年轻,拿着这本册页,求这个给画一开,求那个给画一开,这是好机会,是不是?画宾馆画这些人里还有黄永玉,就求黄永玉画一只猫头鹰,特可爱,一眼睁一眼闭,可爱极了。这位美术界的叛徒,就把宋文治这本册页拿来看了以后,发现有这猫头鹰,说:"宋文治,我借去看看好吗?""拿去看吧,可得还我。"这些名家都画满了,上哪儿找去?结果那个家伙拿去不还了,不但不还,他还拿它告密去了!给了"四人帮"在美术界的忠实打手。她也不会画画,任嘛儿不懂,走起道来那也是咧大嘴,望天像蛤蟆,就是这么一主儿。比如,她有一回对着一批画界的人大喊:"为什么画国画非要盖印啊?为什么?!"于是有朋友来问家父:"这问题要问到我,我怎么回答呀?"苦禅老人乐了:"好回答!你就说,国家卫生局规定的,不盖印戳的猪肉不允许上肉市。哈哈哈!"反正她张嘴就是外行话,可是大权在握,是江青在美术界的大总管。她据说曾向江青在钓鱼台的住处汇报过六十多次。她看这画如获至宝,说:"黄永玉画这种猫头鹰,简直是对社会主义的阴暗心理,一眼睁一眼闭,反动画!黑画!"那时候荣宝斋就叫"黑店",像荣宝斋经理、老革命家侯凯同志叫"黑老板",那时候都加一个"黑"字,这些个所谓"反动学术权威"叫"黑帮"。他们要继续调查"黑画",还是派小特务混进去了。

这里头我也不好点名,有变节分子,就把里头有的画,有的拍照,有的给"顺"出来了。汇报上去之后,就点名了,江青、姚文元说:"这些个被批判的牛鬼蛇神,反动学术权威,所谓的名画家,怎么又把他们捧起来了?又出来搞'四旧'了?是谁把他们捧那么高?"这一下子各个宾馆饭店都害怕了。他们级别低,全停止了。只有个别单位坚持,不停,比如政协不停,不听那套,政协就听周总理的。"四人帮"派小特务来看,想进去。工作人员说:"你们来干嘛?""我们想看看你们这儿的这些画。""你们看画干嘛?""我们要审查审查,我们是文化组的。""首长已经审查过了,你们就不用审查了,你们是什么级别的?文化组,用不着,有比你们级别高的首长审查过了。""谁啊?""周总理审查过了,你们还要审查吗?"说实在的这些走狗们可不敢公开地点周总理的名,就是狗仗人势他也没那么大胆子。

政协顶住了,但有的顶不住了,尤其北京饭店,当年是表现最坏的。他们提供了一批画,然后拿到美术馆搞"黑画"展览。好家伙,轰动了,各单位都要去看。这各单位也不知道是怎么回事,有的欣赏开了。"这猫头鹰挺好玩的,我见过一眼睁一眼闭。""黄胄这骆驼,您瞧瞧,您看这骆驼峰,一颠一颠的,我见过那骆驼叮当叮当,夜里一点钟打这儿过,画得好。""黄胄这毛驴,这好久都不见了,这毛驴,说他是驴贩子,这毛驴画得好。""李可染的山水,哪见过他画那么大的山水,都是小山水。"那就是为民族宫画的,为大屏风上画的。那画早收起来了,要不收起来,闹不好谁又"顺"走了。好些人到那儿夸去了。后来有人说:"别夸了,这可是黑画展。"

有的可吓坏了。让画家本人去看,像李斛先生,他胆特小,人是好人一个,就怕吓。他画了张《三峡夜航图》,费了大劲儿,完全以素描观念来画。夜航,古代不能夜航,1949年后夜里头安那个指路灯,才能夜航。这不是歌颂新社会的嘛?也给上纲了:"白天的三峡不画,画夜航,好像我们这个社会是黑暗的。这不是讽刺社会主义吗?"那张《三峡夜航图》展出了,那天我在呢,李斛先生直哆嗦,脸直发白。我说:"您别紧张,别紧张,这也不是只对您一人,上头必有表态,这不是您一个人的事。""这个画一上了这个展览就坏事了。"他最后死于肝癌,生闷气出不来,变肝硬化,肝硬化变肝癌。他那么了不起的一个老师,徐悲鸿最赏识的学生辈的素描大师,就是这么死的。

你看现在我这个书柜上不随便挂人像,但我放了一张李斛先生的自画像,这多高的水平!素描大师,56岁就去世了。去世前我去看他去,皮包骨。他女儿说:"李燕看你来了。"他是平着躺着,就为了翻过身来,自己的骨头扎自己的肉,疼得满脸苦楚。我说:"您别动别动,我离近点儿,您就看得见我了。"我站着,他流泪了,那眼泪真是涕泪横流啊!他憋了半天才说一句话:"我都病成这个样子,你还来看我。"我一看这架式,我说:"您好好休息,好好休息,多吃点营养品,还会恢复的。我还等着您给我们上素描课呢。"他苦笑了一下,我赶快走了。打那儿起,我的老师只要是癌症后期,我都不去看了,我要留着一个老师在课堂上的印象。

我刘继卣老师66走的,也是肝病,让那个美术界的叛徒,告密黄永玉的那家伙整死的。我一共有三位老师,都是老实人生闷气,肝硬化转肝癌的。不像我父亲,他挨了骂了他骂你,他拍桌子,他肝气都输出去了。一个刘冰庵先生,齐白石门下,刻章的大师,1957年"反右运动"报战果,缺一"右派"名额给他了,那死得惨透了,肝硬化,肝癌。李斛先生,刚才讲了。还有刘继卣先生,他画了一只老虎下山,叼着一只翡翠金刚鹦鹉,工笔的,那生动!表现那个鹦鹉的挣扎,老虎叼着食不放嘴,谁看都觉得是刘老的精品。那叛徒是他单位的领导人,说这是黑画,让他拿出来,后来他夫人裴丽说了:"这张画一听说是黑画,我们给它撕了擦盘子了。""那不行,要做检查。"那叛徒要让刘先生"顺竿儿爬",刘先生说:"我这是小资产阶级的欣赏趣味。""不行,把这小字去了。""我是资产阶级的欣赏趣味。""不行。""那什么行?""你这实际上是在暗示我们社会主义的中国是'苛政猛于虎',叼的鹦鹉是'资封修'。"刘先生事后跟我说,我要按照他这个竿往上爬,我倒是落一"态度老实",那不等于我自己承认是反党反社会主义的反革命了吗?只要是当他面一提这个叛徒的名字,我告诉你,刘先生老实人就马上脸发红,然后头就哆嗦,后来我都不敢在他面前提这家伙名字,俩字的,都不敢提了。我的三位老师都是这个,挨骂都不会还嘴的,干生气。

这张画毁了没有?其实没毁,他的夫人裴丽不知藏在哪儿了,"文革"后拿出来了,真精。那时候我还真信了,害怕这张画擦碟子了,刘先生这类题材的没第二张。太精太精了!那时候弄得人心惶惶呀!

这时候姚文元组织了一个批"黑画"的写作班子,每天五块钱伙食费,按当时物价,又是内部价钱。这五块钱伙食费我告诉你……

徐:每天五块钱?

李:每天五块钱的伙食补助,肥呀!

徐:好家伙,那可太多了!

李:聚在一块儿,专写批"黑画"的文章,就等着毛主席一声令下:"批!"说这是"黑画",两报一刊——那时候是最权威的刊物,"四人帮"掌控的《人民日报》《解放军报》还有《红旗》杂志(现在改成《求是》了),只要两报一刊一发,全国舆论就一致批"黑画"。那矛头就是对准周总理,没别的。这等于是攒"炮弹"呢。

那个忠实打手就把这批所谓的"黑画"都拍成大的照片,因为那时候主席眼睛不太好,有白内障,她到中南海见着毛主席了。毛主席正听王炳南同志汇报中美秘密谈判的工作。那是外交战线一位大功臣,王炳南同志,好多人不知道他。他是周恩来身边的亲密战友,外交战线上的老同志。他在那汇报工作,大概汇报完了,或者汇报一个阶段了,主席在那儿喝个茶稍微休息休息。她来了:"主席,我这有点儿事情向您汇报。"毛主席问:"什么事情啊?"说:"你看看这些画。"头一张拿的就是黄永玉画的猫头鹰,一眼睁一眼闭,毛主席低着头看。她在旁边:"你看他画这个猫头鹰,是一眼睁一眼闭的。"

下头显然是想引导毛主席批判,你说她蠢吗?她想"引导"毛主席批判。毛主席看完之后,一抬头,旁边服务员都乐了,毛主席一眼睁一眼闭,说:"我记得几年前一个德国画家,也送给我一张猫头鹰,也是这样,一眼睁一眼闭的。我要学习他啊,他晓得劳逸结合,我就不晓得劳逸结合,晚上我还要在灯下看书,你看我的眼睛白内障了,点眼药。"15分钟点一次,服务员过来点眼药,他欣赏这些画,没批判。说实在的,这猫头鹰对黄永玉的名声可是大有帮助。别的画,什么《阿诗玛》之类的成名之作别人记不住,反正一说猫头鹰就是黄永玉,便由此而起。

黄永玉画猫头鹰

下边又拿来李可染的画,说:"您看这'黑画'。"李可染画画不是用积墨法吗?当然这个"黑"跟那个"黑"不是一个意思了。又让毛主席打断了,毛主席说了句什么?"山水画还有泼墨。"把这画,从她企图谈的政治问题,给拉回谈艺术了。那她就不好插嘴了,是不是?

后来又拿出来了我父亲李苦禅画的一张画,据毛主席旁边的工作人员回忆,他大约在那儿观看了少说有三十秒。为什么单拿出这张画来批判?她们说这张画连骨朵儿在内荷花塘里头一共是八朵花，池塘上一只翠鸟往下看，那翠鸟是找鱼是不是？这是常画的。她说这个翠鸟是影射江青垂头丧气，这八朵荷花是讽刺八个"样板戏"，她就往这儿引，拿出来，说："这张画是李苦禅画的。"刚说到"李苦禅"三个字，毛主席又仰起头来要说话，那当然她就要住嘴了。"李苦禅，苦禅，我想起来了，他的这个名字像个头陀，和尚，是吧？我记得1949年初期他给我写了一封信，很长的一封信，我记得好像生活困难，工作没得安排，现在怎么样了？"主席对李苦禅还关心起来了。这你说她还有什么话好说？碰了一鼻子灰，就不再往下说了。毛主席那天心情特别好，大概多少日子也没看见画了，这回来了，一张一张仔细欣赏，慢慢欣赏。

这下她害怕了，她说："这些话谁要传出去谁负责，是伪造毛主席指示。"但是有一个人她管不了，就是旁边这位王炳南。王炳南有文艺素质，他要是不绘声绘色传到我这儿，我怎么绘声绘色给你们讲？王炳南立刻传到了张协和老同志那里，张协和现在你们不会知道的，他也是秘密战线上的一位老同志，那很厉害的。那个人的头脑不是一般的头脑，多才多艺而且头脑严密，那是我现在心目里最佩服的人之一。他的父亲那都属于李克农式的人物，但是革命没成功就不幸牺牲了。在延安开隆重的追悼会，还是秘密开的，还不许他哭，你一哭就暴露了，就是在那种艰难时刻过来的。就不细谈了。

王炳南同志把这个好消息告诉张协和叔叔了，张协和跑到我们家敲门，进门赶快关上单元门，完了再关里头那门，说："苦老，好消息，好消息。"我父亲说："这年头还有好消息？""真的有好消息。"就如此这般学说一遍。张协和叔叔也是多才多艺，他净见周总理，学周总理就是周总理，学毛主席就是毛主席，学蒋介石就是蒋介石。他们家原来跟蒋家都是溪口那边人，也姓蒋，他是"孝"字辈的，因为闹革命，改成姓张了。他学说了一遍，学说了之后，我父亲当时眼圈都红了，说："哎，润之老同学没忘记我啊！他头脑不昏，一点儿不昏，他是被奸小蒙蔽！"这是苦禅老人对于毛主席最后一次直截了当的评价。他老年之后，有别人当着他面谈到毛主席在"文化大革命"中间种种的一些事情，我父亲绝对不插嘴，他始终把毛主席当成自己的恩人来看待。

毛主席这一发话，这"黑画"批不下去了，是吧？而且事后毛主席知道了这个阴谋之后还很不满意，说："大事不来讲，净拿一些鸡毛蒜皮的事情到我这儿来汇报，以后不要再做这种汇报了。"主席当年还有这么一句批评。

那这时候姚文元可下不来台了，你这个写作班子在这儿呢，怎么办？姚文元也会说话："这样，我仔细考虑一下，这些画家越批他们名气越大，影响越大，我们不要帮着他们制造反面影响。现在先暂告一个段落，你们先回到原单位参加'文化大革命'，以后有事情再通知你们。"他就是这么收场的。

后来这个消息不胫而走，毛主席说了这"黑画不黑"，原话不是这个，但是主题是这个。群众这小道儿消息打哪儿来的？就是大道儿听不着，都传小道儿，因为小道儿在当年应验率高，所以小道儿早传出来了。说怎么批了半天，现在没音儿了？这画家又都回到家里去了，也没开批斗会。但是不同的单位有不同的执行。中央美术学院有一个新的党委书记，仁字的，这个人我看挺有本事，忠实地执行了"四人帮"批"黑画"的指示，把我父亲李苦禅拉到中央美院批斗了四次。而且做人格侮辱，在几百人的大礼堂上大叫："李苦禅！站起来面朝广大群众，让大家认认，这就是李苦禅，你们认得吧？"我父亲心想："我效命老艺专这一辈子了，中央美院连托儿所的都认得我是李苦禅，哪有不认得我的？"这就是一种人格侮辱。

那有的批得简直都不像话了，都不敢公开批，内部批完了传出来了。我父亲上课画了一张画，德亮有时候我在你这儿也做这样的技法讲述，就是用笔墨表现质感，画一个乌龟是硬的质感，再画一条蛇是柔中见刚的那种质感，都是几笔写出来的。我父亲在课堂上就是画了一个龟蛇，画完之后就是那个玄武神嘛，题"玄武神乃吾之心目中的权威"，再盖上章。这张画很完整，相当精，到现在不知下落在哪儿，八成有人害怕得撕了、烧了。你知"上纲"上到什么程度？说"李苦禅借上课之机咒骂毛主席"。我父亲说："毛主席是我恩人，当年又是老同学，我干嘛骂毛主席？"他们这是怎么上的"纲"？说："你知道毛主席他属什么的吗？他1893年出生，是属蛇的，他这条蛇是影射毛主席。蛇旁边又放一个龟，这明摆着就是骂毛主席嘛！"可是要公开批，这话又没法说，还秘密地、小型地批。这也是事后有人透给我的故事。

德亮，要照这么"上纲"，你画猫，我告诉你张张都是"黑画"，我都能按这逻辑给你"上纲"。现在听着可笑，可是那时候就风行这个王八逻辑。

徐：那不是所有的画都成"黑画"了？

李：都能给你无限"上纲"，他只要憋着目的就是这样。后来这个事情就是弄了个不了了之。没过多久,"四人帮"倒台了,可是"黑画"这个事情率先由谁出面给翻案呢?由李先念同志和谷牧同志。在一次大会上,主要是谈别的,谈国民经济的问题,那是大事,"文化大革命"留下那么一个烂摊子,抓经济谁抓?当时很重要的就是李先念同志还有谷牧同志,副总理嘛,抓经济。大家习惯称谷牧为谷主任,因为他担任过建委主任,参加过制定周总理那时候的"调整、巩固、充实、提高"几字方针的,资格很老。谈完经济之后,最后捎带着谈这事儿。李先念同志说:"大家都知道,几年前'四人帮'搞了一个所谓批'黑画'。什么东西!什么事情!详细情况,谷牧了解,请谷牧同志谈吧!"这谷牧就仔细谈了。这一下传开了,这等于是中央首长正式发话,正式把批"黑画"这冤案给平反了。

所以要不说这些画家对于谷牧都很感谢呢。怎么说呢?现在有人就老爱弄这个点眼药的事,说谷牧借着跟画家的友谊索要名家绘画。我就敢说,没有一张是索要的!画家对他特感谢,都是主动给他画的,而且画得特别精。我跟谷牧同志比较熟悉,在荣宝斋时我跑外联,有些事情还得上他那儿请示、报告、审批,比如为荣宝斋买车的事。

1978年中国画研究院筹备时万里(左三)、谷牧(右三)、黄胄(右二)、张仃(右一)、许麟庐(左一)等观看李苦禅作画

那时候买车可不容易，写个报告然后请他审批。我们荣宝斋这么大的单位，接待个外宾，甚至接待首长，名画家、老画家，现在连部汽车都没有，拉个货还得跟人借车。报告写的是一辆，他批两辆。一辆上海牌的黑色轿车，一辆130，那解决大问题了。这是我去他那儿办的，他是当场就批准了。说实在的，对于文化艺术，谷牧同志关心极了。包括后来筹备中国画研究院，就是现在中国国家画院的前身，可以讲，谷牧立下了汗马功劳。结果就有人在这里头给他递小话儿，让谷牧非常伤心。他跟我说知心话："没想到这个美术界这么复杂，我这好心支持画院，现在我倒落得不是人了。"到一定交情，这么大的领导才跟我说这样的话。但事后，我觉得递小话儿这人也很被动，人家谷牧为改革开放建设特区，立了多大的功劳？给人递这小话儿……就不细说了吧，反正我觉得写中国美术史，周总理不能忘，周总理身边的这些老一辈无产阶级革命家不能忘，谷牧同志不能忘，没有他就没有现在的国家画院。

前一时期有他家里的画在拍卖行卖了，本来按照他原来的意思，这些他将来全都交党费，交国家。但是我发现这个画还在他家里头。他去世了，他的后人卖出来了。可见这些小话儿起的不良作用，让他这些画连捐都不敢捐了。你捐的话那不又逮着了么？你跟画家索要的。

这批画都是精品，有人真捡漏儿了，真是精品，买了绝对保值。有人上我这儿问来了，我说没错。有的画不客气讲是我在中间送去的，还有的是让我拿到荣宝斋裱的，裱完之后我送去的。大酱坊胡同，他住的那个地方，开门怎么开，卫兵问话怎么答才能让我进门，这套规矩我都知道。

尤其我父亲在送给他的《荷塘》图上有一大段题字，是回忆这一段画宾馆画的事情，那就是一篇文章，可惜我没留底。那时候也没留照片，照相不像现在这么容易。那是我送去的。黄胄等画家给他画画都是出于对他的感激之情，没有一张是他索要的，我敢做这个保证，以我人格保证，没有一张是他索要的。大约是因为有人递小话儿所以导致这些画没捐，那他去世以后是卖还是做什么的就由着别人做了。其实这一批要集中起来，出个册子，那了不得啊！

徐：都是精品，可惜散佚了。

李：散于民间，也是一种很好的保存方式，人家都是看准了好东西，拿真金白银买回来收藏的，谁不精心保护啊！

【第二十五聊】

# 最红的男明星

电视表演艺术家赵丹同志,那从早年的《马路天使》一直到他后来拍的《武训传》等等一系列片子……是最红的男明星。

徐:"十年动乱"结束之后,您父亲重新又高高兴兴拿起了画笔,开始重新画画,但是没有几年老人就去世了,他是1983年就去世了,等于是一共过了五六年好日子。

李:对,我父亲1983年6月11号凌晨去世的。他这一辈子有一个非常幸福的晚年。人的一辈子就怕晚年不好,我父亲虽然一辈子历经坎坷,特别是"十年浩劫",但是他赶上了打倒"四人帮",国家改革开放,百废俱兴,尤其是十一届三中全会之后,整个国家形势可以说是急转直上,否则就没有咱们的今天,没有今天中国在世界上的大国地位。所以我们回顾历史,我父亲总算还是赶上了新时代的这么一段,他晚年生活是相当愉快的,我从来没有看到我父亲有这么愉快的时候。

所以我每次怀念我父亲的时候我就总想着这一段,老人家的音容笑貌还在心里头,那可以说对我这个孝子来说是一个最大的安慰。

打倒"四人帮"以后,多年不见的一些老朋友又见了,其中有那九死一生的。比如说电影表演艺术家赵丹同志,那从早年的《马路天使》一直到他后来拍的《武训传》等等一系列片子……

徐:在当年是最红的明星了。

李:是最红的男明星。他在30年代和蓝苹很熟,都是演员嘛!这个蓝苹就是后来的江青。在"文革"中间凡是知道江青那点儿历史的人几乎都没好下场,谁要把江青说成了当年的蓝苹,冲这一句话就能给你关起来,因为她那段历史有问题,她自己心虚。所以赵丹就被关起来了。有一段开他的批斗会,赵丹说批斗会挺有意思的,一问一答一问一答,这倒是个精神食粮,不然的话太闷得慌。后来不开了,怎么也不开了?江青说"赵丹这种人吭一声都是反动",所以连给他送饭的小兵送了饭搁下就走,好像他是有瘟疫的那种

李苦禅与赵丹（1978年）

人。亏得打倒"四人帮"了，给他放出来了，放出来之后首先就想到北方，看这些老朋友。

突然间有一天有人敲门，我一开："哎哟，赵丹同志！您怎么来了？"他问："你是谁啊？"我说："我是我爸爸的儿子。""你爸爸是谁啊？""李苦禅。""我就是来拜访苦老的。我打听来打听去才打听着，怎么跑这儿住来了？""那不是为了抗震吗？我们那边房子住得高，这是借住，是马局长家。"这样把他让进来了。一进门，我父亲一看赵丹，好家伙，正画着画呢，把毛笔一扔上去就抱上了，"哎哟，赵丹，你还活着呢！"赵丹说："苦老您不是也还活着呢嘛。""哎哟咱都过来了，都过来了。"这俩人哪像老人啊！尤其赵丹，直到也去世，在我心目里不是老头，那就是一个年轻人，一派童真。我父亲也是，一辈子老是保持着一种可贵的童真。这俩老朋友碰一块儿就是聊啊聊，有好些我都插不上嘴，也听不懂，那都是多少年前的事情。

我记得最清楚的事就是我父亲说:"你别看你一辈子演电影,我认为演得最好的,我最欣赏的,就两部片子,一是《马路天使》,第二部就是《武训传》,你演的武训都演活了!那不是赵丹,那就是武训!"赵丹说:"我倒霉就是倒到《武训传》上了,挨了批了。"那江青为这事儿特地说:"阿丹不许出来乱说乱动。"赵丹说:"我就知道她防着我,我装傻都没脱过这劫难。1958年大会堂建成了,我上北京来有事情,也不怎么怎么冤家路窄,老远江青从那边过来,叫我:'阿丹。'我装看不见她,她主动叫我,那我就不能不站住啊。我说:'好久不见了,找我有什么事情,有什么任务?'她说:'没有任务,没有任务,好久不见了,我想问你一件事情。''什么事情?'说:'你们那时候都好奇,说一个礼拜不知道我上哪儿去了,是不是有这事儿啊?都挺好奇的,非要让我说个所以然呢,是吧?'"

当年蓝苹曾经失踪了七天,其实就是被国民党逮捕后秘密叛变了才放出来的。赵丹那时候也不知道她秘密叛变了,但是到这份儿上,人家那赵丹的脑子多聪明啊,知道这里肯定有犯忌讳的事,就装傻了,说:"哎呀江青同志,你想这多少年前的事了,你看我这番经历,哪还记得?记不得,记不得了,一点儿记不得,""你还真不记得了?""那可不是,不记得了。还有什么任务吗?""没有,没有什么,没事多来啊!"赵丹心想:"我还没事多来?我找事啊!"他说:"哎呀,我就这么装傻我还没脱过这个劫难,她派人给我关起来了。要不是打倒'四人帮'我活不了了,因为他们内定了对我怎么处理啊,说阴死他。"

"阴死他"这仨字你们一般人不知道,明朝就有。有些重要案犯入"天字第一号大狱",一旦入到这里头,使银子托人情也不让你探监,失去了对外界的一切联系,上头也不审不问不判,那还能长寿吗?对赵丹就是这样处理,不审不问,他审的过程里万一说出点什么,不得了是不是?不审不问也不判,想阴死他。他说:"亏得我想的开,'四人帮'又倒了,这我才出来了!这么些朋友都在北京,我得来看看。"我父亲说:"聚会聚会吧!""上哪儿聚会啊?"点着名的聚会这些人,这些人大家都认得脸,到一般地方,也甭聚会了,净有人来找签名就受不了,就甭说话了。去哪儿聚会呢?

当年井冈山的何长工,那老资格了,老一辈的革命家。他的侄子叫何康理,也是位老干部,他说:"这么着吧,到我那儿去吧,我们家的一个单元,比别的单元多几间,房子不大咱们这些人凑合能坐下。我们家也没什么好吃的,反正弄几样菜,大家不就为了聊聊嘛。"大家一致同意,就去了。都是什么人物呢?刘海粟,我父亲苦禅老人,王雪涛师叔,还有老导演谢添,赵丹,还有赵丹的夫人黄宗英——年轻的时候漂亮极了,到老了也很有风度。还有她的弟弟黄宗江。那黄家这哥几个,一直到黄宗洛,都是演艺天才。当然还有我母亲李慧文。这里头最后一位是鄙人,李燕。

1978年李苦禅与赵丹(右)、凌子风(左三)、何康理(何长工之侄,左三)聚会作画

我拍了一些照片,现在看来极其宝贵,遗憾的就是空间太小,有的人没照全,但就那样也宝贵极了。过去照的不理想的照片我现在都觉得宝贵,它重在里头那些人物、时间、地点、场合、时代背景。这些人凑在一块儿,这高兴的,真是无所不谈,一个一个都不是老头了,全成孩子了!

徐:您父亲跟赵丹在以前有什么交往?怎么他们老年一见面就这么高兴?
李:这么说吧,赵丹他早年可是艺专学画的,他不是演艺界的,跟蓝天野一样,蓝天野也是艺专的。后来由于时代的需要,宣传革命思想,最容易普及的是演艺。就是那个时代使然,赵丹他们后来进入了演艺界。

徐:那当年在艺专他也是您父亲的学生吗?

李:不是不是,艺专没碰上面,我父亲老看他电影,就算神交不断吧。等建国初期赵丹有意要扮演白石老人,这时候就接触多了。我父亲也常去白石画屋,他也常去。他去的目的一是看画,二是注意观察白石老人的动作。所以有时候弄得白石老人奇怪半天,不知道怎么回事。白石老人跟客人说话的时候,赵丹在他身后学他,惟妙惟肖。客人直乐。白石老人纳闷你们怎么就都乐了,大家还不说破。他去的主要目的不是为了学画,就是为了想演白石老人。后来他演《李时珍》的时候,演老年李时珍,那个扮相,我告诉你活脱就是白石老人,我都琢磨着他是按照白石老人的形象化的妆。

可惜他没机会拍白石老人,这是很大的遗憾。

那么他这次到北京,大家又是说又是画,留下了很宝贵的作品,他跟我父亲这辈子唯一的一幅俩人合作的画就是在那儿画的。我父亲画荷叶,他画荷花,完了我父亲又题的字,把赵丹的名字题上,我给盖的章。这张画不久前在国家博物馆展出,因为他女儿赵青也画画,搞了一个"丹青画展",我把这画拿出来了,哎哟她高兴极了,那真是太宝贵了。

还有一张也很宝贵,我画一个猴子,赵丹画猴子抱着的桃,桃树也都归他了。画完之后我父亲题的字:"赵丹画桃,李燕画猴,苦禅题字。"

徐:这张画宝贵了!

李:赵丹又单画了一张鳜鱼,之后我裱出来了,我父亲一看挺好,在那个绫子上头记录了这件事,你说这多宝贵。

徐:晚年跟赵丹就见过这一面么?

李:后来还在其他场合见过面。赵丹他在北京可待了一阵儿,那人是满天飞的人,去上海又过来。他这辈子有多少年是在监狱里度过的,不是一个监狱,也不是一年两年的,所以一旦得了自由,这个人的性格就是满天飞。我对他为什么印象好?那么大的演员一点儿架子没有。有一次在和平宾馆,我没见着他,他先见着我的,喊我:"李燕。"我一看是赵丹,他说:"来开会,明天的会，今天我没事，坐坐坐。"他叫了一瓶啤酒，还是他请的，跟我又聊上了。聊了好多东西，我在这儿不适合说，反正是一些感慨吧。他确实对中国电影的发展有一番抱负，但非常可惜没能实现，他有一些牢骚。他能跟我这么一个隔辈儿的年轻人说心里话，真是一个真正的人，纯粹的人。

后来他不幸得了癌症住院了，我就把他那张《鱼乐图》拿到荣宝斋，那时候我已经在荣宝斋编辑科工作了。我说："他画的鱼挺好的，咱们是不是水印出一份？"

徐：荣宝斋的木版水印有名啊！

赵丹　鱼乐图

李：科长同意，侯恺经理也同意，就印，印的过程里他的病在发展，他自己还不知道。我说："咱能不能破例先印一份？"一般"压活儿"得压三十多份，这破例先印出一份来。印完了之后我赶快送到裱画车间裱好了，送到医院，他让把这张画挂到病床对面，这是我们最后一次见面。他就是看着这张画去世的。

所以我们算是两辈儿的交情，现在赵青不管有什么活动我和夫人都全力支持，我说："令尊赵丹永远活在我心里头，只要是赵青你发话，我能帮上忙的，我绝对帮忙。"她开始不知道他父亲和我父亲有合作画这事儿，我一说她喜出望外。我除了提供了那张画，还有当年他们俩见面的时候我抓拍的镜头，俩人小孩似的聊天，那镜头，你说现在看多宝贵。

李苦禅与赵丹合作《映日荷花》（1977 年）

第二十五聊　最红的男明星

赵丹观看李苦禅作画

徐：还有什么照片？

李：我父亲画画他在看，他画画凌子风在看，聊天的镜头，画画的镜头，包括吃饭的镜头。他还说呢："这个吃饭的镜头以后别给人看啊，让人觉得我们这些人光会吃。"他老说笑话，什么时候都是乐，还有点儿不正经、淘气那劲儿的坏笑，一点儿老态龙钟都没有，那真是个纯粹的人，总是活在我们心里的人！

【第二十六聊】

# 侯宝林带到

车一直开到火车站,开到站里头去,中吉普的车门对着火车车门,上了火车,上到硬座。面对面的硬座,那已经坐着四位战士,交接,互相敬礼,说:「侯宝林带到。」

徐：我们知道，人艺著名表演艺术家蓝天野先生，他也画画，也是您父亲的学生，因为好多次您家里组织的活动，我看蓝先生都出席了。蓝先生跟您父亲是怎么个渊源呢？

李：要说蓝天野先生，他和我父亲的缘分，应该说来自于他的兄弟杜澎。杜澎已经去世了，就是电视剧《四世同堂》里面扮演钱默吟的那位演员。他和蓝天野，他们本来都是姓王。

杜澎

徐：哦，不姓蓝，也不姓杜？

李：对对，这都是后来改的艺名。蓝天野早期是学画的，他和侯一民先生原来曾经是同学，都是艺专的学生。后来为了革命工作的需要，相当一部分从事绘画的、文学的革命青年，都转到演艺方面了，因为演艺这种形式容易进行新思想的宣传，有群众基础。这样，蓝天野先生就进入了演艺界。

在当时为了革命的需要，也是为了安全吧，都得起一个化名，别叫原名了，别让人查出来你过去历史什么的。当时他想："那我叫什么呀？"抬头瞧瞧，天气挺好，八成没有雾霾，蓝天。"得了，我就叫蓝天野吧！"打那儿起，他就改名叫"蓝天野"了，其实他姓王。

他多年从事演艺，大家都知道他是人艺的老资格演员，谁也不知道他还会画画。其实他的画画之心未泯，多年来还是画，后来退休了，时间多，那在画画上花的时间就更多了。

徐：哦，他什么时候跟您父亲学的呢？

李："文革"中我父亲给国宾馆画画，有一度就住在六国饭店，那个时候他有时就去看我父亲画画，看的目的就很明确了，就是学。但是他也知道，我父亲有工作，所以也不多打扰，就是看，看得极仔细。那眼神儿一看就是在那儿学呢，不是欣赏，而是在学。

徐：而且他本身也有基础。

李：他有基础。在人艺退休以后，那就放开画了，还办画展。实际上他现在等于是人艺身体状况最好、精神最足的老艺术家，现在还不闲着，还演出。

徐：还导戏，当导演，他们人艺里的人都"怕"蓝先生导戏，太认真，抠得太细。

李：导演比演员还累，也怪了，他70岁的时候身体特不好，现在可能是因为跟画画有关系，精神放松了，身体特好，越来越好。

徐：他得有80多了。

李：那可不80多了嘛，你想想，我这当年的"小年轻儿"现在都73了是不是，老艺专哪个不得80多？你看侯一民今年大概86吧，杨先让87。但是他现在精神头儿特别足，天天画画，画完以后向社会汇报，在美术馆办展览。所以现在有好些地方就希望请他画画，特别他是双重的知名，一个是名声，知名度高，还有一个，形象知名度高。

徐：一看他都知道，这是姜子牙老爷爷。

李：对了，年轻的都说他是"演姜子牙"的，实际上他个人来说，对《封神榜》这个本子是特别地不满意，到片场了才知道，但是没办法，已经应了，非演不可。实际上在他的艺术成就里边，可以说好多他塑造的艺术形象，都比"姜子牙"好。

徐：《茶馆》里边的秦二爷。

李：特别是《茶馆》那场告别演出，他都是挺大岁数了，演年轻时候的秦二爷,一出场辫子一甩,那个劲儿!年轻实业家,奋发有为,实业救国,就那个劲儿,那表现真是太好了!

徐:就跟赵丽蓉一样,人家唱了一辈子评戏,而且也是好角儿、大角儿,全国观众不知道,老年了演几个小品,全国人民都知道了,红了。

李:那么就画画这个事情来讲,蓝天野先生,由于他和他兄弟杜澎和我父亲这关系,结下了缘分。说起这杜澎,也是我父亲的学生,他喜欢画画,而且特有才,上过我父亲的课。他曾经回忆过,他说苦老给我们上课,特别会调动学生的情绪,大夏天挺热的,学生都犯困,他上课先说:"你们看,我这儿有块手巾,把手巾往腰里这么一别,就算道具。"然后来一趟"起霸",嘴里带锣鼓经儿的,一下把学生精神都振奋起来了,说点儿笑话,再开课。

杜澎说,那时候北平沦陷,苦禅老人他是在私立学校偶尔兼课,公立的不能上了,公立都让日本人接管了,成汉奸学校了。但是他在这私立学校偶尔上课,他也是借题发挥,说:"今儿学画鸟,这个鸟你得了解性情,每种鸟各有不同。有等食儿吃的鸟,有找食儿吃的鸟,还有抢食儿吃的鸟。现在咱们都知道谁是抢食儿的鸟吧?可惜了,但中国人现在当了什么?被抢的鸟。"那学生都听得出来这指的是谁,这就是借题发挥,说是讲画鸟,讲上爱国了。

后来我父亲说,杜澎这个学生聪明还淘气。淘气在哪儿呢?有时候旷课。干嘛去呢?偷着听曲艺去了。

徐:对,那个《四支枪》就是他写的,很有名。

李:他懂曲艺,写了不少东西,1949年后还写了《一盆饭》等等。日本占北平的时候,来十几万日本人,到这儿就当成他们的地方了,挑了一些胡同,好点儿的房子他们都占了,理由当然是"极其充分"了。但是跟隔壁共用的墙那墙头坏了,墙头年久失修塌了,日本侨民挺抠门的,他不管修。正好杜澎他们家跟一个日本侨民隔壁,这个墙头塌一块互相就常见面,杜澎没学会日本话呢,日本人倒让北京话给同化了,这日本人会说北京话了。有一回杜澎隔着墙看着那边正晾被呢,有个粗铁丝,晾着被,打那个被子。杜澎也是没话找话,说:"打什么呢?"这个日本人说:"打'南京虫'呢。"日本人把臭虫、跳

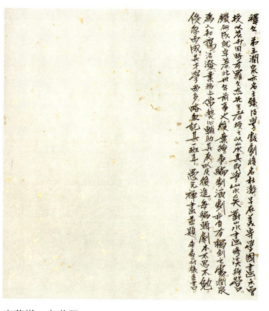

李苦禅　白荷图

蚤叫"南京虫",就是侮辱中国人,那时候中国的首都不是南京嘛。杜澎一听,说:"你发音不对,这不叫'南京虫',这叫'东京虫'。""哦,'东京虫',哦,打'东京虫'。"因为日本人他念东京是Tokyo,他不知道"东京虫"什么意思。杜澎平常脑瓜儿就这么机灵。

徐:杜澎后来也画吗?

李:也画,他也画,也来学。现在我还保留着一张我父亲给他画的荷花。为什么给他画的我还保留着呢?我父亲画了两张,头一张题错了字,又画了一张送给杜澎了,有错字那个留在家里头了,上面还题着杜澎的历史,杜澎原名王润泉等等,把他的才气表扬一番。

徐:每个人画出来的画跟自己性格都很有关系,我看蓝天野先生画那个《鹰》,一看就是舞台上的形象,特秀气,特帅,而且这鹰还是"丁字步"的。

李:有杜澎的缘分,蓝天野也跟苦禅老人学画,平常练的都是我父亲的路子,尤其是爱画鹰,还爱画白鹰;但毕竟画如其人,他画那鹰跟我父亲的鹰不一样,特秀气。

徐：对，看着特"飒利"，一看就跟帅小伙儿似的，那毛都是一丝不乱。

李：而且他画画的过程和我父亲风格不一样。我父亲是一边聊着一边画，一会儿画着画着来劲儿了，离开画案子跟你比画一段京戏的身段。他不行，他画画，旁边别随便干扰，一切闲杂人等不得入内，他得专心致志把那画画到一定阶段，挂出来，才能会客。

徐：有一回我去找他学发声，都说人艺的艺术家发声好。蓝先生就教我，讲完了以后说："当年都是组织我们这些演员，请侯宝林先生来给我们讲发声，现在又打我们往你们这儿传了。"当时我看见他那客厅里挂着一张白鹰，您父亲画的白鹰。他特地说这张鹰跟别的不一样，也有一个小故事似的。

李：是这样，平常我父亲画鹰也是受八大山人、白石老人的影响，一般画一条腿，够了。你看八大山人画小鸟也是，一条腿两爪，写意写意，意思到了，形神兼备，行了。平常不画两条腿。但是给蓝先生画这只白鹰，是两条腿。为什么呢？我父亲一边跟他讲这个白鹰怎么画，一边动笔，画完了一瞧，这重心不对了。这大鸟跟小鸟不一样，家雀经常重心不稳，要不它老蹦，你很少见家雀迈步的，它不稳，一蹦就到位。大鸟不行，体型大，身子重，如果让人觉得站不稳,人家挂在那儿瞧着别扭,有一种危险感。"没事,我这儿再填另一只爪儿,够着那边的石头,这就稳当了。"我父亲给人画的鹰多了,你想找白鹰,还是两爪的,难。

当然一边讲一边画,有时候会出现一些问题,毕竟一心两用了,所以画画有时候还得救画,救的过程也可能产生一个新的稿子、新的姿势。比如画一个人,也不知怎么的,重心觉得不合适,有点儿偏,得了,那边靠一块石头吧。不知道的一看这鹰还挺生动啊!

徐:其实是重心画歪了。

李:重心画歪了。但是画铁拐李好画,怎么歪都行,有一个拐在那儿支着。特别是讲大形体的鸟的时候,苦禅老人非常强调重心。有一幅鹭鸶单腿站着,那只腿翘起来,还回着头理后头的那个毛,这就是上课的时候画的。

八大山人　空谷苍鹰图

有人一辈子画的鹭鸶都是嘴朝左边的,朝右边就不会了,一朝右边就掰不过来,他没写生基础。而且画一辈子鸟,长腿的鸟不敢画,一画就栽跟头。就跟标本似的,不像站上去的,像拿铁丝穿上去的。这都是因为没有速写的基本功造成的。

我父亲说:"你画再复杂的姿势,还能找到重心,这才叫生动。譬如说杂技团,狗熊在一个大的球上走,那球直滚,这有意思。为什么有意思?谁都怕

李苦禅　鹭柳春风图

狗熊摔下来,可是人家不摔,不稳中求稳。你把那个球拿螺丝给拧在地上不动弹,把熊放在上头?这就没人爱看了,甭说熊了,就是我也能站上去。"生动生动,在不稳中求稳,这才生动。

徐：我在侯耀华老师那儿还听到一个消息,他说:"我跟我父亲当年没事就上苦老家去。"为什么苦老跟侯宝林先生这么熟呢?他说是蓝天野先生介绍的。

李：我父亲和侯宝林先生神交已久，我父亲特别喜欢听侯先生的段子，有时候乐得直擦眼泪，但是相互之间并不认识。有一回蓝天野找我父亲，说有档子事儿。他为什么得"找"我父亲呢？那时候没手机，也安不起电话，不像现在。

徐：这是什么时候？

李："文革"后期，那时候侯先生已经被"解放"了。侯先生原来一直被打成"牛鬼蛇神"，弄到地里头当"泥腿子"去，河南"五七干校"。广播事业局革委会一直就是不解放他，非得让他交代历史问题，说过去跟这些个达官贵人有什么关系。那有什么关系？艺人嘛！人家开堂会，找你说相声，演出去，演完了领完了戏份儿就走人，这能有什么关系？不行，非得交代个什么政治关系，交代不清不行。

"文革"中还开了一次"人代会"，名单报到毛主席那儿去了，主席特意翻姓侯的名单里，仔细看了两遍，问身边的工作人员："怎么没有侯宝林同志啊？"这管事儿的也机灵，说："记着我们起草的时候有，打字员工作疏忽，真是不应该不应该，有的有的。"就这么圆过去了。这样的话他成了人大代表了，回北京了，而且这过程还特别有意思。这可是侯先生亲自跟我说的。

徐：哦，他亲自跟您聊的，这可不容易。

李：对，这是后话了。"上边"通知革委会，革委会往下通知，那时候还"军管"呢，侯先生正在地里，一腿泥，干活呢。来一个军管的战士："侯宝林！""在！""有点事儿，上来！""什么事儿？""把腿洗洗，洗洗干净，换身干净衣服，打铺盖卷，带着'红宝书'。""干嘛去？""别问！让你干什么干什么！""是。"打铺盖卷，重要的是不能忘了'红宝书'，毛主席语录，带在身上。一看，一辆中吉普停这儿了。侯先生想：中吉普可不是一般人坐的，看来我这案子犯大了，中吉普接我来了。下来两个军人，很严肃："上车！"上去之后，两边一边一个，给他卡中间。

车一直开到火车站，开到站里头去，中吉普的车门对着火车车门，上了火车，上到硬座。面对面的硬座，那已经坐着四位战士，交接，互相敬礼，说："侯宝林带到。"那几位下车了，他坐在车上，照例，一边一个，看着，一路无话。

李燕与侯宝林

他过去走南闯北,对各地风物、特征,标志性建筑、标志性的地形地物都熟,这火车像是奔北京开的,这什么意思?哎哟,东便门,再开,到车站,北京车站!北京车站下来又是门对门,这回车改了,高级了,黑轿车,好家伙,什么牌的?吉斯牌的,那是什么级别坐的,带黑窗帘的。

徐:这俩字儿怎么写?

李:它是俄文,吉斯,那要写就写吉林的"吉",斯大林的"斯"就行了,吉斯牌的。过去多大官一看车牌子就知道,华沙牌的是部长级的,吉斯就更高级的,那时候车少。哎哟!他一看这牌子,麻烦了,"管保是我这罪过太大了,高级别审判,审完了之后秘密处决。为什么门对门?我这模样谁不认得?被认出来怎么办?这谁都没看见我,果然旁边有站岗的,外人一人没有。"这坐轿车,还是黑窗帘,里头能往外看,外头看不见里头,奔长安街,怎么奔着广播事业局去了?那建筑现在还在呢,白的尖楼,那是苏联专家设计的。怎么奔那儿去了?那是本单位啊,广播说唱团。

进去之后,车一停,人出来了。谁出来了呢?很有名,咱这是口下留德,不说了,革委会主任,带着几个人出来了。可以说多少年都没见过他脸上笑了,这回是乐着来了，说："侯宝林同志，您回来了。""什么，你叫我什么？""侯宝林同志。""别别别，您把这'同志'二字删了去，我这还正在接受批判。""不是不是，一会儿你就明白了。"这两位战士说："我们把侯宝林给您带到了，其他我们就不管了，一切事情都由你们负责。""好，你们回去吧。"

到里头，一个比较大的屋，搁一圈都是那个马扎，就是开批斗会的时候，群众带着的马扎，摆满了。照例中间有一个小马扎，或者小板凳，这是挨批的固定要坐的位置。

徐：坐中间。

李：像我这挨过批的，一到这些场合都神经过敏，中间搁一凳子，我不坐。后来这位革委会主任呢，说："您请坐。"哎哟，这么客气，您请坐。侯先生就奔着中间去了，一瞧中间没凳子，自己拎着一个马扎要坐中间。革委会主任一看："不不不，您那儿坐。""不不不，我这儿坐吧。"他把那马扎……

徐：搁中间。

李：习惯了嘛，没搁中间也差不多，离那个桌子近点儿。刚坐下，侯先生说："我又起来了，人没让我坐呢。"主任说："侯宝林同志，请坐请坐。""到底什么事儿？您直接说，直截了当地说。""是这样，现在有一个特殊任务，保密的。有几段传统老段子，你稍微熟悉熟悉，咱们找一个地下室，闲杂人等不得入内，录像。"侯宝林先生说："那早都不让说了。""没问题，我告诉你这是任务，上头派下来的任务，要不让你回来呢！"

"哦！"侯宝林当时就一块石头落地了，心里头就踏实了，感觉不是枪毙我，是让我录点儿段子，郭启儒先生不在了，那就找郭全宝先生吧。就录了几段，头一段录的就是《关公战秦琼》，毛主席特别喜欢听这段子，还有其他传统段子，这些段子现在我们都不生疏，电视台播的侯先生那些个传统段子，就是那时候留下来的宝贵资料。那时候录像设备还很珍贵，是拿"四分之三"的宽带子录的，现在像你们年轻的都不认得这个，留下来这么一批。

打那时候他就"解放"了，不是"牛鬼蛇神"，是侯宝林"同志"了。

徐：侯先生是多聪明、多懂人情世故的一个人呀。我看有的材料，说侯先生面对被"打倒"的境况，非常理智。红卫兵到门口，一般人早或惊或气不知道怎么办了，他主动迎立在门口"束手待毙"，然后大步流星地走在被批斗队伍的前面。而且连穿什么衣服挨斗他都想明白了。穿高级衣料的衣服？会使生活水平低的人嫉妒，那不是向无产阶级"示威"么？穿绿色的？"乱军"！你一个反动分子凭什么穿军绿？穿带"补丁"的？人说你"形左实右"，又给人批判的借口了。他穿的是粗布旧衣，然后，凹胸、低头、溜肩、看地，红卫兵一看，这是"死老虎"啊，就少受了很多皮肉之苦。那么大的角色，天下闻名的人，能这么行事太不容易。也只有说相声的能这样，念书的、办报的、搞科研的、当官的都不可能。话说回来，侯先生能跟您推心置腹地讲这段故事，说明真没拿您当外人。

李：要不说我们两家关系好呢。后来该开"人代会"了，他说："就我这身儿下去劳动的衣裳，洗得再干净，你瞧那样儿也像劳改犯。得了，我'豁'出去了，买身新的干部服，蓝哔叽干部服，倍儿新。干部帽，把前面的檐捋捋，这一身，穿好了之后，对着穿衣镜，上下照三照，整个一特赦战犯！"他说话就那么幽默，那时候特赦战犯出来都发一身新制服。后来侯耀文说："爸，您这么开会去不行，您看现在都戴着伟大领袖毛主席的像章，还得戴个大个儿的。""那我倒不知道上哪儿请去，这事儿交给你了，要一个大个儿的。"后来买了几个大个儿的，他选一个个儿最大的，用手比了比，简直跟几寸盘儿似的。得戴左边，左边是革命；不行，这衣服往左边滑，太沉往下坠。搁右边更不行了。他把它放正中间，整个一护心镜！再穿着"千层底"的新鞋。就这一身新装束，打龙头井胡同东边遛到西边，西边遛到东边，遛好几趟，好些人都扒着门缝瞧，人家都说，这侯宝林现在解放了，牛了。他说："为什么？当初街道斗我，现在瞧着我成个人了，新鲜！"

侯宝林先生说过这么一段，亲自跟我说的。就我这语言能力，最多也就复述出六成，你要听他本人讲，我告诉你，哎哟，你得哈哈大笑。

徐：那他怎么认识的您父亲呢？

李：这还得从蓝天野那儿开始讲起。蓝先生专程到我父亲这儿来，也就是蓝天野能找着我父亲，别人还找不着。因为批斗会之后，我父亲就不敢住在中央美术学院宿舍了，心里没有安全感，就躲在我那儿住，月坛北街，13号楼5层。你别瞧我那小楼一间半，去过不少著名人物，包括大人物，像谷牧同志、董寿平、王森然、黄胄都去过。

为什么我那儿安全呢？街道居委会、革委会的主任，还有派出所一个小常，片儿警，都特好，他们都对于"四人帮"这套倒行逆施极其反感，明明知道李苦禅就在他儿子家这儿住着，装不知道。有人一找，说："李苦禅是不是住他儿子家里头？""哪儿，没这事儿，要住这儿，得在我们这片警挂号登记，没这事儿。"这人身体不好，估计现在可能不在了，我其实挺怀念他的。打倒"四人帮"以后他才来说："其实我挺喜欢字画，我知道老爷子在上面画画呢，我有好几次下决心想去看，不行，我怕把老爷子吓着，我这身皮，老爷子以为我要逮捕他呢。把着老爷子这么近，我就没好好去看，没学。"所以那地方相对来说是一个避风港。

但是有的人像蓝天野他知道，我父亲在那儿没少会客。有一天蓝天野特意来找他，说："苦老，侯宝林先生久仰您大名，听说您种种的这些趣闻轶事，他很想来拜访您，不知道您愿意不愿意接见？"我父亲一听喜出望外："来呀！"侯宝林先生来，那是贵宾，巴不得当面聊聊呢。我父亲说他真人我就见了一回，美院工会请他跟郭启儒来的，说的是《戏曲与方言》，好家伙，那天人山人海，也没能跟他说上话。

在约好的日子蓝先生带侯宝林先生来了，我父亲这个高兴。我当时正好淘了一架海鸥牌的相机，那时候买这可不容易，得托关系，到友谊商店买去。友谊商店主要是为使馆区服务的，如果是国内的人买，必须手持外汇券。现在你们都不懂什么是外汇券，等于"一国两币"，都是中国人民银行发行的钞票，可是那个钞票跟咱们一般老百姓的工资钞票不一样。如果你有美元、英镑之类的，那不能直接花，必须到银行兑换为外汇券。有外汇券，进去可以买一些紧俏物资。那时候连稍微像点样儿的服装都是紧俏物资，像女同志们穿的稍微像点样儿的时髦服装，外头没有，外头买都是蓝的、灰的、黑的制服。那里有的包括相机，单镜头反光的海鸥牌相机，现在我还留着呢，成文物了。

幸好我带着相机，那天有所准备，胶卷也都装好了，搁好了。可惜屋太小，镜头收不全，但毕竟我留下了珍贵照片，还不敢拿出去冲印，自己弄个暗室自己洗。

李苦禅、蓝天野、侯宝林

徐：您自己还会洗照片？

李：对，我自己手工做的放大机，做得好极了。

徐：这是侯先生跟您父亲第一次见？

李：第一次见，还一块吃饭。等事后蓝先生特意来了一趟，说侯先生回去特别地激动，他说："没想到这苦老是这么痛快的人，这么直爽的人，真是恨相识太晚。哎哟！他聊这些事儿，这个有意思劲儿的。"侯先生都觉得有意思。"哎哟，真是，恨相识太晚！"对第一次见面，侯先生就是这么一个印象。那么以后呢……

徐：就常来常往了。

李：尤其后来侯先生被政府落实政策，原先住的龙头井那房子可能是给耀文他们了，他搬到哪儿呢？木樨地这儿，跟张君秋、袁世海等名人，都住在木樨地的新楼上。

徐：现在侯珍住这个房子。

李：这儿宽，大厅挺大。那时候的房子哪有厅啊？他那儿有厅。而且他跟

李苦禅与侯宝林等人合影

李苦禅与侯宝林在宴会上

张君秋先生好像还是上下楼,特别近。我到张君秋先生那儿去拜年,有一次正好两人都在那儿呢。我说:"张先生,我给您拜年带什么都不合适,您什么也不缺,今年是猪年,我给您画张猪。"画完之后张先生说:"您这猪画得倒是好,就是怎么画得有点瘦。"侯先生在旁边说:"现在讲究是要瘦肉猪,不要肥的,所以李先生特意给您画一个瘦型猪。"侯先生还特意给我圆场。他们住得挺近,离我们家这边也近啊,所以这样的话来往就方便了。

徐:侯先生来您家的时候不动笔吗?侯先生不也写写字吗?

李:话又说到动笔的事儿了,侯先生他说:"苦老,向你请教,我挺喜欢写大字的,但是我这文化水平不灵,这字怎么写法?"我父亲就当场示范,拿起毛笔来,怎么入笔、藏锋,行笔要稳,走中锋,收笔怎么往回带笔,写熟了以后怎么样,隶书怎么下笔,行书怎么下笔,楷书怎么下笔,他很认真。可惜那天我没在,我要在我就留照片了。

但是有一回呢,他到我家来了,我父亲不在,我接待的。我说:"侯先生这回我逮着您了,我听说您现在书法不错,好些人向您求字,那凭着我父亲的面子,您不得给我留张字吗?""得得得。"我拿纸来,侯先生给我写了"人才"二字,敢情这两个字他练熟了,给好几位写的都是"人才"二字。

徐:后来净写"求乐"了。

李:后来他写的字让我父亲看,我父亲说:"嗯嗯,不错不错。"他回去说:"苦老又夸我了,说我这字写得不错不错。"后来杜澎他们说:"苦老鼓励你呢,这字也就是你写的,要是别人写的,可挨

李燕与侯宝林

不了夸。"都熟了，开玩笑。

他真练，有一回某地举行一次笔会，这个笔会很特殊，是"试笔会"，请了一些书画家，侯先生也来了，让他也来试笔。告诉他，侯先生你来试笔不白试，人家这个制笔厂出的一批特制笔，试完了给你送一批，好笔也不便宜呢。那时候就不便宜，现在更贵，反正就当诱饵吧。而且侯先生也好热闹，他得先问，今儿到场有谁，一听有那么些名人，他就去了。当场他试笔，试完了之后录像，对着镜头说了一段话，说他对笔的一些体会。这个录像，在我这儿呢。

徐：这段您留下了？
李：我留下了。

徐：太宝贵了。
李：中宣部批款拍的纪录片《爱国艺术家李苦禅》，这段镜头还用了一点儿。

徐：侯先生去世的时候，那个屋子里就挂着两张画，您父亲的画跟您的画。
李：对了，我父亲给他画了一张鹰。侯先生挺有意思，说："老人都动笔了，你这儿也别闲着，好歹给我画张猴。听说你画的猴好，我们家又姓侯，我们家那匾就是我写的，'一户侯'。"古人都说"万户侯"，他这侯就管一家。这样我们父子俩一人画了一张四尺三开的画送给侯先生了。

那么侯先生去世之后呢，说实在我们挺难过的，我特意到侯先生家去吊唁。那天耀华没在，耀文在那儿，他说："带您到我父亲卧室看看。"床边上头挂的就是两张画，就我们父子俩的画，一张鹰，一张猴，都装着框子。他说："您看看，我父亲生前对您父子的画非常欣赏。"耀文那天心情很沉重，话不多，但他要说的，都在这种表达方式中完全表现出来了。

徐：每种艺术到一定层次，都是相通的，大艺术家之间，那种互相理解的层次，肯定比一般人要高得多。

【第二十七聊】

# 两张重要的老照片

现在国家画院的院史用的那时候藻鉴堂的照片，除了集体合影的那张大照片，其他的一些照片基本上都是我照的，很宝贵的。当时的万里副总理、谷牧副总理，可以讲了，是经常光顾颐和园藻鉴堂，支持这个画院的筹备。

徐：您年轻的时候爱照相，这个习惯太好了，给我们留下了好多宝贵资料。在您家里也看到好多老照片，咱们随便找几张有意义的聊聊。

李：虽然本人摄影技术不佳，但是我觉得很多照片都记录下了很珍贵的历史一瞬，比如说现在咱们正在看的这张照片。但这张画家群像可不是我照的。你看这案子上摆着一幅画，已经基本画完了，是一张丈二匹的集体创作，也就是说到场的这些位画家，在上面都动笔了。像这样的丈二的大画，是新中国成立以后，尤其是1958年以后，有些大的建筑需要才出现的。这有时代特点，过去一般人谁没事在家里挂个丈二匹，是不是？

徐：也没地方挂。

李：总共墙才多大？这些宾馆、饭店、涉外单位的墙就高了，都特别需要名家的绘画。当时这些名家，只要一接到这个任务，没有说要多少钱的，大家热情都很高。这幅照片就记录了60年代左右一个大合作画的场景。

徐：那这张不是您照的？

李：这张可不是我照的。

徐：60年代您当时？

李：倒不是我年龄的问题，是那时候我买不起那么好的相机，而且像这样的场合，像我这样的身份还不能够去照相。

徐：这是一什么场合？

李：在场的有何香凝老太太。

何香凝请众画家合作作画

徐：就是侧身的这一位。

李：对了，这位老太太，她家里不是一般人愿意照相就能进去照的。何香凝老太太在历史上是一个绕不过去的人物，当初从中国国民党中间分化出来的中国国民党革命委员会，就是何香凝老太太和宋庆龄她们二位发起的。而且最早的中华国民的国旗就是她参与设计的，她是老革命家廖仲恺的夫人。廖仲恺后来被刺杀，她还坚持革命。廖仲恺的儿子是谁呢？就是大名鼎鼎的廖承志，那是"日本通"，新中国成立以后长期负责和日本方面的外交事务。

何香凝老太太，她不但是大政治家，还是大画家，属于岭南派。国家出过她的绘画邮票，画的狮子什么的，我也收藏有她的作品，《菊花》，那显然是像日本画，是在日本学的。

由她召集当时一些著名的画家，来完成这张丈二匹的大作。现在你从照片上看到的，左边这位先生这是谁呢？秦仲文先生，著名的京派山水画家。秦仲文先生，他留下的资料很少，因为晚年境遇不佳。这第二位是孙诵昭老太太，很少人知道她，她一生很低调，她是白石老人的弟子。再往这边是我父亲，苦禅老人，你看他这形象，也差不多就是59年、60年那时候的形象。

何香凝　菊花

何香凝　雄狮图

徐：60岁左右，看着真年轻。

李：正中间这位那可是辈分大，在美术界跟白石老人一辈，陈半丁老先生。陈半丁老先生再往右，这是胡佩衡先生，也是老前辈，白石老人这辈子的第一本画集，就是他帮着拉赞助出版的。

那么再往这边，郭味蕖先生，那是我老师，他当时担任中国画系花鸟科的科主任，就是画家郭怡琮的父亲。郭味蕖先生是中国现代小写意花鸟画的大家。再往右边，这就是我们的院长，吴作人先生。

徐：吴先生这么年轻吗？

李：吴先生直到去世都不显老，心气特平和，老是这模样，微笑，这是他很典型的形象。有这么多美术界的前辈在一起，这幅照片相当珍贵，估计是当时中国新闻社的记者照的，照完送给在场的每人一幅——那时候像这种照片控制得很严，不能随便外流。

这些画家，他们的境遇不同，咱们还是从左边说起吧。秦仲文老先生，他应该说是京派山水画的代表人物。抗战胜利以后，徐悲鸿院长北上接收了艺专，那时他和悲鸿先生的教学观点不同，就闹掰了。

徐："三教授事件"。

李：在这之后他基本的活动都是在他的所属单位，北京画院。北京画院要说起来，这个名称有点冤，北京画院原来实际就是中国画院，就是给中国画家开辟的这么一个文化部直属的国家级的中国画院。开幕式的时候周总理都到场了，还有当时的苏联油画专家、在中央美术学院办油画训练班的马克西莫夫都去了，那合影现在都留着呢，存在北京画院。

但是后来呢，有的油画家，还有其他画种的画家，也都想进入这个画院，就改吧，改成"北京画院"了。这一改可就麻烦了，你就不是国家级的了，就不是国家文化部所属的，成为北京市文化局所属的了。所以历史上往往由于一时的有关部门领导的意图生变，造成了这个不可挽回的损失。当时能进入北京画院，那都是相当高档次的画家，秦仲文先生那是必不可少的一位。

秦先生到晚年境遇不好，一个赶上"文革"，再一个后来他的家里面也没有能够起到应有的作用，详情我不必公开谈了。总而言之，现在你就好心想出一本《秦仲文画册》，休想！

徐：没有作品？

李：作品什么的都散失出去了。这么说吧，连他常用的印章都给卖出去了，我还买着过一方。这还是碰上我了，如果是别人的话，这印料不错，我磨了吧，我名叫张小三，叫李小六，给刻上，是不是？有这个事啊！

徐：有，刚改革开放还有很多日本人到中国大量买老印章，就是当印料买的,回去都磨了。

李:中国人也有,旁边带着白石老人边款的,他愣给磨了。这叫"焚琴煮鹤",把琴当柴火煮仙鹤吃,要碰上这个不就麻烦了?好在这方印还碰见了我这个内行。

徐:到您手里了,也算有缘。

李:下面这位是孙诵昭先生,这位老太太特别地低调,她跟白石老人学画,都是些小情调,而且作品存世极少,很无声地故世了。现在如果不是让我专门回忆白石门下女弟子都有谁的话,还真没有人知道她。

徐:大家想不起来。

李:再往下,我父亲苦禅老人。中间这位,可怜的老前辈,是我想主要谈的,就是陈半丁先生

徐:怎么叫可怜的老前辈?

李:这人一辈子基本没有衣食住行之忧,唯独到老年倒了霉了!人就怕晚运不佳。

徐:陈半丁不是大画家么?现在也很贵呀!

李:陈半丁老先生曾经有一张历史照片,是咱们党的统战政策的经典照片之一,就是毛主席和他握手的一张照片。陈半丁先生你看他的个子特别矮,据说他的名字都这么起的,"半丁"。包括春节的时候猜谜、破闷儿,这个"一"字打一个著名画家,谜底就是"半丁"。毛主席那一米八以上的个子,俯身和他握手,表现我们的执政党领袖和党

毛主席接见陈半丁

周总理接见陈半丁

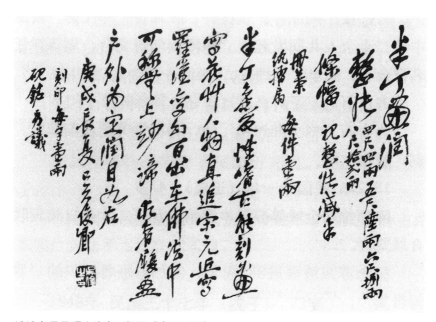

1910年吴昌硕为陈半丁撰写"半丁画润"

陈半丁印谱

外人士之间的亲密关系。

可以讲从解放以来一直对他都很重视，请他担任北京画院的院长，那不是一般人能担任的。从辈分上说，他跟白石老人是一个辈分，他是王雪涛先生的老师。王雪涛先生拜了白石老人之后，又拜王梦白，还拜过陈半丁老先生。王雪涛先生有的图章就是陈半丁先生亲自奏刀送给他的。新中国建国之初他就是全国政协委员。1956年最高国务院会议决定成立中国画院时，周恩来总理邀请陈老商谈有关事宜。

当时中央文史研究馆只有两名画家成员，一位是白石老人，一位就是陈半丁老人。毛主席还曾在这两位老画师合作的《松石牡丹图》上亲笔签名，作为国家礼品赠予友好国家元首。陈先生是这么个资历，那很了不得。

而且他的身体奇好无比，没人听说过他得病，活到90多岁，还是步履轻捷。他还不长胡子。他儿子都长胡子了，扶着他上公共汽车。人家给他儿子让座，不给他让。他儿子赶快让他父亲坐着，旁边人还批评陈半丁："旁边的老先生你不让他坐，你坐。"陈半丁急了："他是我儿子。"旁边人都很生气："你怎么骂人啊！"他儿子赶快说："是，这是家父，这真是家父。"他儿子都比他显老，就是说他身体奇好，要是颐养天年的话，活110岁那绝对没问题。我知道画界身体最好的，那就是陈半丁先生。倒霉就倒霉在康生身上。

康生这家伙，老干部都知道，他整人太厉害，制造了很多历史冤案。他官一直挺大，这家伙这一辈子简直就是，可以讲罪恶滔天。"文革"一来，好多老干部说："这位左撇子一当中央文革小组的顾问，恐怕咱们老命休矣。"

他外号叫"左撇子"，他左手写字，写一手挺秀气的章草，平常还附庸风雅，老装成文化人。他还和齐白石对抗，"文革"前，起个名叫"鲁赤水"。你不"齐白石"吗？齐对鲁，白对赤，你石我对水。他画了荷花在荣宝斋卖。有人一看这"鲁赤水"款的荷花、荷叶跟豆芽菜似的，问："就这玩意儿还能在这儿挂？"荣宝斋的同志赶紧说："这是康生同志画的。"以后谁都没胆子问了，康生是什么人啊！

后来发生这么个事情，大约是1962年，潘天寿老先生的画在北京展出，在中国的第一美术馆。中国的第一美术馆在哪儿呢？不大。就是中央美术学院的南楼，这是1949年后在很困难的情况下，国家特意拨款盖了一座美术馆。当时那里的展览，是最高规格的展览。

当年能够让潘天寿先生在那儿展览，那就是最高级的展览，这当然也是应该的。这个时候康生附庸风雅，他有个题词发表在《光明日报》上，赞扬潘老的画是"画坛师首艺苑班头"八个字。他一题词可不得了，因为他政治地位太高了。整个有关潘天寿画展的研讨就变了性了，那等于政治任务的性质了，中央美术学院、北京画院的相关专家，美术家协会都得来"研讨"。

徐：而且还不能说不好，人家"大人物"已经定性了。

李：当时大家都是不敢说别的意见了，都知道这个康生在这儿都定了调了，也都知道他这个人，那嘴皮子能定生杀是不是？就是陈半丁陈老，他气不忿儿。他主持北京画院的讨论会，他说："康生同志他自己动动笔，画画画、写写字这都很自然，可是如果照这样的题词，封某个画家为'画坛师首艺苑班头'，我认为和党的'二百方针'——百家争鸣、百花齐放精神是不相符的，我认为这样题字是不合适的！"说话是很带情绪，又说了一些个不好听的话，拂袖而去，不主持会场了，走了。

那等于就是抗议，是不是？在北京当时来说白石老人已经不在了，那在北京画院他是头一份儿，国画界头一份儿。大家都有点儿替他揪着心。八成康生考虑到陈半丁在画界的地位，而且毛主席还亲自接见过他，就没动他。

其实康生早就对陈半丁怀恨在心。先前康生曾派秘书到陈老家求画，陈老不给面子，还说："附庸风雅，败坏官场作风，画家们都不会让自己的画落入无聊政客手中。"陈老在一次画展上遇见康生，直言："你是搞政治的，你不懂画。"1964年康生就在一次会上开始了政治报复，说："反动画家陈半丁用隐蔽的艺术方式反党，妄想变天。"他说理由是陈半丁画的《红日荷花》中的白荷代表了国民党。

我父亲谈过,历来大奸臣都有两个特点,第一是附庸风雅,有文采;第二是小肚鸡肠,睚眦之怨必报,就是你斜眼看我一眼,我都记住你,有朝一日我得报复你。果不其然,康生报复他的机会到了,"文化大革命"来了。

有一天,"中央文化大革命小组"领导"旗手"江青与康生、姚文元等一帮子,忽然召集美术界"造反派"的大小头目们宣布一个"最新战果",全过程的录音我们都听了。当时江青大声讲:"最近我们取得了一个了不起的新战果:我们的红卫兵小将们,在国民党没来得及带走的档案里查出了一个潜伏在美术界几十年的CC特务,他就是潘天寿!"

徐:CC特务?
李:CC就是中统特务陈立夫、陈果夫二人英文名的字头,CC派,陈立夫为总头目。

徐:那大家一听……
李:全都惊呆了!江青说:"潘天寿画的那个秃鹰完全是特务的心理状态!"姚文元插话说:"是的,他的每一笔都反动。"在一旁的康生可就坐不住了,因为大家都知道他当初题字捧潘天寿这个事。于是他立即插话:"在这里,我有个事情要交代一下。"说到这停了几秒钟才编出下文:"我以前曾有个题词……"又停了,真是老滑头,又接着编瞎话:"我那个题词……"哪个呀?他不具体说那几个字。"……是为反对陈半丁的。因为陈半丁这个反动画家当时影响太大了,他很反动!他用画来反党反社会主义,还以为我看不出来呢,我早就看出来了!他非常反动!"这下子全场都开锅啦!录音里一片噪声,只听得"造反派"们高声响应,大喊:"打倒潘天寿!打倒陈半丁!"江青也喊:"祝革命小将们胜利!"这实际上就是她发出了命令。在"文革"那个反人类的年月里,江青、康生就是用这种当众点名"蛊惑""造反派"们斗死了无数中华民族的精英!

徐:那这两位危险了。
李:你想潘天寿先生那书生身子骨,被揪到他老家去斗,又在浙江美院等处挨斗，轮番整。他们还命令李可染先生等所有曾与潘天寿接触、共事的人写揭发他"历史问题"的书面材料，例如昔日与CC特务头子陈立夫以及国民党反动当局的关系等等。不久，潘先生大病不起，逝于医院。

徐：陈半丁先生呢？

李：当时陈老先生都90多岁了，也被"造反派"们揪到中央美院的大礼堂台下，给老人的脖子上挂个大木牌，上写着"反动画家陈半丁"，还在名字上打了一个大红叉——过去只有判了死刑的犯人才在姓名上打红叉呢！

徐：您当时在现场么？

李：在呀！当时七八百人的大礼堂里挤满了人，我看见半丁老人被吓呆了，面如土色，直流口水，真够可怜的。他一辈子不过就是位书画家嘛！何罪之有啊？那年月，没有法庭，没有律师，没人替"被告人"辩护，不准"被告人"还嘴，总之，一切人类的法律程序全没有，就凭着江青、康生这帮子"类人生物"特权傲世，口含天宪，任意决定他人的死活。1970年，"文革小组"操纵的《光明日报》与《北京日报》又点名批判了陈老，老先生一病不起，而毫无人性的、由"造反派"夺权的医院又不给老人治病，使得原来十分健康的陈半丁老先生于该年的1月29日凌晨含冤而逝，95岁。

徐：太可怜了。那当年如果您父亲去医院，难道医院也不给治？

李：我告诉你，我父亲去医院，单子上只写"李英"，因为已经改叫"反帝医院"的协和医院，那些"造反派"大夫护士们不知道"李英"就是"李苦禅"，要不然就是不给治！现在我还保留着当年我父亲看病的单据呢，也算是野蛮时代的"文物"吧。

再说回陈半丁先生，他收藏甚丰，例如他家藏很多印章石料，那是老一辈书画家都知道的。我父亲曾经对我说过："陈半老的鸡血石、田黄石成盒套装，他那田黄，是够得上明末的好东西！"这康生是搞情报的，早探明陈家的文物收藏，他自己不出面，让手下的喽啰"造反派"抄了陈半丁的家，把陈老先生几十年的珍品收藏全盘抄没，据为己有。当年我们家的东西也都进了他的匪穴，其中的清代周硕的山水精品等，日后归还我们家之后，我们都捐献给国家了。

徐：怎么抄家的东西就进了他家呢？

李：当年到抄家物资仓库去掠取文物的国贼，可不止他，还有江青、陈伯达，自称"林办"的一些家伙，还有其他不便点名的人物。这情况是当时在那里参与文物清理工作的、家父的老弟子魏隐儒所见所闻的事。

徐：就是跟您父亲一起被日本兵抓走的那位？

李：对！魏先生是古籍专家，有一部抄家抄来的手抄本《红楼梦》，也被康生点名要走了。

康生的家，在"四人帮"完蛋后也被政府查抄，曾在内部展出了他的巨量"收藏品"，其品种之多、品质之高、品相之绝，令所有参观的专家们瞠目结舌，都说他是"文物大盗"！

当然，"人间正道是沧桑"，1979年，中央组织部对陈半丁老先生做出了平反昭雪的决定。

徐：咱们啊，聊点高兴的事，您聊聊这张照片吧。这上边都是大名家，旁边写着中国画研究院筹备会，大家都乐着。这个照片是您照的？

李：对了，这是我照的。现在的"中国国家画院"，它的前身是"中国画研究院"。这个中国画研究院它怎么形成的呢？"文革"中间周总理请这些老画家给涉外单位画画，这些画家都聚一块儿了。那么改革开放以后呢，这些画家们大家还是恋恋不舍，说咱们再聚在一块儿吧！那么对这个心情最能体会的是谁呢？谷牧副总理，他在画家最困难的时候，都悄悄地去看望这些画家，像我父亲、黄胄等等被批判的时候，他都秘密地来看望，在这中间我担任过联络工作。

那么现在打倒"四人帮"了，百废俱兴，他也觉得这些画家聚在一块儿不容易，咱们是不是成立一个中国画研究院？筹备阶段在哪儿办公呢？颐和园"藻鉴堂"，现在这边还没开放，很靠西边，半岛形状的这么一个地理环境。你进入这个半岛只有一条路，所以一般人进不去。把画家都聚在那儿，硬件还不错，可以住在那儿，吃饭画画都行，有的时候首长还来看望，

（从左至右）李可染、朱丹、谷牧副总理、苏立功、万里副总理、黄胄、李苦禅、XX、王朝闻、张仃

便于保卫，是吧？所以当时能够去照相，这是我的荣誉，我带了相机照了大量的照片。

现在国家画院的院史用的那时候藻鉴堂的照片，除了集体合影的那张大照片，其他的一些照片基本上都是我照的，很宝贵的。当时的万里副总理、谷牧副总理，可以讲了，是经常光顾颐和园藻鉴堂，支持这个画院的筹备。

徐：那当时这个工作是谁牵头呢？这些画家里边。

李：那就是黄胄。

徐：他年轻点儿是吧？

李：他活力大，精力旺盛，而且他和上级的这些领导同志都非常熟悉，可以非常容易地就能见面。特别是像画院的事，说找万里就能找到，说见谷牧就能见到。

徐：那么他们在一块儿都聊什么呢？

李苦禅与黄胄

李：具体的一些事情需要大家讨论讨论，到这个时候，就把这些著名画家召集在一块儿了。

徐：比如说讨论过什么事呢？

李：比如说未来的画院的体制，要归文化部直属，是国家级的，国家级的画院。还有好些具体的工作，比如说我们选择一个地方，建一个画院，这些个建筑物是怎么个安排、设计，要不要提供画家在那里住的地方。

徐：这些个老画家都参与意见？

李：都参与，因为这是大事，分别召集到那儿开会。现在我这张照片，就是1978年的时候拍的。你看黄胄坐这位置，他就是坐在主持会的位置，有李可染先生，你看这情绪多好！张仃先生，下面是我父亲苦禅老人，再往下就是我的恩师之一蒋兆和先生，往右也是我的恩师之一，田世光先生，他负责教工笔花鸟画。你看这些位大师级的画家聚在一块儿，这个机会很难得，我指的机会是我照相的机会很难得。这都是由黄胄分别通知的，然后公家派车接到那儿去的。那时候小汽车很少，要分别找一些单位派车，分头去接送老画家。能调度这些车接送老画家们，那可是因为黄胄的人缘好。人家出车的人也不白出车，黄胄欠了情给人家画张画就结了。现在常有人假公济私，黄胄

（从左至右）黄胄、李可染、张仃、李苦禅、蒋兆和、田世光

正相反,他总是"假私济公",无私出力,用自己的画去办公事,办筹建画院的公事。

徐:那接到了以后,这些老画家就聊一上午?

李:岂止聊一上午,这些人一见面聊不完,先把正题讨论完了,然后中午在那儿吃饭,厨师给做饭,那饭都不错。吃完饭累了,那地方有安排,可以休息。休息完了之后分别再送回家去,还有的聊兴没完,还聊。当时那个环境可以讲,特别地宽松、愉快,周围环境也好。

徐:对,颐和园里面。

李:那块儿是仿着西湖做的园子,那周围环境真是特别好。那鸟都不怕人,挺好看的,那黄的、绿的往窗户台上落,当时我照了一些相。

万里和谷牧同志在看他们画画的照片我也留下了。可以讲在万里和谷牧两位副总理的支持之下,在黄胄的努力之下,把这些画家聚在一起,中国画研究院这个机构最后终于成立了,而且选好了地方,真盖了一所中国画研究院,现在叫"中国国家画院"了。

但是画院成立之日就出问题了。一成立国家画院,没有它还不要紧,一有它这就都想奔那儿去。黄胄一番努力,全付之东流了。这时有人给黄胄打小报告——想找碴儿容易,那时候还都挺"左"的,找黄胄这缺点、那缺点,找一大堆缺点,最后,他一手搞起来的画院,愣连进去上个厕所的权利都没有。

黄胄大病不起,然后就说了一句话,说:"我还要搞个比这个画院大得多的炎黄艺术馆!"当时我一听他这话,浑身一机灵。我可知道黄胄的性格,本来跟他很熟嘛!我说:"炎黄艺术馆,如果搞不成他气死,搞成了他得累死!"但这个人的性格是他宁可累死,不会气死。

后来又是在一些个中央领导同志的支持下,还有部队一些领导的支持下,各方面支援,没有花多少钱,很快就把这个炎黄艺术馆搞出来了。那时候黄胄身体已经很不好了。

徐:是亚运村那边那个炎黄艺术馆吗?

李:炎黄艺术馆现在还在。

徐：我小时候就去过，我妈带我去过，那时候还办过《扬州八怪展》，我还记得呢。

李：办的展览多了。

徐：1992年那会儿，刚有亚运村。除了炎黄艺术馆那楼，边上就是工地，我还记得特清楚，我说："怎么这儿还有鸭子叫？"后来一看这不是鸭子，这是下雨积的水，长了好多蛤蟆，就在炎黄艺术馆边上。那一片儿当时很荒凉。

李：对，那时候还很荒凉的。它那建筑还挺突出，对黄胄的晚年可以讲，这是对他最大的安慰。他自己的作品在那里长期展出，尤其他那大画，最精的东西，都在那展出。还开辟很大的场馆，搞巡回展览。每次只要是炎黄艺术馆的活动，我们都去，因为都是高质量的。

但是当时大家也有一个感觉，有个隐忧，他在一天炎黄艺术馆肯定兴旺一天，万一他要是晏驾归西怎么办？这个摊儿谁能支起来？果然他去世之后，我们的忧虑并非是没有根据的，就这么说吧，他去世之后，整个我感觉炎黄艺术馆是走了下坡儿。

徐：是哪年去世的？

李：是1997年去世的，这让大家很遗憾，其实他走得太早了！我也不愿再上炎黄艺术馆那儿去了，一去就想起他来。

前年有个活动非去不可，实际上我真不愿意参加，我就趁着陕西那个画家刘某念发言稿的机会出来了，我不愿意听人念发言稿，我出来的目的就是为了到黄胄的铜像前鞠一个躬，冲他说几句话，然后回家。我不愿意去，黄胄人不在了就觉得这建筑也没有灵魂了。站在那位置说话的原来是谁？那原先是黄胄说话的地方啊！其他画家在我心目里头没法代替他的位置，甚至有的还是在负数这个位置上呢！我就不想细说了。

黄胄他这个人，真是一生豪爽没架子，德亮你没赶上，像你这为人，还有你这模样，他准对你有好感。他这人对来人一有好感，那画随便送。

徐：他的画随便送？

李：有时候甚至你还没张嘴，就冲你这眼神，他就主动说："这头驴牵走

黄胄画骆驼（李苦禅题字："此黄胄试笔之作。燕儿存之。禅题。"）

吧！"他是蠡县口音。有一次我说："梁叔这张小驴儿可好！""牵走吧！"我说："上面章也没盖，字也没题。"他说："印在那边呢！"印在那边，连章都是我盖的。盖完回家我父亲题的字，说："黄胄所作，燕儿可为教材。"我现在都留着。

这人豪爽极了，喜怒哀乐形于色。画院成立以后，新院长上任就觉得赶走黄胄这个事做得太冤枉人家黄胄了，想把他请回来。黄胄这人就是太重感情，一旦伤了心就挽回不了。派谁请谁都不敢去，都知道内情。就派来一位新调来的干部，这位不知内情，新院长就把这活儿给他了。这一去可倒霉了！那天去，敲敲门，黄胄那时候腿已经不太好了，一般都是别人开门，问："您有什么事？""我找黄胄先生，单位派我来跟黄胄先生谈谈。""请问您是哪个单位的？""我是中国画研究院的。"那黄胄耳朵不聋，一听"中国画研究院"这几个字，好家伙，他那嗓门可大，你没听过他那嗓门，在屋里大喊一声："给我滚回去！"合着这位连人都没见着就给骂回去了。打那儿起给谁派这个光荣任务谁都不去，这同志自己都觉得冤："你说我这人还没见面，就把我骂了，我没说别的呀！我就说了中国画院研究院。"人说："您说这句就够了！"

可说实在的真可惜，黄胄走了之后中国画研究院可以讲每况愈下，后来有一段时间，给画家盖的一个个单元，居住、创作用的那些个屋子，全租给公司了，挂了好些公司的牌子，哪还叫中国画研究院呢？成了干什么的了？研究出什么成果来了？

当然现在情况如何我就不好评论了，不在其位，不谋其政也。现在我就老替那些所谓山寨画院打抱不平，说这个画院是山寨的，那个是山寨的，人家自个儿成立一个画院就不许？又没有违反党的四项原则，又不是反革命组织，人家不花国家的钱，成立一个画院怎么了？就兴你们办官方画院，就不许办民间画院？"是骡子是马，拉出来遛遛"，是不是？在编的画院就出"大师"，一出来就是"大师、巨匠"，那民间这些画家合着就不出大师？文艺这事还讲什么是正统、什么不正统？那曹雪芹正统吗？他连秀才都不是，要是活到现在入作家协会都不配，一本书都没写完。有手稿吗？没手稿是不是你抄人家的？吴承恩也没考上，那《西游记》你配是名著吗？那蒲松龄也没考上，而且净谈鬼不谈人事。

所以有些个官方的绘画组织里头，出现了一些现行体制下不可避免的腐败现象。人家民间自己成立的画院，倒真在那里画。人家拼什么呢？就拼的是画画是不是？

它不像法院，那必须得是国家的，你成立山寨法院那不行，但画画、书法完全可以自己成立一个小组织，只要你符合有关社团的一些规定。一天看电视，播你画瓷器，我们都看了，家里人说："德亮画瓷器的效果，怎么比他宣纸上的还好？"我说："他掌握那一套了，釉下彩、釉上彩的那一套，一般画家还画不了那个。"可是你徐德亮算哪个单位的？

徐：反正我也进不了什么画院。

李：我们这个国家级的中国画研究院，费了那么大劲儿成立的，结果造成这么一个意想不到的后果。说实在的，对此，谷牧同志生前非常地难过，一肚子的难过。那位首长一点儿架子没有，我跟他很熟悉，他真是在我心里活着，真是言犹在耳，山东荣成的口音："这个画院，我这一番好心，想办一件好事,没想到惹那么大的是非,闹得我再也不能过问画界的事了。他们赶走了黄胄,在家生闷气,老画家们也莫名其妙。"真是,他很失望,很失望。所以我就觉得现在我们不管做什么事业,重要的还是苦禅老人一生提倡的"真、美、善"三个字的精神。他常讲,你要真诚,没有真诚发现不了美,也完成不了善。

  特别是习近平主席在文艺工作座谈会上的讲话发表之后,大家非常振奋,对于书画界的院、校和市场等反腐败、正风气、建立新常态抱有厚望。大家认为只能从体制上去根本解决,用法治和党纪去解决,才能在各级选用人才过程中彻底脱离"当代关系学",铲除形式主义和"高、大、洋",以及与一个接着一个劳民伤财的"献礼政绩工程"和层层分院"摊大饼"的空架子。然后,才有可能培育出时代的书画人才和具有时代精神的书画作品。我当过全国兼北京市政协委员,有了解"社情民意"的习惯,所以能够听到不少美术界"在野"人士的这种"美梦"。但本人不过一介书生而已,我只确认一条铁律:权力加意志,才能变成现实。所以,大家的"美梦"——意志,只能寄希望于政府权力部门去变成现实——为人民服务的现实。如此而已,岂有他哉!

【第二十八聊】
## 就我们大中华有这种画

"让世界他们看看，只有中国有这种大气魄的大写意。大写意不光小品气魄大，最适合画大画，巨幅画。不管多大的画，你这画得撑得住。你撑不住，拿出来那是花被面。这个留给后世看看，就我们大中华有这种画，这是我们的骄傲。"

李：我下面想讲的是老人晚年所做的最大的一件事情，也是他自己觉得自己这一生最应该做的一件事情。

当时国家文化部下达了一个任务，给中央美术学院四位教授各拍一部一个小时的教学片子，内部使用，不公开发行，给子孙后代们留下他们一生珍贵的艺术技巧。当时彩色片就是用保定出的那个国产"代代红"胶卷，现在还有没有不知道，用那个来拍。四位教授一位是我父亲李苦禅，一位是李可染先生，再一位是蒋兆和先生，还有一位是叶浅予先生。其实每个人等于是一部大的，叫六本，一本是十分钟，六本就是一小时。那时候还没有录像机呢，要省着使。

徐：就是按电影那么拍。

李：实际任务是下达到中央美术学院，由中央美术学院第一副院长张启仁同志负责、挑头，张启仁以前我提过，那就是1949年前我父亲的学生，是地下党员。很有缘分，张启仁后来成了中央美术学院的领导，但是一见我父亲还是跟当年一样，很谦恭。他接受这个任务正当其任，第一他是内行，第二他对我父亲李苦禅太了解了。那么拍摄任务呢，就委托给北京科教电影制片厂。

这个任务相当光荣，要做大量筹备工作，而这些教授也都到老年了，身体欠佳。拍电影要求的条件非常高，甭说别的吧，摄影棚一开灯上万瓦，你觉得热，等一关灯，一会儿屋就凉了。所以拍摄影棚里的镜头是我先站在我父亲位置，穿一样的衣服，用曝光表量，量机位，因为当时要求"三比一"，你不能费了胶卷，买这胶卷很贵，那是国家经费。很热很热的，量好了之后我父亲再到那位置，就在那儿拍，一个一个镜头，分镜头拍。

另外不是光拍内景，还有外景，那外景就很费劲儿了。观众看起来觉得

李苦禅与王君壮导演和摄制组在《盛夏图》前合影

气魄很大,但是对于老人来说那真是一种考验。当时我父亲就觉得这是国家交给我的光荣任务,我一定要好好完成。

80多岁了,拍这个电影跨了三个年度。有一个镜头是在潭柘寺拍的,山上一片红叶,导演跟我商量,说:"能不能有这样一个镜头,苦老拄着杖上山,表示攀登艺术高峰的寓意?然后在山上我们再来一个仰视镜头,他在环顾四周。"我说:"这镜头好啊!"我跟父亲说了,问:"爸您行不行?""行,你不信我先试拍一次。"他都知道这程序,那等于得爬两次。哎哟,那导演王君壮太负责任了,可惜这人不久前去世了,那真是一个极负责任的导演。王君壮说:"苦老干脆我们一次拍成吧,您不要跑两次了。"

我父亲说:"我行。"王君壮不答应,说:"就拍一次,您就上山,拍错了是我们的责任。"那个摄影师也特别负责任,支好了架子,对好了镜头,我父亲上山。现在你们看到上山的镜头,就是那时候拍的,一次拍成。都说我父亲配合得很好,毕竟他喜欢戏,他配合镜头,现在看效果好极了。到上边远瞻四方,下一个镜头接着是看鹰——那鹰可是在西藏拍的,那我父亲就去不了了,那得衔接是吧。

李苦禅与渔民在漓江之畔话鱼

徐：蒙太奇。

李：拍这片子我父亲最远到了桂林。桂林山水很美，而且苦禅老人是第一个把鱼鹰移植到大写意绘画里的，这里头有拍鱼鹰的镜头，跟渔民聊天的镜头，很生动。我一路上也拍了不少照片。

拍完了之后又到阳朔，"桂林山水甲天下，阳朔山水甲桂林"，野味儿最足。我父亲、我母亲和我，在那儿指点江山，那镜头很好。可是你也知道镜上几秒钟，这一路上可难了。那时候没有现在这么好的路，就是提供汽车都颠簸。但是这一路上我父亲没有什么畏惧情绪的，就是俩字：高兴！就是高兴。听导演的，跟导演直接讲："导演你是内行，我是外行，听你的。我身子骨行。"就这么讲。

电影中要表演画一张大画。从唐朝有画竹子以来，第一张最大的竹子，相当于三张丈二匹的竹子，在人大会堂西藏厅画的，是献给大会堂。周总理生前说这个大会堂江山多娇对面有三块墙，最好是画松、竹、梅，"岁寒三友"。连那窗帘都是周总理提议的。"岁寒三友"，在困难的时候才能看到真正的朋友，是这个寓意。我父亲他就报自己画竹子，这正好是个机会，总理

李苦禅画竹

在世的时候没有机会画。老人用特制的大笔,跟那大刷子似的,那杆儿也够两米长。现在还留着呢,特制的画竹子的笔,当年的物价低,还花了五百块,还是内部价,大抓笔。

一切都准备好了,然后在那儿画,开机。头一张题的是"未出土时便有节,待到凌云尚虚心",这是古人说的,周总理的品格就是这样。这是双关语,竹子还没出土的时候你刨开看竹子的根都有节,一节一节的,就是说周总理他是平民百姓的时候,他已经有很了不起的气节、人格。那竹子长得高了,长到云层里头去了,还是中空的,仍然还是虚怀若谷,这是周总理的人格。谁说大写意画没时代气息,这就是时代气息。

就这样画,气魄相当大,一共画了两张。其中一张留在家里头,我母亲捐献给纪念馆了,还有一张到现在我也问不出下落来。

徐:不是献给人民大会堂了么?

李:人民大会堂那儿说没这张画,这我就不知上哪儿去了。不明白的事咱也就别往下讲了。影片中为表现用墨,画荷塘,后来我父亲说:"把咱们家存了五十多年的那五张老丈二匹拿出来。"那是好纸,他舍不得使,这回拿出来了,让我把它接上。我说:"爸,纸平放地上,您走在纸上画,万一要蹾破了怎么办,是不是留一张,补的时候用。"我父亲听我的了,可我现在后悔了。四张丈二匹接起来,在那友谊宾馆借的地方,在那儿拍。就是我父亲著名的那幅《盛夏图》,这个寓意就是"盛夏",中国古称"华夏",我希望国家能够不断地昌盛,上头题的是这个词。旁边小字题的就是《爱莲说》里的那一段,出淤泥而不染,不蔓不枝,等等。题的字完全是时代精神的展现。

这是自古有大写意画以来,最大的一幅。当然后来有人想超过他,画的有比这张还大的,据说还有是什么300米长的,那咱没见过就不说了。

徐:嗨,光论大小的话,我能画个600米长的。问题是谁能在画这么大画儿的时候,笔墨上能达到苦老这种功力。这幅画在画册上看,看不出特别的精彩,因为相对于原作缩得太小了。我去高唐的李苦禅艺术馆,看到原大的仿真复制的时候,那真是惊呆了。居然这画儿这么大!而且每笔都好,笔墨淋漓,构图大气磅礴。中国写意画大画跟小画完全不是一个概念,画西画,画再大的，一点儿一点儿画就成了。写意画画这么大的，没有超强的功力连一笔都画不了。如果是写巨大的美术字，描出边儿来之后往里填黑色就行了，但是你写写巨大的书法试试，就不行了，因为书法要靠连贯的功力。苦老常说："中国写意画是写出来的，用书法笔意写出来的。"看看这幅22平米的大写意巨制就知道了，苦老的功力实在是太精纯了！

李：对一个当时80多岁的老人来说，导演特别担心他的身体，安排他只能画半天，吃完饭睡午觉。但是我父亲他有一个性格：干什么都要求一气呵成，不画完不罢休。吃完了中午饭稍微在沙发上坐一会儿，接着又画。一个星期完成了这么大的画。

徐：就画了一个星期？

李：中间犯过一次心脏病，吃点儿救心丸，还得画。那不能画的时候怎么办？得挂起来。我设计了一个滑轮，中间算着挂几次，一共挂了六次。那挂很不好挂的，没裱好的画，大家挂绳的力量得一致才能挂起来。他身体有点儿不舒服就挂着看，现在你看有他坐着看自己的画的镜头，导演很会利用这个机会。

李苦禅画巨幅《盛夏图》时与李燕交谈

他在看什么呢？哪个地方还应该添点什么，将来字是怎么个题法，题什么词儿，都在琢磨。画这边还需不需要题字，章盖在哪儿，盖什么章，就琢磨这个，这镜头都录下来了。我在旁边听着，也拍了照片。

李苦禅画《盛夏图》（李燕与母亲李慧文协助）

李苦禅　盛夏图　368cm×580cm

右侧题字释文：国家日趋兴盛，乃余之愿。祖国古称华夏，想炎夏之际，荷花盛开，乃作荷塘即景，何不题之"盛夏图"耶？岁在辛酉，冬月之初，八四叟苦禅。

左侧题字释文：荷之性情不支不蔓，出淤泥而不染，余素喜爱之，故六年来写荷不计其数，然若如此巨幅，乃平生首次也。励公又题。

画荷叶的时候，我父亲在地上拿擦机床用的那个丝绒蘸着墨画，我在旁边举着那脸盆，脸盆里是大量的墨。你现在看那个影片，旁边那小伙子就是我，我端着脸盆。我父亲蘸着那盆里的墨在画。这过程中间摄影师有一个要求，电视、电影都讲究多角度拍，这样生动，那么现在照的都是从上面俯视，气魄倒是蛮大，也有侧面的，但是没有正面的，说："我们扶着您，给您保驾，您站在这个椅子上，这椅子挺结实，宾馆的椅子，您站在上面还是好像在装着画画，我们摄影师躺在地上给您来一个反打镜头。""行啊！""可是您得弯着腰。"我父亲说："我有基本功。'文化大革命'里练的。"一上台挨斗不都得弯着腰嘛！所以你看现在镜头效果特别好。他配合得很好，不像是装的，就是真的好，在那儿聚精会神比画了几下。

徐：影片里面有教线条的画法，用墨的画法，那都是一次拍成的吗？还是说得画好几张？

李：那可不是一次拍成的。我都记不住多少次了，只有导演那儿存着分镜头的脚本。前后为什么跨三个年度？条件各方面限制很大，而且确实老人岁数大了，我母亲也担心。这一段集中精力拍这一批镜头，然后休息一段。我母亲尽量不让会客，但是我父亲又好客，这没办法。而且敲门亲自开，这是他的规矩。开门亲自开，送客亲自送，他一辈子就是这个习惯。

包括比他小得多的那些，比如唱歌的程琳，小孩，来了他也是亲自开门，走的时候亲自送。老人一辈子他习惯了，待人一视同仁。

这中间还有这么一个插曲，我不能不谈。导演告诉我："这个片子是留给咱们这个后世子孙的，是文化部布置的国家任务。第一没有额外的报酬，第二不能随便公开发行。"后来我跟我父亲说了，我父亲说："这还要钱啊，那周总理让我们画画的时候我们一分没要啊。这拍出来之后就是国家的财产，那后世学生能看这是好事，还指着这赚钱啊？"

在这过程里头，这位导演王君壮很负责任，他实际给每个画家套拍了一部15分钟的小片子，可以公开放映。这个正式的片子叫《苦禅写意》，里面从章法、用笔、用墨、设色分门别类地来讲，还包括他的艺术观点，还有生活镜头，完全是按照教学片的要求。同时又拍了一部《苦禅画鹰》，因为大家都知道他画鹰，讲画鹰的技法，又套拍出了15分钟的这么一部。电视台有一段隔

拍摄李苦禅鹰头画法

拍摄李苦禅鹰爪画法

李苦禅写意

些日子就放一回。

**徐**：就是一个年轻人去找您父亲去学画，您父亲给他讲。

**李**：对了，那是工艺美院的一个学生扮演的，他觉得很荣幸上这片子，后来还把它翻译成英文在加拿大放映。蒋兆和先生呢，他拍的片子题目叫《蒋兆和先生的人物画》，还套拍了一部《蒋兆和人物画》15分钟。叶浅予先生那个正题叫什么我记不得了，我没参与那个组的任何工作，《浅予画舞》这是一部公开的。李可染先生的那个教学片到现在为止我没看过一次整的，据说控制很严，但是有一部叫《可染画牛》，这个是公开放的。

另外这位导演他节约用胶卷，这个摄影师也高，节约出来的胶卷他又给著名的工笔重彩的画家王叔晖拍了一部片子，这老太太也去世了。

当时有人还说闲话，说："你别管那闲事，没给你这任务。"导演说："批给这笔胶卷不容易，咱们想办法多拍一点儿是一点儿。"那胶卷为什么那么宝贵？当时我们国家没有这么多外汇储备，所以这片子用的保定出的"代代红"牌的胶卷，只有一个画家通过一定的关系也不知道哪儿给批下来的是"高温快速伊斯曼卷"，美国的。这事儿我消息灵通知道了，我就觉得这四部都应该用美国的"高温快速伊斯曼卷"，因为它那个色彩层次好，色彩比较准确。你既然是留给后世的，这个片基好，那个"代代红"的片基太脆，时候长了你那"画原底"都老化了怎么办？要不说我这人肚子里杂了咕咚的，咱还知道这点儿常识。后来导演说不行，外汇有限，说人家托谁谁谁的关系特批了这么一部"高温快速伊斯曼卷"，那三部我们也没这路子，你要有这路子你想法弄。

我就去找美院，我说："既然拍，最好一样待遇，因为这不是对个人的问题，是对后世负责的问题。我现在想找谷牧副总理来批这个事，请美院写一个报告。"你得以美院的名义是吧？我先得试探试探，先到谷牧副总理家跟他汇报这个事情。他说："写个报告啊，这个我批。"很干脆，谷牧说话特干脆，没有说拐弯儿话的习惯，他是山东荣成人，脾气直。

过了一些日子他秘书打电话来了，说："那个事儿谷主任催了，怎么美院的报告还没打上来？"你想咱们求首长办的事，人家首长倒先催开了。我赶快给美院院办的鞠志坚打电话，他当时在党办工作。我说："这么重要的事，让人家谷副总理亲自催,咱们有点太不合适了吧!"他说:"是是是,我早说了,怎么他们还没打出字来。"那时候用打字机打。我说:"现在快打,马上给我送来。"这个话我敢说了,我口气硬了。赶快打完了之后,鞠志坚骑着自行车,直喘气给我送来了。我还校对一次,别有错字,是公文啊!完了我又赶快骑着我的小轱辘车,到大酱房胡同,照规定的答复跟卫兵说话,然后他开门让我进去,自行车摆在该摆的位置。我进去一看,哎哟!二门那儿正停着一辆他的车,要出门。谷牧同志都穿好了接待外宾的一身衣裳,他的秘书胡光宝陪着他拿文件夹子。我说:"我来得不是时候。"哎呀你猜人家说什么?"片子的事情?拿来我看看。"站在那儿就看了,跟着上楼了。楼上就是办公室,楼下是会客室,上去就批了字了:"请王兰西同志安排。"当时王兰西是文化部负责电影的,那时候文化部还有这个权限,合着就这么快他就给批准了。批了之后呢跟秘书又讲了一句,说:"这个事这里面没有编号。"按说得有编号,这个等于特事特办。

徐:所以后来您父亲的这个片子也是用美国的胶卷?

李:后来这一下子多了一笔外汇,整个这三部片子都用美国胶卷拍,包括那个已经有了美国胶卷的,我只装不知道。又碰着这一位好摄影师,他把握特别足,三比一的成功标准,他还能有富裕出来的胶片。

徐:"三比一"就是拍三个能用一个。

李:对了,你这嘀嗒一声24张就过去了,多少钱啊,是不是?他的成功率高,那么剩下的片子干什么呢?拍王叔晖,拍王雪涛老人还有别人,反正就充分地用,留下了一笔可以传世的文化财富啊!王君壮他们这一班人是幕后的英雄啊!我很怀念他们!

徐:这可真是功德无量,好多人,比如刘继卣先生,尤其是画画的镜头,可能一生就留下这一点儿。我们后世学画的人,还能看一看大师的用笔方法。

李:这片子刚拍完我父亲就犯了一次病,中风,住在301医院。按他的级别呢还不能住单间,因为我父亲是文艺四级。李可染、吴作人、叶浅予都是文艺三级,这三级是个线儿。我父亲直到那个日子才知道,他说:"我这一辈子当教书匠原来是四等的。"当笑话他也不在意,但是那时候就有这规定。住院期间,他老是替别人着想,他对面住的是一个军官,我父亲夜里起夜得我陪着他,把那尿尿的那个车推进来,一有声音,那边那位就醒了,后来我父亲小声嘱咐我说:"以后起夜你扶着我出去,到走廊里去。"

徐:真是处处想着别人。

李:后来这个事被"独臂将军"余秋里知道了,他的秘书住在我们这个院。我一反映这个事,他说:"这可不像话,苦老怎么能够这样,还是应该住单间。"他跟余秋里老同志反映了,余秋里一个电话算给我父亲住单间了。我父亲在医院里,乐观极了,哎哟,跟那些老同志们聊,都是一些老将军什么的,都爱跟他聊。他一个月就痊愈了,痊愈了你猜怎么着,医生让他出院,这些病友都不让他出院,说:"你走了就没热闹了。"哈哈哈!就因为他老是乐观,所以这么快就痊愈了,出院了。出院之后第一件事就是关心这片子,一听说剪辑出来了,就到科影去看。

徐:他生前看了这片子了?

李:总算他生前看了这片子了,当时甭提多高兴了,他满意极了。我当时就留了张照片,抓住当时他满意的这个形象,旁边扶着他的是他的忠实弟子崔瑞鹿——崔瑞鹿现在也得人扶着了,都这岁数了。

尤其是那大画,有人在内部也看了,说:"哎哟,这么大的画!您干嘛非画这么大的呀?"我父亲说:"我当场就跟导演说了,这是我的主意。让世界他们看看,只有中国有这种大气魄的大写意。大写意不光小品气魄大,最适合画大画,巨幅画。你得撑得住,跟那好武生一样,杨小楼杨老板一出来'满台都是他',他撑得住,压得住台。大写意也是一样,不管多大的画,你这画得撑得住。你撑不住,拿出来那是花被面。这个留给后世看看,就我们大中华有这种画,这是我们的骄傲。"

徐:这是他这辈子画的最大的一张。

李:过去没画过,买笔单的没人订这么大的画,没地方挂。这是他老年,可以讲最高兴的事情之一。但还有一件事就是到香港开展览,这咱们前面谈过了,就不谈了。

在1983年春节的时候,北京市美协、中国美协、中央美院联合给他做寿,86岁大寿,实际他虚两岁是84周岁。美术界能到的全到了,在北京饭店齐了。他激动地连当时拟的这个稿子都念不下去了,他说:"我这一辈子受了多少罪,有多少坎坷,从来也没享受过这么高的荣誉,大家都来了。"说这话老人哭了,激动得念不下去了。旁边华君武害怕了,告诉周宝华:"赶快叫李燕。"我明白什么意思。他说:"可别让老爷子犯病!"让我替他念,那个过程都照下来了。旁边坐着吴作人、李可染、刘开渠等朋友,真是很隆重。他当场又画了一幅画,献给美协。这是他晚年题"八十六岁"给公家画的最后一张画,送给美协了,可是美协每次展览都没见这张画,不知这张画还在不在。

徐:画的什么呀?
李:鹰。这张照片很宝贵,上面看着画画的人,比如年轻的、英年早逝的周思聪,还有在毛主席身边当了二十四年秘书的叶子龙,还有别人。那天我

李苦禅86岁寿宴
(左侧二位是吴作人、萧淑芳夫妇,右侧是李可染先生,苦禅老人致词感谢,激动不已。)

李苦禅 86 岁寿宴讲话

也照了不少相，名人聚会那很不容易，都挺激动。

这是春节前后的事，后来到了夏天，那年也是湿热，这是要他命的一个季节，那时候也没有空调，结果有一天晚上忽然就犯了病。1983年6月11号凌晨，我的床在楼下，就在他的床下面，上面一有动静我就醒这是习惯。上头我母亲敲地，我就知道有重要的事赶快上去，一看人都不行了。实际上就是"痰涌"，就是这个痰太浓了，一下堵住气管了，他使劲咳，我敲背出不来。我是半个大夫我懂，我母亲也是医生也懂，知道怎么回事，但是家里没吸痰机这设备，我就使劲地捏着他鼻子眼，对着他嘴使劲地吸，不行啊，没那么大的劲儿，眼看着不行了。我到现在都不愿意回想那一幕，这心脏缺血，那可不就去世了。

然后叫了救护车，把我父亲送到心血管医院。我母亲就不愿意把他送进太平间，抚着我父亲的头给他梳头，说："等等吧，有的是假死现象，过一会儿还能缓过来。"迟迟地不让送。我也不愿意回想这事，真不愿意想。

这一辈子喜怒哀乐、忧思惊恐的事儿都有，咱们尽量想乐的事儿吧。所以我现在就愿意留着老人当年看了《苦禅写意》这部电影之后，他那高兴得笑得像小孩子似的那个样子，我总爱回忆那一段。这样在我的心目里老人天天活着，就活在我心中，就是他乐的形象。我觉得苦禅老人一辈子坎坷，为革命做出了很多的贡献，又坐日本监狱，又曾经由于他的秘密组织在1949年后未能解密，受到大量的误解，再加上"文革"对他的批斗，可是他绝对地感谢恩人毛主席，感谢共产党，热爱新中国。而且他一直到晚年对于海外的朋友，像张大千等等还保持着通过第三地的联络，希望能够有更多的朋友，能够为祖国的统一事业效命。这个坚定的信仰和信念直到去世都没有改变。

在他去世之后，他虽然没来得及留下文字遗嘱，但是给我母亲有过嘱托，说："文物、书画这些东西，不可全集中，全集中一遇到灾害就一下子全没了，可以相对集中不可绝对集中。"所以他自己一辈子最得意的像《盛夏图》这种大画、长卷，各时期的代表作能够存下来的、我从外头买回来的，还有自己过去收藏的古字画，还有经过"文革"抄走了，后来又从康生家里头弄回来的字画，这些都要捐献给国家。这些东西我们文人的责任就是收集，别让它散了。收集完了干嘛呢？传世。你捐给国家了，弄个博物馆谁都能来看；你当财产窝在家里头，谁也看不着，就没法研究了。所以呢，按老规矩，在他去世三年整的时候，在1986年的6月11号，我母亲李慧文代表全家宣布：所有这些主要文物，苦禅的作品和他藏的文物四百多件，以及生活、工作用品，全部无偿捐献给国家。

这么着才在济南趵突泉成立了李苦禅纪念馆，成为一个爱国主义教育基地式的单位了，老人的爱国主义思想和他的艺术思想的成就，在那里每天跟群众见面。在这个问题上我们全家不必开会，意见都一致，因为我家还有同父异母的兄弟姐妹，都是遵照苦禅老人的遗愿，把这些文物无偿捐献。济南市政府象征性地给了十万元奖金，我们没拿回家来，都放在馆里头用于馆里的一些事情，不够用的我们后来又自己想法拉一些赞助。有企业家出点儿钱，咱们给人画点儿画，以此答谢，把这馆要办好。中间一度也出现过一些问题，我们又给温家宝总理写的信，温家宝同志又批到文化部，从而李苦禅纪念馆整个硬件完全翻新，有一部分馆还是用现代化的这种恒温恒湿的设备。

现在经常有人打电话到我这儿来，希望买到苦禅老人的真迹，你这当儿子的家里一定都是真迹。我说："我们亲属确实还存着一部分小幅的画作为

李家捐献纪念馆文物：
唐代海兽葡萄铜镜

李家捐献纪念馆文物：
明代青花大缸

纪念,也作为教材,但是我们不卖老人的画。"因为只有靠自力更生才能表现出苦禅老人教导我们的精神,老人一辈子养活你,不能老人都走了我们还啃老啊!

徐:您这可比有些名门之后强太多了。

李:那样的话有损于老人作为一个美术教育家的声誉。在我父亲的隆重的追悼会上,由赵朴初主持,文化部的部长宣读的盖棺论定的文字,对我父亲的一个称呼就是"人民的美术教育家"。教育家先得看你把自己家的孩子教育得怎么样,是吧?如果我们儿女对这点儿遗产还争、抢,完了再卖,人家就会认为文化部给我父亲的定论定错了。我们得对得起老人的声誉,对得起国家给他老人家的荣誉。

我母亲头几年也过世了。在这些年里头,我觉得我母亲做的事情默默无闻,也都是为这个馆在做事情。比如说原作展览时间太长了要受伤,那么在我母亲的支持下,我和我夫人孙燕华没有跟国家要一分钱,自己用自己有限的稿费做了第二次捐献:把这些画原大仿真复制,再捐一批仿画。平常都展览这些画,大家可以看,做得很乱真的。到一定的日子再把真迹拿出

李家捐献纪念馆文物：清中期雕龙八仙桌图

李家捐献纪念馆文物：清代西藏鎏金佛

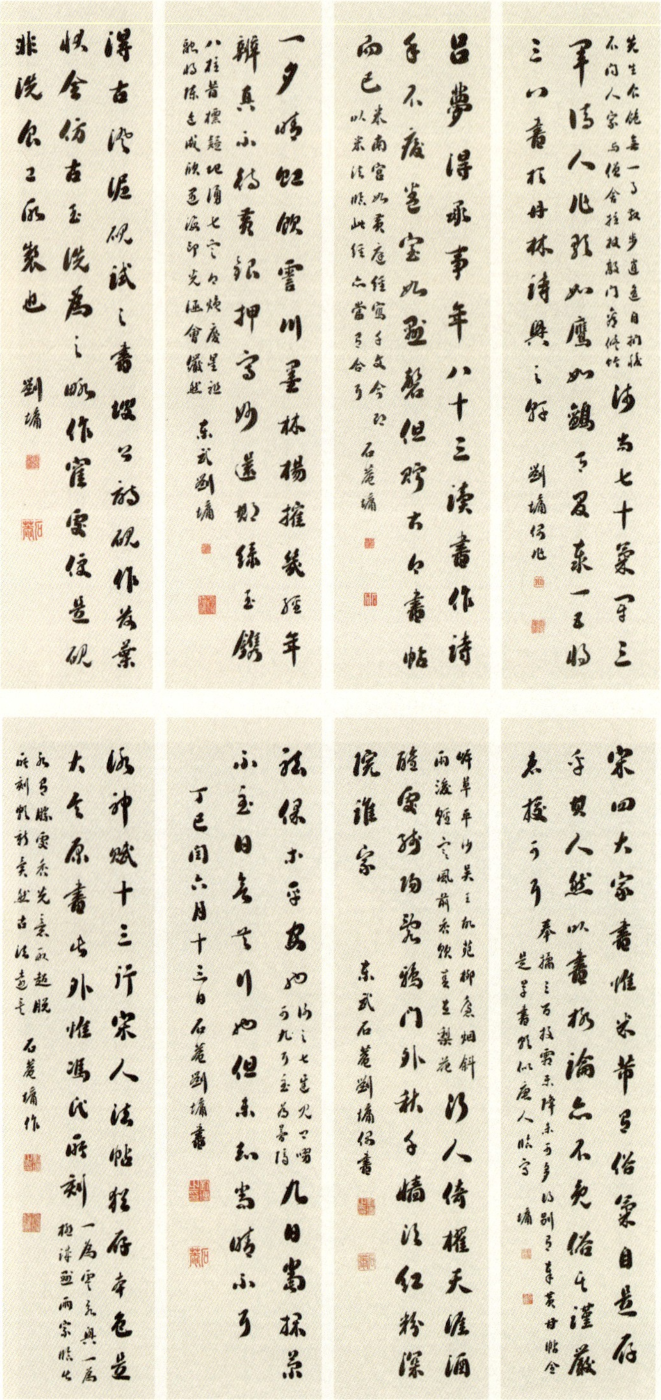

李家捐献纪念馆文物：刘墉书法八条

李家捐献纪念馆古画：鹿（八大山人）

来展，那时候武警就忙了，保安就忙了，展览几天就撤下去。包括这些个古画也是这样，刘罗锅热的时候我们家拿了八条刘墉的字展览，那七天，派出所都当成重点任务。七天过去了，提前半天撤展，为什么？这是为了安全，往往是在撤展的时候丢东西，提前半天让想下手的下不了手，这些事情都是我多年的经验了。

直到今日，我们在这儿做这个广播，回忆我的父亲李苦禅。我很感谢咱们北京广播电台，FM87.6，咱们的录音师郝冬梅同志。德亮我就不感谢了，你是苦禅门下，宣传苦禅老人是应该的。苦禅老人他不仅是我的父亲，他也是我们中国的人，是我们中华民族的人。

徐：是一位无愧于祖国和人民的伟大的爱国者，伟大的画家，伟大的教育家。永留青史！

# 后　记

说话，在历史上有多种说法，例如宣旨、口谕、命令、指示、讲话、对话、约谈、聊天等等，不一而足，皆由说话者身份之异使然。

清代蒲松龄先生在门上挂个木匾，自书"聊斋"二字，以示乃专用于聊天的书斋，招来不少聊客，聊出不少奇异有趣的故事。于是蒲先生把它们记录下来，让世界书架上多了一部《聊斋志异》。他和此书皆与廊庙仕途无缘，却极有人缘，看者、听者越来越多，让一部"闲书"列入了名著史册。

其实，"聊天"本是最有人气、民气且接地气的对话方式，是广大群众生活中不可或缺的主要成分，也算是群众的一种"精神小吃"，它很平易、平实、平常，可供大家平等地相互品味，激发灵性，其语言之通俗、生动、形象，可"入乎耳，存于心"，经久难忘。

所以，我从小时候就特别爱听人家聊天，听久了，也不知不觉地参与其中。数十年来，我从中学到了很多书本上学不到的真知识、真学问。因为所聊的内容多属于"三亲"，即亲历、亲闻、亲见，而且是夹叙夹议、互评互议，说的全是各自的心里话，一句令人讨厌的套子话、废话也没有，如果有了就聊不成啦！此乃人之常情定下来的"聊天游戏规则"。

由于"聊天"的方式太有人缘了，所以，我将它移植到了社会和大学讲堂上，实践了三十多年，每次的场面都很热烈红火，大家瞧我"不带一片讲稿子，不用敲本儿电键子"，"一不坐、二不休"地连站仨钟头地海聊。聊传统文化艺术，特别是聊到先父苦禅老人传奇式的一生——与国家的风云变幻休戚与共的历程，在艺坛讲席上独领风骚的奋斗——群众当场的真情实感溢于言表，融诸互动，竟不知超时多矣！

今年，我有机会通过广播电台与无数听众聊天，据说反响可慰。毕竟有北大中文系毕业的曲艺表演家徐德亮与我"对聊"，就更添人缘了。由此缘分，促使德亮将此番聊天整理成文，意在出版。其中虽然增加了一些相关的历史资料和说明文字，但尽量保留当初聊天的风格，以利读者阅读。编辑之中，又加进了一些难得的图片，或可谓"图文并茂"吧！

今承蒙北大出版社予以编辑出版面世，诚感荣幸之至！

李　燕

2016年夏月于禅易轩